区块链视角下
数字创意产业著作权
保护及交易

杨 菲◎著

COPYRIGHT PROTECTION
AND TRANSACTIONS
IN THE DIGITAL
CREATIVE INDUSTRY

FROM THE PERSPECTIVE OF BLOCKCHAIN

ZHEJIANG UNIVERSITY PRESS
浙江大学出版社
·杭州·

图书在版编目（CIP）数据

区块链视角下数字创意产业著作权保护及交易／杨菲著. -- 杭州：浙江大学出版社，2024.12. -- ISBN 978-7-308-25821-0

Ⅰ．D923.414；F723.84

中国国家版本馆 CIP 数据核字第 2025P51D67 号

区块链视角下数字创意产业著作权保护及交易

杨　菲　著

责任编辑	钱济平
责任校对	朱卓娜
封面设计	雷建军
出版发行	浙江大学出版社
	（杭州市天目山路 148 号　邮政编码 310007）
	（网址：http://www.zjupress.com）
排　　版	杭州星云光电图文制作有限公司
印　　刷	浙江新华数码印务有限公司
开　　本	710mm×1000mm　1/16
印　　张	28
字　　数	363 千
版 印 次	2024 年 12 月第 1 版　2024 年 12 月第 1 次印刷
书　　号	ISBN 978-7-308-25821-0
定　　价	98.00 元

本书系国家社科基金青年项目
"区块链视角下数字创意产业著作权
保护及交易问题研究"（19CFX063）
结题成果

上编：基础理论问题分析

下编：具体应用研究

绪　论

第一节　研究的问题及其重要性

随着数字化浪潮的推进,数字创意产业迎来了前所未有的发展机遇,成为全球经济增长的新引擎。数字音乐、流媒体视频、电子图书和数字艺术品等各类创意内容的创作与传播日益活跃。然而,数字创意产业在享受技术红利的同时,也面临一系列著作权保护与交易的复杂问题,如海量数字作品权属确定困难、盗版传播难以追踪、交易缺乏透明度与效率等。此外,尽管数字创意产业拥有庞大的受众规模,但创作者的收入与中间商的高额增值收入不成正比,产业内存在巨大的"价值缺口"(value gap)。[①] 这些问题严重制约了数字创意产业的健康发展,限制了市场潜力的释放。

2008 年,中本聪(Satoshi Nakamoto)发表了《比特币:一种点对点的电子现金系统》[②]白皮书,标志着区块链技术的诞生。2009 年,比特币(Bitcoin)作为首个基于区块链的数字加密货币面世。区块链因其独特的技术特性,被视为解决上述问题的新途径。知识产权学界认

[①] Malte,S. Ausschließlichkeitsrecht oder Vergütungsanspruch: Vergütungsmodelle bei Aufmerksamkeitsplattformen,*ZUM* 2017,132 ff.

[②] Nakamoto,S. Bitcoin: A Peer-to-peer Electronic Cash System (2008),https://bitcoin. org/bitcoin. pdf,accessed on 23 Mar 2024.

为,区块链有望在著作权领域发挥重要作用,不仅能为数字作品提供安全、可靠、低成本的去中心化登记平台,还能够通过智能合约自动化著作权交易与收益分配,显著提升交易效率。此外,区块链还能为数字作品的使用情况追踪、网络侵权存证以及纠纷解决提供新方案。

尽管区块链在数字创意产业中的应用前景被广泛看好,但在实际操作中还面临诸多挑战。区块链能否真正革新著作权保护与交易尚无定论:一方面,关于区块链的诸多应用方案仍停留在概念阶段,与现行著作权法律制度的融合存在不少困难,如何平衡技术创新与法律的有效实施还需进一步探索;另一方面,市场上出现了大量以区块链为噱头的投机炒作行为,扭曲了区块链的技术本质,干扰了其在著作权领域的正常应用。

本书以区块链及以其为底层技术的智能合约在数字创意产业著作权保护及交易应用中涉及的法律问题为对象,分析了"区块链＋著作权"应用带来的优势与挑战,探讨其与现行法律制度的适应性,旨在设计并验证一个由区块链技术构建的合规高效的数字作品著作权保护与交易法律模型。具体研究内容涵盖区块链技术自身的知识产权保护路径、智能合约的法律性质及其与我国私法体系的兼容性、区块链在数字作品著作权登记、侵权治理、孤儿作品保护与利用、增强数字著作权管理(digital rights management,简称 DRM)系统与著作权集体管理组织效能,以及打造合法数字作品二级交易市场等方面的应用潜力。

区块链技术方兴未艾,其在知识产权领域的应用还处于起步阶段,因此本书具有重要的理论与应用价值。

在理论层面,本书提出了适应数字时代需求的区块链技术保护与治理模式,构建了契合区块链技术品格的数字作品著作权保护与交易模型的基础框架。同时,深化了对著作权登记制度、与著作权体系构成及正当性理论相契合的孤儿作品利用规则、权利用尽原则扩张适用等著作权经典问题的基础性研究。此外,为回应智能合约与私法体系的兼容性、智能合约纠纷化解、数字作品二级交易市场合法性等新兴理论问题,提供了新的思路和方法。

在应用层面,本书以减小数字创意产业"价值缺口"为导向,打造了一个基于区块链技术的著作权保护与交易系统——"类著作权交易市场"。该系统有望提高数字创意产业市场透明度、提升交易效率、降低交易成本,并相对削弱中间商的议价能力,保障创作者和权利人获得合理报酬,矫正创作者、使用者和数字内容平台之间的利益失衡,促进数字创意产业可持续健康发展。此外,本书还可推广至其他知识产权领域,为构建更完善的知识产权保护和交易体系提供支持,推动我国向创新型国家迈进。

第二节　"区块链＋数字创意产业著作权问题"研究进展

一、域外研究进展概述

(一)基于 BERTopic 深度学习模型的文本挖掘分析

为全面揭示域外学界对区块链视角下数字创意产业著作权保护及交易问题的研究现状,本书选取 2008—2024 年 Web of Science 核心集和 Scopus 数据库收录的相关研究为数据来源,采用 BERTopic 深度学习模型对相关研究的摘要文本进行热点主题的提取与识别。在选择检索关键词时,本书考察了区块链技术在数字创意产业中应用的核心要素及其与著作权保护和交易相关的主要议题。"blockchain"(区块链)作为本书的核心技术关键词,自然作为检索关键词。"smart contract"(智能合约)和"NFT"(非同质化代币)被选为关键词是因为它们代表了区块链技术在数字创意产业中的两个最具革命性的应用。同时,以"copyright"(著作权)、"intellectual property rights"(知识产权)和"IPR"(知识产权简称)作为关键词进行交叉检索。

研究的检索时间范围限定为 2008 年 1 月 1 日至 2024 年 3 月 1 日,Web of Science 核心集的检索语句设置为:TS＝("blockchain" OR "smart contract" OR "NFT") AND TS＝("copyright" OR "intellectual property rights" OR "IPR"),共检索到 350 篇相关文献; Scopus 数据库的检索语句设置为:[TITLE-ABS-KEY ("blockchain" OR "smart contract" OR "NFT") AND TITLE-ABS-KEY ("copyright" OR "intellectual property rights" OR "IPR")],共检索到 642 篇相关文献。在两个数据库总计得到 992 篇相关文献,排除重复文献后,获得 722 篇有效文献。再以同样的英文关键词在谷歌学术上爬取相关文献 973 篇,与前者合并处理,总计 1695 篇文献,作为进行国际文献主题建模和可视化分析的数据基础。

(二)数据分析与主题建模过程

本书对样本文献的摘要数据进行了详细的文本分析。具体过程如下:首先,构建词典和停用词表。由于目前缺少领域词典,因此本书根据特定的技术词汇(如"smart contract""non-fungible token"等)构建了一个小型综合性词典。以通用的英文停用词表为基础,并根据本书收集到的常见噪声文本进行必要补充。其次,进行文本分词并剔除无关词。利用 Python 编程语言中的自然语言处理库 NLTK(natural language toolkit)对文本进行分词处理,将连续的文本字符串分解为单独的词汇单元。分词后,剔除停用词表中的词汇以及其他与研究主题明显无关的词汇。接着,进行词频统计并生成词频表。在完成文本清理和预处理后,在文本数据上进行词频统计,即计算每个词汇在文本中出现的次数。这一步骤可以揭示哪些词汇在样本文献的摘要中被频繁提及,从而反映研究领域的热点主题和关键概念。最后,利用词频数据生成词云图(图 0-1)。词云图是一种视觉化的表示方法,通过不同大小的文字来展示词汇的出现频率。字体大小越大,表示该词汇在文本中出现的次数越多。使用 Python 中的 Wordcloud 库创建词云图形,为本书提供一个直观的方式来观察和分析文本数据中的关键信息。

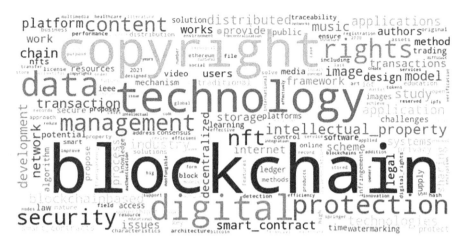

图 0-1 域外区块链著作权研究领域关键词的词云图

在主题建模方面,本书采用 Python 编程语言中的 BERTopic 库,以深入挖掘文本中的隐含主题。BERTopic 集成了前沿的自然语言处理技术,能够自适应地确定最优主题数量,尤其适合处理大规模、无标签的文本数据。① 此外,BERTopic 支持多种语言模型,适用于多语言文本分析。

针对区块链技术在数字创意产业中的应用及其对著作权保护与交易的影响,本书采取以下分析步骤,以深入理解领域内的研究动态和演进趋势:首先,将收集到的样本文献摘要数据嵌入基于 BERTopic 的语言预处理模型中,利用其双向 Transformer 结构计算出文献摘要中每个词的词向量,以捕捉深层语义信息。其次,使用 UMAP 技术对嵌入的句嵌入进行降维处理,提高聚类算法的效率和运算精度。接着用 HDBSCAN 算法进行数据聚类,得到稳定的聚类结果。最后,通过 TF-IDF(词频-逆文档频率)评价 HDBSCAN 聚类主题中每个词汇的重要性,识别出关键词汇并构建主题表示,以清晰揭示区块链视角下数字创意产业著作权保护及交易问题的研究进展。

———————

① 逯万辉:《科学文献主题建模方法及其效果评估研究》,载《现代情报》2024 年第 4 期。

(三)数据分析

1. 关键词数据可视化

词云图(图 0-1)直观展示了既有区块链著作权问题研究中的高频词汇,其由多个大小不同的单词组成,用以表示与区块链相关的各种概念和关键词。图中较大的单词表示其在相关研究领域中的重要性或热度较高。例如,词云中突出显示了 blockchain、copyright、smart contracts、data(数据)以及 security(安全)等关键词,凸显了这些概念在区块链著作权研究领域的重要性。此外,词云还包含 intellectual property、NFT 以及 supply chain(供应链)等术语。这表明区块链技术的影响不仅限于加密货币交易,还扩展到知识产权管理、供应链追踪和数字艺术品交易等领域。

2. 热点研究主题分析

采用 BERTopic 深度学习模型对文献数据进行建模,自动迭代生成20 个主题,再通过相似度指标合并高度相近的主题。分别生成主题层次聚类图(图 0-2)[①]与主题相似度热图(图 0-3)[②]。其中 4_healthcare_tau_medical 为不相关的"噪声主题",可忽略。本书在自动生成聚类的基础上结合人工筛选,总结出聚类效果最优、语义最清晰的四个主题。

主题一:区块链技术与应用安全

核心关键词为区块链、监管、数据安全、去中心化、物联网、供应链等,该主题主要探讨区块链技术的安全治理及其在各领域的基础应用,是开展区块链在著作权领域应用研究的基础性问题。

---

① 层次聚类图将数据组织成树状结构。横轴表示距离或相似度指标,纵轴展示不同的数据点。每个竖直线条代表一个数据分组,并在某个高度上合并,合并点的高度表示组间的距离或相似性,越低表示越相似。

② 热图通常用于数据可视化,以显示不同变量之间的相关程度或相似程度。热图中每个单元格的颜色代表了行和列对应点之间的相似性分数。图右侧为颜色图例,显示了与颜色对应的相似性分数,浅色代表较低的相似性(接近 0),深色代表较高的相似性(接近 1)。

Hierarchical Clustering

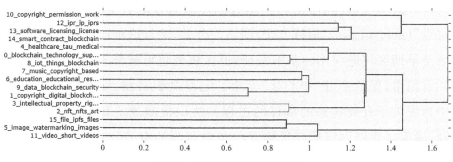

图 0-2　研究主题层次聚类图

Similarity Matrix

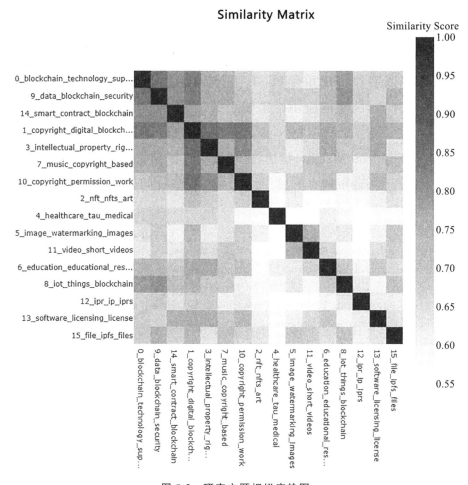

图 0-3　研究主题相似度热图

区块链技术由三个关键要素构成。[1] 一是作为一种数据结构方式的区块链本身,其利用密码学函数创建防篡改的数据记录。二是"点对点"(peer-to-peer,简称P2P)网络。公共、无须许可的分布式P2P网络是早期区块链应用的基本特征,但区块链也可被部署为须经许可的私有网络,保留部分"中心化"元素。三是共识机制,即在分布式系统中达成关于有效状态的协议的过程。共识机制规定新区块的添加规则,确保区块链网络的一致性及参与者行为的有效性和适当性。[2] 尽管对区块链技术的核心特征存在不同观点,但多数观点认为,区块链通过其独特的数据结构和共识机制,改变了信息存储与交易方式,为实现去中心化的信任和协作提供了新的可能性。[3]

区块链技术被认为有潜力重塑各行业与领域。早期研究集中在比特币等数字加密货币领域,关注其安全性、性能与可扩展性等问题。[4] 近年来,区块链应用已扩展至数字创意市场等多个领域。[5] 区块链治理专家普里马韦拉·德·菲利皮(Primavera De Filippi)与亚伦·赖特(Aaron Wright)指出,区块链的广泛部署将导致"加密法律"(Lex Cryptographia)的扩展。[6] 区块链的监管问题成为一个关键议

---

[1]　Noto La Diega, G., Stacey, J. Can Permissionless Blockchains Be Regulated and Resolve Some of the Problems of Copyright Law?, In: *Blockchain and Web 3.0: Social, Economic, and Technological Challenges*, Routledge, 2019, pp. 30-47.

[2]　Bacon, J. et al. Blockchain Demystified: A Technical and Legal Introduction to Distributed and Centralised Ledgers, 25 *Richmond Journal of Law and Technology*, 2018:1-106.

[3]　Pierro, MD. What Is the Blockchain?, 19 *Computing in Science & Engineering*, 2017:92-95.

[4]　Yli-Huumo, J., Ko, D., Choi, S., Park, S., Smolander, K. Where Is Current Research on Blockchain Technology? A Systematic Review, 11 *PloS one*, 2016: e0163477.

[5]　Aksoy, PC., Üner, ZÖ. Nfts and Copyright: Challenges and Opportunities, 16 *Journal of Intellectual Property Law & Practice*, 2021:1115-1126.

[6]　Wright, A., De Filippi, P. Decentralized Blockchain Technology and the Rise of Lex Cryptographia, 34 *Social Science Research Network*, 2015:41-52.

题。有观点认为区块链本质是反监管的，①过度监管可能会抑制创新；而缺乏监管又会导致法律的不确定性，阻碍区块链技术的大规模采用。因此，需建立平衡的监管框架，以保护公共利益并鼓励创新。

主题二：著作权与数字著作权管理

核心关键词为数字藏品、音乐、视频、水印、算法和著作权管理等，重点关注区块链在著作权领域的适用性。有学者将现行数字作品管理和发行体系中的问题分为五类：缺乏可靠的作品权利信息公示渠道、作品权利分散、作品使用和权利金支付情况缺乏透明度、收入分配不平等及盗版泛滥。②

区块链作为一种制度技术，具备改变技术与法律边界、形成新治理模式的潜质，可用于完善和创新著作权制度。俄罗斯学者亚历山大·萨韦列夫（Alexander Savelyev）探讨了将区块链应用于著作权领域的优势，包括提升作品权属信息透明度、降低盗版风险，以及促进合法数字作品二级交易市场的形成等。③ 研究者圭多·诺托·拉·迭加（Guido Noto La Diega）和詹姆斯·斯泰西（James Stacey）进一步指出区块链在著作权领域的颠覆性创新作用，尤其是分布式账本技术在作品登记和侵权救济等方面的应用。④ 巴拉斯·伯多（Balázs Bodó）等从著作权法角度分析区块链的应用潜力及其与现行法律框架可能存

---

① Rasul，H. Does Bitcoin Need Regulation?：An Analysis of Bitcoin's Decentralized Nature as a Security and Regulatory Concern for Governments，19 *Political Analysis*，2018：93-111.

② Pech．S. Copyright Unchained：How Blockchain Technology Can Change the Administration and Distribution of Copyright Protected Works，18 *Northwestern Journal of Technology and Intellectual Property*，2020：1-50.

③ Savelyev，A. Copyright in the Blockchain Era：Promises and Challenges，34 *Computer Law & Security Review*，2018：550-561.

④ Noto La Diega，G.，Stacey．J. Can Permissionless Blockchains Be Regulated and Resolve Some of the Problems of Copyright Law？，In：*Blockchain and Web 3.0：Social，Economic，and Technological Challenges*，Routledge，2019，pp. 30-47.

在的冲突。[①] 类似的,米歇尔·芬克(Michèle Finck)与瓦伦蒂娜·莫斯康(Valentina Moscon)研究了区块链、DRM 系统与著作权执行之间问题的关系,指出区块链虽非全新 DRM,但具备改进现有系统的潜力。[②]

近年来,域外学者对 NFT 与著作权关系的研究明显增多。NFT重新定义了数字资产,改变了创作者分发数字作品的方式。[③] 随着NFT 著作权争议的增加,有学者认为著作权法可有效规范 NFT 活动,但存在滥用风险。[④] 另有学者主张通过财产法规范 NFT 的铸造与交易,[⑤]并提出技术中立方法,以增强财产法规则在适应新技术方面的韧性。[⑥] 实际上,利用著作权规则规范 NFT 市场有其独特价值,因为成熟的著作权法框架有助于管理无形资产、促进技术发展、激发创造力和推动公平竞争,进而解决 NFT 市场中的公地与反公地悲剧问题。[⑦]

主题三:区块链、智能合约与许可

核心关键词为智能合约、合同、开源软件、许可协议等,主要涉及

---

① Bodó,B.,Gervais,D.,Quintais. J. Blockchain and Smart Contracts:The Missing Link in Copyright Licensing?,26 *International Journal of Law and Information Technology*,2018:311-336.

② Finck,M.,Moscon,V. Copyright Law on Blockchains:Between New Forms of Rights Administration and Digital Rights Management 2.0,50 *IIC*,2019:77-108.

③ Carroll,R. NFTs:The Latest Technology Challenging Copyright Law's Relevance Within a Decentralized System,32 *The Fordham Intellectual Property*,*Media & Entertainment Law Journal*,2022:979-1009.

④ Dieli,E. Tarantino v. Miramax:The Rise of NFTs and Their Copyright Implications,2022 *Boston College Intellectual Property & Technology Forum*,2022:1-11.

⑤ Fairfield,JAT. Tokenized:The Law of Non-Fungible Tokens and Unique Digital Property,97 *Indiana Law Journal*,2022:1261-1313.

⑥ Marinotti,J. Tangibility as Technology,37 *Georgia State University Law Review*,2021:671-738.

⑦ Wang,R.,Lee,J.-A.,& Liu,J. Unwinding NFTs in the Shadow of IP Law,61 *American Business Law Journal*,2024:31-55.

智能合约的法律性质及其在著作权交易中的重要作用。

本书的研究重点之一是对智能合约法律性质的判断。有观点认为,智能合约既不智能也不属于法律合同,因为当事人往往非经意思表示,而是在不知情的状态下承担法律义务。[1] 也有观点认为,智能合约在法律上可视为合同。由一方当事人在以太坊(Ethereum)等平台上部署的智能合约通常包含由合约发起方单方设定的代码,形成一种"单边合同",[2]由受要约人以履约的方式表示承诺。[3] 还有学者强调智能合约的自我执行功能,认为其法律性质类似于自助行为(self-help)。[4] 学界对智能合约的法律性质尚未达成共识,仍需进一步探讨。

本书的另一研究重点是探讨智能合约在著作权领域的应用。当前数字创意市场存在"价值缺口"增大和交易成本上升的问题,可能促使市场形成"自下而上"的行业自我监管措施(Lex Mercatoria)。第二代区块链技术实现的智能合约能直接撮合作者与用户交易,提高交易效率并简化利润分配,保障创作者和权利人获得合理报酬。[5] 许多学者提出通过智能合约自动化并标准化数字作品著作权转让和许可交易的设想,[6]但对如何构建和维护记录作品权利信息元数据的作品登记册仍未有很好的解决方案。

---

[1] Grimmelmann J. All Smart Contracts Are Ambiguous, 2 *Journal of Law and Innovation*,2019:1-22.

[2] Bellia, AJ. Contracting with Electronic Agents, 50 *Emory Law Journal*,2001:1047-1092.

[3] Werbach, K., Cornell, N. Contracts Ex Machina, 67 *Duke Law Journal*,2017:313-382.

[4] Raskin, M. The Law and Legality of Smart Contracts, 1 *Georgetown Law Technology Review*,2017:305-341.

[5] Savelyev, A. Copyright in the Blockchain Era: Promises and Challenges, 34 *Computer Law & Security Review*,2018:550-561.

[6] Bodó, B., Gervais, D., Quintais. J. Blockchain and Smart Contracts: The Missing Link in Copyright Licensing?, 26 *International Journal of Law and Information Technology*,2018:311-336.

主题四：分布式存储技术

核心关键词为存储、分布式、星际文件系统（InterPlanetary File System，IPFS）等。区块链的关键本质特征是去中心化、可扩展性和安全性，但其一直被诟病为存在"三元悖论"，即只能在这三者中实现其中二者，当其追求安全性和去中心化时，就无法顾及可扩展性。[①] 作为一个仅附加的数据库，区块链最大的技术限制是缺乏可扩展性，限制了其在作品登记实践中的应用。[②] 学者们探讨将区块链与 IPFS 结合以解决可扩展性问题，认为这种结合能促进作品权属认证和数据保存，并构建安全的分布式图像视频数据检测系统。[③] IPFS 是一种 P2P 的分布式文件系统，旨在将所有计算设备相连。这种机制提高了数据存储效率，增强了数据的安全性和透明度。

二、国内研究进展概述

（一）基于 VOSviewer 和 CiteSpace 的文献计量分析方法

文献计量分析是对特定主题相关文献进行定量调查的方法，旨在帮助研究者深入理解与研究主题相关的知识结构和思维模式。[④] 相较传统文献分析，文献计量分析可同时对大量文章进行定量统计，并通过可视化网络呈现现有研究的关键集群，为研究者提供系统视角，以观察和解析研究的发展历程与趋势。

[①] Garba，A.，Dwivedi，A. D.，Kamal，M.，Srivastava，G.，Tariq，M.，Hasan，M. A.，Chen，Z. A Digital Rights Management System Based on a Scalable Blockchain，14 *Peer-to-Peer Networking and Applications*，2021：2665-2680.

[②] See Pech，S. Copyright Unchained：How Blockchain Technology Can Change the Administration and Distribution of Copyright Protected Works，18 *Northwestern Journal of Technology and Intellectual Property*，2020：1-50.

[③] Kumar，R.，et al. A Secured Distributed Detection System Based on IPFS and Blockchain for Industrial Image and Video Data Security，152 *Journal of Parallel and Distributed Computing*，2021：128-143.

[④] Shafique，M. Thinking inside the Box? Intellectual Structure of the Knowledge Base of Innovation Research（1988-2008），34 *Strategic Management Journal*，2013：62-93.

1. 研究工具

本书采用信息可视化技术，利用 VOSviewer 和 CiteSpace 对近年来国内区块链与著作权领域的文献进行关键词共现分析和聚类视图绘制，生成可视化知识图谱。VOSviewer 通过分析网络数据的关系来构建和可视化科学知识图谱，能展示知识领域的结构、进化与合作关系，[①]可用来分析区块链视角下数字创意产业著作权保护及交易问题领域的研究动态，探索区块链技术在数字作品保护、著作权管理与交易中的前沿热点和发展趋势。CiteSpace 将文本数据挖掘算法、文献计量学和信息可视化结合，通过可视化图谱帮助研究人员检测新兴主题、关键趋势和重点，[②]提供更全面客观的分析，降低研究人员的认知负担。

2. 数据来源

本书以中国知网（CNKI）数据库中的"北大核心"和"CSSCI"期刊论文为数据来源，构建检索式"SU％＝（区块链＋智能合约＋NFT＋非同质化通证）×（著作权＋版权）"进行检索，并将期刊发表时间限制在检索日期（2024 年 3 月 1 日）之前。我国对区块链在著作权领域的应用研究于 2016 年逐渐兴起，检索显示该领域最早的文献发表于 2017 年。因此，本书将检索期间进一步限定在 2017—2024 年。通过手动筛选剔除与本书无关的文献，以确保数据分析的有效性，最终获得 343 篇文献。这些文献以 Refworks 格式导出，构成本次研究的样本数据，用于后续分析。文献检索部分至此完成。

（二）文献基本情况与研究进展的描述性分析

2016 年 10 月，中华人民共和国工业和信息化部发布《中国区块链

---

① van Eck，NJ.，Waltman，L. Software Survey：VOSviewer，A Computer Program for Bibliometric Mapping. 84 *Scientometrics*，2010：523-538.

② Chen，CM. Science Mapping：A Systematic Review of the Literature，2 *Journal of Data and Information Science*，2017：1-40.

技术和应用发展白皮书(2016)》。同年12月,区块链首次作为战略性前沿技术被写入国务院发布的《"十三五"国家信息化规划》。自此,区块链在国内受到越来越多关注。入选文献中最早的9篇论文发表于2017年,主要探讨区块链去中心化、不可篡改、时间戳等特性在著作权保护中的应用可能。随着国家对区块链产业发展的重视,相关文献数量逐年增长,并于2020年达至第一个小高峰,年发文量67篇。2020—2021年,文献研究对象广泛,主要探讨区块链在传媒、数字出版和图书馆等领域的应用,以提升数字著作权管理效能。这与《知识产权强国建设纲要和"十四五"规划实施年度推进计划》以及《知识产权公共服务"十四五"规划》等政策中对区块链与数字版权保护融合创新的要求高度一致。

随着以区块链技术为要素的信任科技体系的建设和发展,区块链在著作权领域的研究于2022年达到近10年来的高峰,发文量高达81篇。中国信息通信研究院发布的《区块链白皮书(2022)》指出,区块链作为支撑数字世界信任体系的关键底层技术,能够通过NFT解决数据要素权属和交易流通等重要问题。从2022年开始,国内涌现大量关于NFT问题的研究,这与NFT的发展为数字内容的确权提供了一种创新思路密不可分。

(三)热点关键词与研究主题分析

1.关键词共现分析

关键词是对文献研究内容的高度概括。本书采用CiteSpace软件对样本数据的270个关键词进行分析,共包含364条连接线,网络密度为0.01。在此基础上,进一步剔除与研究主题关联性不高的噪声词,去除内容过于宽泛缺乏特指的关键词,并合并表述不同但内涵相同的高频词(如"版权"和"著作权"),生成关键词共现图(图0-4)。①

---

① 为保证图谱清晰可读,本书隐藏频次为1且中介中心性为0的关键词。

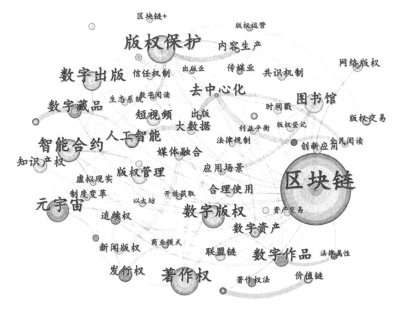

图 0-4　基于 Citespace 软件的关键词共现图

本书利用 CiteSpace 软件计算关键词频次与中介中心性,以频次为标准导出排名前 15 位的关键词(表 0-1)。在文献计量研究中,词频分析可反映该领域的研究关注程度和代表性,频次越高,表示研究关注程度越大。中介中心性反映一个关键词在网络中的连通性,数值越大,表明该关键词在研究领域内具有更重要的媒介作用。中介中心性超过 0.1 的关键词被视为关键节点。结合关键词频次及其中介中心性数值便可较为客观地判断该领域的研究热点。

通过图 0-4 和表 0-1,可以总结"区块链＋著作权问题"领域的若干研究热点,其中既有围绕"数字出版""图书馆""短视频""元宇宙"等领域开展的区块链场景化应用研究,也有围绕"去中心化""时间戳""信任机制"等技术特征展开的区块链技术风险规制研究,还有围绕"合理使用""利益平衡""追续权"等著作权概念开展的著作权法律制度研究。

表 0-1　关键词共现性数据统计表

序号	频次	中介中心性	年份	关键词
1	216	0.89	2017	区块链
2	45	0.57	2017	版权保护
3	40	0.19	2019	著作权
4	28	0.37	2017	数字版权
5	25	0.86	2017	数字出版
6	25	0.15	2017	智能合约
7	24	0.11	2021	元宇宙
8	18	0.12	2018	图书馆
9	15	0.18	2017	数字作品
10	13	0.06	2022	数字藏品
11	10	0.27	2017	去中心化
12	9	0.20	2018	版权管理
13	8	0.19	2017	知识产权
14	8	0.13	2018	人工智能
15	8	0.06	2020	短视频

2. 关键词聚类分析

在上述共现分析基础上，通过 CiteSpace 对关键词进行聚类分析，产生"♯0 区块链""♯1 人工智能""♯2 数字出版""♯3 数字作品""♯4 图书馆""♯5 去中心化""♯6 智能合约""♯7 媒体融合""♯8 区块链+""♯9 数字版权""♯10 版权保护""♯11 元宇宙""♯12 体育赛事"共 13 个聚类标签。将时间因素加入关键词分析，可得到关键词聚类时序图（图 0-5）。每个节点代表一个关键词，其在时序图中所处的位置表明其在数据集中首次出现的年份。关键词一旦出现，即固定在首次出现的年份的位置，后续年份再次出现仅会改变节点大小，而不会改变节点位置。

图 0-5 显示，2017 年"区块链""数字版权""数字作品"等高频关键

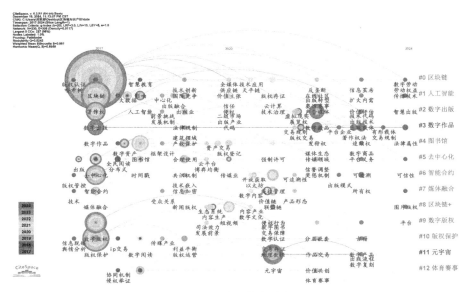

图 0-5 关键词聚类时序图

词首次出现,反映了基于区块链技术的数字作品著作权保护成为研究初期的热点。2020 年前后,短视频等新媒体形式兴起,数字阅读、数字出版也开始成为新的文化传播路径。这一阶段产生大量将区块链应用于传媒、出版、图书情报等领域的多元化、跨学科研究。2021 年后,随着区块链技术的发展,元宇宙、NFT 等新概念引发关注,数字藏品的著作权交易和管理问题亦成为新的研究重点。

3.研究主题分析

经过研究人员对关键词聚类的人工筛选和合并,共得到三个关键主题。

主题 1:数字作品的著作权保护与运营

知识产权学界对区块链在数字作品著作权保护与交易领域的研究主要围绕数字作品著作权确权、鉴权、授权、用权、维权全链条展开。

在确权和鉴权环节,传统的著作权登记制度面临登记成本高昂、登记标准不统一、登记信息更新不及时等多重问题。将区块链技术应用于著作权登记,可借助其去中心化、分布式及不可篡改的特质降低登记成本、统一登记标准,同时提高登记的证明效力,弥补既有著作权登记制度缺陷。① 在授权、用权环节,我国数字作品著作权交易市场存在信息不对称、分润延迟、集体管理效率低下等困境。研究者提出利用区块链提升作品交易效率,借助智能合约解决协同创作和小微作品收益分配问题以及优化著作权集体管理流程等具体建议。② 在维权环节,相关研究主要探讨区块链在侵权追踪和存证领域的应用,以及其与著作权保护及证据制度的适配性。有学者强调,应区分区块链存证与区块链电子数据,重视区块链存证真实性审查中的信任过度和标准模糊等问题。③ 此外,由于区块链存证的技术标准和行业规范存在缺失,其市场应用仍面临多重风险。④ 因此,需要建立法治与技治融合的证据规则体系。

主题 2:区块链在传媒、数字出版与图书馆等领域的应用

出版、新闻与传播学科较早关注区块链技术在著作权管理领域的应用,反映了区块链技术与数字创意产业之间的紧密联系。

在数字出版领域,聂静提出利用区块链构建数字著作权管理服务平台,解决"确权难、收益难、维权难"的问题。⑤ 在新闻传播领域,区块链技术被视为一种能防范网络新闻聚合平台侵权的有效手段。林爱珺等提出在区块链网络中引入监管节点,构建"多中心"的新闻版权联盟链,以有效应对网络新闻侵权。⑥ 图书馆与情报科学学科也是研究区块链著作权问题的重要领域,其研究主要围绕数字图书馆业务重心

---

① 黄保勇,施一正:《区块链技术在版权登记中的创新应用》,载《重庆大学学报(社会科学版)》2020 年第 6 期。

② 李永明,赖利娜:《区块链背景下数字版权全链条保护的困境与出路》,载《科技管理研究》2022 年第 10 期。舒晓庆:《区块链技术在著作权集体管理制度中的应用》,载《知识产权》2020 年第 8 期。

③ 杨幸芳:《论区块链存证真实性审查》,载《中国应用法学》2023 年第 3 期。

④ 杨春磊,刘远军:《我国区块链版权存证市场的发展现状、隐忧与因应》,载《大连理工大学学报(社会科学版)》2023 年第 5 期。

⑤ 聂静:《基于区块链的数字出版版权保护》,载《出版发行研究》2017 年第 9 期。

⑥ 林爱珺,林婉津:《基于区块链技术的新闻版权管理及保护机制研究》,载《新闻记者》2021 年第 4 期。

展开,包括助力图书馆著作权清理工作、①提升图书馆古籍数字化著作权管理效能、②保障图书馆法定许可使用权利的正常行使③等方面。

在传媒、数字出版与图书馆等领域,区块链著作权问题的研究特点是前沿性强、应用研究较多。这些研究紧密围绕创意行业需求设计区块链应用方案,但在基础理论探讨上着墨较少,相较对应然问题的深入分析,更关注对实然问题的解决。

主题3:元宇宙与NFT

自2022年起,国内知识产权学界对"区块链＋著作权"问题的研究兴趣部分转移至元宇宙和NFT领域。数字作品NFT交易改变了数字作品传统的传播与利用模式。有学者将NFT等区块链原生数字资产定性为物权客体,提议按物权规则予以保护。④ 也有学者提出构建NFT映射权这一新兴权利。⑤ 陶乾指出数字内容在流通领域具备数字作品与数字商品双重属性,应更精细地适用财产法与著作权规则。⑥ NFT领域另一研究热点围绕我国NFT数字藏品著作权纠纷第一案⑦展开,争议焦点包括发行权用尽原则在数字环境下的突破、⑧NFT的法律属性、⑨NFT转售行为的法律定性⑩等,也涉及NFT交易

---

①　秦珂:《区块链技术视野下的图书馆数字版权管理:作用机制、创新价值和建议》,载《图书馆论坛》2020年第4期。

②　陈燕琳:《基于区块链技术的公共图书馆古籍数字化版权保护策略》,载《图书馆工作与研究》2023年第5期。

③　吉宇宽:《区块链下智能合约对图书馆著作权利益的限制与改进策略》,载《国家图书馆学刊》2020年第6期。

④　司晓:《区块链数字资产物权论》,载《探索与争鸣》2021年第12期。

⑤　马治国、王雪琪:《元宇宙NFT映射权之构建》,载《西安交通大学学报(社会科学版)》2023年第43期。

⑥　陶乾:《论数字作品非同质代币化交易的法律意涵》,载《东方法学》2022年第2期。

⑦　杭州互联网法院(2022)浙0192民初1008号;杭州市中级人民法院(2022)浙01民终5272号。

⑧　李晓宇:《NFT数字作品发行权用尽原则的适用》,载《深圳社会科学》2023年第5期。

⑨　黄玉烨、潘滨:《论NFT数字藏品的法律属性——兼评NFT数字藏品版权纠纷第一案》,载《编辑之友》2022年第9期。

⑩　王迁:《论NFT数字作品交易的法律定性》,载《东方法学》2023年第1期。

平台责任与注意义务厘定[①]等新视角。

三、研究现状结论

本书通过文本与数据挖掘、文献计量学等方法，全面回顾了"区块链＋数字创意产业著作权问题"领域的研究，总结出以下几点关键发现。

第一，研究主题十分广泛。热点主题分析显示，该研究领域不仅涉及著作权法的基本理念和基础制度，如登记制度和著作权集体管理制度，还包括私法领域的一些新兴问题，如智能合约的私法属性。此外，该研究领域还关注热门技术的创新应用与治理，如 DRM 的优化和去中心化技术的规制。

第二，研究的跨学科性显著，不仅吸引了知识产权学者的关注，还引起了其他部门法学者以及计算机科学、管理学等跨学科研究者的兴趣，显示出明显的跨学科研究趋势，尤其在国外研究中更为突出。

第三，在研究内容方面，域外研究倾向结合著作权基础理论探讨区块链应用，并考察其在全球范围内的应用可能。国内研究更关注如何在中国特定的法律和社会环境中实施区块链技术，倾向从应用层面挖掘区块链技术在著作权确权、维权等领域的潜力。

总体而言，现有研究大多集中于分析区块链技术与各国著作权法的契合可能性，对区块链应用中衍生的具体法律问题的理论根源、制度根源进行的系统性研究工作还相对较少。对以解决我国数字创意产业发展面临的知识产权困境为主要导向的著作权保护及交易系统具体构造的关注度仍显不足，实证研究与跨学科的精细化研究较为缺乏，研究深度亦尚有提升空间。这些均为本书试图研究与解决的问题。

---

① 高阳：《论 NFT 交易平台著作权合理注意义务的设定》，载《上海大学学报（社会科学版）》2023 年第 5 期。

第三节　研究方法、思路与内容

一、研究方法

本书以规范分析法为主要研究方法,关注法律的实际运行效果和法律的实体内容。以区块链技术适用下的制度事实为规范分析对象,分析现行著作权法规则与区块链技术的契合程度。比较研究法也是本书采用的主要研究方法之一。围绕区块链的应用及其规制问题,美国、欧盟等信息法制发达地区已经形成了大量研究成果以及相似或相异的制度规范。本书比较分析各国相关成果及区块链应用所涉之著作权基础规范,为建立适用于我国数字创意产业的著作权保护及交易体系提供应对策略。

相较于将现有研究笼而统之的传统文献分析法,本书采用文献计量分析方法,系统梳理域内外相关研究进展,快速识别研究热点与知识缺口。同时,运用跨学科的文本内容挖掘方法,通过 BERTopic 主题模型,挖掘区块链著作权领域的研究热点,并通过数据可视化工具分析研究演化趋势。此外,本书还采用法律经济分析和行为经济分析等学科交叉方法,对部分规则与制度设计进行分析,不仅增强了规则和理论的解释力,也为解决复杂问题提供了新的思路。

二、研究思路与主要内容

本书遵循"现象阐释—理论阐释—实践应用"的逻辑思路,围绕区块链与著作权法律体系的互动展开,以提高著作权保护水平和交易效率为主线,分析我国数字创意产业缺口,重点研究区块链在著作权领域应用中的具体法律问题,构建整体研究框架。需要说明的是,本书采用的主要术语"著作权"与"版权"系同义语。为保持行文一致性,本书主要采用"著作权"一词,在提及我国相关行政管理机构名称以及其他版权体系国家制度时使用"版权"一词。

本书具体框架分为"上编:基础理论问题分析"和"下编:具体应用

研究",在此基础上采用六章体例("绪论"与"结论"除外)。上编从我国数字创意产业著作权保护及交易亟待解决的问题展开,明确研究背景与动机,接着分析区块链技术的保护路径、风险规制,以及以区块链为底层技术的智能合约的类型、功能、私法定位及纠纷化解等问题,为构建著作权与区块链共生的法律模型提供基础理论支撑。下编对区块链在著作权保护与交易应用的各环节做横向研究,探讨"去中心化形式"与"弱中心化管理"在数字创意产业著作权保护及交易领域应用的多元可能性。

绪论。阐述研究背景及研究问题的重要性,介绍本书的域内外研究进展、基本方法、研究思路与主要研究内容,同时指出本书的创新之处与局限性所在。

上编:**基础理论问题分析**

第一章　双维度创新:区块链技术与数字创意产业著作权保护及交易之互动。本章首先界定我国数字创意产业的范围与规模,指出我国数字创意产业著作权保护与交易存在的共性问题,提出我国传统著作权保护与交易模式亟须在技术与规则层面针对数字环境做出因应调整。接着厘清区块链的概念与关键技术特征,阐释其作为一种持续性创新与颠覆性创新工具在推动数字创意产业发展中的重要应用潜力。

第二章　区块链技术的知识产权保护与风险治理。若想充分发挥区块链技术的应用效能,要确保该技术得到适度的法律保护与规制。本章第一节探讨区块链自身的知识产权保护,分析其代码及分布式、共识算法的著作权、商业秘密和专利权保护路径,并结合专利申请实例分析我国区块链技术专利赋权的实质性条件。此外,指出区块链专利与开源解决方案的紧张关系,提出化解专利保护独占性与开源软件"自由共享"精神冲突的初步方案。第二节分析"区块链＋著作权"应用的法律风险及其规制,探讨区块链六层技术架构各自存在的法律风险,比较全球主要法域对区块链应用,特别是数字加密货币领域的监管现状,并提出符合区块链技术特质的监管架构设计方案。

第三章 区块链系统中智能合约的法律性质及其纠纷化解。本章聚焦技术意义上的智能合约与法律意义上的合同之间兼容性的解决,阐释其在何种程度上可纳入《中华人民共和国民法典》(以下简称《民法典》)合同编调整范围。首先将智能合约类型化并界定其各自法律性质,接着分析法律意义上的智能合约与合同法规则的兼容性。最后,针对智能合约应用中可能衍生的纠纷,专门探讨由区块链技术驱动的纠纷化解机制及其法治化问题,提出一套以"以链治链"为核心,同时融合硬法与软法的治理机制。

下编:具体应用研究

第四章 区块链视角下数字创意产业的著作权保护促进方案。数字创意产业应用区块链的主要场景包括著作权登记、在线侵权存证等。本章第一节围绕区块链技术驱动下的著作权登记制度变革展开。首先回顾著作权形式主义的制度价值,梳理我国作品著作权登记制度存在的问题。同时,通过反思我国著作权变动登记的效力模式,探讨引入著作权转让登记制度的积极意义。最后分析利用区块链整合著作权私人登记与公共登记系统,完善著作权登记制度的具体方案。第二节聚焦基于区块链技术的数字作品著作权侵权治理机制,揭示了将区块链应用于著作权侵权检测与存证在执行与证明机制方面的独特挑战,继而从"法律代码化"视角提出创新解决路径。最后,本节对区块链技术衍生的数字作品 NFT 交易中的著作权风险问题做简要分析。

第五章 区块链技术与孤儿作品的保护与利用。孤儿作品问题是当代著作权法制度的内在困境。本章首先梳理孤儿作品的诞生源头及其背后蕴含的法理,探讨现行法下保护与利用孤儿作品的可能途经。接着,对比主要国家和地区的孤儿作品利用规则,思考孤儿作品利用的合法化机制,提出与我国著作权体系构成及正当性理论相契合的孤儿作品利用规则。最后,探讨区块链技术能否以及如何解决孤儿作品难题,通过设计基于众包技术的自动化勤勉搜索系统和基于区块链的孤儿作品信息元数据库,打造与孤儿作品利用法律规则互补的技术架构。

第六章 区块链视角下数字创意产业的著作权交易促进路径。本章首先探讨如何利用区块链改善 DRM 系统实现作品的跨平台使用、跨地域授权,以及权利金即时分配,并就 DRM 应用中出现的著作权保护与消费者权益保护冲突问题提出化解对策。然后分析我国著作权集体管理在数字时代面临的现实困境,提出通过区块链与智能合约优化提升集体管理组织运行效率与信任度的具体方案。接着指出区块链对构建合法数字作品二级交易市场的重要性,并以该问题为契机证成数字环境下权利用尽原则延伸适用的正当性。最后,提出基于区块链的"类著作权交易市场"模型,全面优化数字作品个别许可与转让交易机制。

结论。总结全书核心观点,提出未来研究可延伸拓展的方向。

第四节 研究的创新之处与局限性

目前学界对"区块链＋数字创意产业著作权问题"的研究论文数量虽已颇为可观,但多数偏向应用型研究,较少系统地结合区块链技术深入探讨著作权基本概念、基础理论与制度问题的成果,也尚未出现一部结合区块链技术全面阐述数字创意产业著作权保护与交易全链条问题的综合性专著。因此,本书在方法、观点、内容等方面可能都具有较高的创新性。

就方法而言,本书采用了跨学科和学科交叉的研究方法。本书使用图书馆和情报科学领域广泛应用的文本数据挖掘与文献计量分析方法,对相关文献进行主题建模和可视化分析,清晰地呈现了本领域的研究演进和主题脉络,有助于挖掘研究热点和研究缺口。在主体部分,本书尝试结合法学和计算机科学领域知识,如融合 Solidity 代码探讨智能合约问题,拓展研究的视野与应用场景。此外,本书多处对法律经济分析、行为经济分析等学科交叉方法的运用,也为解决复杂问题提供了新的思路和方法。

就观点而言，本书认为要促进数字创意产业健康发展，应增加权利人在平台经济背景下获得报酬的机会，缩小"价值缺口"，提升网络社会的整体福利。区块链技术驱动的去中心化的著作权保护和交易模式有利于促进公众接触作品，确保技术发展带来的效率不被制度削弱，体现网络共享经济的价值观。在具体研究问题上，本书也提出一些新颖观点。例如，孤儿作品并非同质化作品，在制定其利用规则时需考虑孤儿作品的类型学差异，且在提出任何政策建议和技术（包括区块链）方案之前，应结合本土著作权体系和著作权正当性基础，分析不同类型孤儿作品的利用规则，以明确规则的适配性。

就内容而言，本书涵盖区块链技术应用于数字创意产业著作权保护与交易全链条中可能衍生的大部分法律问题，既包括区块链自身的知识产权保护与法律规制，也包括其在著作权登记确权、侵权追踪、电子存证、孤儿作品利用、数字著作权管理和集体管理组织效率提升等方面的具体应用。本书还探索了智能合约条款模型、基于区块链的DRM 系统和区块链技术驱动的数字作品二级交易市场模型的构建，旨在解决数字创意产业中存在的信息不对称和"价值缺口"问题，从而促进更活跃的产业生态。

当然，本书难免存在一些不足之处。尽管笔者在研究中进行了一些调研活动，包括实地考察了一些区块链创业公司，并亲自测试了一些区块链著作权平台，以评估其应用实效，但总体上对国内外案例的实证研究仍不够充分。此外，本书的实施需要多学科知识的融合。笔者已努力避免使本书落入仅对区块链进行表面技术描述和抽象技术想象的对策型研究，也尽量避免做出技术和法学"两张皮"的割裂型研究，尽可能小心求证不同学科的知识与方法，但在对跨学科概念和术语的阐释和运用上可能仍存在需要更为精细化之处。由于研究精力与篇幅限制，本书不得不对研究重点进行取舍，导致对一些研究问题着墨相对有限，今后需要进一步深入和完善。

基础理论问题分析

第一章 双维度创新:区块链技术与数字创意产业著作权保护及交易之互动

区块链作为一种新兴的分布式账本技术,正逐渐渗透到数字创意产业的各个领域。其带来的"持续性创新"与"颠覆性创新"双重维度的相互作用,不仅重塑了数字内容和服务的生产模式,也对著作权保护和交易方式产生了重要影响。本章探讨区块链技术与数字创意产业著作权保护及交易间的互动关系,重点分析我国数字创意产业著作权保护与交易现状、区块链的基本特征与技术品格,探究其如何作为持续性创新工具提高著作权管理系统的效率与透明度,以及如何作为颠覆性创新力量重塑整个数字创意产业的著作权保护和交易生态,促进产业的可持续发展。

第一节 我国数字创意产业著作权 保护与交易现状

一、我国数字创意产业的范围界定与发展状况

创意产业是以创造力为核心的新兴产业,是我国文化产业发展的重要增长极。一般认为,澳大利亚最早在 1994 年将"创造性"概念引入其文化政策文件《创新型国家》(*Creative Nation*)中。1997 年,英国工党为振兴经济发展,决议将创意产业列为国家重要政策。次年,英国文化、媒体暨体育部在其出版的《英国创意产业路径文件》(*Creative*

Industries Mapping Documents）中首次定义创意产业是包括广告、建筑、艺术与文物、工艺、设计、时尚、软件与电脑服务、游戏、表演艺术、出版、音乐、电影、电视广播等具有个人原创的创意、技能与才华，并且具有能够通过知识产权的开发和运用而开创财富和就业潜力的产业。联合国教科文组织则未区分文化产业与创意产业，从文化产品生产、流通、分配、消费的角度将文化产业定义为按照工业标准生产、再生产、储存以及分配文化产品和服务的一系列活动。与之相较，部分国家和地区采用更传统的定义界定文化创意产业范围，例如美国称创意产业为"版权产业"等。

我国的文化创意产业伴随着文化体制改革而发展。2000 年 10 月，党的十五届五中全会通过《中共中央关于制定国民经济和社会发展第十个五年计划的建议》，首次正式使用"文化产业"概念。2004 年，国家统计局出台《文化及相关产业分类》，指出文化及相关产业是为社会公众提供文化、娱乐产品和服务的活动以及与这些活动有关联的活动的集合。2006 年，文化部发布《国家"十一五"时期文化发展规划纲要》，明确提出要发展文化创意产业。2009 年，国务院发布《文化产业振兴规划》，强调发展文化创意产业。2010 年，党的十七届五中全会提出推动文化产业成为国民经济的支柱产业，确立了文化创意产业在中国经济格局中的重要地位。

数字创意产业是现代信息技术与产业文化创意逐渐融合而产生的一种新经济形态。现代信息技术是产业的平台支撑，文化创意、内容生产和著作权利用是产业发展的核心。[①] 囿于网络基础设施以及数字技术的影响，我国的数字创意产业在 2005 年前一直处于萌芽阶段。2006 年，中央政府在《国民经济和社会发展第十一个五年规划纲要》中提出要鼓励数字内容产业发展，为社会提供丰富多样的数字内容资

---

① 邓磊、王妙辉、范雷东等:《我国数字创意技术发展现状与展望》,载《中国工程科学》2020 年第 2 期。

源。这是"数字内容产业"首次在国家层面被提出。2011 年出台的《国民经济和社会发展第十二个五年规划纲要》再次提出要发展数字内容服务。在一系列数字内容产业政策扶持下,我国数字内容产业开始初步成长。

2016 年的《政府工作报告》提出要大力发展数字创意产业,首次在国家层面使用"数字创意产业"概念。2016 年,第十二届全国人民代表大会第四次会议审议通过的《国民经济和社会发展第十三个五年规划纲要》在第二十三章"支持战略性新兴产业发展"中列明了数字创意产业。同年 11 月,国务院在关于印发"十三五"国家战略性新兴产业发展规划的通知中强调,要达成将数字创意产业打造成五个产值规模达到"十万亿级"的新兴支柱产业之一的目标。国家统计局发布的《战略性新兴产业分类(2018)》明确将数字创意产业纳入国家战略性新兴产业,并将数字创意产业细分为数字创意技术设备制造、数字文化创意活动、设计服务和数字创意与融合服务四个子类。

如今,数字创意产业已成为我国国家战略性新兴产业之一,相关产业规模持续扩大。尽管业界对"数字创意"尚无统一定义,对数字创意产业的划定范围也不尽相同,但内容创新始终是数字创意产业发展的核心。本书认为,作为知识经济和数字经济的关键指标,数字创意产业涵盖依托科学、技术与文化系统融合协同而产生的商品或服务产业,[1]可细分为数字游戏、影视动漫、数字教育、数字出版、数字典藏、数字表演、网络服务、内容软件等领域,其繁荣程度直接影响一国未来的产业竞争力。数字化技术的兴起根本性地改变了传统创意产业的著作权保护体系、运营渠道和交易模式,为数字创意产业带来了诸多挑战,包括权利确认、保护策略的演变以及著作权集体管理组织的创新等。

二、数字创意产业著作权保护与交易中存在的问题

数字创意产业的主要产出包括文学作品、影视制作、动漫内容等著

---

① 臧志彭:《数字创意产业全球价值链重构——战略地位与中国路径》,载《科学学研究》2018 年第 5 期。

作权密集型产品,其核心在于能够通过应用知识产权,特别是著作权运营,挖掘创意作品和产品的创造性和新颖性价值,[①]创造财富与就业机会。因此,著作权保护自始至终贯穿于整个数字创意产业过程,是数字创意产业不可或缺的基础与保障。当下,侵权、盗版行为与交易不畅等问题,是制约数字创意产业健康发展的主要障碍。我国数字创意产业涉及数字游戏、影视动漫、数字出版等多个领域,每个领域都有其独特的发展轨迹和需求。但这些领域在创作过程中普遍依赖音乐、录音、文字、图片等基本素材,因此在著作权保护与交易方面面临着一系列共通的问题。相较传统内容产业,数字创意产业的著作权保护与交易问题更为复杂。

(一)数字作品著作权确权难,利用人取得许可不易

在我国现行著作权法制下,除非作品已逾保护期限、存在合理使用或合乎法定许可等特殊情形,利用人如欲使用他人作品通常都需要事先获得著作权人的许可。然而,由于互联网无国界的特性,网络用户在虚拟世界中通常以匿名或代号标识身份,这导致缺乏统一的权利人标识标准。因此,在获取数字作品许可时,作品利用人往往无法得知权利人的真实身份。而网络上传播的数字作品复制件上标识的创作者或权利人信息有时并不准确。此外,由于数字环境下作品的技术保护措施强度有限,一些用户能够轻易规避并篡改作品复制件中附着的真实权利人标识。当然,数字作品权利人不明的主要原因也与我国著作权法实行创作保护主义有关。作品创作完成之时,创作者即享有该作品的著作权,而不强制其进行登记。因此,利用人很难通过可信的公开渠道确认权利人身份。随着数字技术的发展,作品复制更加容易,加上用户创作内容文化的普及,数字创意市场也因此扩大。在充斥着各种作品类型与内容样态的数字创意市场上,内容创作涉及各种作品素材授权。由于数字作品确权难,利用人寻求许可却找不到真实

---

① 邹龙妹:《文化创意产业中的知识产权保护方法与策略》,载《知识产权》2012 年第 8 期。

权利人的情形十分频繁。不愿承担侵权风险的利用人对于此类作品只能选择摒弃不用。

针对权利人不明的情形,部分国家立法设有孤儿作品利用规则。这使利用人在一定情况下,如能够证明自己已尽相当勤勉、合理的努力仍无法与权利人取得联系时,仍有机会继续利用作品。然而,我国著作权法并未明确规范如何解决这类问题。对难以确权的数字作品,若碍于无法获得授权而放弃其内容流通,无疑不利于社会文化传播,亦与著作权法促进文化发展之立法目的相违背。

(二)著作权交易市场信息不对称,数字作品交易效率低下

鉴于创意产业内容创作的去中心化,数字作品的创作与传播主体日益丰富,促成了公众参与文化创作的现象。[1] 在此背景下,职业与业余创作者在创作和二次创作过程中对获取他人作品许可的需求都大幅增加。然而,全球范围内的作品利用人和权利人数量庞大,著作权交易市场的信息高度不对称,导致个别权利人与利用人之间难以达成授权协议,凸显了集中许可机制的必要性。[2]

最具代表性的著作权集中许可模式即著作权集体管理组织的集体管理活动。集体管理组织为著作权人管理作品并向利用人收取使用许可费。但中心化组织容易导致效率低下和官僚化,无法完全满足数字时代对去中心化交易的需求。此外,为追求著作权管理效率,集体管理组织通常仅管理特定作品类型,但数字作品往往混合多种作品类型,使得著作权利用关系十分复杂。例如,一篇附有背景音乐及图片插画的网络文章,虽然对利用人而言可整体算作一件作品,但实际却可能涉及音乐、美术及文字作品等不同权利人。因此,利用人必须分别向各权利人寻求授权。而这种融合多种类型创作元素的数字作

---

[1]　倪朱亮:《自媒体短视频的著作权法治理路径研究——以公众参与文化为视角》,载《知识产权》2020 年第 6 期。

[2]　熊琦:《著作权集中许可机制的正当性与立法完善》,载《法学》2011 年第 8 期。

品,可能也由不同的组织进行管理。这种情况不仅增加了利用人获取授权的难度,还可能引起同一作品被多个集体管理组织重复收费的问题。著作权集体管理组织的集中许可模式和缺乏弹性的费率体系,很难适应数字时代利用人多元化的需求,极大影响了作品利用效率。

为简化授权,管理跨作品类型的去中心化著作权授权模式和一站式交易平台开始在市场上兴起。大量私人资本驱动的作品著作权交易平台通过权利人授权作为代理机构,发放数字作品的财产性权利许可,但其经营模式是否属于擅自从事著作权集体管理尚存争议。[①] 这类平台往往还会利用其市场优势垄断传播渠道,单方面控制数字作品市场价格与交易条件,不断提高管理费用,从而阻碍数字创意市场交易。在著作权交易中,支付方式的便利性关乎权利人的报酬效率。传统上,权利人和利用人之间的资金流动主要依赖第三方金融机构,可用的支付方式十分有限,如果涉及跨境交易则可能产生更多服务费用。这可能导致权利金被金融机构和其他内容管理组织分割。如果创作者或权利人无法承担这些交易成本,可能选择不再将其内容商业化,严重影响著作权市场的活力和发展。

(三)数字作品权利管理碎片化加剧,产业间存在巨大"价值缺口"

数字技术加剧了作品利用与权利管理的碎片化。[②] 数字作品一经上传,就成为互联网用户日常生活的一部分,难免伴随大量未经许可的复制行为。然而,权利人很难追踪这些大规模、低成本的复制行为。即便是获得许可的用户,权利人也很难监控其利用是否符合使用许可协议。此外,著作权市场对权利转让和使用许可的公示不足,导致频繁出现冲突授权、著作权重复转让等问题,损害善意著作权受让人或被许可人的信任感,更影响交易安全与秩序。

---

① 熊琦:《非法著作权集体管理司法认定的法源梳解》,载《华东政法大学学报》2017 年第 5 期。

② 陈凤兰:《数字环境下的版权管理:去碎片化策略》,载《现代出版》2013 年第 2 期。

另外,创作者从交易平台获得的报酬与作品在网络上的实际使用情况严重不成比例。例如,摄影创作者在我国知名图片交易中介平台"视觉中国"的权利金抽成比例不足 1/4。[①] 德国音乐著作权管理组织(GEMA)委托进行的 2022 年德国音乐流媒体研究显示,在德国,作者从标准 9.99 欧元的音乐订阅中仅能获得 0.81 欧元的收入。加拿大作曲家、作家和音乐出版商协会(SOCAN)也在其 2022 年的报告中表示,与传统传播渠道(例如广播)相比,加拿大音乐创作者在数字领域的收入较低。[②] 这种失衡主要归因于大型中介平台的崛起。虽然这些平台拓宽了数字作品的传播渠道,但在与权利人的谈判中,它们凭借强势地位制造了作品使用情况与收益分配间巨大的"价值缺口",扭曲了著作权交易市场秩序。著作权法中的"避风港"条款本意是帮助"技术中立"型网络服务提供商免除侵权责任。[③] 然而,将"避风港"条款运用至另一极端,也使平台方仅需履行"通知—删除"义务,就可以获得对权利人创作内容的实质性免费使用许可,并利用用户上传的侵权内容获得流量、广告收入以及其他收益,进一步加大了"价值缺口"。[④]

(四)数字作品侵权救济难,权利人维权成本高、维权效果不佳

权利人寻求救济的效率低下是当前著作权交易市场表现不佳的关键因素之一。若权利人在遭受侵权后无法获得合理的经济补偿,著作权法的实施效果将大打折扣。网络环境中,数字作品侵权方式多样。若数字作品被用户非法上传至平台,平台方通常可以通过积极履行"通知—删除"义务进入"避风港"获得免责庇护,而权利人追究直接侵权者责任的成本却极高。

---

① 梁小婵,周亮:《视觉中国维权"暴利"背后:摄影师分成持续下降!》,载搜狐网 2019 年 4 月 16 日,https://www.sohu.com/a/308178952_161795,2024 年 3 月 9 日访问。

② 2023 Global Collections Report published by CISAC, https://www.cisac.org/services/reports-and-research/global-collections-report-2023, accessed on 20 Mar 2024.

③ 姚志伟:《公法阴影下的避风港——以网络服务提供者的审查义务为中心》,载《环球法律评论》2018 年第 1 期。

④ 易继明,初萌:《论人本主义版权保护理念》,载《国家检察官学院学报》2022 年第 1 期。

在著作权侵权诉讼中,权利人主张存在侵权行为,需提供具有真实性、合法性及关联性的证据。相较于传统物证和书证,网络环境下的证据的易变性和更新速度要求权利人迅速行动以固定证据,但权利人自行采取的证据保存措施,如网页截图或数据下载,由于极易被篡改,通常证明力不足。为了提升电子数据在证明侵权事实上的效力,权利人往往需要采取更复杂且成本更高的公证手段。在缺乏著作权集体管理组织或大型中介机构支持的情况下,权利人在维权过程中所承担的经济成本往往过于沉重。

在赔偿力度方面,尽管我国法院近年来对网络著作权侵权案件给予更多关注,并判决了一系列赔偿金额较高的案例,但整体平均判赔金额仍较低。法院在实际操作中常用法定赔偿替代实际损失查明,限制了侵权赔偿力度。新修订的《中华人民共和国著作权法》(以下简称《著作权法》)第五十四条引入了惩罚性赔偿规则,但适用范围限定于"故意侵犯著作权"及"情节严重"的情况。而我国知识产权惩罚性赔偿司法解释与地方裁判指引意见就"侵权恶意/故意""情节严重"的具体考量要素存在认识分歧,法院在实际审判过程中对惩罚性赔偿制度前置要件适用具体情形的诠释也不尽相同。例如有的为防止滥用惩罚性赔偿,采用"意思主义"认定标准,将故意限定于直接故意情形;有的则只强调认识因素,而不关注意志因素,采用"观念主义"将间接故意和重大过失情形也纳入惩罚性赔偿的主观要件。[1] 此外,实践中赔偿基数确定不易,法官在倍数确定上的自由裁量范围较大,这进一步降低了裁判的一致性和可预测性。法官可能存在的相对保守和求稳心理,也使"惩罚性赔偿"整体使用率不高,[2]最终未必能完全弥补权利

---

① 朱冬:《〈民法典〉第 1185 条(知识产权侵权惩罚性赔偿)评注》,载《知识产权》2022 年第 9 期。

② 詹映:《我国知识产权侵权损害赔偿司法现状再调查与再思考——基于我国11984 件知识产权侵权司法判例的深度分析》,载《法律科学(西北政法大学学报)》2020 年第 1 期。

人损失。著作权侵权诉讼的程序往往耗时较长,进一步增加了权利人的时间和经济成本,降低了维权效率与效果。

第二节　区块链技术对数字创意产业的影响

数字创意产业面临盗版猖獗、维权困难、交易效率低下等共同问题。大型中介平台对"避风港"原则的滥用,更造成产业内巨大的"价值缺口",引起产业发展瓶颈与创新困难。我国传统的著作权保护与交易模式亟须在技术与规则层面针对数字环境做出因应调整。区块链以其分布式账本、数据不可篡改和历史可追溯的特性,被广泛认为有潜力以较低成本改善数字创意产业著作权保护及交易机制,重塑创意内容的价值生态。

一、概念清晰度:区块链及其技术特征

区块链是部署在分布式架构中的一系列复合型技术以及治理结构的集合,其起源可追溯至 20 世纪 60 年代美国加利福尼亚州的密码朋克(Cypherpunk)运动,该运动倡导利用密码学技术抵御现代社会中不断蔓延的对个人隐私和权利的侵蚀。实际上,区块链并未引入任何全新的独立原创技术,而是对现有密码学和互联网技术的创新性整合。

尽管区块链与比特币在概念上紧密相连,但两者之间存在本质区别。区块链是比特币运作的技术基础,而比特币仅仅是众多基于区块链技术构建的应用程序之一。可以说,区块链的价值并不依赖于比特币或其他特定应用的成功与否。即使比特币体系遭遇崩溃,区块链技术本身仍具有持续发展与应用的潜力。本部分将重点介绍区块链的基本运作原理与关键技术特征。

(一)区块链的基本概念与运作原理

1976 年,美国密码学家怀特菲尔德·迪菲(Whitfield Diffie)和马丁·赫尔曼(Martin Hellman)发表的开创性论文涵盖了非对称加密、椭圆曲线算法、哈希等概念,并首次提出公共密钥加密协议和数字签名,[1]奠定了现代互联网加密算法的基础,也为区块链的诞生提供了支持。1979 年,美国计算机科学家拉尔夫·默克尔(Ralph Merkle)提出了广泛应用于分布式网络中数据校验的默克尔树(Merkle-tree)数据结构和相应算法,[2]成为区块链上验证数据同步的重要手段。20 世纪 90 年代初,美国密码学家斯图尔特·哈伯(Stuart Haber)和斯科特·斯托内塔(Scott Stornetta)在关于数字文档时间戳的研究中引入了哈希链的概念,这普遍被视为区块链的原型。[3] 自 2008 年中本聪发布比特币论文以来,数字加密货币及其相关技术引起了广泛关注。比特币的问世标志着区块链首次成功应用于全球通用的电子货币系统。

自 2014 年起,比特币所依赖的核心技术——区块链开始受到更多的关注。人们逐渐意识到,区块链可以独立于比特币存在,并在数据安全和隐私保护等领域发挥重要作用。尽管区块链形式多样,但大多数共享核心概念和原理。它是一种以时间顺序相连的链式数据结构,通过密码学算法保证数据不可篡改和伪造。这一技术基于 P2P 网络,利用分散式节点共识算法生成和更新数据,采用智能合约作为执行层面的自动化脚本代码,构建了一种全新的去中心化分布式基础架构与计算范式。

区块链本质上是一种分布式账本技术,由相互连接的“区块”(block)形成线性“链”(chain)。分布式账本技术是一个通用术语,用于描述通过私有或公共分布式计算机网络在用户之间存储、分发和交换数据的技术。分布式账本本质上是存储在位于不同物理位置的多

---

① Diffie, W., Hellman, M. New Directions in Cryptography, 22 *IEEE Transactions on Information Theory*, 1976:644-654.

② Merkle, RC. Secrecy, *Authentication, and Public Key Systems*, Stanford University, PhD thesis, 1979.

③ Haber, S., Stornetta, WS. How to Time-stamp A Digital Document, 3 *Journal of Cryptology*, 1991:99-111.

台计算机(节点)上的数据库,其中每个区块包含最近的交易清单。这些交易对所有参与者公开可见,但极难篡改。随着新区块不断加入链中,相互连接的区块就形成了一份连续记录。与传统集中式账本不同,区块链基于分布式系统构建,每个参与维护区块链网络的节点都持有一份账本,并与其他节点同步。这种去中心化结构使区块链不受单一实体控制,所有参与者根据系统规则验证和确认交易,从而实现权力结构从中心化向去中心化转变。区块链创新地整合了现有技术,形成了一个可操作的、自我管理的分布式数据库系统。它采用共识算法来实现公平的工作量证明机制,使用椭圆曲线数字签名算法确保交易安全,并利用哈希函数、默克尔树和时间戳等方法,增强数据安全性和不可篡改特性。

(二)区块链的技术特征

1.去中心化

去中心化是区块链最基本的特征。去中心化通常被用作描述网络架构,其涵盖从去中心化到分布式的网络架构范畴。一种被广泛引用的网络拓扑分类区分了集中式网络、去中心化网络和分布式网络。[①]集中式网络由一个中心节点(如服务器)连接所有其他节点,中心节点故障会导致整个网络失效。去中心化网络则具有分层结构,其中底层节点形成小型星形网络,连接到高层节点。分布式网络中的所有节点都具有相似的连接结构,每个节点都与网络中的多个其他节点相连,即使部分节点失效,整体网络仍能保持连通性。这种设计增强了网络的鲁棒性(robustness)和弹性。[②]

网络分布程度越高,抗干扰能力越强,对单个节点的依赖性越小。

[①]　Baran, P. On Distributed Communications Networks. 12 *IEEE Transactions on Communications Systems*.1964:1-9.

[②]　Bodó, B., Brekke, JK., Hoepman, JH. Decentralisation: A Multidisciplinary Perspective. 10 *Internet Policy Review*.2021.DOI:10.14763/2021.2.1563.

分布式网络可不依赖于任何特定个人、公司或组织运行。因此,互联网应被视为去中心化而非分布式,尽管其节点数量庞大且分布广泛,但关键节点仍由政府或大型科技公司控制,能够对网络运行和内容施加实质影响。[①] 这表明,网络的分布程度对于系统权力的分配和对网络的控制具有重要意义。

区块链通常被描述为去中心化和分布式的,其数据和交易记录分布在多个节点上,没有单一的中心控制点。去中心化意味着没有单一实体能够操控区块链系统,从而保护用户数据和交易免受干扰。同时,分布式架构确保每个节点都拥有完整的区块链副本,并通过共识算法保持数据一致性。这使区块链系统具备高度的容错性和可靠性,即使部分节点发生故障或遭受攻击,整个系统仍能保持运行并维持数据完整性。因此,区块链在保障数据安全和网络稳定性方面具有显著的优势。

2. 公开透明

交易的透明度体现为信息的易获取性,包括交易双方以及外部观察者对信息的普遍可见性。[②] 透明度是确保交易各方信任的基础,对于建立交易参与方及相关利益者之间的紧密关系至关重要。作为一种分布式账本技术,区块链凭借开放的架构和去中心化特性,使系统内的所有数据记录和操作对每个节点透明。每个节点都能够存储完整、一致的全网历史交易记录,确保数据一致性和可审查性。除了用户私钥(private key)由自己保管外,区块链上几乎所有交易都是公开透明的,可供网络节点验证和追溯。这种特性与社会对公开决策和透明治理的期待相符。区块链采用非对称加密和散列加密等技术,确保

---

① 丁晓东:《从阿帕网到区块链:网络中心化与去中心化的法律规制》,载《东方法学》2023年第3期。

② Bai, CG., Sarkis, J. A Supply Chain Transparency and Sustainability Technology Appraisal Model for Blockchain Technology, 58 *International Journal of Production Research*, 2020:2142-2162.

数据在全网的高度透明性,①同时保证数据的完整性和可信度。此外,区块链网络的运行程序、规则和节点接入方式都是公开的,构成了网络信任的基础。

3. 安全性

相较其他技术,区块链在数据保护方面具有更高的安全性,主要体现在保密性和完整性两方面。保密性方面,区块链利用密码学技术确保数据在传输和存储过程中处于加密状态,防止未经授权的访问。完整性方面,通过区块链的数据结构和共识机制,确保数据在传输过程中不易被篡改或攻击。

数据存储在分布式账本上,以"哈希"形式与其他数据一起存储在一个"块"中,并按照时间戳顺序形成数据链。哈希是通过哈希函数计算得到的结果,用于提供数据的完整性校验和唯一标识。每个区块包含区块头和区块体两部分,其中交易以默克尔树的形式存储在区块体部分,区块头则包含当前版本号、前一个区块的地址及哈希值、时间戳、难度、随机数以及默克尔根哈希值等重要信息。每个区块都有一个独特的哈希值,由区块头的内容经过双重哈希化计算得出,确保区块链的数据不可篡改。区块链的链式结构使得每个新生成区块的区块头引用前一个区块的哈希值,形成连续的区块链。如果某个区块头的数据在新区块生成前被篡改,新生成区块的哈希值将与原始哈希值不同,从而被网络中的其他节点拒绝,无法记录在主链上。由于区块链采用去中心化运作模式,各个节点都持有完整的账本数据副本,即使个别节点出现故障或恶意篡改,其他节点依然能够维持账本数据的一致性和完整性,实现自我修复。这是区块链具备高安全性的重要原因之一。

4. 匿名性

区块链的匿名性是其核心特性之一,旨在保护用户隐私和身份信

---

① 李董、魏进武:《区块链技术原理、应用领域及挑战》,载《电信科学》2016 年第 12 期。

息。在区块链上交易时,用户无须透露真实身份,而是使用匿名地址标识自己,使其真实身份与交易行为难以直接关联。区块链的匿名性主要体现在以下三个方面。

第一,不可标识性。在区块链网络中,用户的真实身份不会被直接披露。尽管交易记录对所有参与者可见,但用户身份是通过密钥对表示的,即一个公开的公钥(public key)和一个保密的私钥,而非具体个人信息。因此,即使交易数据公开,外界也无法直接识别交易者的真实身份。第二,不可链接性。通过隐藏用户与交易地址之间的关系,使外部观察者难以判断不同交易是否涉及同一用户或实体,从而有效保护交易隐私。第三,不可追踪性。通过隐藏用户之间的交易关系,区块链确保资金流向的保密性。观察者无法追踪交易发送方和接收方的历史交易记录,实现交易的匿名性。[1]

5.置信机器

区块链通过建立信任机制,减少交易对传统信任(trust)的依赖。所谓信任,是一个主体在无法监控对方行动且该行动可能影响其决策时,对另一主体执行特定行动的主观概率评估。[2] 换言之,信任涉及对他人行为的预期,即使在缺乏直接监督能力的情况下,信任者仍愿意基于这种预期采取行动。信任具有多重益处,它允许行动者将任务委托给第三方,降低直接参与的需求,从而节省资源,对人类从自然状态过渡到社会组织至关重要。[3] 然而,受托人可能违背委托人的利益,尤其在信息和权力不对等的情况下。信任引入了脆弱性和风险,固有地将信任者置于脆弱状态,[4]带来风险和不确定性。

---

[1]　沈蒙,车征,祝烈煌等:《区块链数字货币交易的匿名性:保护与对抗》,载《计算机学报》2023 年第 1 期。

[2]　Gambetta, D.（eds.）*Trust: Making and Breaking Cooperative Relations*, Oxford Blackwell,1998,pp. 213-238.

[3]　Locke, J. *Two Treatises of Government*, Cambridge University Press,1988, p.359.

[4]　Giddens, A. *The Consequences of Modernity*, Polity Press, Cambridge,1990,p. 89.

区块链被广泛称为"无须信任"(trustless),主要基于人们认为其通过技术手段消除了交易双方的相互信任需求。首先,区块链依赖加密算法、哈希函数等数学原理,确保数据的安全性和完整性。这些技术是可验证的,建立了用户对系统的信心。其次,区块链通过经济激励和共识机制鼓励参与者(如矿工)按照预定规则行事,减少了网络对单一实体或个人行为的信任需求。最后,区块链去中心化的结构消除了单一控制点,降低了用户对权威中介的信任需求。

然而,区块链并非完全无须信任。尽管它减少了对中央权威的信任依赖,但其运作仍依赖对网络中众多参与者(如矿工、验证者、开发者等)的信任。这些参与者共同负责维护区块链网络安全和规则执行。即使在去中心化的环境中,也需要信任这些分散的参与者不会串通或采取损害整个网络的行为。在技术上,用户对区块链密码学和算法技术的信心建立在对负责设计和实施这些系统的技术专家的信任之上。此外,区块链需要适当的治理结构来处理规则变更、冲突解决和其他管理问题,这些过程也需要网络参与者的信任。最后,区块链的社会接受度取决于用户对其价值和功能的信任,这不仅基于技术性能,还包括对隐私保护、公平性和包容性等社会文化因素的考量。①

因此,区块链并非无须信任的技术,而应被视为一种"置信机器"。它虽然没有完全摆脱信任,但通过加密规则、数学原理和激励机制,创造了人们对其运行方式与程序正确性的共同期望,从而减少了对传统信任的依赖。

(三)区块链的核心技术

1. 共识机制算法

共识机制是区块链系统中确保所有节点数据一致性的核心规则,

---

① Filippi, PD., Mannan, M., Reijers, W. Blockchain as a Confidence Machine: the Problem of Trust & Challenges of Governance, 62 *Technology in Society*, 2020: 101284.

对具有自我监管特性的去中心化系统至关重要。它通过在互不信任的节点间建立共同遵守的规则,实现节点间的协作与配合,最终达成数据一致性。[①] 共识机制需具备两个特征:一是一致性,确保所有诚实节点保存的区块链的前缀完全相同。二是有效性,确保诚实节点发布的信息最终被其他诚实节点记录在区块链中。常见的共识机制包括工作量证明(PoW)机制、权益证明(PoS)机制、权益授权证明(DPoS)机制和实用拜占庭容错(PBFT)机制等。

比特币区块链采用 PoW 机制,通过分布式节点的算力竞争来保证数据一致性和共识的安全性,[②]但存在能源消耗大、网络性能低和算力中心化等问题。第二代区块链技术以太坊的开发者于 2022 年开始转向 PoS 机制。与 PoW 机制不同,PoS 机制根据节点持有的权益大小(即节点在区块链网络中投入或存储的数字资产总额)决定记账权。节点通过在区块链网络中投入权益以参与竞争记账权,而无须堆积算力。DPoS 机制在 PoS 机制基础上将节点角色专业化,通过投票选出一定数量的记账节点作为共同信任的代表来运营网络,并负责验证交易和生成区块,也被称为股份授权证明机制。

2. 安全加密算法

安全加密算法是区块链的核心组成部分,其确保了区块链交易和数据安全,为整个系统的稳定性和可靠性提供基础。常用的加密算法包括数字签名算法、非对称加密算法以及哈希函数算法等。

数字签名算法用于确保交易和数据传输的安全性,主要包括签名生成和签名验证两部分。区块链中常用的数字签名算法大多基于公钥密码学,如椭圆曲线数字签名算法。[③]

---

① 刘懿中,刘建伟,张宗洋等:《区块链共识机制研究综述》,载《密码学报》2019 年第 4 期。

② 袁勇,倪晓春,曾帅等:《区块链共识算法的发展现状与展望》,载《自动化学报》2018 年第 11 期。

③ Koblitz N. Elliptic Curve Cryptosystems,48 *Mathematics of Computation*,1987;203-209.

　　常见的对称加密算法使用相同密钥进行数据加密和解密,而区块链采用非对称加密算法,使用一个公钥和一个私钥组成的密钥对。在交易过程中,用户首先对交易数据进行哈希处理,然后使用私钥对哈希值进行加密生成数字签名。接收方在收到交易时,使用公钥解密签名并验证哈希值,以确保数据未被篡改且签名有效。这一机制不仅提供了身份验证和数据完整性,还确保了交易的不可否认性,增强了区块链系统的安全性和信任度。

　　哈希函数算法(散列算法)是区块链中另一类重要的密码学算法。哈希函数接受任意长度的输入,输出固定长度的哈希值,广泛应用于构造和验证区块及交易的数据完整性。哈希值的唯一性和单向性为区块链提供了一种强大的防篡改和数据验证机制。常见的哈希函数包括 MD5、SHA 系列函数等。哈希函数算法的一个重要应用是默克尔树。这是区块链系统中用于保障数据完整性和提高效率的一种重要数据结构,由一系列哈希值构成的二元树(binary-tree)组成,包括一个根节点、一组中间节点和一组叶节点。在默克尔树结构中,底层叶子节点包含数据块及其哈希值,中间节点将相邻叶子节点的哈希值合并计算,最终形成根哈希值(默克尔根)。[①] 默克尔树的核心特点是,底层数据的任何变动都会通过中间节点传递到其父节点,直至根节点。通过比较两个默克尔树的根节点,可以快速验证大量数据的完整性。默克尔树为区块链系统提供了一种高效且安全的数据验证机制,在需要处理大量数据的应用场景中具有重要意义。

　　3. 智能合约

　　智能合约是一组用于自动接收和发送数字资产及信息的规则或程序,作为区块链的创新应用,正以其独特优势重塑传统合同的执行和管理。其核心特性包括:一旦部署至区块链,合约内容不可随意篡

---

　　① 黄根,邹一波,徐云:《区块链中 Merkle 树性能研究》,载《计算机系统应用》2020年第 9 期。

改，确保合约的持久性和执行的一致性。智能合约的自我验证和自动执行机制降低了人为干预的风险，增强了执行过程的公正性和透明度，同时提高了执行效率。此外，去中心化特性减少了智能合约对中间人或第三方的依赖，有效降低了交易成本并提升了交易效率。智能合约之间的互操作性进一步扩展了应用范围，允许多个合约协作，构建复杂的业务逻辑和服务体系，为用户提供全面的解决方案。

智能合约与区块链的结合被广泛认为是区块链发展史上的一个里程碑，它标志着区块链2.0时代的到来。以下是一个简单的智能合约示例，用于在以太坊区块链上登记和验证作品的著作权信息：

```solidity
pragma solidity ^0.8.0;
contract Copyright {
  // 映射作品名称到作品创作者的地址
  mapping(string = >  address) public creators;
  // 用于跟踪作品是否已经登记
  mapping(string = >  bool) public isRegistered;
  // 作品登记事件
  event WorkRegistered(address indexed creator, string indexed work);
  // 允许作品创作者登记他们的作品
  function registerWork(string memory _work) public {
    // 确保作品尚未登记
    require(! isRegistered[_work], "Work already registered");
    // 将作品名称映射到创作者地址
    creators[_work] =  msg.sender;
    // 将作品标记为已登记
    isRegistered[_work] =  true;
    // 触发作品登记事件
    emit WorkRegistered(msg.sender, _work);
  }
```

// 允许任何人验证特定作品的著作权信息

```
function verifyWork(string memory _work) public view returns (address) {
    // 确保作品已经登记
    require(isRegistered[_work], "Work not registered");
    // 返回作品创作者的地址
    return creators[_work];
  }
}
```

在这个智能合约示例中,creators 映射将作品名称映射到其创作者的地址,isRegistered 映射用于跟踪作品是否已登记。合约提供了两个主要函数:第一,registerWork(string memory_work)允许作品创作者登记作品,存储作品名称和创作者地址,并标记作品为已登记。登记成功后,合约会触发 WorkRegistered 事件,并广播创作者地址和作品名称。第二,verifyWork(string memory_work)允许任何人验证特定作品的著作权信息。当调用此函数时,合约将检查作品是否已登记,并返回作品创作者地址。该智能合约可在以太坊网络上部署,实现去中心化的著作权管理。由于智能合约的执行状态和数据都被存储在区块链上,因此著作权信息具有高度的透明度和不可篡改性。

智能合约技术使区块链的应用不再限于数字加密货币范畴,转而应用到更加广泛的领域和产业之中。通过结合智能合约和非对称加密技术,区块链改变了传统合同缔结方式,降低了缔约成本。尽管区块链存在局限性,如验证数据输入的准确性和授权问题,但其在建立信任机制方面具有革命性的潜力,使得点对点交易能够突破传统限制,以更高效的方式进行。

(四)区块链的主要分类

作为分布式账本技术,区块链有多种类型以适应多样化的应用场景和需求。它们可以是非许可制的公有链,也可以是许可制的私有链,或者是结合了非许可制和许可制特点,旨在平衡开放性和控制性的联盟链。

1. 公有链

公有链是一个无须许可的分布式账本系统,以其完全开放和去中心化的特性,为全球用户提供自由参与的平台。任何人都可以加入公有链网络成为节点,参与交易的发送、接收、验证和记录,无须中心化机构的批准。公有链不限制参与者数量、交易类型或频率,这种开放性使其成为全球用户和开发者广泛采用的技术,形成了庞大的去中心化网络。比特币和以太坊是公有链的典型代表。由于其高度透明和去中心化的特性,公有链被广泛应用于数字加密货币和去中心化应用(DApp)。在公有链中,参与者都有权查看账本数据并自由交易,任何人都可以参与共识过程,决定哪些区块被添加到链中,进一步强化去中心化特性。用户可以匿名参与,无须注册即可访问网络和查看数据,节点也可随时加入或退出。[①] 经济激励机制在公有链中发挥关键作用,通过交易费和奖励等方式激励共识节点参与共识,维护区块链系统的安全性和有效性。公有链通常采用 PoW 或 PoS 等共识机制。

2. 私有链

私有链,也称为许可链,是为特定组织或团体设计的受限区块链网络,其核心特点是限制参与者的访问权限。[②] 私有链通常由单一组织控制,只有获得授权的节点才能加入并参与网络的读写操作。数据读写权限以及区块记账权均由私有组织的规则分配和控制。组织根据实际情况决定向每个节点开放的信息量。私有链的主要价值在于防范安全攻击,保障数据安全、不可篡改和可追溯,适用于需要提高效率但不希望公开交易数据的场景,如企业内部审批、财务审计和政府

---

① 张浩,朱佩枫:《基于区块链的商业模式创新:价值主张与应用场景》,载《科技进步与对策》2020 年第 2 期。

② Thakur, S., Kulkarni, V. Blockchain and its Applications—A Detailed Survey, 180 *International Journal of Computer Applications*, 2017:29-35.

预算执行等。这些场景强调数据安全和隐私,而不追求公有链的完全透明和去中心化。严格来说,私有链并不完全符合区块链的定义,因为它缺乏完全去中心化的特征。私有链更类似利用区块链技术实现数据交换的准区块链系统。尽管如此,私有链仍能保持数据的不可篡改性和完整性等关键特征。它结合了区块链的安全性和传统中心化系统的效率优势,为特定组织优化内部管理和数据交换提供了有效工具。

3.联盟链

联盟链是一种结合公有链和私有链特性的混合型区块链架构,属于许可链,参与节点仅限于由多个成员组成的联盟。[①] 每个节点代表联盟中的一个组织或机构,节点总数则由参与者规模决定。共识所需的节点数量取决于具体共识算法,例如,PoW 机制可能需要大多数节点同意才能达成共识,而 PBFT 机制则可能只需要部分节点参与就能迅速达成共识。因此,在设计联盟链时,需根据参与机构的需求和网络性能要求选择合适的共识算法,以确保系统的效率和安全性。联盟链主要通过成员机构的网关访问网络。联盟链平台通常提供成员信息认证、数据读写权限授权、网络交易监控、成员管理等功能。成员在获得权限后可以加入区块链系统,访问账本并参与区块的生成和验证。在交易结算时,成员通过共识机制参与确认交易的有效性,确保可信性和安全性。此外,联盟链成员可以通过控制人员名单,针对机构中特定认可的人员设定读写权限,提供业务隐私性,并保持区块链多节点共识治理的特性。

总的来说,作为一种介于公有链和私有链之间的区块链类型,联盟链通过限制参与节点的范围和身份,能够在提高交易效率的同时,保持一定程度的去中心化和共识治理,适合于需要高效、安全且具有一定隐私性的商业应用场景。

----

① Yao,W.．Ye,JY.，Murimi,R.，Wang,GL. A Survey on Consortium Blockchain Consensus Mechanisms，*preprint arXiv*，2021，arXiv:2102.12058.

二、区块链技术在推动数字创意产业发展中的应用潜力

数字化时代,区块链以其独特的分布式账本和加密特性,正逐渐成为推动数字创意产业发展的重要力量。从数字作品的著作权保护到创意内容分发,再到新型商业模式的构建,区块链展现出巨大的应用潜力。

(一)有助于构建可信、安全的著作权保护与交易环境

首先,区块链能够通过"可信时间戳"提升数字作品权利信息的可见性和可验证性,以较低成本为作品出处及创作时间提供有力证据。例如,基于区块链技术的数字作品著作权登记与验证平台 Copyright Bank,即可在创作者上传数字作品后,自动为其添加"数字指纹"、时间戳并在 NEM 区块链上注册一个唯一哈希加密快照,并为上传人颁发含有作品登记信息的数字证书。创作者每次可以登记最多 100 个数字作品,每次注册/验证仅需要一个价值约 1 美元的数字加密货币。

其次,区块链的分布式账本技术保障了时间戳的不可篡改性,任何对作品权利信息记录的篡改行为都会被网络中的其他节点检测到并拒绝。每次对作品权利信息的新增或更新都会生成新的时间戳,并加密链接到区块链的前一个区块中,使任何人都能随时验证该信息的存在及完整性。

最后,区块链技术简化了著作权交易的管理流程,提高了交易效率与安全性。数字创意市场交易的典型特征是模糊性和非公开性。数字作品交易信息的真伪验证、数字作品著作权重复转让/许可、数字作品价值确定等一直是产业发展中的实践难题。[①] 哈希函数算法确保每次数字作品交易都能被永久记录在区块链上,且无法被轻易篡改,为著作权交易提供了可靠证据。同时,区块链还使实时追踪特

[①] 陈晓菡、解学芳:《颠覆式创新:区块链技术对文化创意产业的影响》,载《科技管理研究》2019 年第 7 期。

定作品复制件的使用及侵权情况成为可能。权利人可以根据作品使用及侵权情况采取相应措施,例如请求平台采取删除、屏蔽及断开链接等必要措施或者提起侵权诉讼等,极大提高了著作权实施的效率和效果。

(二)引入激发创意内容生产与分发的创新模式

区块链为创意内容的生产与分发引入了创新模式,直接连接创作者和数字作品消费者,简化了分润流程,并重塑了内容生产者的激励体系,提高了创作者的收益潜力。通过智能合约等自动机制,这一技术鼓励高质量内容的创作,促进数字创意产业向优质内容生产转型。例如,Steem 是一个基于区块链激励机制的开放内容创作平台,着眼于把"类金钱"激励引入到内容创作中。用户在其 Steemit 博客平台撰写优秀文章可获得加密货币(Steem)作为奖励。与传统数字内容平台不同,Steem 是一条内容专用公链,将文章数据存储在区块链上,并通过经济激励机制奖励内容贡献者。Steem 区块链通过发行数字加密货币形成奖金池,根据用户的投票分配奖金。优质内容创作者可获得奖金的 75%,而点赞者(亦可称为内容策展人)可获得奖金的 25%。数字内容创作的质量越高、点赞得越多,创作者收到的奖励越高,有效地激励内容创作。

在数字作品的分发与交易中,由于复制件完全相同,权利人难以追踪其分发与利用,导致维权困难。区块链可通过哈希函数算法为每个数字作品复制件生成唯一标识符,以区分不同复制件。这种唯一标识可用于管理和追踪数字作品的传播,为每个复制件分配个性化许可条款,满足不同用户需求。此外,结合智能合约技术,区块链有望建立全球性的权利金自动支付系统,实现数字内容的高效流转,极大提升数字创意产业活力。例如,2018 年美国独立喜剧电影《不需要邮费》通过 Qtum 区块链上的去中心化视频应用 Vevue 发行,成为首部通过区块链发行的流媒体电影。该平台利用"监控智能合约"技术追踪数字内容的生命周期,有效打击盗版,并使创作者能即时获取权利金。

通过区块链,数字作品的使用和交易可被精确追踪,为二级交易市场的合法化提供可能。

　　总体而言,区块链的应用有助于推动数字创意产业向优质内容生产和服务转型,为著作权保护与交易市场参与者创造一个更加公平与可持续的生态系统。

第三节　总结:"区块链＋著作权"应用与配套制度研究的必要性

　　经济学家约瑟夫·熊彼特(Joseph Schumpeter)指出,创新通过重新组合生产要素,促成新产业的兴起,创造就业机会并推动经济繁荣。美国学者克莱顿·克里斯坦森(Clayton Christensen)则区分了"持续性创新"和"颠覆性创新",[①]前者旨在改善已有的产品特性,后者则创造了新的市场和价值网络。[②] 区块链不仅能帮助现有机构(如著作权集体管理组织)更高效地处理数字作品的大规模权利管理事务,还可能引发"新市场颠覆",在现有数字创意市场中创造全新的细分领域,服务于之前未被充分满足的客户群体。在此意义上,区块链技术是一种融合了"持续性"和"颠覆性"特征的"双维度"创新技术。

　　在数字创意产业,区块链的双维度创新应用潜力显著。它为创作者提供更坚实的著作权保护技术,并通过去中心化的内容分发平台,为消费者带来多样化和便捷的内容获取方式,推进"持续性创新"。同时,区块链促进跨行业合作,通过开放的联盟链平台,不同领域的企业

---

① Christensen，CM.，McDonald，R.，Altman，EJ.，Palmer，JE. Disruptive Innovation：An Intellectual History and Directions for Future Research，55 *Journal of Management Studies*，2018：1043-1078.

② Rahman，A.，Abdul Hamid，UZ.，Chin，TA. Emerging Technologies with Disruptive Effects：A Review，7 *Perintis eJournal*，2017：111-128.

和组织可以共享创意资源,培育跨界融合的数字创意产业新生态,[1]共同推动创新。作为一种跨界技术,区块链为中小企业和个体创作者提供了更容易获得资金支持的机会,促进资源共享和价值互通,[2]从而促进数字创意产业生产端效率提升,扩大需求端的市场规模,增强产业链的灵活性。同时,它有助于推动数字文化产品的价值流转,促进产业链的深度融合与聚集,为整个产业带来新的增长机遇和商业模式创新。在这个意义上,区块链有望构建更加开放和包容的数字创意产业新生态,推动数字创意产业的"颠覆式创新"。

尽管区块链被视为数字经济领域中最具革命性的技术之一,但其持续性与颠覆性创新的潜力取决于多个关键因素。技术的成熟度和稳定性、市场对区块链的接受程度以及相关法律制度的完善都是影响其发展的关键。为促进"区块链＋著作权"的健康发展,需要及时围绕区块链展开配套法律制度研究。这包括从应用监管科技、完善监管法律等方面为区块链的创新发展提供坚实的制度支持,也包括探索区块链与著作权法律制度的融合可能性,分析其是否颠覆了传统的数字作品保护与交易模式,以及著作权制度是否应当做出适应性改变,以促进形成高效规范的数字创意市场发展环境。

著作权制度为创作者提供市场驱动的激励机制,激发创造活力和更多创意。同时,著作权制度赋予权利人专有权,有助于吸引投资并实现资源的高效配置,从而推动数字创意产业规模和质量双重跃升。与国家资助或公地资源模式相比,著作权制度更加灵活多元,能够适应不同文化背景下的差异化需求。区块链与数字著作权的融合为数字创意产业带来了新的机遇,同时也对现有著作权保护体系提出了挑战。未来的研究应探讨如何充分发挥区块链技术优势,构建更完善、

---

[1]　余钧,戚德祥:《新形势下文化产业双循环发展的战略思考》,载《科技与出版》2022 年第 2 期。

[2]　宋华,杨雨东,陶铮:《区块链在企业融资中的应用:文献综述与知识框架》,载《南开管理评论》2022 年第 2 期。

高效的数字著作权保护及交易机制,确保数字作品著作权的确权、许可和分润过程透明可靠,有效应对数字作品侵权问题,并促进数字创意产业的繁荣和创新。通过充分发挥区块链技术优势,可以激发数字创意市场的持续性与颠覆性创新潜力,推动整个行业向更健康、可持续的方向发展。

第二章 区块链技术的知识 产权保护与风险治理

近年来,随着区块链技术的迅猛发展,其应用范围已不再局限于数字货币和金融领域,逐渐与各行各业深度融合。全球范围内围绕区块链技术展开的竞争亦日趋激烈。若要充分发挥区块链在数字创意产业保护方面的最大效能,首先应确保该技术得到完善且适度的法律保护与规制。本章将重点研究如何完善区块链技术自身的知识产权保护,以及如何结合法律、政策与区块链自治特性的治理规则和行业自律规则,规范区块链技术的开发与应用。

第一节 在保护与开放间权衡的区块链 技术知识产权保护方案

区块链的技术核心是分布式数据存储、P2P 传输、共识机制和加密算法等,其自身知识产权保护应从多个层面展开。其中,区块链代码有可能作为计算机软件获得著作权保护,而其分布式和共识算法则可能获得专利保护。此外,还可配合反不正当竞争和商业秘密保护。至于商标权保护路径,由于其旨在保护标识与区块链产品或服务来源之间的指向性关系而非区块链本身,故不宜用以作为保障区块链技术开发者的普遍性方法。[①]

---

① 肖翰:《知识产权保护视角下区块链技术的专利赋权标准研究》,载《科技进步与对策》2021 年第 5 期。

一、区块链技术的多种知识产权保护模式概述

区块链作为一种计算机技术,与计算机软件密切相关,在我国知识产权法律体系下可能获得著作权、专利权和商业秘密保护。

(一)区块链技术的著作权保护路径

计算机软件是指挥计算机进行计算、判断、处理信息的程序系统,通常分为系统软件和应用软件两类。著作权保护是全球范围内对涉及计算机软件的应用技术创新成果的主要保护方式之一。

美国、欧盟和我国等均通过著作权在一定范围内保护计算机软件。1978 年,世界知识产权组织(WIPO)制定的《保护计算机软件示范条例》定义计算机软件包括"程序、程序说明和程序使用指导三项内容"。美国在其《版权法》修正案中首次定义计算机软件为"一组旨在直接或者间接用于计算机以取得一定结果的语句或指令",并通过判例扩大了保护范围至软件目标码。欧盟在其 1991 年颁布的《计算机软件保护指令》(91/250/EEC 指令)①中定义的计算机软件不仅包括计算机程序,还包括开发准备阶段的程序设计资料。我国 2002 年施行的《计算机软件保护条例》则定义计算机软件为"计算机程序及其有关文档"。

长期以来,学界对计算机软件是不是著作权的适格客体存在争议。尽管计算机软件是一种功能性的技术手段,但其主要通过描述性、展示性内容表达发生作用,因此仍可纳入著作权保护范围。如今,计算机软件已明确列于我国《著作权法》第三条第(八)项之作品项次之下。欧盟《计算机软件保护指令》和《与贸易有关的知识产权协定》(简称 TRIPS 协定)也赋予其与文学作品同等的著作权保护。各国对以著作权保护计算机软件似乎已不再存有争议。然而,确定计算机软

---

①　Council Directive 91/250/EEC of 14 May 1991 on the legal protection of computer programs. 该指令已被 2009 年发布的《计算机软件保护指令》(Directive 2009/24/EC)取代。

件著作权保护的具体范围仍存在挑战。著作权法仅保护表达,而不保护任何思想、程序、工序、系统、操作方法、概念或发现。我国《计算机软件保护条例》亦明确对计算机"软件著作权的保护不延及开发软件所用的思想、处理过程、操作方法或者数学概念"。[①] 然而,由于计算机软件的特殊存在形式,确定软件中思想和表达的界限颇具挑战。美国第二巡回上诉法院在 Computer Associates International v. Altai 一案[②]中开创性地以"抽象—过滤—比较"三步测试法认定计算机软件及其组成部分是否可获得著作权保护,使计算机软件的著作权保护范围相对较易判断。随着软件可专利性被美国司法实践逐渐认可,美国倾向于缩小计算机软件的著作权保护范围,把那些在思想、操作方法以及由外部因素等决定的程序中的劳动和费用投入排除在外。[③] 我国亦有学者主张应将计算机软件中的思想以及由效率或外部约束决定的代码以及公共领域的代码等不满足独创性标准的内容排除在保护范围之外。[④]

区块链以旨在直接或间接用于计算机以取得一定结果的语句或指令的形式呈现时,属于计算机程序,其源代码可受到著作权法保护。但由于需要依据"思想/表达二分法""思想表达合并原则"来识别保护范围,不符合独创性要求的区块链源代码会被排除在著作权保护之外,受保护范围有限。即使是受著作权保护的区块链源代码,其竞争者亦有可能轻易绕过其保护范围。软件源代码涉及变量名、类名、方法定义、程序结构、调用关系、执行逻辑等,均体现了软件开发人员的独特表达。[⑤] 但功能相同的软件,其源代码未必相同。开发者可以设

①　参见《计算机软件保护条例》第六条。

②　Computer Associates International, Inc. v. Altai, Inc., 982 F. 2d 693 (2d Cir. 1992).

③　Feist Publications, Inc. v. Rural Telephone Service Co., Inc., 499 U. S. 340 (1991).

④　张吉豫:《计算机软件著作权保护对象范围研究——对美国相关司法探索历程的分析与借鉴》,载《法律科学(西北政法大学学报)》2013 年第 5 期。

⑤　最高人民法院(2021)最高法知民终 2298 号。

计不同的源代码实现相同功能,从而绕过原程序的著作权保护范围,在一定程度上降低了对区块链技术的保护力度。

从技术功能来看,区块链采用分布式账本技术,实现了基于互联网的新型数据存储和传输方式,其主要应用场景就是数据存储。根据《伯尔尼公约》、TRIPS 协定和《世界知识产权组织著作权条约》(WCT),具备独创性的数据库汇编与文字作品同样受到著作权保护。我国《著作权法》第十五条规定对不构成作品的数据在选择或者编排上体现独创性的汇编为"汇编作品",由该数据库制作商享有著作权。相应地,不具备独创性的数据库无法获得狭义著作权保护。但鉴于其仍基于数据库制作商一定程度的努力或投资,故部分法域赋予了此类不具备独创性的数据库邻接权或特殊(sui generis)[1]财产权保护。数据库制作商还可寻求反不正当竞争法的保护。需要注意的是,数据库著作权仅保护数据库制作者对数据库内容的选择与编排,即达到独创性标准的数据库结构,而不延伸到数据库的内容本身。[2] 这些数据内容本身虽然不单独构成作品,但聚合后可能拥有较大商业价值。然而,著作权保护路径无法规制未经许可复制数据库内容的行为。可见,著作权保护路径难以保护区块链技术开发者的智力成果,以及为开发该智力成果而付出的劳动与投资。

(二)区块链技术的商业秘密保护路径

所谓商业秘密,是指不为公众所知悉、具有商业价值并经权利人采取相应保密措施的技术信息、经营信息等商业信息。著作权仅保护区块链技术所涉及的表达部分。然而,计算机程序的技术方案,即其思想层面,往往是其商业价值的核心。商业秘密保护不区分所指向的信息是表达抑或思想,旨在防止第三方以不正当手段接触任何具有经

---

① Bernier, A., Busse, C., Bubela, T. Public Biological Databases and the Sui Generis Database Right. 54 *IIC*, 2023:1316-1358.

② 李扬:《试论数据库的法律保护》,载《法商研究》2002 年第 1 期。

济价值的商业信息。因此,商业秘密对区块链的保护范围通常大于著作权所保护的表达层面。但与著作权或专利权保护路径不同,区块链只有在存在保密协议或所有者采取特殊保密措施时,才会受到商业秘密的保护。

区块链开发者或其他利益主体如欲将创新成果作为商业秘密保护,需确保:第一,区块链基础算法源代码等技术信息整体或部分具有秘密性,未进入公共领域,且非行业内人士普遍了解或易于获得的"公知信息"或"公知技术"。第二,这些信息具有商业价值,能为权利人或侵权人带来经济利益或竞争优势。第三,区块链权利人采取了与技术信息商业价值相适应的合理保护措施。实践中,开发者通常特别重视源代码的保护。例如,由 Vite Labs 开发的高性能公链 Vite 使用了基于 DAG 结构的智能合约。开发者通过"随机化加密"技术保护智能合约的源代码和执行过程,使第三方难以获取合约的源代码和其他敏感信息,此即属采取了合理保护措施。然而,对于仅机器可读而不具人类可读性的智能合约目标码,开发者往往不会施加保密措施,因而不符合商业秘密构成要件。只要区块链符合上述商业秘密保护的相关要件,即受商业秘密保护,对此学界与实务界[①]均无太多争议。

然而,商业秘密保护区块链也存在固有缺陷。首先,商业秘密保护并不提供绝对的排他权。商业秘密一旦被公开,任何人均可使用。若第三方通过合法手段(如独立开发或反向工程)破解相关信息,商业秘密权利人也无法阻止其商业利用。其次,商业秘密保护路径与区块链的去中心化和开源特性相悖。为获得商业秘密保护,区块链开发者不得使用开源代码,并需采取严格保密措施以确保底层架构源代码不为相关领域开发者所知。这可能导致区块链系统丧失可扩展性,抑制创新,不利于区块链产业的可持续发展。

---

① 浙江省杭州市西湖区人民法院(2011)杭西知初字第 935 号。

（三）区块链技术的专利权保护路径

自专利法将方法发明纳入保护范围以来，能实现一定技术效果的计算机软件的思想和原理就有了被专利法保护的可能。在现有知识产权体系中，专利保护是保护区块链技术最有效的手段，克服了著作权无法保护软件思想的短板。

作为一种以"公开换保护"的制度，专利制度通过赋予专利权人一定时期内的独占权利来"为天才之火浇上利益之油"，促进技术进步与社会经济发展。与不具备排他性的商业秘密保护不同，专利权保护区块链技术的效力更强。商业秘密保护通常依赖合同维持秘密性，因合同之债不产生对世效力，其保护效力不能达到专利保护的水平。[①]《中华人民共和国专利法》（以下简称《专利法》）第十一条规定，任何单位或者个人未经专利权人许可，均不得为生产经营目的制造、使用、许诺销售、销售、进口其专利产品，或使用其专利方法以及使用、许诺销售、销售、进口依照该专利方法直接获得的产品。这意味着，即使其他单位或个人通过反向工程或其他合法方式探知相关技术信息，也不能未经专利权人许可实施该技术。此外，专利要求区块链相关源代码向社会公开，可避免相关技术的重复开发，节省社会资源。为防止专利权人因技术垄断而阻碍技术推广，《专利法》设有强制许可制度，允许国家专利主管机关依法定条件和程序，根据申请给予实施专利的强制许可，平衡专利权人与公众间的利益。

随着比特币等数字加密货币的广泛应用，区块链作为去中心化基础架构和分布式计算范式逐渐崛起。[②]比特币因其去中心化特质而常被视为洗钱和非法交易的工具，引起政府部门、金融机构、科技企业和资本市场对其监管缺席的普遍隐忧。然而，区块链在真实世界中的应

[①] 胡开忠：《反向工程的合法性及实施条件》，载《法学研究》2010 年第 2 期。

[②] 袁勇，王飞跃：《区块链技术发展现状与展望》，载《自动化学报》2016 年第 4 期。

用已逐渐剥离了加密货币属性及与比特币的关联,减少了这些忧虑。①尤其是以太坊创立以后,各类合规应用涌现,受到广泛关注。以专利制度保护区块链,可通过事前的专利审查从源头排除对违反法律、社会公德或妨害公共利益的发明创造的保护,并通过事后的无效程序及时清除问题专利,从整体上控制专利质量,同时对创新主体产出专利进行有效监督。在知识经济时代,专利权的资本增值性与标准的技术整合力加速了区块链产业化进程,并引发国际竞争。要在国际区块链产业竞争中获得竞争优势,我国须努力提高在国际标准上的话语权。这要求我国及时布局区块链底层技术和应用领域的专利,全面覆盖区块链在基础共性、关键应用示范和安全保障领域的相关标准。因此,以专利权保护区块链技术也是提升我国区块链产业国际竞争力不可或缺的举措。

然而,通过专利保护区块链也面临挑战。并非所有类型的区块链技术均能够通过专利形式保护。实际上,对计算机软件的可专利性问题的解释至今尚无共识。此外,在专利权模式下保护区块链容易引起大企业的技术垄断,阻碍区块链软件业发展。最后,众所周知的是,区块链的许多技术方案均衍生自开源社区。专利权保护路径可能扼杀开源软件的生存空间,反而不利于可持续创新。过度依赖专利保护区块链似乎不利于全球软件市场和区块链产业竞争的平衡。

从上述分析来看,对区块链几种保护路径中效率最高的专利权保护路径仍需要更深入地观察。

二、区块链技术的可专利性分析

区块链技术的"可专利性"问题常常与"专利适格性"(patent eligibility)或称"可专利主题"(subject matters)问题相混淆。专利适格性仅是取得专利的基础资格。经判断适格的发明专利客体,还须符

---

① 肖翰:《知识产权保护视角下区块链技术的专利赋权标准研究》,载《科技进步与对策》2021年第5期。

合新颖性、创造性以及实用性才是一个可专利的发明。

（一）区块链技术专利客体适格性分析

在我国当前的专利法体系和审查实践中，判断区块链技术专利客体适格性的审查基准主要包括积极条件和消极条件两个方面，分别规定在《专利法》第二条、第五条和第二十五条。

1. 消极条件之一：非属违反法律、社会公德或者妨害公共利益的发明

在专利客体排除的审查过程中，专利法的伦理和公共政策要求占据重要地位，这也体现了公权力在技术领域的社会控制。[①]《专利法》第五条第一款规定："对违反法律、社会公德或者妨害公共利益的发明创造，不授予专利权。"此处，仅那些违背全国人民代表大会或者全国人民代表大会常务委员会依照立法程序制定和颁布的法律的发明创造不能被授予专利权，而不包括发明创造本身符合法律规定，仅因其滥用而违反法律的情况。此外，发明创造的实施或使用违背公众普遍认为是正当的、并被接受的伦理道德观念和行为准则的，以及妨害公共利益，会给公众或社会造成危害的，均不能被授予专利权。

区块链技术是比特币等私有数字加密货币的底层技术。尽管当下区块链技术已经能够剥离比特币并有了更多应用场景，但早期的区块链发明专利申请大多涉及私有数字加密货币的使用或流通，这也与该领域长期处于法规和监管真空地带有关。

《中华人民共和国中国人民银行法》（以下简称《中国人民银行法》）第二十条规定："任何单位和个人不得印制、发售代币票券，以代替人民币在市场上流通。"中国人民银行等五部委于 2013 年 12 月发布《关于防范比特币风险的通知》，明确比特币在性质上是一种特定的虚拟商品，不具有与货币等同的法律地位，不能且不应作为货币在市场上流通使用，同时禁止金融和支付机构开展比特币业务。但当时依

---

① 康添雄：《专利法的公共政策研究》，华中科技大学出版社 2019 年版，第 212 页。

旧有许多市场参与者依托区块链项目募集资金,通过首次代币发行(ICO)以众筹方式交换比特币等主流私有数字加密货币达到融资目的,利用监管漏洞使其融资行为游离在网络平台金融监管框架之外。2017 年 9 月,中国人民银行等七部委联合发布公告,明确指出 ICO 本质上是一种"未经批准非法公开融资的行为",禁止新上项目,同时限时清退存量项目。与腾讯 Q 币等网络游戏虚拟货币不同,比特币等私有数字加密货币可在全球流通,有些国家还将其作为合法支付工具。但比特币基于去中心化的区块链技术,导致监管对象和责任主体很难界定,极易引发金融风险。在此背景下,针对涉数字加密货币登记、交易、清算、结算等服务的发明专利申请,均须严格审查其是否属于违反《中国人民银行法》第二十条,危害国家和社会经济管理、经济秩序和金融秩序以致妨害公共利益的情况。

2.消极条件之二:非属智力活动的规则和方法

在涉区块链技术的发明专利中,其权利要求涉及算法或者商业规则和方法的占据很大比例。《专利法》第二十五条第一款第(二)项将"智力活动的规则和方法"明确列入非专利主题。所谓"智力活动的规则和方法"是指"指导人类思维、表述、判断和记忆的规则和方法",该规则和方法本身并不会影响物理世界,也不能解决技术问题并产生技术效果。① 对智力活动的规则和方法赋予垄断性保护会限制人的创造性思维活动,有违专利制度鼓励创新的初衷。

相较著作权保护模式,通过专利保护区块链发明能够在一定条件下保护其所蕴含的思想、算法和数学过程,但那些权利要求仅涉及算法特征的部分区块链发明也可能因无法通过发明专利申请审查而不能取得专利保护。国家知识产权局在关于修改《专利审查指南》的公告(第 343 号)中确立了对包含算法特征或商业规则和方法特征的发

---

① 李凡:《人工智能算法发明的专利客体审查进路》,载《南海法学》2021 年第 6 期。

明专利申请审查的特殊性规定。第 343 号公告以"整体论"①为基础确立了整体审查的审查基准，即判断发明专利的权利要求是否属于"智力活动的规则和方法"本身不应简单割裂技术特征与算法特征或商业规则和方法特征等，而应将权利要求所限定的解决方案视为一个整体。如果除主题名称之外，权利要求限定的全部内容仅仅涉及一种算法或者数学计算规则，或者计算机程序本身，则该权利要求实质上仅仅涉及《专利法》第二十五条第一款第（二）项规定的"智力活动的规则和方法"，不属于专利适格客体。如果其中既包含"智力活动的规则和方法"的内容，又包含技术特征，则须进一步确定该涉区块链的发明专利申请的解决方案是否属于《专利法》第二条第二款规定的技术方案，解决了技术问题，实现了技术效果。

案例：一种基于区块链技术一致性算法的数据管理方法及系统②

发明摘要：本发明公开了一种基于区块链技术一致性算法的数据管理方法及系统，所述的方法包括所有参与的服务器组成一个网络，成为网络中的节点；初始化区块链，每一个节点中均配置有该区块链，区块链中包含多个区块，整个区块链中存储整套数据；从所有的节点中确定代表节点，并配置代表节点产生区块的顺序和时间段；当节点产生新区块后，广播到全网中，当确定该新区块为有效时，全网中的节点根据该新区块，对初始区块链进行更新。

该发明权利请求保护的是一种基于区块链技术一致性算法的数据管理方法，其方案是使用多台服务器组成一个网络，将其中每个服务器作为网络中的一个节点，并从全网所有节点中确定维护节点和普通节点；在节点中设置初始化模块和更新模块，后者用于在出现有效新增区块后对初始区块链进行更新。该发明实质上是按照人为设定的规则构建的区块链节点结构，是一种抽象的数据链结构建立方法，

---

① 刘强：《人工智能算法发明可专利性问题研究》，载《时代法学》2019 年第 4 期。

② 具体可参见专利申请 CN106357405A，公开日为 2017 年 1 月 25 日。

其处理对象、过程和结构都不涉及与区块链技术具体应用领域的结合,仅仅是对区块链中的数据一致性算法规则的优化,且其权利要求限定的全部内容亦不包含技术特征,所以该发明专利申请的解决方案落入《专利法》第二十五条第一款第(二)项所述的"智力活动的规则和方法"范畴,不能被授予专利权。

3.积极条件:对产品、方法或者其改进所提出的新的技术方案

我国《专利法》第二条第二款给出了"发明"的明确定义,即"对产品、方法或者其改进所提出的新的技术方案"。如果区块链专利申请人要求保护的权利要求作为一个整体不属于《专利法》第二十五条第一款第(二)项和第五条第一款排除获得专利权的情形,则需要就其是否属于《专利法》第二条第二款所述的"技术方案"进行审查。

《专利法》与《专利法实施细则》均未对"技术方案"给出明确定义。我国现行的《专利审查指南(2023)》在第二部分第一章以发明为对象,将"技术方案"定义为"对要解决的技术问题所采取的利用了自然规律的技术手段的集合",主要包含技术手段、技术问题、技术效果三个关键要素。其中,技术手段通常是由技术特征来体现的。涉区块链的发明专利申请只有构成技术方案才是适格专利客体。在对技术方案的判断上,《专利审查指南(2023)》的要求与德国专利审查实践中对"技术特征"(technischer Charakter)的判断十分类似,即权利要求限定的解决方案是否在运用可控制的自然力进行有计划的行动以达到因果关系上可预见的结果。[①] 具体而言应考虑的关键要素包括:所涉发明专利申请希望解决的问题是不是技术问题,其所采取的手段是否利用了自然规律,以及其所获得的效果是不是对自然规律利用的结果。

因涉区块链发明的专利申请一般包含算法或商业规则和方法等智力活动的规则和方法特征,因此《专利审查指南(2023)》对此类申请的审查作出了一些特殊性规定。需要注意的是,在审查前述涉区块链

---

① BGH,GRUR 1969.672-Rote Taube.

技术的发明专利申请的解决方案时,不应割裂技术特征与其包含的算法特征和方法特征等。与德国①和欧洲专利局②在专利审查实践中采取的"全局观察法"类似,审查员应当整体考量权利要求记载的所有特征,对其中涉及的技术手段、解决的技术问题和获得的技术效果进行分析。例如,若涉区块链发明的权利要求中表明其将共识算法或者一致性算法用于区块链的分布式多节点系统,并记载了如何使该算法与其他技术特征协作工作,不仅完成内部数据处理,还对外部数据进行交互和处理,以解决某一领域的特定技术问题(通常是利用中心化系统无法解决的技术问题),并由此获得符合自然规律的技术效果,则该区块链发明专利申请的解决方案属于专利法上适格的"技术方案"。③

案例:区块链计费模式④

该申请希望解决的技术问题是区块链计费技术。该发明申请请求保护的主题是一种区块链计费模式,其声称所采用的技术方案是:"系统会自动计算出用户对区块链系统的贡献度,系统按贡献度估算出用户可免费交易的笔数、免费交易额度、免费提交信息的字节数,换算成可减免的交易费用 A,根据贡献度计算出的上述费用减免额度是有有效期的,不在有效期内使用减免就会自行作废。"经整体考量该申请权利要求记载的所有特征可以看出,该区块链发明专利申请的解决方案通过设定贡献度改进了区块链系统的奖励机制,这属于对规则的改进,而非对区块链系统本身技术的改进。该解决方案未能利用自然规律解决互联网技术领域的具体技术问题(诸如提升区块链系统的每秒处理交易数、同时承担交易量、交易响应时间性能等),未获得符合自然规律的计算机系统内部性能改进的技术效果,难谓属于专利法上

---

① BGH,GRUR 1992,33-Seitenpuffer.

② Case T 0026/86,X-ray apparatus,21-05-1987.

③ 张雪凌,刘庆琳:《区块链专利申请审查标准研究》,载《知识产权》2020 年第 2期。

④ 具体可参见专利申请 CN106097006A,公开日为 2016 年 11 月 9 日。

适格的"技术方案",因此不具备专利适格性。事实上,该发明专利申请已于 2020 年 7 月 3 日被驳回。

(二)区块链技术专利赋权的实质性条件分析

要获得区块链发明专利,除满足作为基本准入条件的专利适格性要求外,发明专利申请的主题还须满足实用性、新颖性和创造性等授予专利权的实质性要件,以控制专利质量。此时专利适格性与专利实质审查之间形成了一种扩张与制约的关系。鉴于区块链大多包含可能落入"智力活动的规则和方法"范畴的算法特征,大量进入可专利主题的涉区块链发明实质是在技术创新背景下对严格专利客体法定主义的缓解。① 因此,在实质审查阶段以适当的实用性、新颖性和创造性审查标准对可专利范围施以限制,既能避免出现过分垄断,又可一定程度减少垃圾专利,制约专利市场可能的失序问题。在"三性"的审查实践中,一般遵循实用性、新颖性、创造性的审查顺序依次进行。

1. 实用性

在新兴技术领域,具有过滤功能的实用性审查在发明专利的实质性审查中经常被忽略。如果权利要求所载的技术方案根本不能被投入相关产业的实际应用并解决实际技术问题,就没有必要赋予其专利权保护,也无须再开展成本高昂的新颖性和创造性审查分析工作。根据《专利审查指南(2023)》的要求,对区块链发明的实用性审查应重点评估其可实施性与有益性,即评估其是否"能够在产业上制造或使用"以及是否"能够产生积极效果"。

"能够在产业上制造或使用"的技术方案要求区块链发明权利所载的技术方案能够通过产业中的标准化模式稳定地再次达到相同的实施结果。审查实践中的难点在于:首先,区块链发明的能用性审查难度颇高。鉴于申请人无须展示和操作其技术方案,审查人员仅通过书面材料对技术方案进行理论推演,难免在面对一些前沿技术方案时

---

① 李凡:《人工智能算法发明的专利客体审查进路》,载《南海法学》2021 年第 6 期。

会出现因无法理解而否定其可实施性的情况。其次,区块链涉及算法、密码学、分布式系统等知识,其中要求算法结果具备可再现性的挑战颇高。一些基于深度学习训练任务的区块链共识方法因与人工智能技术的结合更使其内部的部分决策逻辑不透明且无法解释。前沿技术的高度变动性极大加重了对"能够在产业上制造或使用"的判断难度。鉴于区块链以及相关算法技术的内在特质,目前对其可实施性的审查应以其技术方案的充分公开为保障。申请人在说明书中对区块链构造及其基础算法、相关数据结构的具体披露情况将作为判断其是否可实施的重要参考。

"能够产生积极效果"的技术方案要求区块链发明不能是明显无益或者脱离社会需要的。早期区块链技术多与私有数字加密货币相关,频繁应用于社会所不能接受的违法犯罪领域。此类发明的可专利性已在专利适格性审查环节被阻断。但是,区块链固有的去中心化特点难免与我国中心化的监管体系存在冲突,导致较高的监管成本,以至于其是否能够通过有益性审查存有疑问。为了回应不断变动的技术、经济、金融、政治环境,社会有益性的判断标准本就应当是动态变化的。因此,判断区块链发明是否"能够产生积极效果"的关键并非明确积极效果清单,而是划定底线,排除那些实施效果完全不可预测以及可能对社会产生负面效应的发明的专利保护。① 长远看来,还需结合社会需要进一步探索更具弹性和前瞻性的有益性审查标准。

2. 新颖性

新颖性要求区块链发明专利申请的解决方案在申请日之前未曾公开,即不属于现有技术,同时不存在抵触申请。常规技术领域的新颖性评价标准均适用于区块链技术相关发明的新颖性审查。国家知识产权局第 343 号公告也引入了对包含算法特征或商业规则和方法

---

① 姚叶:《人工智能算法专利的技术、理论、问题与中国之应对》,载《科技进步与对策》2022 年第 16 期。

特征的区块链发明专利申请新颖性审查的新要求。根据《专利审查指南(2023)》的最新规定,对区块链发明专利申请进行新颖性审查时,应当考虑权利要求记载的全部特征,既包括技术特征,也包括算法特征或商业规则和方法特征。[1] 此外,判断区块链发明专利申请的新颖性时,还应遵循"单独对比原则"。区块链发明多具有技术复合型特征,往往可能存在与申请的技术方案内容相互交错、部分相同的技术方案。此时应将发明专利申请的各项权利要求分别与每一项现有技术或者申请在先公布或者公告在后的发明的相关技术内容单独进行比较。

　　人工智能模型和算法技术迭代速度极快,可能使海量区块链发明轻易满足新颖性测试从而导致大量垃圾专利,应适当提高相关领域新颖性的审查标准。例如,适当调整对现有技术检索范围的要求。根据《专利审查指南(2023)》第二部分第三章 2.3 部分的要求,审查员在实质审查程序中所引用的对比文件主要是公开出版物,这会导致新颖性审查资料明显小于实际的现有技术范围。[2] 因为某些非专利文献并未全部收集到权威的文献数据库中却以"灰色文献"[3]的形态存在于互联网中。鉴于互联网大幅提升了"灰色文献"的可获取性,为判断发明是否具备新颖性所引用的相关文件,应将这部分文献纳入检索范围。当然,现有技术范围也不应因此不当扩张,要将那些通过简单的反义词、相关词替换生成的海量"防御专利"排除出现有技术范围。防止那些不具有实际操作性或者仅仅表征新颖但内在同质的技术方案过度侵蚀"公共领域",抑制区块链等相关技术的发展。

　　此外,为提升现有技术的检索效率并降低检索成本,专利行政审查部门可考虑引入基于人工智能技术的专利检索系统。目前国内专

---

① 参见《专利审查指南(2023)》第二部分第九章 6.1.3。

② 张洋:《论人工智能发明可专利性的法律标准》,载《法商研究》2020 年第 6 期。

③ 灰色文献一般指非公开出版的文献,包括非公开出版的政府文献、学位论文、会议文献、科技报告、技术档案等。

利审查员主要用的是国家知识产权局的专利检索与服务系统（S系统）。相关检索主要基于空间向量模型、潜在语义分析模型或隐狄利克雷分布模型。这些检索方案使用简单，但是检索过程需要审查员的大量人工干预，对检索结果的二次分析也过度依赖特定领域技术人员的专业知识，人工成本很高。随着全球知识创造和技术创新的速度明显加快，及时检索并发现最相关的现有技术变得越来越困难。美国专利商标局为了应对这一挑战，开始将人工智能技术应用到专利审查的检索和分类中，为专利查新提供新的智能工具支撑，同时对分析人员的专利领域知识要求较低，有利于提升审查效率。我国也可从中积累相关经验，探索运用人工智能技术完善新颖性审查业务。

3. 创造性

创造性要求区块链发明专利申请的解决方案与现有技术相比具有突出的实质性特点和显著的进步。"实质性特点"用以检测该发明对本领域技术人员来说相对于现有技术而言是否显而易见；"显著性进步"旨在检测该发明是否相较于现有技术能产生有益的技术效果。[①]创造性审查排除对仅具有微不足道进步的技术方案授予专利权，旨在鼓励创新和保护公众免受技术垄断之间取得平衡，亦被称为"专利的最终条件"。[②]

虽然创造性认定是一个法律上的问题，但审查人员在判定时会多方考量事实上的问题。具有创造性证据的基础事实有以下三类：第一，现有技术的范围与内容；第二，现有技术与发明专利申请的解决方案之间的差异；第三，以所属技术领域技术人员的技术水平为视角，评估现有技术整体上是否会对发明实际解决的技术问题带来某种显而易见的启示。对创造性的判断，并不取决于发明人或审查人员的主观

---

① 参见《专利审查指南（2023）》第二部分第四章 2.1、2.2。

② Darrow, JJ. The Neglected Dimension of Patent Law's PHOSITA Standard, 23 *Harvard Journal of Law and Technology*, 2009:227-258.

认知,而是拟制出的所属技术领域技术人员的客观判断。

鉴于区块链的复杂性,区块链发明的创造性较难判断。目前,区块链发明专利申请要求保护的技术方案多为一系列现有技术的组合。例如,涉及著作权保护方法的区块链发明申请通常包括加密算法、以数据加密和防复制为核心的 DRM 技术、IPFS 分布式存储协议等已知技术。在将这些已知技术组合创新地应用于区块链领域时,判断其创造性存在一定挑战。对于这类涉及技术组合的发明,需考虑技术组合的难度、技术组合后的功能互支持性和效果,以及现有技术中是否存在对该组合显而易见的启示。与判断新颖性时采用的"单独对比原则"不同,创造性判断需将多份现有技术中的不同技术内容组合在一起对审查对象进行评价。若其能给出明确教导,使本领域技术人员有动机将这些技术组合起来,则否定相关发明的创造性。[①] 此外,创造性审查十分重视评估发明解决具体技术问题的能力,审查员不仅要考虑该发明申请的解决方案本身,还要考虑该发明所属技术领域、所解决的技术问题和所产生的技术效果,特别是要将其技术特征与在"功能上与该技术特征彼此相互支持、存在相互作用关系"[②]的算法特征作为一个整体考虑。如果区块链发明所申请的解决方案能够获得技术效果提升,如提升了数据分类和管理的效率,且这种提升是由功能上彼此相互支持、存在相互作用关系的技术特征和算法特征共同带来的,那么在现有技术不存在对申请技术方案的技术启示时,要求保护的发明技术方案即具备创造性。

在评价区块链发明是否具备创造性时,《专利审查指南(2023)》将创造性判断主体的拟制标准设定为"知晓申请日或者优先权日之前发明所属技术领域所有的普通技术知识","能够获知该领域中所有的现有技术",并且"具有应用该日期之前常规实验手段的能力",但该主体

① 尹新天:《中国专利法详解》,知识产权出版社 2011 年版,第 272 页。
② 参见《专利审查指南(2023)》第二部分第九章 6.1.3。

又紧接着被假设为"不具有创造能力"。这种对一个人拥有较多知识储备、较高信息素养,却毫无创新创造能力,仅能从书面记载中获得启示的假设完全不符合实际情况,且与我国当下的专利审查实践不兼容。[①]

针对类似问题,美国采用"具有通常技术者"(person having ordinary skill in the art,简称 PHOSITA)这一拟制人概念,作为美国《专利法》第一百〇三条上之非显而易见性的判断主体。PHOSITA 标准的起源可追溯到 19 世纪经典的 Hotchkiss v. Greenwood 案[②],法官强调对现有技术与发明专利申请的解决方案之间的差异是否微不足道的判断,不应从一无所知的人的角度来确定,而应从该领域的普通技术人员的角度来观察。PHOSITA 标准提醒法官,一些对外行非显而易见的创造,对普通技术人员来说可能是显而易见的,以此确保可专利性的较高门槛。PHOSITA 标准不仅为可专利性设定了底线——"外行人标准",保障了专利的基本质量;同时也为其严格程度设定了上限——"研究人员标准",排除那些具有特殊技能的人,避免一项创新发明无法获得专利。[③] 传统上 PHOSITA 被假设为"有能力访问所有相关信息而不以任何方式整合的人"[④]。鉴于可搜索信息的增加和技术的进步,PHOSITA 标准也在发生相应的进化。在近年的 KSR v. Teleflex 案[⑤]中,美国联邦最高法院将 PHOSITA 重新定义为不仅具有普通技能,而且还具有普通创造力和常识的人,而非一台自动机器。该观点值得赞同,我国亦应以此为借鉴,适当修改《专利审查

---

① 杨勤之:《新形势下专利审查中的创造性判断相关问题分析》,载《知识产权》2019 年第 10 期。

② Hotchkiss v. Greenwood,52 U. S. 11 How. 248 248(1850).

③ Darrow,J J. The Neglected Dimension of Patent Law's PHOSITA Standard,23 *Harvard Journal of Law and Technology*,2009:227-258.

④ Eisenberg,R S. Obvious to Whom? Evaluating Inventions from the Perspective of PHOSITA,19 *Berkeley Technology Law Journal*,2004:885-906.

⑤ KSR Int'l Co. v. Teleflex Inc.,550 U. S. 398(2007).

指南(2023)》对创造性判断主体的拟制标准。"本领域技术人员"作为一个具备本领域基本知识素养的拟制人,应具备最普通的创造能力。他们应当能够根据技术发展情况,利用本领域的常规技术手段和常识做出"推论",对现有技术进行相应改进,以此应对我国专利申请和授权数量庞大但质量不高的现状,进一步提高创新能力。

(三)结论

在知识产权保护体系中,选择专利制度保护区块链生态系统中的某些技术成果具有一定优势。区块链发明通常旨在通过多台分散的计算机或服务器实现对某一领域内部数据的联通共享及对该领域外部数据的交互和处理,解决利用中心化系统无法解决的技术问题,带来技术效果上的优化。但将这些技术纳入专利保护,需要满足专利适格性标准和专利授权的实质性条件。对那些违反法律规定或妨害社会公共利益的区块链发明,特别是涉及私有加密数字货币发行技术的发明,在专利适格性审查环节即可被排除在外。

目前,一些利用区块链加密技术、数据时间戳等防止恶意攻击和数据泄露、确保网络数据可访问性、一致性和机密性的软件已经获得了专利授权。随着专利适格性标准的适当放宽,对专利授权的实质赋权标准的严格把关并针对区块链等前沿新兴技术的科学动态调整,有助于在保障专利申请数量与质量之间达到平衡,大大减少"专利流氓"以薄弱专利提起滥诉的风险,有利于促进我国区块链产业的健康发展,并在其技术进步下反哺数字文化创意产业的著作权保护与交易市场,实现知识产权保护体系的良性互动。

三、区块链技术专利保护与开源软件间的互动

区块链生态系统是创新的温床,各种新项目和技术快速涌现。区块链功能的实现以去信任的共识机制为基础,大多采用开源框架,以提升系统的整体信任水平。随着区块链生态的扩张,相关专利申请数量递增。区块链专利与开源解决方案之间的关系日趋紧张。专利权系独占性专有权,而开源软件鼓励代码共享行为,二者似乎天然对立。

过度的知识产权保护可能抑制区块链产业的可持续发展。我国知识产权政策亟须回应区块链专利与区块链技术开源发展趋向间的冲突。

(一)区块链技术专利保护与开源取向间的冲突

1.区块链技术的开源品格

早在20世纪80年代,基于源代码协作增强的软件开发活动就已非正式存在。这种合作被认为是Linux内核、Apache Web服务器、MySQL数据库和PHP脚本等成熟计算机软件产品和服务成功的主要驱动力。随着开源生态的迅猛发展,开源软件模式成为软件创新发展的基石。

开源软件全称为"开放源代码软件"(open source software),其定义起源于"自由软件"(free software)。20世纪80年代,美国软件设计师理查德·斯托曼(Richard Stallman)发起了自由软件运动,鼓吹计算机软件应开放源代码并大力推广GNU通用公共许可证。该许可赋予被许可人运行、复制、修改和分发修改版程序的权利。被许可人可以就分发行为收费,但是不允许添加对程序的限制。随着自由软件世界与商业社会的融合,自由软件开始向开源软件演变。开源运动先驱埃里克·雷蒙德(Eric Raymond)首先提出以开源软件概念取代自由软件。开放源代码促进会(Open Source Initiative)于1998年将开源软件正式定义为允许任何人使用、复制、修改、分发(免费或少许收费)的软件,其源代码公开且可以自由传播。

早期大多数区块链项目都是通过开源许可证以开源方式开发和分发的。实际上,区块链和开源软件有着十分相似的底层架构和治理逻辑,例如强调以去中心化的方式调动开发人员积极性,进而促进分布式、开放式创新。开源文化的价值理念与传统财产制度不同,深受以"交换价值"为核心的礼物文化影响。决定价值的因素并非财产拥有量,而是主体能够体现的交换价值。在软件开发领域,程序员往往将参与高质量软件开发项目视为能力的证明。被开源项目采纳的代码贡献在礼物文化下,将成为开发人员珍贵的"名誉资产",而每位开发人员均可成为自身人力资源的资本家。①

开源模式对区块链项目的优势在于,确保任何具有良好编程技能和"名誉资产"的人都有机会研究和开发该项目。开源项目不必由个人或者单一公司开发,而是由所有参与者组成的开源社区共同维护。开源社区的主要特征是:团队协作、个体平等、主动贡献,其以一种不同于传统科层制的自组织、自规制和非所有权的组织形式②协调个人和组织利益,并通过协作提升工作和组织效率。由于没有一个单独的实体可以完全控制该项目,在开发过程中也不会存在任何一个瓶颈来限制或减缓该项目的增长,开源模式的去中心化性质允许无限数量的人为项目作出贡献和持续改进。③

比特币和以太坊是最早和最典型的公有链网络,二者都选择了开源策略。比特币区块链的核心技术框架采用 C＋＋语言开发,共识算法采用 PoW,比特币核心钱包使用了一种很受欢迎的宽松式开源许可证——MIT 许可证。MIT 许可证授予"任何人免费获得本软件和相关文档文件(软件)副本的许可,不受限制地处理本软件,包括但不限于使用、复制、修改、合并、发布、分发、再许可的权利,被许可人有权利使用、复制、修改、合并、出版发行、散布、再许可和(或)贩售软件及软件的副本,以及授予被供应人同等权利,只要其在软件和软件的所有副本中都必须包含以上著作权声明和本许可声明"。因此,任何开发人员都可以按照 MIT 协议的方式开发自己修改后的比特币软件版本而不必担心侵权问题。以太坊区块链采用多种编程语言实现协议,智能合约是以太坊生态成功的关键。以太坊提供了一个名为 Geth 的

---

① 谢晓尧,吴楚敏:《转换的范式:反思知识产权理论》,载《知识产权》2016 年第 7 期。

② Giampaolo，G. Open Source Software and the Economics of Organization，In：Birner，J.，Garrouste，P.（eds.）*Markets，Information and Communication*. Routledge，2004，pp.47-62.

③ Paalz，A. Patent Wars：The Attack of Blockchain，28 *Texas Intellectual Property Law Journal*，2020：241-275.

命令行界面。开发人员可通过 Geth 编译、部署和执行智能合约,实现与以太坊网络的连接和交互等功能。在开源策略方面,以太坊的主要源代码可在较宽松通用公共许可(LGPLv 3.0)下使用,而 Geth 则以 GNU 通用公共许可证(GPLv 3.0)方式进行许可。GPL 许可证是非常典型的"著佐权"(copyleft)许可证,给予开发人员运行、学习、共享和修改软件的自由。以太坊区块链在 GPLv 3.0 许可证下公开了其所有软件程序的源代码,并承认所有用户均可在 GPLv 3.0 许可证下不受限制地自由运行、修改和分发受著作权保护的软件。为了实现免费访问和软件共享的目标,GPLv 3.0 许可证不允许用户使用或修改他人发布的开源软件,也不允许他人使用或分发该软件的修改版本。

早期的区块链开发者通常选择以开源方式部署区块链核心程序、开发接口和应用软件,允许所有开发者免费使用。如果来自同一技术社区的后续开发者依托前人的技术方案进行改进后,申请大量区块链发明专利,很可能导致其他开发者无法免费继续改进和开发该项目。[①]此外,若不受开源许可协议约束的第三方获得某项以开源软件为基础的区块链专利,那么该开源软件的原始或后续开发人员在该软件或其衍生作品上使用该技术则可能涉嫌专利侵权。[②] 担心侵权风险的研发者很可能因此放弃该技术的继续研发,从而减少市场上的创新总量。

2.区块链技术"专利丛林"可能阻碍产业可持续发展

全球区块链专利申请量近年来急剧增长,表明区块链技术创新活动日趋活跃,相关产业竞争愈发激烈。鉴于我国待审专利申请数量庞大且不断增加,区块链领域很可能形成"专利丛林"(patent thicket),阻碍产业的可持续发展。所谓"专利丛林"是指在某一技术领域的积

---

① 该情况是否发生取决于开源项目的许可证类型,如 GPLv 3.0 版本可约束专利申请人在申请到专利后允许任何人自由使用。

② 张平、马骁:《共享智慧——开源软件知识产权问题解析》,北京大学出版社 2005 年版,第 103 页。

累创新中,众多且重叠的专利可能形成稠密的网络。任何企业都需突破该网络,即寻求多个专利权人的许可,才能将该新技术真正商业化。[①]

专利丛林显著增加了专利许可的交易成本。研究表明,当下游企业在产品开发或商业化中投入大量沉没成本后,若受到专利权人的禁令威胁,其创新可能受到阻碍。在这种情况下,专利权人可能通过谈判获得远高于专利经济贡献的特许权使用费,实施"专利挟持"。[②] 随着上游专利权人数量的增加,通过专利许可费叠加效应,许可成本将进一步上升,导致下游创新的净回报减少,从而降低创新率。此时,上下游经营者之间可能出现连续垄断现象。各市场支配地位的经营者定价时会以其各自的边际收益等边际成本为准,导致价格受到"双重边际化"(double marginalization)影响。由于上游区块链专利权属分散,下游企业通过区块链技术开发产品的成本更高、产量更低。这使得被许可人需支付极高的总专利许可费,阻碍了专利技术的有效推广,最终可能导致市场失灵和竞争的低效。

专利丛林还有可能引发"反公地悲剧"。在反公地悲剧中,多个权利人都有权排除他人使用某一稀有资源,但都不拥有充分使用该资源的特权,导致资源未能得到充分利用。[③] 具体到计算机软件领域,为避免侵权,研发单位在开始生产活动前,往往需要清除有威胁的专利。在专利丛林中,大量威胁性专利归属于不同权利人。对研发单位来说,找出这些专利并与权利人逐一开展许可或转让交易谈判就已非易事,高昂的许可或转让费用更可能使其入不敷出。忽视威胁性专利进

---

① Shapiro, C. Navigating the Patent Thicket: Cross Licenses, Patent Pools, and Standard Setting. In: Jaffe, A., Lerner, J., Stern, S. (eds.) *Innovation Policy and the Economy*. MIT Press, 2001, pp. 119-150.

② Lemley, M., Shapiro, C. Patent Holdup and Royalty Stacking. 85 *Texas Law Review*, 2007: 1991-2049.

③ Heller, MA. The Tragedy of the Anticommons: Property in the Transition from Marx to Markets. 111 *Harvard Law Review*, 1998: 621-688.

行研发工作则容易导致侵权诉讼，严重阻碍后续技术创新。为消除专利障碍、解决反公地悲剧问题，很多国家采取了强制许可、交叉许可或建立专利池（patent pools）等措施。

专利池是指两个或多个专利权人通过协议达成的联营性组织，旨在交叉许可或向第三方许可其拥有的核心专利。专利池通过整合互补技术、降低交易成本等方式，有助于简化和加速专利技术的充分利用。首先，专利池使被许可人有机会通过单一许可交易获得其所需的专利组合，降低了交易成本。其次，通过纳入阻碍性专利和促进技术信息交流，专利池可在一定程度消除专利实施的法律障碍。[①] 最后，专利池可以通过合理和非歧视的许可条款，减轻竞争性谈判过程中的专利锁定和专利劫持问题。虽然专利池能够在一定程度上缓解专利丛林的负面影响，但也可能带来严重的反竞争后果。专利池可能通过促进共谋来损害相关市场，[②]例如通过固定下游产品价格、限制产量、划分市场、维持转售价格等垄断协议限制下游市场竞争。专利池成员可能滥用市场支配地位，例如仅向其成员许可专利或禁止其成员向池外经营者许可专利，以此影响替代技术的开发。专利池还可能阻碍池外经营者的研发活动，因为并非所有经营者都希望加入专利池或向专利池成员许可专利，而这通常是从专利池获得许可的前提。不愿加入专利池的企业可能会避免在相关技术上投入研发精力。此外，专利实施、维护和诉讼费用昂贵，专利池相较单独企业资金更充足，更倾向提起侵权诉讼。[③] 当某一技术领域形成"兴讼威吓"的氛围后，对风险敏感的公司可能会在研发中选择完全避开该专利池所覆盖的技术领域，从而在其周围形成一个迟滞发展的半影范围，最终将减少全社会的技

---

① Standard Oil Co. v. United States，283 U. S. 163，171(1931).

② Carlson，S. Patent Pools and the Antitrust Dilemma，16 *Yale Journal on Regulation*，1999：358-399.

③ Lampe，R.，Moser，P. Do Patent Pools Encourage Innovation? Evidence from the 19th-Century Sewing Machine Industry，70 *The Journal of Economic History*，2010：898-920.

术创新总量。因此，必须审慎对待专利池的建立和运作，以确保其不损害市场竞争和正常的技术创新。

总体而言，专利丛林问题已对区块链产业发展构成潜在威胁。计算机软件类专利的高无效比例使研发单位面临两难：在选择支付专利许可费时，他们将面临高昂的重叠费用，并需考虑这些专利在诉讼中可能被宣告无效的风险；而忽视威胁性专利则需担心专利侵权可能带来更大的风险。[①] 然而，解决专利丛林问题最常见的专利池方案又存在一些可能影响市场竞争并阻碍技术可持续发展的风险。虽然实证数据尚不足以说明专利保护模式是否比开源模式更有利于创新，但允许区块链获得专利保护难免会导致大量技术寡头和非专利实施实体进入区块链生态，从而对区块链产业发展产生负面影响。

（二）专利保护的独占性与开源软件"自由共享"精神的冲突化解方案

1. 严格区块链技术的可专利标准

虽然给予计算机软件专利保护已是世界上绝大多数国家和地区的立法选择，但各法域对其可专利性的审查标准和保护范围不尽相同。我国专利法对计算机软件专利的审查经历了从严格到宽松的过程。早期的专利审查指南只赋予那些能使计算机的结构或电子处理设备发生变化的软件发明专利保护。1993 年，《专利审查指南》修改后，那些采取技术手段、解决技术问题，进而达到技术效果的计算机程序发明专利申请都有了获得专利保护的可能。2017 年，《专利审查指南》再次修改后，软件专利和商业方法专利的审查标准再次放宽。从计算机软件专利年申请量的增长可以看出我国法律环境的变化对于软件行业发展的积极影响。

鉴于区块链技术创新与专利之间存在诸多难以调和的矛盾，弱化

---

① Victorson，HK. Structure from Nothing and Claims for Free：Using a Whole-System View of the Patent System to Improve Notice and Predictability for Software Patents，20 *Michigan Telecommunications and Technology Law Review*，2014：497-521.

软件专利或许可以作为解决问题的一个方向。如美国著名知识产权法学者马克·莱姆利(Mark Lemley)教授所称,人们所拥有的知识产权对社会是一种负担,只有当其益处能抵消该负担时,知识产权法才能被正当化。因此,知识产权的范围、时间、效果均应受到约束。[①] 在计算机软件领域,专利对创新的阻碍作用不可小视。开源软件的成功经验也说明了专利权甚至任何外部的激励并非软件行业创新的必要条件。因此,应根据技术发展趋势动态调整软件专利获得难度和范围大小,为后续创新留下安全空间。放眼域外,美国通过 Alice v. CLS Bank 案[②]提高了计算机软件专利,特别是涉商业方法专利适格性的门槛,并通过 Enfish 案[③]的修正保证了改良计算机功能与技术功能的计算机软件专利适格的可能。美国联邦最高法院提出的 Alice 两步测试法承担了兜底作用,即先判断专利的贡献方面再根据申请专利范围确定该专利是否指向抽象概念,有效清除了大量不良软件专利。从结果来看,在 Alice v. CLS Bank 案后,在美国通过专利适格性审查的计算机软件和商业方法专利数量确实大大减少,专利质量也有了一定提高。

在此背景下,为疏解专利丛林和软件专利质量参差不齐的问题,我国亦可尝试通过《专利审查指南》和司法裁判,以特设(ad hoc)方式适度收紧涉区块链技术的计算机软件专利适格性的标准。例如,引入"贡献考量"灵活地清除贡献度低的专利,将那些抽象的、宽泛的权利要求排除出可专利主题范围。严格的区块链可专利标准,将无法获得专利的区块链技术留给公共领域,这可能是解决专利保护与软件开源不同取向冲突问题最简单的方案。然而,对软件专利适格性标准的任何微小调整都可能对计算机技术行业产生重大影响,因此该方案的正

---

① Lemley,MA. The Economics of Improvement in Intellectual Property Law. 75 *Texas Law Review*,1997:989-1084.

② Alice Corp. v. CLS Bank International,573 U. S. 208(2014).

③ Enfish,LLC v. Microsoft Corp. ,822 F. 3d 1327(Fed. Cir. 2016).

负外部效应还需更细致、全面地评估。

2. 部署区块链技术防御性专利组合

为缓解专利保护的独占性与软件开源"自由共享"精神间的冲突，部署防御性区块链专利组合是一种基于市场的解决方案。在技术和专利密集型行业，很多申请发明专利的实体实际上仅计划使用专利用于防御，而非通过禁令制止他人使用相似或相同的发明。这意味着，研发单位申请防御性专利并非为了获取许可收入或排除竞争对手，而是为了阻止进攻性专利诉讼，[①]以减少其面临的专利诉讼成本。防御性专利组合的规模越大，越能威慑相关技术的专利权人，减少专利丛林问题的负面影响。

业界知名的与区块链相关的专利联盟开源发明网络（Open Invention Network）即为一防御性专利池，旨在邀请区块链研发单位加入专利联盟，确保专利组合成员之间不发生专利诉讼，促进产业发展。然而，即使这些防御性专利组合最初是出于"防御"目的获得的，也不能保证未来不被用于进攻。[②]毕竟，专利法上不存在功能上只限于防御的专利，研发单位的防御性承诺也不具有法律约束力。该解决方案的另一缺点是专利池的共性缺陷，即多个研发单位联合组建的防御性专利组合可能产生排除、限制竞争的效果。虽然加入防御性专利池的研发单位可能旨在降低专利诉讼风险，但专利池的建立实质上减少了相关市场上可替代技术的供应，提高了潜在竞争者参与市场所需的专利许可成本，可能阻碍其进入相关市场。当然，在相关专利构成标准必要专利的情形，可通过要求权利人公开标准必要专利并承诺以

---

① Chien, CV. Of Trolls, Davids, Goliaths, and Kings: Narratives and Evidence in the Litigation of High-Tech Patents, 87 *North Carolina Law Review*, 2009: 1571-1615.

② Baio, A. A Patent Lie: How Yahoo Weaponized My Work, WIRED, http://www.wired.com/business/2012/03/opinion-baio-yahoo-patent-lie. Accessed on 30. Mar. 2024.

公平、合理和非歧视(FRAND)的条件许可所有市场主体实施这些专利来适当缓解"专利套牢"或"锁定效应"问题。①

3.通过开源软件协议限制专利权行使

开源软件的传统许可条款在一定程度上可防止研发人员在修改或改进开源软件代码后申请专利,从而限制开源软件后续研发的问题。

传统开源软件广泛使用的 BSD 或 MIT 许可证条款均未提及专利授权问题。如果研发人员对基于 BSD 或 MIT 许可证的开源软件进行改进获得了软件专利,则可在他人未经许可实施该专利时主张软件专利侵权。2007 年修正发布的 GPLv 3.0 许可证以及 Apache 2.0 等晚近发布的开源许可证授权条款中则明确加入了专利授权条款。例如 Apache 2.0 许可证规定,任何为 Apache 2.0 项目贡献代码的软件开发人员(贡献者),均须授予用户永久的、全球性的、非独占的、免费的、免版税的、不可撤销的专利许可。Apache 2.0 许可证还设计了专利报复条款(patent retaliation clauses),约束任何开发人员不能就自己对该开源软件中的贡献向任何实体主张专利侵权,否则其根据 Apache 2.0 许可证所获得之专利授权也将同时终止。GPLv 3.0 许可证则更努力试图在软件的专利保护与开源理念间找到调和之道,其强调任何被各国法律授予专利权的专利权人仍然合法享有其专利权。但若其将专利技术运用于基于 GPLv 3.0 许可证的软件,则表示其愿意接受 GPLv 3.0 许可条款规则的制约。据此,任何贡献者均须就必要专利权利要求授予用户非独占的、全球范围的、免费的专利许可,以保障用户对开源软件的自由使用不会受到专利的限制。此外,不得向其他依据 GPLv 3.0 许可证利用该软件的其他使用者提出专利侵权诉讼,否则其依据 GPLv 3.0 许可证获得的专利授权同时终止。

---

① Lemley, M., Shapiro, C. Patent Holdup and Royalty Stacking, 85 *Texas Law Review*, 2007:1991-2049.

初期区块链开发者将核心程序以开源方式奉献给区块链社区,若后期开发者在进一步开发后选择大量申请专利并向其他研发人员主张专利侵权,则可能抹杀区块链固有的开放、自由、免费的精神,最终阻碍区块链产业发展。若区块链项目事前采用此类包含限制专利权内容的开源许可证,可在一定程度上避免此类专利丛林问题。但需要注意,依据 GPLv 3.0 这类许可证获得专利授权必须建立在开源软件获得自身专利的基础上,对于第三方就其已经获得或将要获得的专利权主张开源软件侵权的问题没有得到真正解决。另外,对专利态度过于严格的开源许可证可能会阻碍开源软件被广泛获取和使用。例如,百度、WordPress 等公司在 2017 年弃用 Facebook 的跨平台开源框架 React Native,原因是 Facebook 公司采用的 BSD+Patent 开源许可协议包含类似 Apache 2.0 许可证的专利报复条款。该条款规定,若贡献者对 Facebook 及其关联公司提起直接的或者间接的专利侵权诉讼,则其通过该协议获得的专利许可同时终止。该条款使开源软件贡献者与 Facebook 之间的权利极不平衡,导致百度等公司放弃使用该技术,转而研发自己的核心软件技术以保持竞争优势。因此,迫切需要设计适合区块链的开源许可方案,适度限制区块链专利权的行使。

4. 推进区块链技术专利开放共享制度的发展

近年来,随着技术发展,许多科技公司除了申请专利保护自己的智力成果,也会在某些情况下选择无偿开放自己的部分专利技术,以促进更多相关技术的开发。这种由专利权人自愿作出的开放专利的公开承诺也被称为"专利承诺"(patent pledge),即自愿限制自身专利权的行使以限制排他权的强度,扩大公共领域空间。

专利池模式下的专利交叉许可与专利承诺模式下的专利开放共享都属于市场主体促进专利分享的机制。与封闭且集中运营的专利池不同,专利承诺模式提供了一种开放式的思维与模式,其以公开的无偿单方允诺来限制专利权的实施。① 这种开放式专利理念启发自开源软件，即将专利也设计为类似"著佐权"的性质，使专利权人自愿地将其专利贡献给公众，并保证不会对基于其专利技术再开发的新产品、新专利采取专利侵权诉讼。同时，也通常会进一步要求依据开放式专利开发的新专利亦必须同样贡献给公众。专利开放共享机制在专利法外，创设了一个私人分享机制，以市场主体的私人力量克服专利障碍，增进社会福祉。在法律性质上，专利权人对开放其专利所作之"专利承诺"属于公开的单方允诺。当专利权人向公众作出限制其专利权的单方允诺，即产生法律认可的债之效力，无须经历缔结合同所必需的意思表示相一致的漫长过程，以免费许可的方式迅速建立起专利生态。② 当一项新技术或产品需要来自不同供应商的不同组件或元件时，经营者通常会制定促进产品间互操作性的机制，以增强网络效应。专利权人选择开放专利模式的动机不仅在于其能推进相关技术的开放创新，还在于开放专利模式能实质引导整个行业走向开放专利所有者所构建的技术和市场，从而依靠其专利建立起的网络效应锁定用户，③在行业中取得优势地位。

当然，并非所有行业或技术领域都适合专利开放共享模式。对于那些互补技术复杂程度较高的行业，如区块链行业，建立专利开放共享机制或许是一个促进技术突破、推动行业可持续发展的可行解决方案。对区块链产业来说，专利开放共享机制的成功关键在于要有行业引领者主导其所在技术领域的开放专利运动，拨开专利丛林的荆棘。一方面，专利开放共享机制可促进区块链企业通过专利开源等方式实现技术互补，推动行业内企业合作，加快行业发展。另一方面，专利开

---

① Vertinsky, L. The Hidden Costs of Free Patents, 78 *Ohio State Technology Law Journal*, 2017：1379-1448；Contreras, JL. Patent Pledges, 47 *Arizona State Law Journal Arizona State Law Journal*, 2016：543-608.

② 岳宗全，刘琳：《专利开源策略和风险防范研究》，载《知识产权》2023 年第 2 期。

③ Contreras, JL. Patent Pledges：Between the Public Domain and Market Exclusivity, 2015 *Michigan State Law Review*, 2015：787-792.

放共享机制还可带动更多的新创公司以较低的成本进入区块链产业，活化市场竞争。当然，在区块链领域推动专利开放共享可能会遇到风险和困难。例如，专利开放共享受制于开源协议条款，存在一定的不确定性，须提前做好风险预防。又如，开放专利依赖于专利权人的自主行为，如何为区块链核心技术后续专利申请人提供激励，使其自发自愿地公开其专利还有待进一步研究。[①]

四、结论

对计算机软件最佳保护模式的讨论从未停止，对区块链技术而言亦是如此。法律应当提供一种适当平衡区块链核心技术开发者、后续技术改进者、技术传播者的利益和社会公众的利益机制，既要促进区块链的可持续发展，又要保证社会公众能够共享区块链技术成果。

通过著作权、商业秘密保护和专利制度均可为区块链提供一定保护，但各自又存在相应缺陷。著作权可以保护涉区块链软件的描述性和展示性内容的表达，并控制其衍生作品，但可能阻碍下游创新者对代码的合理重用。同时，著作权无法保护软件的潜在思想，也无法阻止实现相同功能的代码重新编写。商业秘密保护则对涉区块链软件的组件保护不足，可能导致可交易的软件组件市场的衰退。[②] 专利制度虽然能保护区块链，但企业需花费大量成本用于专利申请和维护，且面临许多不确定性。一旦区块链技术获得专利权，软件专利的保护期可能过长，因为软件的生命周期相较于其他产业短暂许多。此外，过广的专利保护范围可能导致区块链产业内的创新力下降，频繁出现专利丛林，并增加专利侵权诉讼的风险，不利于产业发展。

区块链诞生于开源社区，具有开源品格。强知识产权保护严重依

---

① Sung，HC. When Open Source Software Encounters Patents：Blockchain as an Example to Explore the Dilemma and Solutions，18 *John Marshall Review of Intellectual Property Law*，2018：55-82.

② Lemley，MA.，O'Brien，DW. Encouraging Software Reuse，49 *Stanford Law Review*，1997：255-304.

赖于中心化的权威管理机构,而推动区块链专利的开放共享机制有助于增强使用者的信任,贯彻弱中心化管理理念,从而充分释放区块链的技术潜力。然而,有关防御性专利池和专利开放共享机制的提倡若仅由市场主体自行发起,则必须等待区块链产业成熟,效率颇低。政府应积极引导和加强区块链行业标准的建设,以促进产业发展。

第二节　"区块链＋著作权"技术应用的法律风险及其规制方案

区块链与数字著作权治理的广泛应用有望解决传统数字文化创意领域著作权保护中的诸多痛点。区块链提供去中心化、透明且安全的平台来记录数字作品交易,确保作品完整性并简化著作权的私人执行。然而,这种新兴的"区块链＋著作权"治理模式也带来了风险,应用者和规制者需保持警惕。在深入研究区块链在著作权保护与交易场景中的应用潜力之前,有必要认真分析其潜在的法律风险。

一、区块链技术应用的法律风险

国家互联网信息办公室于 2019 年 1 月 10 日公布的《区块链信息服务管理规定》为区块链信息服务建立了基本监管框架,适用于在中华人民共和国境内向社会公众提供区块链信息服务的主体或节点,以及为区块链信息服务的主体提供技术支持的机构或组织,自然也适用于"区块链＋著作权"平台服务提供者。

实践中,大多数区块链应用服务依托第三方开源平台而建。这种依赖可能会带来一些技术风险,如可信节点管理和数据隐私保护方面的不确定性。此外,区块链系统内部可能因版本升级产生的意见分歧而发生分叉,从而引发新的不确定性和风险。具体而言,"区块链＋著作权"平台通常由基础物理层与一个自下而上的六层区块链技术架构组成,包括"数据层""网络层""共识层""激励层"和"合约层"和最终"应用层"。① 这些层都可能存在相应法律风险。

(一)数据层风险

区块链系统的第一层是数据层,包括交易、区块、散列算法链接而成的链式结构在内的区块链数据结构和存储形式等基本模块,以及非对称加密、默克尔树、时间戳等安全模块,用于保护数据完整性和密钥安全。② 区块链系统由分布式节点共同参与和维护,通过共识机制传输和同步数据,解决了存储信任难题。但是,去中心化的区块链架构并不会消除链上风险,亦不会使链上数据变得更准确,传统数据库"垃圾进,垃圾出"的问题仍然存在。此外,区块链去中心化的特质也可能导致不良的数据分布、数据丢失或数据操纵风险。具体来说,区块链技术应用在数据层可能存在以下风险。

1. 数据完整性、可信度与可用性丧失风险

首先,"区块链+著作权"平台存在内容数据不可访问或丧失完整性的风险。区块链在处理大量数据时还面临可扩展性挑战。以太坊等传统区块链架构的吞吐量和存储容量确实有限。因此,在实践中部署"区块链+著作权"应用,如区块链数字作品登记系统,通常需要将作品数据存储在分布式存储系统中,如 IPFS、Swarm 等。③ 无论作品元数据由第三方托管存放还是区块链平台服务商自行提供存储,亦无论采用哪种分布式存储方式,区块链内存储的都只是数字作品的哈希

---

① Mollajafari,S.，Bechkoum，K. Blockchain Technology and Related Security Risks：Towards a Seven-Layer Perspective and Taxonomy. 15 *Sustainability*，2023：13401.

② 韩璇、袁勇、王飞跃:《区块链安全问题:研究现状与展望》,载《自动化学报》2019年第 1 期。

③ IPFS 是一种 P2P 的文件去中心化存储协议,通过 IPFS 可以将文件分解为很多区块并存储在多个提供存储服务的服务器上。Swarm 则是一项用于构建去中心化应用程序的技术,它通过将数据分散存储在网络中的多个节点上,提供了高度可靠和可扩展的存储解决方案。与 IPFS 相比,Swarm 主要使用以太坊的协议和工具进行通信,主要用在基于以太坊的区块链项目。

值。以数字作品 NFT 为例,区块链内存储的是作品元数据的权益证明,而非作品数据本身。这意味着,若区块内容所指向的分布式存储协议无法访问,或存放作品元数据的中心化服务器停止运营、存储介质损坏或出现其他数据丢失情况,均可能导致该区块指向的数字内容不复存在。若未提前做好备份,用户将面临作品数据永久灭失的风险。

其次,"区块链＋著作权"平台的交易数据有丢失与被篡改的风险。区块链系统完全透明,交易信息以公共总账方式公开存储,任何人均可查询所有链上交易信息。若恶意攻击者以区块链网络内的交易信息为目标开展攻击,就会严重损害交易数据的完整性、可信度和可用性。例如,恶意攻击者可通过发动交易延展性攻击,修改交易数据,诱骗受害者在区块链平台交易中支付两次。世界规模最大比特币交易平台之一的 Mt. Gox 就曾经在 2014 年 2 月遭受交易延展性攻击,平台内被盗比特币大约 85 万个,损失超过 4.67 亿美元。

2. 区块链密钥安全风险

区块链系统的安全性取决于密钥的保密性。公钥与私钥是通过加密算法得到的一个密钥对。其中,公钥对外公开,私钥与公钥地址哈希值相关联,由用户自行保管。掌握私钥即拥有区块链地址背后的数据资产,因此私钥安全对数据安全尤为关键。[1]

传统交易安全保障技术基本属于"拉式"技术,即要求中心化媒介存储用户个人信息与交易信息,本质上形成了一个中心化的"蜜罐"(honey pot),很难抵御黑客攻击。而区块链通过"推式"技术保护用户交易信息,用户仅与当前交易关联,并将相关信息推送至区块链网络。[2]区块链的匿名性使用户只需与公钥地址关联,无须披露真实身份即可

---

① 刘炜,彭宇飞,田钊等:《基于区块链的医疗信息隐私保护研究综述》,载《郑州大学学报(理学版)》2021 年第 2 期。

② [美]梅兰妮·斯万:《区块链新经济蓝图及导读》,新星出版社 2015 年版,第 49 页。

参与交易。虽然匿名性有助于保护用户隐私，但同时也可能利于恶意攻击者通过盗窃私钥获取数据资产。当人们无须借助中心化中央账本验证交易，而只需要通过私钥验证和转移数据资产时，私钥本身就会成为大量非法活动的攻击目标。攻击者可能利用量子攻击和 Shor 量子算法破解非对称密码，从而解密私钥并完全控制用户账户。

3. 用户个人信息安全风险

区块链允许用户以假名活动，从而提供身份匿名性。然而，用户假名对应的交易数据都被记录在区块链公共账本上，任何人都可以获取。攻击者可利用图谱分析和聚类分析等技术，通过交易关联性推断假名背后的真实身份。[①] 有研究显示，基于行为生物统计和动态网络特征分析交易活动，能够识别和验证比特币用户身份。[②] 因此，区块链的匿名性技术仅能为用户提供"假名化"保障，未在大数据分析维度完全剥离个人数据之上及之间的人身依附性，[③] 仍存在用户个人信息泄露与再识别风险。

此外，区块链的"不可篡改"特性也给区块链信息服务提供者带来法律合规风险。在《中华人民共和国个人信息保护法》（以下简称《个人信息保护法》）出台前，《民法典》第一千○三十七条第二款和《中华人民共和国网络安全法》（以下简称《网络安全法》）第四十三条赋予自然人在发现信息处理者违反法律、行政法规的规定或者双方的约定收集、使用其个人信息时的删除权。《个人信息保护法》第四十七条则将用户的删除权扩展至个人信息处理者处理目的已实现、无法实现或者为实现处理目的不再必要；个人信息处理者停止提供产品或者服务，

---

① Fleder，M.，Kester，MS.，Pillai，S. Bitcoin Transaction Graph Analysis. *Preprint arXiv*，2015，arXiv：1502.01657.

② Monaco，JV. Identifying Bitcoin Users by Transaction Behavior. In: *Proceedings of Biometric and Surveillance Technology for Human and Activity Identification* XII，Baltimore，2015：945704.

③ 蔡丽楠：《数据信托参与数据治理：理论逻辑与实现机制》，载《金融评论》2022 年第 1 期。

或者保存期限已届满;个人撤回同意;等等情形。对于个人信息处理者来说,尽管在技术上完全删除个人信息很难,他们也应当停止除存储和采取必要安全保护措施之外的处理,积极采取去标识化等措施。由于区块链上的数据无法删除或篡改,只能追加,形成了一种保存数据却不可删除的形态,导致与删除权存在冲突,难以满足《网络安全法》《个人信息保护法》等相关规定的合规要求。如果区块链中存储的信息涉及违法或其他敏感内容而无法删改,则可能引发更严重的社会问题。

(二)网络层风险

区块链是一个开放系统,每个节点都须了解其他节点正在验证的交易。区块链的网络层主要包含区块链的组网模块、节点间的通信模块、扩展网络以及匿名网络通信技术等,主要负责处理区块链上节点之间的通信活动。区块链网络层的安全风险与传统网络中其他网络基础设施可能遭受的风险非常接近,其原理均为从网络通信层面破坏整体网络。[1] 据此,区块链网络层容易受到针对特定节点或节点集群的日食攻击、恶意改变互联网流量等路由劫持攻击、分布式拒绝服务攻击等,从而导致区块链在节点传播环节出现系统崩溃与拥堵等现象。

区块链网络层同样存在用户隐私泄露等风险。即使区块链数据层利用密码技术从数据结构角度为用户在区块链上的交易活动提供了基本隐私保障,但实质上无法去除网络传输中具体交易活动与用户真实 IP 地址间产生的关联性。恶意攻击者可以通过监听网络和追踪 IP 地址的方法推断区块链交易与密钥之间的关联,[2]破坏区块链系统对交易隐私的保护目标。

---

[1] 王崇宇、朱宇坤、陈瑞东:《面向区块链系统安全测评技术研究》,载《无线电通信技术》2021 年第 3 期。

[2] 韩璇、袁勇、王飞跃:《区块链安全问题:研究现状与展望》,载《自动化学报》2019 年第 1 期。

（三）共识层风险

共识层通过共识算法确保区块链网络中的所有节点都同意区块链的状态，为区块链去信任化提供保障。区块链共识层面临的主要安全威胁是，恶意攻击者企图通过提高自身竞争记账权的成功率，阻止区块链网络达成正确共识，进而操纵区块链网络向对攻击者有利的方向发展。

对采用 PoW 共识机制的区块链系统而言，51％多数算力攻击是针对共识层的常见攻击方式。恶意攻击者只要掌握全网超过50％的算力，即可创建一个分叉，形成一条与真实版本区块链完全隔离的恶意支链，并利用其51％的算力优势更快地处理支链区块，将其打造为主链。此外，攻击者可以通过控制区块链网络大部分算力、生成空块并忽略其他块来执行全面的分布式拒绝服务攻击，彻底破坏区块链系统的安全性。

在区块链出现前，数字加密货币因具有无限可复制性而使人们无法确认是否已经花掉，因此依赖于中心化机构保留交易总账。虽然区块链通过结合种子（BitTorrent）点对点分享技术和公钥加密技术，在一定程度上解决了"双花"（double-spending）问题。但51％算力攻击仍可进一步导致双花攻击，即攻击者通过重复花费数字加密货币来窃取资产。例如在以太坊系统中，攻击者可在完成交易 A 后伪造交易 B，通过发动51％算力攻击将包含交易 B 的恶意支链变为新的主链。这种对共识层的破坏削弱了区块链系统不可篡改的关键特征，严重威胁区块链技术应用。

（四）激励层风险

区块链激励层定义了区块链系统对区块链网络中维护节点的奖励机制，[①]旨在通过奖励促使节点参与区块链共识机制的验证工作。

---

① 李玉、段宏岳、殷昱煜等：《基于区块链的去中心化众包技术综述》，载《计算机科学》2021 年第 11 期。

共识层与激励层相互依存。共识机制的设计直接影响激励分配策略，激励机制的合理性则关系到共识机制的安全与效率，二者共同维护区块链系统的安全与稳定。①

在区块链网络中，如果维护节点参与交易验证和区块生成是为了获得奖励，那么当自私且趋利的节点发现其工作成本接近或高于奖励收益时，往往会选择不再为这个区块链工作，从而导致中心化问题。或者他们可能会采取一些不利于区块链系统维护的策略，以增加自身收益，进而威胁区块链系统的安全性。

(五)合约层风险

合约层是存储控制交易的代码和区块链上交互规则的层，包含编写语言、智能合约、算法等组件，是区块链信任体系的起点。实践中，区块链合约层主要面临的安全威胁主要来自智能合约漏洞和合约虚拟机漏洞。攻击者通常会针对智能合约漏洞发起交易依赖攻击、时间戳依赖攻击、调用栈深度攻击、可重入攻击、整数溢出攻击与操作异常攻击等，旨在左右或阻碍智能合约的执行。而调用、执行智能合约的平台——合约虚拟机也存在一些安全隐患，例如存在逻辑漏洞、逃逸漏洞、资源滥用漏洞等隐患，导致智能合约运行异常。②

就法律风险而言，由于智能合约一经部署上链就很难随意修改，导致技术人员在发现程序漏洞(bug)后无法及时修补。这种一经上链执行即不可逆的特性，似乎也排除了智能合约交易中——如数字作品著作权交易——当事人变更或撤销合同的可能性。无论当事人遭遇欺诈、胁迫或其他明显不公平的行为，均无法通过合同法律规范获得救济。可见，智能合约的特点与我国《民法典》合同编、《著作权法》等法律规范存在诸多有待厘清之处，其广泛应用可能会冲击既有的合同

---

① 韩璇,袁勇,王飞跃:《区块链安全问题:研究现状与展望》,载《自动化学报》2019年第1期。

② 田国华,胡云瀚,陈晓峰:《区块链系统攻击与防御技术研究进展》,载《软件学报》2021年第5期。

法律制度和市场秩序，亟待法律规制的介入。

（六）应用层风险

区块链应用层是构建各种应用程序的层，如区块链钱包、社交媒体应用、NFT 交易平台等。这些应用的 UI/UX 与任何其他普通应用程序无异，主要区别在于其后端数据存储的分散性。区块链应用层的攻击场景相较其他层级更加复杂，主要由代码漏洞、客户端漏洞以及用户社会行为漏洞引发。若应用层涉及私有数字加密货币的发行与流通，则面临金融和网络安全风险：一是数字加密货币价格波动性大，即使在监管政策宽松的地区，市场风险依然存在。二是区块链信息服务提供者可能利用数字加密货币误导公众，吸收社会公众资金，带来信用风险。三是区块链信息服务提供者可能利用加密货币匿名性特点从事洗钱或其他非法交易。

在"区块链＋著作权"应用场景中，常见的数字作品 NFT 交易也面临多重法律风险。在金融风险方面，数字作品 NFT 与传统私有加密货币的风险特征存在较大差异。NFT 是基于区块链的数字资产，相较传统数字作品或同质化代币，每个 NFT 均拥有唯一标志符和使用权证，具备防篡改性、唯一性和验证性，不能相互交换且不可分割。数字作品 NFT 与传统私有加密货币在经济功能上差异明显，并不具备支付、清算功能。然而，实践中仍有人利用 NFT 进行数字加密货币炒作，可能带来洗钱风险。因此，数字作品 NFT 需要得到金融监管部门的适度关注，但不应完全套用数字加密货币的监管措施。此外，数字作品 NFT 的发行和交易还涉及著作权侵权风险。如果希望铸造、发行数字作品 NFT，发行人需要向 NFT 交易平台提交数字作品 NFT 的元数据，即将其拥有知识产权的文字、图片、音视频等权利内容记录在智能合约中。若发行人未经著作权人同意将他人作品铸造为 NFT，则在 NFT 铸造过程中可能侵犯相关作品著作权人的复制权与信息网络传播权。若发行人在铸造 NFT 过程中对他人作品进行改编、汇编、恶意篡改的，还可能侵犯相关作品著作权人的改编权、汇编权、保护作品完整权等权利。另外,数字作品 NFT 的转让交易行为是否属于著作权法意义上的发行行为,抑或应将其定性为债权转让,①在法律定性上尚存争议。这无疑为数字作品转售的交易安全带来不确定性。

二、区块链技术的规制困境与监管架构设计

区块链的应用领域当下主要分为两类:第一类主要是数字加密货币及相关延伸应用领域;第二类则用于文化、制造、政务、医疗、金融、农业等各领域的技术创新。监管部门对后者多采取积极探索和支持的态度,对前者的监管态度则普遍较为审慎。世界主要法域对区块链应用采取的具体监管措施及出台的针对性立法也主要针对数字加密货币应用场景,亦为本部分的讨论重点。

(一)全球主要法域区块链监管现状

1. 美国:重视风险控制,实行部门立法与技术标准协同治理

美国是全球对区块链应用最早、创新最多、市场最大的国家之一。美国在推动区块链技术创新过程中,秉持历来因应科技监管所采取的实用主义立场,避免采取一刀切的监管措施。② 作为联邦制国家,美国在监管体系上遵循联邦政府和州政府双重架构。

区块链技术发展初期,美国国会已开始探索区块链和加密货币的立法监管,但联邦层面的监管政策较为宽松。每当面对新技术衍生的崭新监管议题,监管者往往倾向依赖过往的科技监管经验。美国曾于1996 年通过《电信法案》③,拟规制当时新兴互联网技术带来的负面影响。彼时,互联网先驱约翰·佩里·巴洛(John Perry Barlow)即提出知名的《网络空间独立宣言》④,强调法律规范与政府监管将危害网络

---

① 王迁:《论 NFT 数字作品交易的法律定性》,载《东方法学》2023 年第 1 期。

② 邓建鹏:《美国区块链监管机制及启示》,载《中国经济报告》2019 年第 1 期。

③ Telecommunications Act of 1996 Enacted by the 104th United States Congress.

④ Barlow, JP. A Declaration of the Independence of Cyberspace, 18 *Duke Law & Technology Review*, 2019:5-7.

发展,公权力应完全退出网络空间。"互联网例外论"(Internet exceptionalism)①成为网络空间的早期监管取向。但回顾过去 30 余年全球网络技术治理的发展,便可发现自律并不足以解决网络空间的所有问题。出于类似的监管思维变化,美国对区块链的监管态度也由初期的全然"自律"开始转向"他律",但初期仍仅限于把控整体风险,并未出现严格禁止或者加快立法的迹象。

2017 年,随着私有数字加密货币在全球掀起"数字货币首次公开募资"热潮,各国都开始收紧对区块链的监管。美国证券交易委员会(Securities and Exchange Commission,简称 SEC)首次针对私有数字加密货币发布公告,明确表示 ICO 活动属于联邦证券法管辖范围。2019 年 4 月,美国两党将《代币分类法案》②引入国会,将数字代币定义为验证交易或遵循规则防止交易被篡改的数字单元(digital unit),旨在使数字加密货币免受美国证券法约束。

然而,SEC 并未改变其监管态度,强调凡符合美国证券法中关于证券的定性标准——豪威测试(Howey test)的"投资合同",均属于"证券",应作为证券而非资产进行严格监管。2022 年,加密货币 Terra(Luna)、全球第二大数字加密货币交易平台 FTX 接连暴雷,美国市场损失严重。在此背景下,美国政府加大了对数字加密货币的监管力度,并于同年 9 月发布了首个加密货币行业监管框架草案。很长时间内,美国在联邦层面对区块链的监管缺乏顶层立法和一致策略,实务中主要由 SEC 部分承担对加密货币的监管职能,但其监管立场趋向保守,有抑制创新之嫌。③ 美国国会意识到美国在区块链领域立法的滞后,致力于通过部门立法促进私营部门引领创新。同时,美

---

① Lessig,L. The Law of the Horse:What Cyberlaw Might Teach,113 *Harvard Law Review*,1999:501-549.

② H. R. 1628-Token Taxonomy Act of 2021.

③ 郭滕达:《美国推动区块链发展的主要做法及启示》,载《世界科技研究与发展》2020 年第 5 期。

国采取务实立场,积极通过"技术标准"和扶持性产业政策推动公私部门建立区块链技术的协同治理。美国国家标准与技术研究院(NIST)也正在积极参与制定符合国家和国际水平的区块链技术标准。

在更广泛意义的区块链监管方面还需关注美国国会众议院于2023年7月26日通过的《区块链监管确定性法案》[①]。该法案针对非控制区块链开发者和区块链服务提供者提供了许可和注册的安全港,明确定义了"区块链开发者""区块链网络""区块链服务"和"数字资产"等关键术语,首次将虚拟货币定义为"可以由个人独占和从人对人转移,而无需依赖中介的任何形式的无形个人财产",也即数字资产(digital assets)。2024年5月,美国众议院通过《21世纪金融创新与技术法案》(简称 FIT21)[②],引入"去中心化测试"为区块链数字资产提供分类监管框架,分别将其管辖权分配给商品期货交易委员会(CFTC)和 SEC。具体而言,FIT21 将数字资产分为"数字商品"(由 CFTC 管辖)和"受限数字资产"(由 SEC 管辖)两类,监管权取决于去中心化和功能性分析。如果数字资产在功能性又去中心化的区块链上,CFTC 拥有监管权;如果数字资产在非功能性或功能性但非去中心化的区块链上,则 SEC 拥有监管权。FIT21 在众议院获得两党支持,预计在参议院将面临阻力,但该法案标志着美国在区块链数字资产领域制定统一监管框架的重大进展。FIT21 明确了区块链行业的主要监管机构,首次提出数字资产的分类监管方法,解决了区块链行业长期以来的核心监管冲突问题。

2. 欧盟:积极而宽松的监管政策,推动数字加密资产统一立法

欧盟在成员国层面对区块链及数字加密货币产业的监管态度并不统一,主要分为法国代表的"积极宽松"、德国代表的"适度宽松"和

---

① H. R. 1747-Blockchain Regulatory Certainty Act.

② H. R. 4763-Financial Innovation and Technology for the 21st Century Act.

意大利等国代表的"未明观望"三种态度。① 在欧盟层面,主要对区块链展开"宽松型"监管。在区块链技术发展初期,欧盟委员会对区块链技术持"接受、支持但保留一定程度警示"的态度。2020 年 2 月,欧盟委员会发布了重要数字战略文件《塑造欧洲的数字未来》,称欧盟希望成为区块链技术的领导者,为区块链创新者以及重要平台、应用程序和公司提供支撑。

欧盟尝试在区块链领域的立法和监管框架中融入欧洲价值观和理想,具体提出了支持欧洲区块链技术的五大"黄金标准"。第一,环境可持续性:区块链应该是可持续且节能的。第二,数据保护:区块链应与欧洲强有力的数据保护和隐私法规兼容。第三,数字身份:区块链应尊重并增强欧洲不断发展的数字身份框架,这包括与电子签名法规相兼容,以及支持合理、务实的去中心化和自我主权身份框架。第四,网络安全:区块链应该能够提供高水平的网络安全。第五,互操作性:区块链之间以及与外部世界的传统系统应具备互操作性。欧盟委员会还意识到在区块链应用领域提供法律确定性和明确监管制度的重要性,因此积极在数字资产(代币化)和智能合约领域制定有利于创新的法律框架。同时,欧盟委员会强烈支持泛欧框架,希望避免法律和监管碎片化。

2023 年 5 月,欧盟正式通过《加密资产市场监管法案》②(简称 MiCA),并于 6 月 9 日对外公布。该法案是欧盟数字金融战略一揽子计划的一部分,为在欧盟发行和交易加密资产建立了第一个综合性监管框架。MiCA 将加密资产定义为"以数字方式标示的价值或者权利,并通过使用分布式账本或者其他类似技术使其能以数字方式转移

① 刘宗媛、黄忠义、孟雪:《中外区块链监管政策对比分析》,载《网络空间安全》2020 年第 6 期。

② Regulation (EU) 2023/1114 of the European Parliament and of the Council of 31 May 2023 on markets in crypto-assets,and amending Regulations (EU) No 1093/2010 and (EU) No 1095/2010 and Directives 2013/36/EU and (EU) 2019/1937.

或者储存"。根据是否通过参考其他资产以稳定自身价值,MiCA 将加密货币分为三类,分别采取不同的监管要求。第一类为数字货币代币(E-money tokens),即由单一法定货币支持的稳定币①,功能类似欧盟电子货币指令(2009/110/EC)中定义的"电子货币",可作为硬币和纸币的电子替代品。第二类为资产参考代币(asset-referenced tokens),即由商品或多种货币支持的稳定币,主要通过参考其他价值资产、权益或两者的结合锚定自身价值。第三类为以上两类之外的其他加密资产,包括众多应用型代币(utility tokens)。MiCA 通过细致分类将数字货币代币和资产参考代币列入严格监管行列。需要注意的是,由于 NFT 的价值取决于个别资产的特质及其对于资产所有人的主观效益,其对资产所有人及金融体系所产生的风险较为有限,因此 MiCA 不适用于 NFT。此外,该法案创新性地提出"实质优先于形式"原则,即判断法案对加密资产是否适用,关键在于判定其实质用途具有可替代性、可作为金融工具使用。

MiCA 提高了稳定币发行方及区块链技术服务商的合规成本,增强了加密资产市场的透明度和可信度,有助于加强欧洲区块链市场的公平竞争和消费者保护。除了加快统一立法,欧盟还重视标准在促进区块链技术方面的重要性,积极参与国际标准化组织的区块链和分布式记账技术委员会(ISO/TC307)、欧洲电信标准协会下的分布式分类账(ISG PDL)行业规范组、欧洲标准化委员会、欧洲电工标准化委员会下的区块链和分布式账本技术联合技术委员会(JTC19)等主持的区块链和分布式账本技术标准研制工作,以期获得区块链技术领域的国家技术话语权。

3. 日本:从"严格管控"转向"积极拥抱",专门规制加密资产交易机构

日本政府在区块链技术发展初期就积极寻求为区块链技术和加

---

① 稳定币是一种借参考某些资产(通常为法定货币)来维持稳定价值的虚拟资产。

密资产行业创建健全的监管环境,意图吸引国际技术开发者和投资者,进而提升国家经济和技术实力。随着日本政府对区块链技术的政策立场由"严格管控"转向"积极拥抱",日本国内初创公司对使用区块链技术和数字加密货币的兴趣逐渐上升,日本金融服务厅开始制定监管比特币交易所的方案。

2016 年 5 月 25 日,日本内阁通过《资金结算法》修正案,新增数字加密货币一章,将其纳入法律规制范围。该法案明确了数字加密货币的定义,认可其与法定货币间交易的合法性,还引入了数字加密货币交易机构的注册登记制度,并为其设置一系列监管规则。[1] 根据《资金结算法》,数字加密货币交易机构在获得经营许可后才能开展业务,且负有分离保管交易所资产和用户资产、法定信息披露、预防洗钱等义务。此外,该法案规定在交易所破产时,用户债权优先于其他债权人。该法案还为数字加密货币交易机构设置了细致的分别监管规则:仅经营数字加密货币交易业务的机构,只需要申请加密资产交易所许可,若其业务涉及信用和杠杆交易,则应另外取得金融商品交易业务许可。为配合《资金结算法》实施,日本政府于 2016 年 12 月制定并公布了《关于数字加密货币交易机构的内阁府令案》。此次修法主要从数字加密货币的法律地位、监管方式、交易所违法责任等角度构建数字资产法律体系。[2]《资金结算法》修正后,日本仍不断细化对数字加密货币产业的监管规则,明确区分"证券类"和"支付类"加密数字货币,分别适用《金融工具交易法》和《资金结算法》对二者进行监管,由日本金融厅负责开展具体监管工作。此外,日本还明确了对数字加密货币交易机构、数字加密货币投资基金公司和"挖矿"企业的分类监管机制。

除立法外,日本也重视区块链行业自律。2018 年 3 月,日本成立

---

[1]　张伊丽、皮六一、薛中文:《日本加密资产监管制度研究》,载《证券市场导报》2020 年第 8 期。

[2]　段磊:《日本法对虚拟货币的监管规制》,载《金融法苑》2018 年第 3 期。

了虚拟和加密资产交易商协会(JVCEA),该协会由 31 家日本加密数字货币交易机构组成,是一个半官方自我监管机构,旨在加强行业自律。日本金融厅授权 JVCEA 参与具体监管工作,负责制定和管理数字加密货币交易机构的运营规则和内部合规体系。至此,日本对数字加密货币行业的监管基本形成了"行政许可＋法定信息披露＋行业自律"①的三位一体模式。

值得一提的是,岸田文雄内阁高度重视区块链发展,提议将 Web 3.0 作为日本经济改革的新支柱,并在经济产业省设立专门的 Web 3.0 政策办公室。内阁提出了一系列松绑方案,包括税制改革、为去中心化自治组织(DAO)立法以及简化数字加密货币发行流程。总体而言,日本作为全球率先将数字加密货币交易纳入法律监管范畴的国家,目前仍处于区块链产业法规松绑阶段。

4. 中国:在矛盾中前行,大力支持"无币区块链"技术和应用创新

我国对区块链的监管态度存有一种矛盾心态。一方面,我国中央和地方两级政府均不断加大对区块链发展的引导支持力度。国务院在 2016 年 12 月印发的《"十三五"国家信息化规划》中首次将区块链列入国家级信息化规划内容。2020 年 4 月,国家发展和改革委员会又将区块链视作新型基础建设的关键要素。2021 年《国民经济和社会发展第十四个五年规划和 2035 年远景目标纲要》更明确将区块链列为"十四五"七大数字经济重点产业之一,各地政府也竞相出台政策文件,大力推进本地区块链相关产业建设。

另一方面,我国对以区块链为底层技术的数字加密货币和各种代币的监管不断收紧。早在 2013 年 12 月,中国人民银行、工业和信息化部、中国银行业监督管理委员会等就在其联合发布的《关于防范比特币风险的通知》中表示要加强管理比特币互联网站,防范比特币可

---

① 张伊丽、皮六一、薛中文:《日本加密资产监管制度研究》,载《证券市场导报》2020 年第 8 期。

能产生的过度投机风险、逃汇风险、洗钱风险以及涉嫌类证券的违规行为等隐患。由于市场上充斥着大量劣质 ICO 项目，极易引发市场泡沫和系统性金融风险，中国人民银行等七部委于 2017 年 9 月发布《关于防范代币发行融资风险的公告》，将 ICO 定性为非法融资行为，同时要求停业整顿各大数字加密货币交易平台，最终"一刀切"地全面叫停了国内数字加密货币交易市场。

　　在此背景下，我国区块链产业发展陷入了"无币区块链"困境。[①] 代币是区块链激励机制的一种形式，而"无币区块链"则去除了激励机制，通常以联盟链或私有链的形式存在。与去中心化的公有链相比，此二者是弱中心化的，其节点需获得联盟方或私有链控制方的许可才能加入，不需要通过激励机制扩大区块链规模。因此，联盟链和私有链的应用场景不需要发币。但对公有链来说，激励机制是不可或缺的，否则无法吸引开发者与矿工维护区块链系统。在公有链中，代币的存在使相互陌生且缺乏信任的节点愿意开展协作。因此，代币是维持公有链项目的必需品。[②] "无币区块链"的发展偏离了区块链技术的初衷，趋向封闭。鉴于公有链仍占据区块链生态的主流，完全禁止代币发行与促进区块链产业可持续发展难免存在矛盾。[③] 此外，数字加密货币的法律定性在我国尚存争议。《关于防范比特币风险的通知》将比特币定位为虚拟商品，允许个人合法持有和买卖。将全部类型的数字加密货币一概视为虚拟商品，存有弊端。正如美国 FIT21 法案所示，应用类代币、资产类代币与具有支付性质的通货类代币本质不同，应在监管上分别对待。我国对数字加密货币缺乏差异化法律定位，将阻碍数字加密货币监管政策的落实以及区块链产业的发展。

　　因此，我国监管者应考虑是否对数字加密货币采取"一刀切"监管

①　邓建鹏：《区块链的规范监管：困境和出路》，载《财经法学》2019 年第 3 期。

②　邵奇峰、金澈清、张召等：《区块链技术：架构及进展》，载《计算机学报》2018 年第 5 期。

③　邓建鹏：《区块链的规范监管：困境和出路》，载《财经法学》2019 年第 3 期。

方案,以及如何进行差异化监管。应鼓励激励层技术创新,继续推进"无币区块链"的发展,还是放宽监管,允许有益的"有币区块链"项目准入,并允许经批准的境内金融机构从事锚定人民币的稳定币的业务? 这些问题将是我国监管者在完善区块链行业监管体系和促进产业发展时必须面对的。除了金融监管,我国还发布了《区块链信息服务管理规定》,明确国家互联网信息办公室对区块链信息服务的监管主体地位,并分别从事前、事中、事后角度规定了区块链信息服务提供者的信息安全管理责任。这些规定初步建立了我国区块链数据内容监管和治理体系,为确保区块链技术的安全和规范使用奠定了基础。

5. 小结

全球监管机构对区块链技术的应对策略展现出多样化和复杂性。就较狭义的数字加密货币监管而言,各司法管辖区至今尚未达成统一的数字加密资产定义与分类,这阻碍了连贯一致的监管框架的建立,导致数字加密货币市场参与者对金融风险的理解不足,甚至试图在不同步的监管框架中套利,从而抑制了整个区块链生态系统的健康发展。

在更广义的区块链系统监管中,许多国家在早期采取观望策略,允许区块链技术在现有法律框架下自由发展,以便监管者积累必要的知识和经验。然而,这种做法使区块链创新者面临法律不确定性,可能降低其积极性,甚至导致其迁移到监管环境更明朗的地区。部分国家在初步观望后,选择以柔性、非强制性方式发布指导意见,为区块链产业发展提供指导性建议,或通过制定新的法律框架来规范区块链技术及其应用,为区块链创新者提供法律确定性。然而,由于区块链技术及其应用场景尚在快速演变,过早立法可能导致法律需要频繁修订。此外,区块链相关术语和标准尚未完全统一,这进一步加剧了法律应用的复杂性。

面对区块链技术带来的各类典型与非典型风险,各国监管部门努力在鼓励技术创新与保障法律明确性之间寻求平衡,展现出不同的监管思维模式。这些多样化的监管实践不仅清晰地展示了全球在应对区块链这一新兴技术时的复杂动态,还揭示了区块链技术风险所带来的特殊规制困境与挑战。

(二)区块链技术风险的规制困境与挑战

作为数字加密货币和多种分布式应用底层技术的区块链,其监管难度较大,是因为它作为颠覆性创新技术,具备许多早期互联网技术不具备的特质。"去中心化""匿名性""分布式""不可篡改性"等被视为区块链的优势特点,但也对现实监管带来了不利影响,增加了区块链规制的复杂性。本部分不再局限于对数字加密货币风险规制的探讨,而是对更宏观的、不拘泥于具体应用场景的区块链技术风险规制展开分析。

1."去中心化"架构冲击中心化责任体系的基本假设

区块链应用产业链条上有很多重要角色,包括区块链技术基础设施提供者、向公众提供区块链信息服务的技术运营商、负责验证区块链公共账本上所有交易历史的"矿工"、区块链底层技术及智能合约开发者、区块链开源项目贡献者与维护者,以及处于产业链末端的区块链信息服务使用者等。这些主体的行为均可能导致区块链系统出现一系列技术和法律风险。然而,区块链"去中心化"的分布式架构冲击了传统的中心化责任体系,使传统责任机制面临挑战。

与传统的中心化数据结构不同,区块链不依赖单一的中心化组织管理数据。多元化的数据记账主体、数据验证主体、数据保存主体以及随机确定的数据记账权共同实现了去信任化的区块链系统。[①] 但这种对"中心化的消解"又使我们很难确定一个能为这种分布式账本的记录、运行和维护活动负责的责任主体。我国现行法律法规对网络服

---

① 赵小勇:《法律与技术如何相处:区块链时代犯罪治理模式的双重重构》,载《探索与争鸣》2020 年第 9 期。

务提供者、个人信息处理者等主体的义务性规定，很难准确适用于区块链信息服务。例如，在集中式数据存储中，商业数据或用户个人信息通常由明确的产品或服务提供者存储和处理，并由其承担保护数据安全和个人信息的法定义务。但是在区块链场景下，这些数据和个人信息的存储和处理分散在众多节点网络中，区块链系统的技术设计几乎无法揭示相关参与者对数据的实际使用情况。当复杂的区块链网络因缺陷或其他原因导致风险或损害时，随着中心化责任主体的消解，传统的责任分配制度就会失灵，从而出现规制"漏洞"。

区块链的"去中心化"架构还会导致区块链节点在责任上的混同。以个人信息保护责任为例，区块链节点在服务或交易过程中可能涉及个人信息处理活动，如将用户的计算服务器 IP 地址哈希值打包存储于区块并向全网广播，以便共识层完成验证。在 P2P 架构中，若该记账节点并非专业的区块链信息服务提供者，而是兼具区块链信息服务使用者身份的自然人时，就会出现"一个主体、双重身份"的情况。在事实层面上，该自然人既是享受该区块链应用服务的用户，又是向公众提供区块链信息服务的"节点"本身。在法律意义上，该自然人既是"个人信息主体"，又是"网络服务提供者"和"个人信息处理者"，权利主体、义务主体和责任主体发生竞合。此时，该自然人节点虽然符合区块链信息服务提供者的外观，但难以履行本欲施予专业网络服务提供者的登记备案、安全管理、对违法行为采取必要措施等一系列法律义务。[1] 因此，在去中心化的区块链架构中，要求责任主体履行"视情况采取警示、限制功能、关闭账号等处置措施，及时消除违法违规信息内容"等义务在技术上并非完全可行。[2] 也有学者主张应避免让分布式账本的所有节点都承担区块链上的损害责任，因为要求缺乏智能合约知识和技术控制能力的矿工和节点对区块链所造成的损害负责是

---

[1] 王禄生：《区块链与个人信息保护法律规范的内生冲突及其调和》，载《法学论坛》2022 年第 3 期。

[2] 杨东：《"共票"：区块链治理新维度》，载《东方法学》2019 年第 3 期。

不公平的。① 另外,在某些区块链项目实践中,签署智能合约的各方可能并不具备从零起草和部署智能合约的技术能力。他们往往依赖第三方提供的智能合约模型,例如直接采用开源公共区块链项目的智能合约代码。编码中的技术错误和由此产生的网络攻击,可能导致终端项目服务提供者承担法律责任。然而,开源区块链项目的开发人员遍布世界各地,很难在单一司法管辖区处理相关责任问题。因此,结合区块链分布式与自治特性的责任规则亟须推进,以规范区块链的开发和应用。

2."匿名性"特征阻碍对现实责任主体的归责与追责

匿名性对网络技术的发展一直是把双刃剑。一方面,真正匿名的通信系统在合法使用时具有重要价值。人类出于维护自身尊严的本能,建立了匿名表达的自我保护机制。② 匿名特性将个人言论与身份剥离,使人们能够毫无顾忌地表达立场,避免实名表达可能带来的危险。③ 匿名赋予人们在网络世界中特殊的权利,使其敢于向不完美的世界发声,充分实现表达自由。另一方面,匿名工具也成为不法行为者在网络空间发布不实言论和从事违法活动时遮掩真实身份的有力手段。匿名使公共和私人执法机构均无法获取信息,进而无法追究从事有害行为的个人或团体的法律责任。

匿名通信系统的发展使在网络空间认定侵权主体极为困难,也削弱了监管部门追踪网络违法活动的能力。当然,大量网络空间的匿名行为仅仅是"准匿名行为",即可通过技术手段推断出匿名背后的真实身份。正如前文所述,区块链的匿名性技术也仅仅是一种强"假名化"保障。通过图谱分析和聚类分析等技术,监管者有机会推断出其背后

① Wright, A.. De Filippi, P. Decentralized Blockchain Technology and the Rise of Lex Cryptographia, 34 *Social Science Research Network*, 2015:41-52.

② 路鹃:《网络匿名表达权在司法实践中的冲突与平衡》,载《西南政法大学学报》2018 年第 6 期。

③ 胡泳:《在互联网上营造公共领域》,载《现代传播》2006 年第 1 期。

的真实身份。但这种监管成本太高,并非解决匿名侵权问题的良方。

针对网络匿名带来的问题,我国主要通过实名制信息管理制度解决。我国于 2012 年 12 月通过《关于加强网络信息保护的决定》,要求网站接入服务均须实行实名制。鉴于网络空间的特殊性,也为尊重匿名表达权的必要价值,我国于 2015 年开始实施《互联网用户账号名称管理规定》,采取"前台自愿、后台实名"的原则,要求网络用户通过真实身份信息认证后注册账号。实名制将用户的网络身份与现实身份对应起来,实现对网络违法活动的有效追溯,进而将侵权责任归责于现实中的主体。区块链技术的强匿名特征与实名化要求产生了激烈冲突。《区块链信息服务管理规定》中明确了区块链信息服务的监管对象,即"向社会公众提供区块链信息服务的主体或者节点,以及为区块链信息服务的主体提供技术支持的机构或者组织",统称为"区块链信息服务提供者"。从具体规范来看,该规定的监管重点在于保障信息安全,其中第八条要求区块链信息服务提供者对使用者进行实名认证,且不得向未进行实名认证的用户提供服务。该要求显然只能适用于私有链和联盟链,对公有链而言,合规难度较高。

(三)区块链技术的监管架构设计

1. 在整体观视角下构建符合区块链特质的法律责任体系

现行立法规制区块链的困难一部分在于其技术特质,另一部分则在于监管者寄望于以统一的责任规则解决区块链应用中的责任问题,这忽视了区块链作为复杂系统的现实。因此,应从整体观的角度,以更抽象的方式思考区块链具体的责任场景。

区块链应用服务的规制难点在于其"去中心化"特质消解了传统的中心化责任主体,使监管者难以确定区块链应用产业链条中的哪个角色应为一个分布式活动中的风险和损害承担责任。然而,如果我们将区块链应用整体上视为一个"软件产品",就会发现让区块链信息服务提供者作为第一层责任的责任主体是合理的。将区块链信息服务视为通过互联网等信息网络提供服务的经营活动,纳入《中华人民共和国电子商务法》(以下简称《电子商务法》)的规制范畴并无不妥。在此基础上,再行区分"用户""矿工""节点"三个重要角色。用户在区块链上发起交易,矿工将交易信息打包上链,节点为区块链储存并实时更新总账的副本。

通过观察各主体的具体行为,可以发现"矿工"与"节点"在一个所谓去中心化的系统中仍然扮演着中间媒介角色,应作为网络服务提供者承担相应的责任。这意味着,如果他们意识到区块链上存在非法活动,则有义务采取删除、屏蔽相关内容等必要措施。当然,这与区块链不可篡改的特质相悖。从目前技术水平来看,要求矿工、节点履行相应义务也确实存在困难。但要求其将真实信息以新区块的方式加入区块链序列难度并不高。可见,只要在区块链中识别出不同的参与者,再根据其行为予以细致分类,就可以将其纳入现行责任法律的规制范围。

悲观者可能认为区块链的匿名性会使现行责任规则失去效用,这实质是要求监管者解决实名制与匿名性的冲突。必须承认,强制性的实名制要求确实会牺牲区块链的匿名性效益,但人们也应认识到,追求绝对匿名性很可能导致网络空间有害行为的增加。这是因为,当匿名性使人们免于承担其行为对他人造成的成本时,必然会出现道德风险。[①] 在此基础上,区块链不可篡改特性的负外部性也将被放大。因此,当务之急是设计符合区块链技术特征的实名制规则,在保证区块链技术特质、交易性能与监管难度和成本间取得平衡。实质上,绝对匿名性对区块链用户也并非绝对有益。绝对匿名性要求用户必须备份并保存好自己的私钥。因为一旦丢失,用户无法证明自己的真实身份与数字钱包的关联性,且没有任何中心化机构能够帮助用户恢复私钥密码。有学者提出"可控匿名性"概念,即指将相对匿名化的数据限

---

① Post，DG. Pooling Intellectual Capital：Thoughts on Anonymity，Pseudonymity，and Limited Liability in Cyberspace，1996 *University of Chicago Legal Forum*，1996；139-169.

制在受控环境中使用,以确保在受控环境中达到无法识别特定自然人且不能复原的匿名化效果。这类似于在区块链层面实现"前台自愿、后台实名"的要求,在可监管的基础上保护用户隐私和系统安全。[①] 本书认为区块链在技术层面应放松对绝对匿名性的要求,转而将"可控匿名性"作为未来发展方向。

2. 充分利用法律与代码的互动力量,探索代码化法律监管

美国网络法先驱劳伦斯·莱斯格(Lawrence Lessig)在 20 世纪提出了著名的"代码即法律"观点,旨在强调国家的制定法、社会规范、供求规律衍生的市场力量以及塑造物理及数字世界的架构共同控制和影响个体行为。随着数字技术的出现,代码作为互联网的基础架构已逐渐成为规范互联网用户行为的主要方式。

法律和技术通过相互依赖的复杂系统相互作用,均有助于规范人的行为。在著作权领域,为纳入和执行现有法律规则而部署代码的典型例子是 DRM 系统。随着网络时代盗版数字作品的流行,数字空间中有效执行与实施著作权规则愈发困难。另外,数字技术也刺激了自由文化运动的出现。部分学者开始倡导公众拥有自由复制、分发和重混创意作品的权利,[②]这显然与著作权人的利益相冲突。为此,许多数字内容提供商开始使用 DRM 系统,将著作权法的规定转化为著作权技术措施,用以限制最终用户对数字内容的使用,主要包括访问控制和复制控制等。[③] DRM 通过技术手段帮助权利人实现自力救济,间接促进了著作权的执行,但也限制了最终用户合理使用作品的空间。这种通过代码进行监管的优点在于,代码无须依赖公权力机构的事后执行,且人们很难在事前违反。此外,与法律规则固有的灵活性和模

---

① 赵小勇:《法律与技术如何相处:区块链时代犯罪治理模式的双重重构》,载《探索与争鸣》2020 年第 9 期。

② Morell, MF. The Free Culture and 15M Movements in Spain: Composition, Social Networks and Synergies, 11 *Social Movement Studies*, 2012:386-392.

③ 王迁:《立法修改视角下的技术措施保护范围》,载《中外法学》2022 年第 3 期。

糊性不同,代码高度形式化,从而减少了纠纷。然而,人们也可以通过代码规避代码,这在著作权法中称为技术措施规避。我国《著作权法》第三次修订中新增技术措施保护条款,禁止故意避开或破坏技术措施。可见,代码可被用来实施法律,作为解决著作权执法复杂性的有效手段。而法律也可以用来加强代码的有效性,确保其不被规避。

去中心化与先天具备自治品质的区块链的出现有可能削弱法律和代码对互联网用户行为的规范力量。但我们也不应忽视法律和代码的适应性,即其在调整社会关系能力上的强大弹性。即使是最自治的系统,也受制于特定力量与约束。区块链在设计上具备天然自治的品质,但其运行仍必须依赖为底层区块链网络提供支持的新型技术中介。这些中介通过代码运行,其运作方式最终仍取决于市场力量,受制于社会规范,很容易被监管捕获。只不过在对区块链的监管上,监管者应更加重视代码的力量。例如,将法律规则转化为机器可读的形式化语言,实现更有效率的监管。区块链和智能合约的应用赋予了代码更强的功能,有望实现一种全新的代码监管方式。事实上,随着越来越多的合同规则和法律条款被纳入智能合约代码中,传统的法律规则可能需要演变为可以更好地融入代码的规则。所以,我们在区块链治理领域可从"代码即法律"阶段逐渐转向依靠"法律即代码"的力量。

3.创新监管工具,探索试点"触发式监管"和"沙盒监管"

在加速法律代码化的进程中,监管工具的创新不可或缺。随着数字经济的迅猛发展,政府与市场关系的深刻变革催生了更加精细化、动态化的监管理念。

以"放管服"为导向,信用监管、智慧监管等新型监管模式不断涌现。其中,"触发式监管"的引入尤为值得关注。这种基于预设指标和风险评估的监管机制,可对区块链信息服务提供者进行动态监控,在违规行为达到预警阈值时及时启动监管程序,有效遏制风险。这些新型监管工具充分调动了市场主体的自我规制力量,并借助数字技术实现精准的实时监控,能够及时响应区块链技术监管的需求,提升监管效能的同时减轻市场负担。因此,本书建议在区块链产业领域探索全面实施触发式监管。具体措施包括完善区块链安全风险评估体系,规范区块链风险评估主体、对象、评估流程、参考标准等,[①]建议在全国出台《区块链应用风险分级与信用分类管理办法》,全面归集区块链企业基本信息与社会监督信息。利用机器学习、数据挖掘等大数据分析技术分析区块链风险数据,将区块链企业信用风险等级从低到高划分为不同等级,为触发式监管提供数据基础。

此外,探索构建包容审慎的区块链风险"监管沙盒",部分豁免区块链企业法律责任。数字经济时代,现行法律法规与新兴科技之间出现巨大落差。"监管沙盒"一词源自英国在 2014 年因应金融科技(Fintech)浪潮所推动的金融科技创新计划,主要是为因应各种新兴科技与新型商业模式而出现。"监管沙盒"通过设计一个风险可管控的实验场域,提供给各种新兴科技的创业者测试其产品、服务以及商业模式的环境,[②]降低其合规成本。在区块链风险难以确定的情况下,我国也应当在包容审慎的监管理念下降低区块链企业准入门槛,利用"监管沙盒"工具打造宽松的监管环境。在"监管沙盒"中,区块链技术开发者可暂时豁免相关责任,尽可能地测试其新技术、服务或商业模式。若区块链企业经沙盒测试后发现其不符合相关标准,或所提供的产品或服务与现行法律法规相冲突,只要其符合豁免测试规则即可免除法律责任。在测试过程中,区块链企业应与监管者积极互动合作,针对在短期测试过程中出现的技术、监管和法律问题,一同寻找切实可行的解决方案,并将其作为未来区块链监管立法、修法的重要参考。为促进区块链产业发展,监管者还可根据市场需求为区块链企业打造个性化"监管沙盒",例如为低风险区块链项目提供"快捷监管沙盒"、

---

① 戚学祥,黄新宇:《国外区块链发展考察:逻辑、路径与启示》,载《河海大学学报(哲学社会科学版)》2020 年第 6 期。

② 黄震,张夏明:《监管沙盒的国际探索进展与中国引进优化研究》,载《金融监管研究》2018 年第 4 期。

为高风险区块链项目提供"增强型监管沙盒"、为交叉性创新区块链项目提供"跨部门监管沙盒"、为跨境区块链项目提供"跨境监管沙盒"。

4. 实现标准治理与法律治理的融合机制，加强全球治理与合作

技术标准系典型软法，由国家标准、行业标准、企业标准等构成，相较硬法而言，其更能适应区块链的灵活性与复杂性。比较而言，全球范围内英美两国高度重视区块链产业技术标准搭配必要部门立法，重点则以其在信息技术、通信领域的既有标准为基础，完善区块链标准化体系，[①]强调区块链技术标准协同法律治理的重要性。我国区块链领域曾一度缺乏成熟的术语标准，严重阻碍了区块链的技术发展和应用落地。因此，提升我国区块链风险治理能力也应重视发挥技术标准的引领作用。

具体而言，我国首先应当系统地分析区块链与智能合约技术及相关产业的发展趋势，开展标准体系预研活动。其次，要以问题为导向，加强区块链、智能合约与算法技术领域的基础共性标准研究，重点关注基础术语标准，明确区块链、区块链系统、共识、智能合约、加密货币、数字签名、互操作等术语的含义。因为术语标准是最重要的基础标准之一，通过为各有关方面提供在语言上和概念上的一致用语，确保对特定标准中的主要概念达成共同的认知与理解，能够打通不同国家、行业和系统之间的认知和技术屏障，为全球区块链产业发展提供重要的基础依据。再次，还需要推进统一不同系统间的数据存储格式、分布账本管理规范、通信机制等基础标准的研制。在此基础上，指导相关国家标准和行业标准的制定，建立健全国际化的区块链技术标准体系。这将有助于主管监管部门、第三方评估机构等组织对区块链技术进行监督、管理和评估，促进各行业对基础共性知识达成共识。再者，要结合区块链应用的场景性要求，制定该细分领域的技术标准。

---

① 戚学祥、黄新宇：《国外区块链发展考察：逻辑、路径与启示》，载《河海大学学报（哲学社会科学版）》2020 年第 6 期。

建议头部区块链企业积极参与行业标准起草和制定。最后,还要完善区块链技术标准软法体系与硬法制度的联动机制,发挥技术标准对法律法规的支撑作用。① 具体应按照法律法规要求,并结合区块链和智能合约技术产业发展需求,有针对性地开展具体标准或实践指南研制工作。

随着区块链成为全球技术革命的底层基础设施,区块链也出现了明显的外溢风险,这要求监管机构加强国际协作。在区块链全球治理的过程中,我国不能忽视欧美在该领域的立法和技术先发优势。近年来,欧盟在数字经济领域立法颇为激进,究其原因无非是企图凭借欧盟的巨大市场规模将其法律影响力传播至全球。以单方面强监管为特色的"布鲁塞尔效应"和企图以技术标准划定产业生态的"华盛顿效应"有可能带来欧美单方面规范全球区块链甚至数字经济市场的威胁,损害我国相关产业利益,必须予以警惕。因此,我国应积极增强在区块链技术全球治理中的代表性和发言权。一方面,积极参与国际标准制定,推动国际标准化组织讨论和制定全球区块链技术标准,提升本国区块链的应用效果与国际话语权;另一方面,在坚持国家主权和安全原则的基础上,推进国际监管框架与治理规则的建立,确保各国在区块链产业发展中权利平等、规则平等、机会平等。

三、结论

近年来,部分技术自由主义者坚信区块链技术将彻底颠覆监管控制,甚至可用来取代法律规则,而智能合约就是这场革命的基础工具。监管网络空间确实会遇到一些特殊困难,而代码作为"网络空间的无形之手"一直在互联网架构中塑造着新的行为规范,可用于监管该空间,这也是劳伦斯·莱斯格的著名格言"代码即法律"背后的含义。

区块链网络同样不是法外之地,但单一监管模式难免陷入困境。

---

① 衣俊霖:《数字孪生时代的法律与问责——通过技术标准透视算法黑箱》,载《东方法学》2021 年第 4 期。

对颠覆性技术而言，很难找到放之四海而皆准的监管应对措施。更好的方案是从权力（power）关系配置出发的治理多元主义（governance pluralism）进路：区块链系统内各主体如节点、平台、矿工、预言机服务商间的互动会呈现动态权力关系。这些关系在各主体活动及互动过程中不断流动，相互链接、彼此交错。因此，在链外、链内同时建构国家、市场与区块链系统良性互动的制度性权力关系，合理配置权责是区块链技术多元治理的关键。

在链外，合理完成权力关系事前配置。主管机关应完善区块链身份管理、隐私保护、运维要求、智能合约交易等基础框架性立法，积极参与国际区块链立法协调。此外，明确智能合约代码审计标准与责任，在关键性行业将节点监管引入法律规制体系，要求独立技术监管部门作为节点接入区块链，但仅监管技术安全性与适用性，避免过度的法条主义破坏区块链系统的自我再生能力。在链内，构建嵌入式综合治理模型。在技术层面，利用技术标准、自治规范引导节点间权力关系互动，联合各类节点共同制定行业规范。在自治领域融入国家主权对行为的程序化控制，通过规制区块链系统框架间接规制代码，使治理者扩大管辖范围，让被治理节点在区块链复杂系统中达到"自我认同、自我管理、自我约束"的状态，从源头减少风险。

第三章 区块链系统中智能合约的 法律性质及其纠纷化解

智能合约是通过信息技术传播、验证和执行的计算机协议，应用时无须第三方介入，预设条件一旦触发即自动执行，从而提升合同执行效率。随着区块链应用场景的不断扩展，智能合约被普遍认为具有成为法律合同在区块链网络中的电子化替代物的潜力，可能成为区块链网络的基础治理工具以及"法律代码化"的关键。然而，通过智能合约将法律规则转化为计算机代码并不容易，因为代码依赖高度形式化的算法和数学模型；而法律规则通常以模糊的自然语言书写，从而保障法律在个案中的灵活适用。本书无意进入智能合约宏大叙事法律问题的讨论，而是专注于解决智能合约与法律合同之间的兼容性，旨在为分论部分将其应用于数字文化创意产业著作权保护和交易领域提供理论支撑。

第一节 揭开智能合约的 法律迷思

一、智能合约：技术驱动下的复杂性代码结构

智能合约并非全新概念，其在区块链技术出现前就已经存在。1994 年，英国计算机科学家尼克·萨博（Nick Szabo）首次将智能合约定义为一种电脑化交易协定，其中记录了交易发生的条件与对应执行

的条款。一旦设定的条件成就，合约将自动执行预设的交易内容。[①]
萨博的定义重点强调了智能合约的"自动化"。他将智能合约比作自
动售货机在收到硬币后自动提供一瓶饮料的过程。类推至区块链技
术语境下，嵌入区块链的智能合约应当能够自动接收和发送资产以及
信息。这种定义非常适合简单交易，例如在区块链账本上将数字加密
货币从一个所有者转移到另一个所有者，但不适用于更复杂的合约。
实际上，前文提及的 DRM 即可被视为智能合约的早期雏形。发行商
通过向数字作品添加 DRM，就可以限制用户观看、播放或其他接触作
品的相关权利。

　　智能合约以机器思维接管了合同的形成和自动化履行，实施过程
包括智能合约的设计开发、编译部署、触发执行和维护治理。区块链
技术使传统意义上的智能合约成为分布式合约，不再需要依赖单一服
务器保存数据或执行代码。基于以太坊架构的智能合约技术扩展了
比特币脚本语言，在区块链的分布式机制之上建立了一个图灵完备的
系统。扩展脚本语言使智能合约能够执行更复杂的交易，而不仅限于
数字加密货币的转移。近年来，物联网的兴起使区块链网络进一步拥
有离线效果。智能合约能够通过接收现实世界的输入执行特定任务，
这使人们可以通过智能合约完成数字私力救济。[②] 例如，游戏作品著
作权人通过设置技术措施，自动封禁从事非法转移游戏数据等行为用
户的账号；房东利用电子锁拒绝未缴纳房租的人进入房屋；保留所有
权的汽车卖家在发现买家将标的物出卖、出质或做出其他不当处分时
锁定汽车引擎；等等。技术发展使人们产生这样一种感觉：设计精良
的智能合约有朝一日将完全取代传统的法律合同。从这个角度观察，

　　[①]　Szabo，N. Smart Contract：Building Blocks for Digital Markets. https://www. fon.
hum. uva. nl/rob/Courses/InformationInSpeech/CDROM/Literature/LOTwinterschool 2006/
szabo. best. vwh. net/smart_contracts_2. html.

　　[②]　王琦：《数字私力救济——基于远程控制网联物的权利实现》，载《法学研究》
2023 年第 5 期。

智能合约被认为会导致"代码即法律",即脚本语言撰写的代码将取代合同法律规则。

对于智能合约是否属于法律合同这一问题,素存疑问。有观点表示,智能合约既不是传统意义上的法律合同,也不智能。[①] 这个术语似乎只是因其命名而很容易与法律概念纠缠在一起。以太坊的创始人维塔利克·布特林(Vitalik Buterin)就曾指出:"我很后悔采用了智能合约这个词。我应该称之为更枯燥和技术性的东西,比如持续性脚本(persistent scripts)。"智能合约的法律性质至今仍然是模糊的。萨博也没有澄清什么是"协议"以及各方如何通过协议建立联系。但显而易见,智能合约并不全是法律意义上的合同。例如,根据预设条件调节室温的智能恒温器虽然符合智能合约的经典定义,但其本身显然没有合同法上的意义。即便是那些记载了权利义务内容的智能合约,也不必然就能构成法律合同。在传统的合同世界,也只有存在当事人、意思表示一致和标的等要件才能订立法律意义上的合同。

本书将智能合约定义为一种通过在数字可验证事件的条件下自动控制、管理和记录法律相关行为,特别是实际服务的交换的计算机程序,在特定条件下也可构成法律意义上的合同。实际上,空洞化对讨论智能合约是否属于法律合同并无实际意义。应予讨论的是:哪些智能合约是法律合同。

二、二元论视角下的智能合约类型及其性质

通过智能合约的代码架构与应用实践可将其分为两种类型,本书将其称为"复合智能合约"与"整体智能合约"。

(一)"复合智能合约":自然语言合同的工具表征

"复合智能合约"是一种二元的合同架构,指当事人利用代码使传统合同条件逻辑元素自动化的过程。当事人通过自然语言先缔结传

---

① O'Shields, R. Smart Contracts: Legal Agreements for the Blockchain, 21 *North Carolina Banking Institute*, 2017: 177-194.

统基础合同,再从基础合同中提取某些条款转换成智能合约代码集成到区块链底层算法网络中,以使其能够自动执行。

有观点认为,"复合智能合约"只是促进原合同履行的辅助手段,因此应将其视为一种中介机制(escrow)或自助行为。[①] 这种观点准确捕捉了这类合约的重要特征,即利用代码使传统合同的某些条件逻辑元素自动化,使其在满足相关条件时自动执行,相当于履行传统合同内容的技术手段。此时,智能合约代码自动执行在区块链平台外形成的协议,而不考虑这些协议是如何达成的。"复合智能合约"当事人对合同权利义务的约定是全部在先及在链外进行的。在这种场景下,智能合约只是基础合同相应内容的表征,是对当事人约定的记录和再现。智能合约义务的自动履行替代了债务人有履行意思的履行。因此,"复合智能合约"仅仅是履行合同的工具,而不是具有法律约束力的协议。

对于"复合智能合约"所指向的合同法律关系,其成立时间仍以传统合同成立时间为依据。如果在"复合智能合约"履行中,当事人对智能合约代码的理解出现了争议,则以传统合同中约定的自然语言内容为准。例如,当甲与乙约定,甲以 10 元人民币每公斤的价格向乙出售100 公斤进口青苹果。当甲向乙交付标的物时,乙通过交易平台向甲转移等价值的数字人民币(e-CNY)。甲乙双方对权利义务关系的约定对双方产生法律约束力,买卖合同成立。数字人民币适用"占有即所有"规则,支付和结算同步完成,[②]也即交付行为会使苹果和数字人民币的所有权发生变动。但这是合同履行的范畴,而并非合同履行行为导致智能合同成立。在"复合智能合约"意义上,代码只是工具主义的非法律概念。智能合约代码从属于当事人缔结的自然语言合同,双方当事人对自然语言合同的任何变更都意味着对代码的变更。

---

① Raskin, M. The Law and Legality of Smart Contracts, 1 *Georgetown Law Technology Review*, 2017:305-341.

② 李建星:《数字人民币私权论》,载《东方法学》2022 年第 2 期。

(二)"整体智能合约"：代码就是合同

"整体智能合约"是将基础法律合同的内容作为一个整体编译并发布至链上的一元合同架构。在"整体智能合约"中，代码被赋予与自然语言相同的法律价值，我们也可将其正式称为"智能法律合约"，以区分于那些非法律概念。

"整体智能合约"的应用场景，通常是由一方当事人以二进制计算机代码将其智能合约发布到区块链上，以此提供某种交易或服务的。若合约代码内容具体明确且无排除代码在交易对象私钥签署后自动执行效果约束的意思，那么将此代码上链即可视为要约。相应地，交易对象以私钥签署合约的行为则可被视为承诺。当交易通过一致性验证并写入分类账进入区块链账本时，合同成立。

在代码的世界，协议仍然是合同的基础。"整体智能合约"是一个以数字形式订立的协议。部署在区块链上的智能合约代码是要约，只要相对人进行承诺，智能合约就会建立起相应的权利义务关系，并由计算机网络执行完成履行。可以说，"整体智能合约"不仅像"复合智能合约"那样可以被智能地履行，而且是通过区块链被智能地缔结，即合同的订立与履行都是智能的。但与"复合智能合约"不同，"整体智能合约"还可用于寻找潜在缔约方并签订自动执行的合同。[①] 经双方当事人认证签署后的"整体智能合约"是当事人以一致意思表示追求法律上效果的私法工具，是合同法意义上的合同，也是下文所称"智能合约"所指代的对象。

三、智能合约的特征及其局限

在探讨智能合约的特殊性之前，有必要区分智能合约条款的类型及其在智能合约中的适用性。我们可将智能合约条款分为两大类：操作性条款和非操作性条款。操作性条款是指使用某种形式的条件逻

---

① Buchleitner，C．，Rabl，T．Blockchain and Smart Contracts，1 *Ecolex*，2017：4-14.

辑,例如使用"require"函数、条件表达式"if-then""if-then-else"写成的条款。非操作性条款不包含条件逻辑,例如仲裁条款、协议管辖条款等。智能合约的大部分特征属于操作性条款。在整体特性方面,智能合约相较传统合同具有以下特点。

第一,智能合约具有自治性特征。如今大多数智能合约都部署在以太坊区块链平台之上。以太坊不仅可用于执行智能合约,还可实施去中心化应用程序,并通过共识机制克服"可信第三方"问题。相较第一代区块链,智能合约拥有更强的存储容量和计算能力,在架构设计上自给自足,其将交易所涉资产集合与事务集合都嵌入自身,能够自主配置资产并诱发特定交易。① 在传统合约中,合同双方大多依赖于中心化网络(如值得信赖的个人、平台或法律体系)开展交易。作为去中心化的程序,智能合约改变了信任形式,拥有了独立于第三方和权威机构的自治性。

第二,智能合约具有自动化执行性的特征。自动化是萨博年代的智能合约即已拥有的典型特征,其本质在于合同自动履行,无须人工干预。在更复杂的需要链接物理世界数据的应用场景中,智能合约的自动执行性则主要利用下列方式实现:(1)使用预言机(Oracle)。预言机是连接区块链和现实世界的信息桥梁,用于将区块链上不可访问的外部数据引入智能合约中,并根据这些数据自动执行合约条款。(2)使用事件驱动。利用智能合约监听特定事件,当事件发生时,合约会自动执行相应操作。(3)使用状态机(State machine)。智能合约使用状态机跟踪合约执行状态,并以此执行不同操作。智能合约将承诺转化为可执行的代码,在触发条件出现后自动执行,降低了合同履行的边际成本。因为在传统合同履行中,一旦出现纠纷,当事人往往选择诉诸法院。而"诉诸法院系统是一个资源密集型过程"②,智能合约

① 许可:《决策十字阵中的智能合约》,载《东方法学》2019 年第 3 期。

② Raskin, M. The Law and Legality of Smart Contracts, 1 *Georgetown Technology Review*, 2017:305-341.

通过自动执行极大降低了合同履行成本,提高了合同履行效率、减少了合同履行纠纷。

第三,智能合约具有高度形式化的特征。以自然语言撰写的合同由于语言固有的歧义性、多义性与模糊性导致了当事人对合同理解的不确定性。例如,当合同内容兼具有施动和受动意义的词语时就容易产生歧义。以中文合同为例:"小王租小周两间房子"这句话既可以表示"小王把两间房子出租给小周",也可以表示"小王向小周租了两间房子"。又如,当给定元素的先行词不明确时,就会出现先行词歧义。在"当承租人/次承租人违反出租人拟定的合同条款和条件时,由他支付罚款"这个句子中,"他"既可以指承租人,也可以指次承租人。智能合约以高度形式化的代码写成,自动执行协议条款,在很大程度上避免了不必要的因合同解释而导致的纠纷。

第四,智能合约具有匿名性的特征。传统合同在签署前,双方当事人都会先了解对方的身份。但智能合约运行在分布式的以太坊区块链网络之上,当事人无须披露真实身份。以太坊使用双椭圆曲线数字签名算法,虽然交易过程公开,合约本身也公开于区块链账本,但交易双方却是匿名的。区块链创造出的"技术信任"也保障了智能合约签署人的交易安全。

虽然智能合约带来了诸多优势,但其应用也存在一些局限性。

第一,智能合约因其匿名性而导致缔约主体是否适格处于不明确状态。因为交易过程完全匿名,智能合约当事人对交易相对人的精神状态、智力和年龄均不可知。根据《民法典》第一百四十四条、第一百四十五条的规定,无民事行为能力人实施的民事法律行为无效,限制民事行为能力人实施的与其年龄、智力、精神健康状况不相适应的民事法律行为效力待定。在匿名区块链网络中,因当事人无法推断对方是否有相应的民事行为能力,可能导致智能合约不生效或效力待定。

第二,智能合约因其高度形式化而导致司法裁判困难。智能合约以技术代码写成,只有具备计算机知识背景的专业人士才能理解合约内容，而纯粹法学背景的法官很难评估智能合约内容的合法性和确定性。[①]　当纠纷发生时，法官很可能根据缔约前的自然语言文本评估缔约方意图。但在"整体智能合约"语境下，这些缔约前的文件本身没有法律约束力，也未必全部构成合同内容。

第三，智能合约因其自动化执行特性而使合同履行略显僵化。合同的意义源于双方对合同语言的共同理解。虽然自然语言撰写的合同无法避免语言固有的模糊性，[②]但也为合同履行提供了一定的灵活性，因为对合同中语词含义的解释并非由词典固定，而是随着社会利益的互动和情势变化而不断调整的，[③]同时也受到缔约人思维习惯和潜意识的影响。相比之下，智能合约依赖形式化和结构化的编程语言，程序功能大多来自条件逻辑，缺乏自然语言的灵活性和包容性。合同条件的满足通过电子方式进行验证，验证通过后，智能合约启动自动履约机制。这要求当事人将其对合同履行过程中自由裁量的考量全部提前至合约订立阶段完成，相当于剥夺了当事人在合同履行过程中的自由裁量权。[④]

第四，智能合约因区块链不可篡改的特性而使合同变更、解除存在困难。智能合约一旦被创建和部署上链，每个区块链节点都会验证和存储该智能合约的代码和操作记录信息。由于区块链的共识机制，修改智能合约的代码十分困难。这一方面为智能合约提供了安全性，另一方面也意味着智能合约一旦被部署上链，就很难随意修改。然而，在智能合约运行过程中，合同的基础条件可能会发生变化，甚至发生当事人在订立智能合约时完全无法预见的、不属于商业风险的重大变化。智能合约无法任意修改的特性，使得即使当事人经协商同意变

---

① Giancaspro, M. Is a "Smart Contract" Really a Smart Idea? Insights from a Legal Perspective, 33 *Computer Law & Security Review*, 2017:825-835.

② 戴拥军：《〈合同法〉模糊词语的英译研究》，载《外语学刊》2012 年第 1 期。

③ 苏力：《想事，而不是想词——关于"法律语言"的片段思考》，载《东方法学》2023 年第 1 期。

④ 赵磊、孙琦：《私法体系视角下的智能合约》，载《经贸法律评论》2019 年第 3 期。

更或者解除合同,也难以修改或者终止智能合约的执行。同样,当一方因不可抗力无法实现合同目的时,解除合同也变得困难,这对现有的合同规则构成了挑战。

第二节　智能合约与我国私法体系的兼容性

智能合约在不同领域已展现出广泛的应用前景,但其与传统合同法规则之间存在着一系列兼容性问题。这些问题涉及智能合约的缔约主体、智能合约作为法律合同的成立要件、合同的解释,以及合同履行和争议解决等方面。本节将围绕智能合约是否以及如何纳入《民法典》合同编的调整范围展开。

一、智能合约的缔约主体:匿名当事人

智能合约名为"智能",但并非由人工智能驱动。其合约条款虽可自动执行,但其中意思表示的内容也并非自动生成,而是使用者根据需求,撰写相应的计算机可执行代码并发布到区块链上,在设定的条件成就时,触发合约效果的执行。若智能合约代码内容具体明确,且没有排除代码在经交易对象私钥签署后自动执行效果约束的意思,那么在交易对象以私钥签署合约后,当交易通过一致性验证并写入分类账进入区块链账本时,通常合同成立。

法律并不禁止限制民事行为能力人和无民事行为能力人拥有外部账户、加密密钥或者数字加密货币。以太坊以及大多数区块链平台都不会审查其用户是否具有完全的法律行为能力。这意味着未成年人、精神障碍者等任何人都可以开设区块链账户、签订智能合约。在联盟链、私有链等需要身份认证的许可区块链上,交易主体的行为能力不难判断。唯一的困难与电子商务领域交易主体识别的问题类似,即存在未成年人等无行为能力或限制行为能力人使用亲属等完全民事行为能力人的身份证和手机号码注册区块链账户的情况。但该问题通过区块链信息服务提供者在交易环节增加人脸识别等技术认证可予以解决。

在以太坊等基于账户模型的公有链上,外部账户可用于发起部署智能合约的行为。外部账户由私钥与它所相对应的公开地址(address)组成。以太坊的账户是完全匿名的,部署和签署智能合约不需要预先识别用户的真实身份。各方在交易中仅仅以加密密钥,即随机的字母和数字串的形式出现。这意味着各方可以在不了解交易相对方真实身份信息的情况下签订智能合约,链上的各个验证节点也无法获得交易主体的个人信息,在很大程度上保护了交易双方的隐私安全,但也使合同当事人无法获知交易主体是否具备缔约的行为能力。该困境也与电子商务交易有类似之处,即在网络环境下,尤其是在非实名制的状态下,很难在缔约之时判断当事人的年龄、智力情况与精神状态,而只能在纠纷发生当事人披露身份之后再根据当事人情况判断合同效力。这无疑造成了智能合约在效力上的不确定性。

网络环境下一贯存在难以判断交易相对人情况的问题,早年就有观点提出应在电子交易中抛弃行为能力原则。[①] 鉴于智能合约交易大多属于"通过互联网等信息网络销售商品或者提供服务的经营活动",因此落入我国《电子商务法》规制范围,应当适用电子商务合同的交易规则。《电子商务法》第四十八条第二款规定:"在电子商务中推定当事人具有相应的民事行为能力。但是,有相反证据足以推翻的除外。"该条款将缔约人行为能力不适格的客观证明责任分配给了不具有完全行为能力的一方,旨在保障交易安全与善意相对人的利益,尽量维持合同效力。[②] 但需注意,现行《电子商务法》不适用于"金融类产品和服务,利用信息网络提供新闻信息、音视频节目、出版以及文化产品等内容方面的服务",仍使许多智能合约效力落入不确定之中。本书认为,智能合约一经签署即完成缔约并会自动化执行,呈现一种完全客

---

① 谢勇:《论电子合同主体的缔约能力》,载《人民司法》2013 年第 23 期。

② 程啸、樊竞合:《网络直播中未成年人充值打赏行为的法律分析》,载《经贸法律评论》2019 年第 3 期。

观化的趋势。那么不如将人的身份解释为区块链上的公共地址,即只要该地址关联的密钥签署了智能合约,那么不管该密钥背后的实际离线身份为何,均视为各方可以得到充分识别。此时适用行为能力推定规则,推定智能合约签署方具有相应的民事行为能力,除非有相反证据足以推翻,以此尽量保障智能合约的效力,平衡区块链系统的交易安全、效率与公平。

随着智能合约应用的普及,以太坊等公有链系统可能会提供一种识别当事人的机制。例如基于以太坊的加密数字货币混合器Tornado Cash 就为满足监管要求声称提供了"选择性去匿名化"机制,为监管机构和执法部门提供交易信息访问权限。对于大多数智能合约来说,交易主体匿名带来的真实法律障碍更多集中在合同履行阶段的纠纷化解环节,而非形成有效合同的主要事前障碍。例如,在缔约人无民事行为能力时,另一方当事人可要求确认合同无效并享有不当得利返还请求权,在技术上可以通过反向交易以恢复原来的财产状态。[①] 只不过,当事人因匿名可能很难确定其起诉对象,此即需依靠本书后文提及之"以链治链"纠纷化解方案。

二、智能合约的成立与生效

(一)智能合约与合同成立要求的兼容性

任何合同的成立均要求双方就合同的主要条款达成合意。[②] 而合同自由作为合同法的基本原则之一,要求当事人可以自由地以他们想要的任何形式和语言完成他们的交易。《民法典》第四百七十一条规定,当事人订立合同,可以采取要约、承诺方式或者其他方式。要约是希望与他人订立合同的意思表示,而承诺是受要约人同意要约的意思

---

① Jünemann, M., Kast, A. Rechtsfragen beim Einsatz der Blockchain, *Kreditwesen* 2017, 531 ff.; Schrey, J., Thalhofer, T. Rechtliche Aspekte der Blockchain, *NJW* 2017,1431 ff.

② 王洪亮:《论合同的必要之点》,载《清华法学》2019 年第 6 期。

表示。由此观之，本书所称之"整体智能合约"完成了一套以数字形式呈现的要约、承诺结构，与合同法体系中的要约、承诺规则未见明显不兼容之处。

1. 智能合约的"要约"三要素

要约作为一种希望与他人订立合同的意思表示，其重要特征是：一方面内容具体确定，另一方面表明经受要约人承诺，要约人即受该意思表示约束。在以太坊等平台上，要约人在区块链上部署智能合约，以供受要约人利用密钥接受，可推定要约人与他人建立法律关系的意图。

有学者认为，智能合约的应用可能暗示缔约方意图采用替代性监管体系，而非传统合同法，因此可能不存在真实缔约意愿。[1] 然而，如果智能合约应用的结果与传统合同规则的规范结果实质一致，则可认为二者性质相同。如果智能合约部署人仅允许特定区块链用户发起合约交易，并指定要调用的合约地址和方法参数，即智能合约的操作仅限于区块链中的特定地址，这可被视为向特定相对人发出的要约。如果区块链参与者都可以参与交易，则可被视为对不特定人发出的要约(offerta ad incertas personas)。

也有观点认为，链上部署的智能合约功能上更类似发布广告的行为，属于希望他人向自己发出要约的要约邀请。[2] 对智能合约来说，情况并非如此。要约人是以缔结合同为目的，将包含内容具体确定的交易条款的二进制计算机代码发布在以太坊区块链上，且以某种方式表明其有着因受要约人承诺而使合同成立的意思。从受要约人角度观察，若其以密钥调用智能合约进行交易，则其必须按原样接受智能合

---

① Savelyev, A. Contract Law 2.0: "Smart" Contracts as the Beginning of the End of Classic Contract Law, 26 *Information & Communications Technology Law*, 2017:116-134.

② Kaulartz, M., Heckmann, J. Smart Contracts-Anwendungen der Blockchain-Technologie, *CR* 2016,618.

约交易条款。随后,相关交易数据将发送到区块链,数据将由所有节点或计算机进行验证。可见,要约人将智能合约部署上链之行为足以构成要约,而智能合约代码作为约定的合同语言,将构成合同的全面内容。

对要约生效时间的判断,则因部署智能合约可解读为以非对话方式作出的采用数据电文形式的意思表示。以非对话方式作出的意思表示,其生效采取到达主义,即表意人的意思表示在到达相对人能够控制的范围,该意思表示生效。《民法典》第一百三十七条细化以数据电文方式作出的非对话方式意思表示的生效规则,在双方没有约定接收数据电文的特定系统的,表意人的意思表示在相对人知道或者应当知道该数据电文进入其系统时生效。部署智能合约的流程为要约人将已经编写好的合约代码编译成二进制代码,然后将二进制数据和构造参数打包成交易发送到区块链网络中,待当前交易被矿工追加到区块链即部署完成。① 交易双方并未事前约定接收数据电文的特定系统,那么可将矿工把要约人上传的二进制数据和构造参数打包为新区块追加至区块链中可供所有人查看时,视为意思表示到达,即智能合约要约生效时间。

2. 智能合约的承诺流程

一旦智能合约被部署在区块链上并满足要约的要求,就能够被受要约人接受。另一方以私钥签署智能合约的行为可视为承诺。具体流程如下。

第一步,承诺人发出交易请求。承诺人使用私钥对交易进行数字签名,并通过调用智能合约的函数发出交易请求。

第二步,节点受理交易,发送到全网共识节点。区块链网络中的节点接收到交易后,会验证交易中的数字签名是否有效,确保承诺人确系私钥持有者。如果交易通过了签名验证,接下来智能合约会执行

---

① 陈吉栋:《智能合约的法律构造》,载《东方法学》2019 年第 3 期。

相应的条件检查,包括检查交易是否符合合约中的规定、交易金额是否正确等。一旦交易通过了智能合约的条件检查,它将被写入到区块链的待处理交易池中,等待进一步的处理。

第三步,验证交易正确性,交易通过一致性验证并写入账本。待处理的交易将被打包成一个区块,通过共识机制进行验证。在该过程中,网络中的节点会达成共识,确认该区块中的交易是有效的,并且满足了所有的验证条件。

第四步,区块上链。一旦区块通过共识验证,它将被添加到区块链末端。这个过程将交易永久记录在区块链上,确保交易的不可篡改性和安全性。

至此,交易被成功地写入了区块链中,完成了整个交易流程。承诺人使用私钥对交易进行数字签名是为了验证身份,同时也是为了表明对智能合约要约的同意。

对承诺生效时间,即智能合约成立时间的判断,则须先识别智能合约是不是《民法典》意义上的书面合同。一方面,以 Solidity 等编程语言编撰的智能合约在特征上符合书面合同对以数据代码方式有形地表现所载内容的要求。另一方面,智能合约代码是可读和可解释的,存储于以太坊区块链上,可随时被调取并查看,[①]符合可被调取之要求。区块链技术通过分布式账本记录了所有交易信息,其中包括交易的加密哈希函数、时间戳和其他交易数据。通过合约的公开接口,任何有权限的人都可以随时调用智能合约,并查询其中存储的数据信息。因此,智能合约属于《民法典》意义上的书面电子合同,当承诺人发出的交易通过一致性验证并写入分类账进入区块链账本时,合同成立。

还需注意,智能合约通常由合同一方当事人单独部署上链,系当

事人为重复使用而预先拟定,并在订立合同时未与对方协商的条款,须进行合同内容订入与效力审查。根据《民法典》第四百九十六条第二款,提供格式条款的一方应当履行提示或说明义务,以确保对方能够注意或理解与其有重大利害关系的条款。这就要求,提供智能合约的一方对代码进行说明。以代码形式编撰合同对易读性有重大影响。普通网络用户并不掌握 Solidity 等编程语言知识。要约人应在发出要约的同时附上智能合约的自然语言翻译版本,[①]并提示受要约人以私钥签署交易即受法律约束的后果。当智能法律合约成立生效后,代码是合同的组成部分。合同当事人不能再单纯基于自然语言合同对代码的解释提出异议来试图变更代码的意义。

(二)智能合约的效力

依法成立的合同,通常自成立时即在当事人之间产生法律约束力,体现了法律秩序对私法自治的尊重。合同成立与合同生效并非相同概念,除合同成立条件外,智能合约还须满足合同生效的一般要件,并无太多其他掣肘,也是顺应民法革新尽可能维持合同效力之趋势。

第一,智能合约的缔约主体须有相应的缔约主体资格。由于区块链的匿名性,链上任何节点均无法获知合约当事方的具体身份,导致智能合约可能处于无效或效力待定之状态。此一问题已于前文详述,此处不再赘言。

第二,智能合约当事人须意思表示真实。合同当事人一方将智能合约部署上链,另一方利用私钥签署智能合约。双方均有明确地表明行为人缔约意思的行为。但是,智能合约编撰工作的技术性很强。一些智能合约应用者并不具备亲自开发和部署智能合约的技术能力,而是委托第三方机构协助开发和部署代码。[②] 代码开发人员可能会把自

---

① Durovic, M., Lech, F. Enforceability of Smart Contracts, 5 *Italian Law Journal*, 2019:493-511.

② 郭少飞:《区块链智能合约的合同法分析》,载《东方法学》2019 年第 3 期。

己对合约内容的理解嵌入代码,而并不符合委托人的真实意思,导致合同效力出现瑕疵。在这种情况下,若构成重大误解,则行为人有权请求撤销合同。然而部署在区块链上的智能合约又具不易篡改及自动化执行之技术特性,造成其实质"不可撤销"之现实。这一问题与后述之智能合约的变更与解除都与合同法律之要求相冲突,除在技术面发挥区块链可编程性的潜力,增强对智能合约的纠错及其自我纠错能力,还应考虑在合同法律规则中增加对智能合约不可逆性的救济途径。

第三,智能合约须不违反法律、行政法规的强制性规定,不违背公序良俗。当事人通过订立智能合约的方式从事违法行为的,例如通过智能合约发行同质化代币的,合同无效。智能合约的触发条件是否达成由代码自动进行判断,然而其并不能辨别合约当事人的目的与动机;即使是无效合同,恐大多也因其自动化特质而履行完毕。减少违反法律法规强制性规定及公序良俗的无效合同,恐怕还须依靠技术标准、技术伦理以及与开源社区的互动,使区块链系统得以判断嵌入代码合法之"善"。

三、智能合约的变更与解除

合同成立生效之后,各方需全面地履行合同义务。然而,在实际交易中,缔约人往往处在有限的认知资源和条件之下,[①]加之外在世界的复杂性、信息的不对称性,合同的文本往往都是不完备的。合同也可能因客观情况发生变化而无法完全履行或履行成本过高。此外,合同还可能刻意以不完备的形式缔结。因此,在传统合同领域,当事人在签订合同后变更、解除合同的现象并不鲜见。根据合同自由原则,在合同成立生效之后,双方当事人当然可以合意修改、调整甚至解除合同,保障其履行利益最大化。若因不可归责于双方当事人的原因而

---

① 杨菲:《电子商务中滥用黑暗模式行为的法律规制》,载《中国流通经济》2022 年第 8 期。

发生情势变更，致使合同基础丧失，当继续维持合同效力对一方当事人显失公平之时，受不利影响的当事人可与对方重新协商；在合理期限内协商不成的，也可以单方请求人民法院或仲裁机构变更或解除合同。合同法律制度正是通过复杂、完备的合同变更和解除制度平衡当事人的意思自治与交易秩序的。

智能合约与传统合同一样，也是不完备的。部署智能合约的区块链平台也可能会发生故障或功能改变。然而，区块链的技术特性阻碍了人们弥补不完备合同的能力。首先，合约当事人均为匿名。其次，形成智能合约的代码是不可变的，这导致承诺人的交易请求一经共识上链，即合同成立生效后，当事人不再能对其施加任何影响。可见智能合约虽然使实践中的合约进程微粒化，消除了传统合同履行中的混沌与混乱，[①]但又很难为交易双方提供能够满足其持续性合同关系的灵活性。几近于僵化的确定性，使智能合约难以适应动态的商业与合同实践要求，也与传统的合同法律规则不尽相容。[②]

即使在"代码法律化"的趋势下，技术当然也不应阻碍合同变更、撤销与解除制度的适用。有学者指出，智能合约的不可篡改技术特征与合同法上的可变更、可撤销及合同解除之间存在概念功能属性的本质区别。因此该技术特征对合同的变更撤销与解除制度并无法律意义，也不存在所谓当事人被智能合约剥夺合同变更权、解除权与撤销权的情况。[③] 本书认同智能合约代码当然不能在法律意义上剥夺当事人变更、撤销、解除合同的权利，但却使当事人的相关权利在实施意义上不可实现。即使发生纠纷，当事人因区块链匿名性特征也很难确定起诉对象，使当事人只得从权利实施环节直接跳入救济环节。

---

① Werbach，K.，Cornell，N. Contracts Ex Machina，67 *Duke Law Journal*，2017:313-382.

② Rodrigues，UR. Law and the Blockchain，104 *IOWA Law Review*，2019:679-729.

③ 张力：《智能合约嵌入合同的功能主义阐释》，载《社会科学辑刊》2023 年第 5 期。

　　不少学者提出应为智能合约的修改变更留下空间,将合同法上的变更、撤销、解除等概念以代码形式写入智能合约代码,使智能合约不仅保持其技术优势,又能与现行合同法律体系相兼容。但"法律代码化"并非容易之事。一种当下更切实际的解决方案可能是统一智能合约之形式要求与技术标准,增强智能合约之动态性以适应合约环境的实时变化。例如,要求当事人在缔约之时即约定事后变更、撤销及解除智能合约的情况,并将相应的具体触发条件悉数写入代码。这意味着,智能合约均须嵌入可以实时响应外部不断变化条件的预言机数据模块,以更好地调整和更新合约执行情况。预言机本身虽然无法直接修改智能合约代码,但是能够通过提供外部数据或信息来间接影响智能合约的执行。如果智能合约中包含一个执行结果为解除合同的条件判断,而该条件判断依赖于预言机提供的外部数据。那么预言机就可以通过修改数据来影响合约执行结果,终结其效力。有了作为可信外部来源的预言机提供数据,智能合约可以保持动态并响应外部环境的实时变化。此时,智能合约更类似于一种混合合约——即合同的一些条款在区块链外执行,而其他条款则在区块链上执行,通过预言机将链外信息传输至区块链中。智能合约开发者在此基础上将智能合约的代码内容扩展到涵盖合同的所有潜在生命周期,即不仅包括当事人的主要权利义务,还包括合同变更、终止以及财产返还等内容。当然,在这种解决方案下,当事人仍需事前预设合约的变更、解除条件,并未实质上克服合同不完备问题。

　　技术人员针对智能合约变更难问题,提出了更实用的解决方案。例如,开发人员能够通过"代理模式"升级智能合约,同时确保合约地址保持不变,从而无缝地更新合约逻辑而无需修改与之交互的应用程序。在代理模式中,代理合约负责转发外部调用到内部的逻辑处理合约。当需要更新合约时,开发人员只需部署新的逻辑处理合约,并在代理合约中更新指向新合约地址的指针。这种方法使智能合约的升级更加灵活和可控。有学者可能担忧这种代理模式有违区块链不可篡改的特性。实际上,区块链的不可篡改性指的是,一旦数据被写入区块链,就无法被更改或删除。代理合约本身并没有违反这一特性,因为它只是一种用于管理智能合约升级的机制。通过代理合约升级智能合约,只会更新合约的逻辑,而不会修改合约的历史数据。因此,代理合约可以在保证区块链不可篡改性的前提下,实现智能合约的升级。类似的,代理模式还可以间接实现解除合约的目的。

四、智能合约的解释

若暂不考虑匿名性特质对智能合约解释的影响,当合同当事人对合同条款的含义及其在合同项下的权利和义务有不同理解时,其分歧将由法院或仲裁机构进行解释,[①]包括涉案合同是否成立、争议条款的含义等。智能合约条款的解释对智能合约的执行与违约的认定十分重要。

编写智能合约所依据的计算机语言不同于人类自然语言。对于语言这类复杂系统而言,无矛盾性与完备性不可兼得。[②] 有学者将计算机语言称为"干"(dry)语言,把自然语言称为"湿"(wet)语言。[③] "湿"语言包含更多潜在与开放的语义空间,以其撰写的合同通常需要解释;"干"语言的确定性更强,以其撰写的合同需要解释的空间相对有限。持这种观点的学者认为,计算机"不思考、只执行",呈现给它的指令只具有单一含义且仅触发一种结果。从执行角度看,智能合约似乎没有进行解释的空间。然而,并非只有自然语言合同才会出现模棱两可和需要解释的词语。计算机语言撰写的智能合约虽凭借其高度的形式化而在一定程度上克服了自然语言表达的歧义性,但不能忽视,人工语言亦具有社会性,对其作者和第三方而言仍可能存在模糊

---

① 张驰:《论意思表示解释》,载《东方法学》2012 年第 6 期。

② 赵力:《智能合约下版权合理使用及图书馆因应研究》,载《图书馆工作与研究》2022 年第 8 期。

③ "湿"代码和"干"代码的术语最初是由智能合约创建者尼克·萨博提出的。"湿"代码描述由人脑解释和理解的语言,"干"代码是指计算机可读的语言。

不清的情况。

自然语言的社会性决定了词语的"意义"取决于使用该词语的共同体(communities)的集体阐释。相应的,人工语言的"意义",更准确地说是其"技术意义"也取决于一种集体共识——即程序员和用户共同体就编程语言的语义达成一致。① 若此种共识无法达成,人工语言的"技术意义"同样会因模糊性引发纠纷,合同的解释规范仍需继续使用。此外,编码并使其可自动执行意味着将当事人意识中的合同编译成计算机代码。实践中,受代码表达、私人逐利性等因素的限制,当事人在订立合同时对部分代码的真实意思难免各持己见,开展合同解释也是必然。司法人员须运用合同解释规则予以释明,以探究智能合约代码背后的真实含义。

(一)解释的前提:探究合同代码化过程

使用解释自然语言合同的传统合同解释规则解释智能合约并非易事,其难点在于智能合约的编撰在多大程度上将自然语言转化为了代码。② 传统合同使用自然语言描述合同当事人的权利和义务,不直接指示计算机执行任何操作,仅会产生法律上的效果而不直接影响现实世界。使用计算机语言编写的智能合约因其自动执行性,则在生成法律约束力的同时,也直接在现实世界产生履行结果。因此,开发者在智能合约开发伊始即应尽量避免歧义。具体来说,开发者应首先明确定义其所欲表达的权利、义务内容的模糊性。其次,评估这些模糊性是否可以被代码消除。最后,转化难以消除模糊性的抽象概念,例如"合理期限""及时""重大""善意"等。这些抽象概念在规范人类行为方面发挥着重要作用。开发者或可利用机器学习等大数据模型将这些抽象概念进一步转化为可量化、计算机可理解的概念。

---

① Grimmelmann J. All Smart Contracts Are Ambiguous. 2 *Journal of Law and Innovation*,2019:1-22.

② 陈吉栋:《人工智能时代的法治图景——兼论〈民法典〉的智能维度》,载《探索与争鸣》2021 年第 2 期。

智能合约在法律上的适当履行取决于计算机语言是否能够完全表达缔约人希望当事人履行的义务。事物均有其极限与局限性,计算机语言的表达能力亦然,显然并非所有的合同义务都能完整地被编码。合同代码化的另一个重大困难在于缺乏语境。缺乏语境和公认的行业标准意味着任何术语、假设、例外、豁免都需要事先明确并写入代码,增加了缔约成本。此外,随着时间的推移,行业和法律环境可能会发生变化,这需要对代码进行更新和重新解释。当对合约代码的复杂性出现疑虑时,当事人可寻求不同的纠纷化解渠道,此时法院通常会介入。为了确保智能合约的顺利应用,法官需要培养解释智能合约所需的专业知识。

(二)智能合约解释的传统与现代方法

1. 传统合同解释规则在智能合约领域的应用

智能合约是计算机软件开发的产物,在其开发过程中会生成一系列描述程序内容、组成、设计、功能规格、开发情况、测试结果及使用方法的开发文档。对智能合约的解释涉及事实认定与法律适用的双重价值。

根据《民法典》第一百四十二条第一款、第四百六十六条第一款等条款的规定,以及《民法典》合同编通则若干问题的解释,在解释合同时,首先应以合同文义为出发点,结合客观主义与主观主义方法。[1] 智能合约条款由计算机语言代码组成,一如自然语言合同由文字构成。为了确定合同条款的含义,必须先了解其代码并确定其含义。合同解释总是从合同本身出发,追溯当事人的共同意志,因此解释合同必须首先从代码的文义解释入手,以客观主义标准解释争议条款。所谓文义解释,即对合同用语按照通常理解进行解释,是指在当事人就意思表示的用语发生争议时,应以一个普通人合理的理解为标准进行解释。[2] 学

---

[1] 崔建远:《合同解释的三原则》,载《国家检察官学院学报》2019年第3期。

[2] 最高人民法院民法典贯彻实施工作领导小组主编:《中华人民共和国民法典总则编理解与适用(下)》,2020年版,第714页。

理上对解释合同用语含义是否须探究表意人缔约时的真实意志争执多年。然而，实践中探究表意人内心意思的意思主义实难实现，因此更多转向旨在维护交易安全与信赖保护的表示主义。《民法典》通过是否需要顾及信赖利益保护区分"有相对人"和"无相对人"的意思表示的解释方法。对合同这类有相对人的意思表示，按照外部客观化要素确定其含义。① 换言之，法院不需要探寻当事人缔约时内心的意思和意图，而是从客观合理性标准出发，以一个理性第三人处于缔约环境中对代码的理解，来探寻代码的含义。具体至智能合约应用场景，该理性第三人应为具备理解、解释代码所需的相关基础知识和专业能力的编程人员。

其次，单独的代码块并不具备执行性，合约中的代码彼此之间也并非完全分离，对其解释必须体系性地考量整个智能合约的代码，即运用体系解释方法。体系解释，又称整体解释，是指将表达当事人意思的各项条款作为一个完整的整体，根据各部分的相互关联性、争议条款与当事人真实意思表示的关系以及在意思表示中的地位等因素，来确定争议条款的含义。在编程中，智能合约表达和传递当事人合同意图的内容要素是通过大量变量、表达式、函数和模块来实现的。其中一些编程构件，如函数，还需要考虑当时的编译环境，才能理解其语义与运行结果。因此，要理解和确定智能合约代码文义，应将智能合约的全部代码及其数据结构视作一个统一整体。从各个代码块及其构成部分的相互关联、所处地位和总体联系上阐明当事人争议代码的含义，而非孤立地探究争议代码的意思，以恰当地确定各方当事人的真意。

不同种类的合同，其项下的权利义务也存在差别。当事人订立智能合约系为达到一定目的，合约中代码的选用均是达到其目的的手

---

① 胡安琪：《意思表示解释的逻辑分析——兼论〈民法总则〉第 142 条》，载《江汉学术》2019 年第 2 期。

段。因此,确定代码的含义还须结合智能合约的性质及其交易目的,即给付所欲实现的法律效果。①

此外,与传统合同一样,智能合约也并非成立于真空中,而是在行业惯例和地理惯例的背景下成立的。② 许多区块链项目代码的含义都蕴含在开源或加密社区的惯例之中。订立智能合约的当事人通常熟悉这些惯例,并相信彼此都会遵守这些惯例。因此,对智能合约的解释还应结合交易习惯和惯例进行。对于适用惯例解释代码的情况,由提出主张的一方当事人承担举证责任。③ 就区块链和智能合约相关行业的交易习惯而言,当事人可以通过开源或加密社区的意见进行佐证。最后,还可参考智能合约的缔约背景、磋商过程和履行行为等因素确定争议代码的含义。④

2.解释智能合约的当代方法

法官通常具备法律、常识和传统语言等知识,这使他们能够完成自然语言合同解释工作。然而,智能合约解释具有较高技术性。为促进合同解释纠纷化解,除了培养法官解释智能合约所需的专业知识外,还应完善技术事实调查认定体系,连同案件的技术调查、技术咨询、专家陪审和技术鉴定,引入技术调查官参与协助法院解释智能合约代码。

(1)重视智能合约代码解释的证据材料

与自然语言合同不同,法官在解释智能合约时需要引入智能合约代码文本以外的其他证据材料,例如智能合约代码的自然语言注释。

---

① 崔建远:《合同解释与合同订立之司法解释及其评论》,载《中国法律评论》2023年第6期。

② [美]杰弗里·费里尔、迈克尔·纳文:《美国合同法精解》,陈彦明译,北京大学出版社2009年版,第230页。

③ 《最高人民法院关于适用〈中华人民共和国民法典〉合同编通则若干问题的解释》第二条第二款。

④ 《最高人民法院关于适用〈中华人民共和国民法典〉合同编通则若干问题的解释》第一条。

智能合约的注释是在代码中添加的说明性文本,用于解释合约的功能、变量、函数等内容,辅助他人理解和使用该合约。注释的目的是提高程序代码的可读性,虽然注释不会被计算机编译,但它们能帮助其他开发人员或审查者更容易地理解代码的意图和实现细节。在Solidity 语言中,智能合约的注释通常以双斜杠(//)或斜杠星号(/*＊/)的形式添加,旨在帮助其他人更轻松地理解和使用智能合约。这些注释也可能成为法官解释代码的依据,具体取决于注释的性质以及是否构成合同组成部分。如果注释明确说明其属于合同组成部分,自然可用于解释智能合约代码。如果注释说明其不属于合同组成部分,不具有约束力,则可认定其属于缔约背景,仍可用于解释智能合约代码,但不能将代码本来不具有的含义扩张解释到代码之上。此外,当事人为开发智能合约事先准备的业务过程文件等辅助材料,经法官基于个案判断,也可用于解释智能合约代码条款。虽然这些业务文件属于先合同行为范畴,但《民法典》本身并未明确反对裁判者将合同签订前形成的材料在某些特殊情况下引入合同解释的过程。况且合同本不应被掐头去尾地解释,而应用历史解释的方法,去斟酌签订合同时的事实和资料。[1]

（2）利用机器学习等量化技术降低代码的模糊性

如前所述,在计算机语言应用情境中,当事人对智能合约的解释需求比自然语言合同要小得多。计算机语言通常是基于编程人员之间的共识构建的,相同的函数在不同的"上下文"[2]和程序中将触发相同的执行。因此,智能合约开发人员可以通过创建一个稳定环境来保证相对一致的解释,增强智能合约应用的确定性。但是,一些较难编入代码的抽象概念仍可能以"模糊"的方式进入代码,例如"及时""迅

---

① 崔建远:《论合同解释的历史方法》,载《甘肃社会科学》2019 年第 2 期。

② "上下文"是指程序在运行时所处的环境和状态。它包括了当前的类、对象、方法和其他相关的数据。上下文提供了程序执行的背景和支持,帮助程序在运行时正确地执行。

速"或"合理期限"。计算机程序在执行中因无法识别用此类术语表达的各方意图而引发争议。针对这些抽象概念的解释,有研究指出可使用基于机器学习技术的算法,从可比案例中提取大量数据来确定其量化值。[①] 在此意义上,机器学习算法能够先验地用于智能合约起草,后验地应用于智能合约解释。

不可忽视的是,在智能合约编码过程中,不仅是在将合约内容代码化,同时也是在将合同法律规则代码化。法律规则因其固有的模糊性,最终赋予了智能合约开发者将自己对合同规则(包括强制性规则)的解释嵌入到其创造的技术制品中的权力。[②] 面对不断发展的科技,法官必须调整现有的合同解释规则,以更有效率地审查智能合约的缔约情境。为此,他们可以开发智能合约解释工具,例如专用词典,帮助法官从计算机代码中提炼意义并将其转化为一般理性人可理解的语言,以平衡当事人利益冲突,确保公平原则的实施。

五、结论

智能合约不必然是法律合同,但未来的法律合同中必然会有一部分是智能合约。尽管智能合约在某些方面仍面临挑战,例如认定去中心化的区块链基础设施在合同履行障碍中扮演的角色,这些问题有待未来立法者详细考量。然而,智能合约可能面临的传统合同法问题,包括智能合约的法律效力、智能合约代码错误的处理方法、智能合约条款的解释以及智能合约纠纷的救济等问题,都可以在现有的私法体系和法律框架中找到妥善的解决方案。

总体而言,合同规则具备灵活性、实践性和开放性,在智能合约时代依然适用。即便区块链和智能合约在未来的技术发展中可能会实现新的功能,这也不必然意味着需要专门为其制定复杂的新规则。我

---

① 黄诗淳、邵轩磊:《人工智能与法律资料分析之方法与应用:以单独亲权酌定裁判的预测模型为例》,载《台大法学论丛》2019 年第 4 期。

② See De Filippi, P., Hassan, S. Blockchain Technology as a Regulatory Technology: From Code Is Law to Law Is Code. *Preprint arXiv*, 2018, arXiv:02507.

们仍应优先在现行法律体系下评估及应对新技术带来的问题与风险，从而判断是否有必要进行立法干预，保持法律规则的弹性、张力与包容性，同时避免过度规制限制技术发展的潜力。

第三节　智能合约内生型纠纷化解机制及其法治化

如果人们愿受合同约束的原因真如托马斯·霍布斯（Thomas Hobbes）在《利维坦》中所言，皆因畏惧违约所可能引发的有害后果，[①]那么在法律无力保障合同履行和损失救济的情形下，人们是否还有动机缔结非同时履行的合同？出于趋利天性，人们即使处在不受制于任何强制性共同权力的"自然状态"下仍存有交换资源的动机。但若没有可靠机制保障先履行方不陷入对方不为给付的危险之中，就会使人们因畏惧风险而放弃交易。因此，非同时交换资源的市场主体必须构造某些"装置"（devices）以确保交易安全。[②]智能合约就属于此种交易保障装置。依托去中心化的技术特质，区块链通过复杂计算和激励机制把信任过程工业化，[③]部署在区块链上的智能合约条款在满足特定条件后由分散的节点自动执行，可使价值不依赖安全中介而在买卖双方间直接转移，达成"无须信任的信任"。

随着技术的快速发展，智能合约已广泛应用于数字著作权管理、衍生品交易、物联网与智能制造等众多行业，对合同法律规则和纠纷化解机制产生重大影响。因为新技术的应用改变了传统的社会架构

---

① ［英］托马斯·霍布斯：《利维坦》，黎思复等译，商务印书馆 2009 年版，第 100 页。

② Kronman，AT. Contract Law and the State of Nature，1 *Journal of Law，Economics，& Organization*，1985：5-32.

③ Berg，C.，Davidson，S.，Potts，J. Proof of Work as a Three-Sided Market，3 *Frontiers in Blockchain*，2020：1-5.

和信用体系,在提高交易效率的同时,也带来了全新的内生型矛盾冲突类型。智能合约内生型纠纷化解关系到区块链市场秩序与当事人合法权益的维护,是提升区块链技术法治保障中亟须解决的问题,因此有必要及时开发全新的纠纷化解基础设施。本节试图回答以下问题:(1)智能合约内生型纠纷的本体及其生成原因是什么;(2)为何传统诉讼不适合解决智能合约内生型纠纷;(3)区块链解纷应用作为治理智能合约内生型纠纷新范式有哪些优势与隐患;(4)区块链解纷应用自身又应如何被规制以保证其法治化。

一、智能合约内生型纠纷的识别与产生原因

(一)内生型纠纷的本体——"整体智能合约"

与传统的纸质合同和电子合同不同,智能合约是一种旨在自动执行和强制执行的计算机程序。如前文所述,智能合约不全是法律意义上的合同。从技术视角观察,智能合约在以太坊区块链上运行,是代码、函数和数据的集合,即驻留在以太坊区块链上特定地址的一种状态。例如,通过创建智能合约,农产品生产者和供应商可以在区块链上设定一系列标准,如农药残留量、营养成分等要求。一旦农产品完成相关检测,测试结果可以直接上传至区块链,并与智能合约进行匹配。如果符合设定的标准要求,系统将更新信息到区块链上,从而提供可靠的质量信息。此自动化流程虽然符合智能合约的经典定义,但其本身却显然没有合同法上的意义。但从法律视角观察,部分智能合约又确实符合合同缔结之"要约—承诺"结构,属于法律上有约束力的合同。只有那些具备要约、承诺和建立确定性法律关系意图等必要要素的协议才能构成有合同法上意义的智能合约。

本书将智能合约区分为"复合智能合约"与"整体智能合约"。[①]"整体智能合约"是将基础法律合同的内容作为一个整体编译并发布至链上的一元合同架构。具体是由一方当事人利用二进制计算机代

---

① 参见第三章第一节。

码将智能合约发布到区块链上,以此提供某种交易或服务。部署在区块链上的智能合约代码是要约。当相对人以私钥签署交易时,即视为承诺,智能合约代码就会建立起相应的权利义务关系,并由计算机网络执行完成。与作为合同履行工具的复合智能合约相比,认证签署后的"整体智能合约"是当事人以一致意思表示追求法律上效果的私法工具。在其实施中引发的纠纷并不是因为独立存在的自然语言合同导致的,而是代码本体内生的,可称为智能合约内生型纠纷,是本节的重点研究对象。

(二)智能合约内生型纠纷产生的原因

区块链难以篡改与智能合约自动执行的特性看似使债务人违约成为客观不能,排除了合同履行过程中的纠纷,其实不然。智能合约的应用的确降低了合同当事人的部分交易成本并在一定程度上增强了交易的安全性,但不能从根本上防止合同纠纷的发生,原因大致有四。

1.智能合约的内容存在不完备性

传统合同中缔约主体的有限理性和交易成本问题在智能合约场景下仍然存在,因此智能合约同样存在不完全契约的特征。受认知有限性影响,缔约人不可能预先在代码中编入所有或然状态下当事人的权利、义务与责任。即使当事人有能力预见所有或然情况,将其以双方均无异议的语言编入代码的缔约成本却太高。[①] 此外,传统合同在未作约定或约定不明时尚可由当事人协议补充,而智能合约在链上一经签署即自动执行,当事人鲜有补充、变更协议的机会,其对变更合同的期待易滋生为矛盾纠纷。此外,智能合约代码系依提供者意旨写就,自然也存在代码欺诈、错误等情形,对方当事人如欲行使撤销权,也会因智能合约难以撤销、删改的技术特征引发纠纷。

---

① Tirole J. Incomplete Contracts: Where Do We Stand?. 67 *Econometrica*, 1999: 741-781.

2.智能合约代码包含难以避免的程序漏洞

智能合约代码由程序员编撰,在智能合约开发迭代的全生命周期中会不可避免地出现缺陷和安全漏洞。缺陷导致智能合约在执行中容易出现各类错误,甚至被黑客攻击利用。最知名的公链平台之一"以太坊"就曾因智能合约漏洞曝光而多次遭到黑客攻击,造成严重损失。虽然缺陷能以升级程序版本或打补丁的方式解决,但这需要修改运行业务逻辑和存储数据的智能合约代码。智能合约的载体——区块链的公信力建立在其不可篡改的特征之上,频繁升级或可修补漏洞预防纠纷,但在一定程度上损害了该智能合约服务的公信力。

3.智能合约预言机在安全性和可靠性方面尚有欠缺

区块链并非自创生系统,智能合约不能自主获取外部数据(例如交易汇率),必须通过预言机访问外界数据。预言机作为沟通区块链外部世界与智能合约代码系统的唯一桥梁也很容易被操纵,无论是迟延提交还是错误提交信息都会导致智能合约被不适当履行,滋生纠纷。2019 年,DeFi 衍生品平台 Synthetix 就由于预言机错误报告价格信息导致市值近 10 亿美元的 3700 万枚 sETH 代币被第三方交易机器人以低价套利交易,损失巨大。

4.人工语言同样具有歧义与模糊性问题

有观点认为形式化的、建构性的人工语言是完备的,利用人工语言撰写的智能合约能有效避免合同语言歧义,[①]减少纠纷。然而并非只有自然语言合同中才会出现模棱两可和需要解释的词语。虽然人工语言可以减少自然语言带来的部分歧义性和多义性问题,但我们不能忽视人工语言也具有社会性。如前文所述,自然语言的社会性决定了词语的意义取决于使用该词语的共同体的集体阐释。相应地,人工语言的意义也取决于一种集体共识——即程序员和用户共同体就编

---

① 夏庆锋:《区块链智能合同的适用主张》,载《东方法学》2019 年第 3 期。

程语言的语义达成一致。① 若此种共识无法达成,人工语言同样会因歧义引发纠纷。例如在对"区块链性能"的理解上,比特币用户社区就没能达成共识,导致 2017 年比特币区块链硬分叉为两个分支,利益纠纷和安全问题不断。

随着智能合约应用场景的复杂化,链上纠纷频率明显上升,主要类型集中在合约效力纠纷、代码解释纠纷、代码与预言机漏洞纠纷、合约变更与解除纠纷等。鉴于此,探索智能合约内生型纠纷化解之道十分必要。

二、传统司法纠纷化解机制在智能合约内生型纠纷场域的失灵

智能合约内生型纠纷当下主要通过以区块链社区仲裁为代表的私力救济和以司法诉讼为代表的公力救济两种途径解决。司法诉讼是解决合同纠纷最重要的形式之一,但诸多原因使传统司法解纷机制在智能合约纠纷发生的特殊场域力有不逮,以下分述之。

(一)双重"脱域"损伤主权国家司法权威

智能合约由分布在世界各地的去中心化节点(计算机)运行实施。缔约人通过智能合约与全球任意地区的人群交换价值,其内生型纠纷模糊了物理意义上的国界,具有双重"脱域"性——脱离物理性"地域"与规范性"法域",导致确定诉讼管辖地的困难。即便智能合约预设了协议管辖条款,法院也面临如何选择准据法的难题。为此,有观点主张结合区块链特征创设冲突规范的数字连接点,例如从便利执行的角度将最方便控制私钥的机构所在地或执行相关反向转移义务的操作机构所在地等作为连接点。② 但确定纠纷连接点后,智能合约纠纷仍须由法院依据连接点指引的具体法律规则解决。不同法域对智能合

---

① Grimmelmann J. All Smart Contracts Are Ambiguous, 2 *Journal of Law and Innovation*, 2019:1-22.

② 李伟:《区块链争议的冲突法解决范式探讨——以加密财产跨境转移为例》,载《武大国际法评论》2021 年第 2 期。

约及数字货币法律属性的理解存在差异,原告通常会选择对自己有利的司法管辖区,"选购法院"(forum shopping)现象就会频繁出现,不利于公平保护合同当事人的合法权益与国际民商事关系的稳定。此外,国际低效的司法协助程序也增加了电子证据跨境获取的成本和难度。国家法院还可能面临裁判后却在技术上无法执行的困境,这些都损伤了司法的权威性。

(二)实名诉讼程序规则排斥匿名诉讼主体

我国民事诉讼制度采取实名诉讼规则,要求当事人起诉必须"有明确的被告"并在起诉状中记明当事人基本情况,进行当事人确定,禁止匿名诉讼。民事诉讼作为事后解决特定主体间已发生纠纷的法定机制,当事人自应在诉讼程序开始时即已确定。要求当事人以"自己的名义"进行民事诉讼活动是因为匿名无法承载当事人社会意义上的自身名义,对不知名的被告提起诉讼也不符合实践理性。实名诉讼制度可以保障公民对国家审判活动的知情权,形成法院在查明案件事实和适用法律的过程监督,抑制司法腐败与偏见,并确保诉讼过程的顺利进行和裁判的可执行性。[①] 区块链技术的主要特征之一是其匿名性。智能合约交易中,当事人通常采用公钥的加密散列作为账户地址和链上假名,很难确定彼此的真实身份。实名诉讼要求原告不仅要披露自己的真实身份,还须向法院提交准确的被告身份和数量,实为艰难。即使例外允许匿名诉讼,法院在审判和执行的具体过程中也难免遭遇障碍。

(三)剧场式诉讼活动引发智能合约效率损失

传统司法活动局限在以"剧场"为符号意象的物理法庭空间内。剧场式司法活动受法定民事程序和证据规则制约,为化解纠纷提供了一种理性化和秩序化的机制,但同时也会消耗大量公共资源,需以强

---

① 赵泽君:《关于匿名诉讼的立法思考——拷问实名诉讼的缺憾》,载《现代法学》2010 年第 5 期。

大的经济财力支撑。互联网法院的出现在形式主义上延伸了司法剧场的活动边界,看似节约了大量诉讼成本,但不可忽视司法活动信息化伴随着相应的公共成本和社会资源投入,产生了高昂的沉没成本。智能合约内生型纠纷充斥着海量小额履行纠纷,对司法资源构成巨大压力。互联网法院和电子司法技术虽然改善了司法触达,却也使更多纠纷涌入法院,影响案件裁判质量。此外,法院在强制执行智能合约纠纷判决方面还缺乏必要的技术能力。总体来说,司法诉讼在平衡裁判结果准确性、裁判执行力度和纠纷化解成本能力方面的劣势限制了智能合约的效率与潜力。

(四)中心化强势介入背离区块链技术本质

社会公众在诉讼模式下接近正义的方式是走进司法剧场,直观地感受司法权威的图像,与法律建立起一种"保持距离"的尊重,[①]在结构化的司法仪式中化解纠纷。但若将司法诉讼作为智能合约内生型纠纷的主要化解机制会增加区块链生态对中央司法权威的依赖。此种依赖要求部署智能合约的区块链平台直接与法院建立"沟通"。这种"沟通"一方面削弱了智能合约在履行上的效率优势,另一方面破坏了区块链与其他信息技术相较的颠覆性创新所在——去中心化、节点自治、数据的不可篡改与匿名性。正是这些特征使得当事人能够且愿意在无需信任的区块链上开展交易。以此观之,国家法院并非解决智能合约内生型纠纷的适当论坛,有必要寻找其他纠纷化解机制,协助疏减讼源。

三、智能合约内生型纠纷治理新范式:"以链治链"

澳大利亚学者达西·艾伦(Darcy Allen)的研究团队借鉴新比较经济学的"制度可能性边界"提出"争议解决可能性边界"[②]分析框架,

---

① 舒国滢:《从司法的广场化到司法的剧场化——一个符号学的视角》,载《政法论坛》1999 年第 3 期。

② 争议解决可能性边界指出四种纠纷化解可能:无约束力的谈判或调解、有约束力的私人仲裁、司法诉讼、国家监管。每种机制都对应一定的专制和无序成本,而智能合约缔约方在起草智能合约代码时即应选择可以最小化专制和无序成本的解纷机制。

指出纠纷化解制度设计要追求在私人秩序带来的无序成本和监管型国家带来的专制成本间形成均衡。[①] 目前,市场上已经出现多种在区块链架构上运行的智能合约解纷应用(下文简称为区块链解纷应用),它们将纠纷化解机制系统地整合到链上,利用分散式自治组织将智能合约自身打造为纠纷治理的基础设施。这种"以链治链"的新范式在控制无序与避免专制的二维规制谱系内,为最小化智能合约内生型纠纷化解成本提供了新的可能。

(一)"以链治链"的技术优势

目前,已投入市场的解纷应用主要分为两类:第一类是作为独立服务的替代性纠纷化解(ADR)平台,通常是一些将国际商事仲裁规则嵌入区块链技术平台的特殊仲裁项目,例如 Mattereum,Cryptonomica 等。第二类是更为主流的众包型纠纷化解应用,例如 Aragon,Kleros 等去中心化仲裁系统,它们把仲裁规则嵌入智能合约代码,通过激励机制确保随机抽取的仲裁员公正投票并自动执行裁决结果,全部流程会被实时记录并存储上链。这种区块链解纷应用在程序选择、纠纷处理与结案方式等方面都赋予当事人自治性,具有很多独特优点。

1. 在程序上更为灵活

在传统国际民商事纠纷领域,当事人相较诉讼也更积极和频繁地采用商业仲裁化解纠纷,正因其具有程序灵活、及时、保密等优势。传统仲裁制度的优点被悉数纳入区块链解纷应用。链上纠纷化解不受时空限制,跨越主权国家的权力羁绊,为化解有跨国因素的智能合约纠纷免除了管辖、适用法律、当事人参与等方面的障碍。因此,区块链解纷应用特别适合用来解决那些解纷成本与补救措施不相称的跨境小额纠纷。

---

① Allen,DWE.,Lane,AM.,Poblet M. The Governance of Blockchain Dispute Resolution,25 *Harvard Negotiation Law Review*,2019:75-101.

2.纠纷化解人员在技术领域的专业性更强

很多智能合约纠纷都是因技术问题产生的,法官面对此类纠纷须依靠专家辅助人以弥补自己的知识不足。虽然我国民事诉讼法已经确立了专家辅助人制度帮助法官解决专门性问题,但专家辅助人就鉴定意见和专业问题发表意见的功能在实务中实现得并不充分。[1] 相较于仅具备法律知识的法官团体,区块链解纷应用通常都拥有一个具备丰富技术经验的专业仲裁员定制库。众包仲裁员代表了社会更大的跨部门性,专业性更强的仲裁员能更有效率地评价争议问题。

3.提供了匿名化解纠纷的可能性

如前所述,传统诉讼中必须披露当事人身份,而区块链解纷应用允许当事人在不知道对方真实身份的情况下发起索赔。区块链解纷应用独特的激励机制设计还使仲裁员也可以在不披露身份的条件下表达对当事人权利和义务关系的公平性看法。此外,当事人匿名化促使仲裁员仅根据纠纷事实评价和裁判纠纷,改善当下纠纷化解机制中可能存在的偏见问题。

4.合作众包机制促进群体智慧,有助于提高纠纷化解效率

以 Kleros 为代表的区块链解纷应用创新性地引入在线众包解纷理念。众包理念认为,把对个体来说困难耗时的大型工作分解为众人集体努力解决的小型行动有助于快速实现任务目标。[2] 淘宝网的大众评审机制就是引入众包理念化解纠纷的典型事例。众包形成了一个由多元化群体组成的集体认知系统,比起个体专家能更有效地解决问题,[3]这也暗合了"三个臭皮匠,赛过诸葛亮"的古老民间智慧。一些区块链解纷应用通过增加仲裁员背景的多样性引入群体智慧,促进了裁

---

① 李学军、胡园园:《民事诉讼专家辅助人的功能实现——以医疗损害责任纠纷案件展开》,载《中国司法鉴定》2021年第1期。

② Kolb, B. *Marketing for Cultural Organizations: New Strategies for Attracting Audiences*, Routledge, 2013, pp.47,124.

③ Surowiecki J. *The Wisdom of Crowds*, Anchor Books, 2005, p.31.

决民主与多样性,使正义从封闭的司法剧场走向开放。

5.使裁决执行更加便利

司法诉讼或其他传统 ADR 即使就智能合约内生型纠纷作出裁决,也难以确保裁决结果得到执行。在区块链解纷应用中,纠纷裁决构成了合约本体的组成部分,裁决结果会自动通过智能合约代码执行,不必依靠主权国家法院的承认与执行,明显提高了执行效率。

(二)"以链治链"的技术隐忧

区块链解纷应用打造了一个救济网络扁平透明的民间仲裁机制,以较低成本为当事人提供了接近正义的分散式系统,但也存在一些隐患。

1.有威胁国家司法安全之虞

区块链解纷应用具有"准司法"性质,任其野蛮生长将威胁国家司法安全。若将智能合约内生型纠纷化解视为一个有广泛需求的法律服务市场,诉讼、仲裁、区块链解纷应用等就是在该垄断竞争型市场上相互竞争的法律服务。诉讼和仲裁制度供应有限,制度均衡成本很高。① 区块链解纷应用的供应会降低智能合约纠纷化解的平均成本,更易为市场青睐。受网络效应影响,那些率先进入市场且技术领先的区块链解纷应用企业将快速建立市场支配地位,利用市场彻底边缘化国家司法权,建立起威胁他国司法主权的"商业化长臂管辖"。这意味着在区块链解纷应用领域布局落后的国家,在智能合约纠纷化解领域将很难再依赖本国司法救济途径。②

2.易诱导裁决人员做出"寻租行为",使裁决偏离公平正义

区块链解纷应用的裁决公正性与系统激励机制直接挂钩,易增加

---

① Aoudief, Y., Ast, F., Deffains, B. Decentralized Justice: A Comparative Analysis of Blockchain Online Dispute Resolution Projects, 4 *Frontiers in Blockchain*, 2021:1-8.

② 杨锦帆:《基于区块链的纠纷解决机制研究》,载《陕西师范大学学报(哲学社会科学版)》2021 年第 4 期。

仲裁员道德风险，导致裁决偏离公平正义。仍以较为成熟的 Kleros 解纷应用为例，为让仲裁员对裁决结果负责，仲裁员须事先投注一定数量的 Kleros 代币作为成本。仲裁员在裁决过程中独立投票，投票结果与多数人一致的仲裁员可以收回代币并获得仲裁费奖励，反之则失去押注的代币。Kleros 的激励机制利用了博弈论中的谢林点 (Schelling point)概念，即非沟通方会根据各方对另一方的期望达成解决方案。[①] 为避免损失，仲裁员通常不会草率投票。但这种基于"密码经济学"的激励系统本质上并非鼓励仲裁员在规范性规则的指引下向理性的公正结果投票，而是促使他们选择支持一种"共识的公正"，间接引诱仲裁员刻意预测当事人胜率并进行裁决套利。正义的产生在此过程中发生了异化，由确定当事人权利救济的规范性问题转变为一种市场逻辑下可量化的经济预测。

3.有引发效率低下且不公平裁决结果的可能

在线众包解纷模型的"结果多数决"与"匿名裁决"机制分散了错误裁决的风险，可能导致仲裁员因裁决主体责任意识下降而随意投票，作出失真或不公平的决定。此外，部分众包模型在设计上抑制了群体智慧优势。在通常情况下，增加纠纷化解参与者的多样性背景能摒除系统性偏见，提高裁决质量；[②]但部分区块链解纷应用为避免仲裁员腐败勾结，禁止他们在裁决过程中相互交流，使裁决结果仅呈现为一个聚合了众多个体意见的综合决策，而非多样性群体集体的合作决策。[③] 加之区块链解纷应用缺乏可靠的当事人听取制度与当事人询问制度，抵消了审判直接言词原则的效果。[④] 在这样的综合决策中并没

---

① Schelling T. *The Strategy of Conflict*，Harvard University Press，1980，p.57.

② Strodtbeck，FL.，James RM.，Hawkins C. Social Status Injury Deliberations，22 *American Sociological Review*，1957；713-719.

③ Gudkov，A. Crowd Arbitration：Blockchain Dispute Resolution，3 *Legal Issues in the Digital Age*，2020；59-77.

④ 宋朝武：《电子司法的实践运用与制度碰撞》，载《中国政法大学学报》2011 年第 6 期。

有真正集合群体智慧,很难切实提高决策质量和效率。

4.易侵害执行当事人的合法权益

区块链解纷应用执行欠缺自由裁量空间,易损害被执行人合法权益。区块链解纷应用的裁决结果如"布尔值"一般只对应"是"与"否",无法权衡裁决执行所保护的债权人权利与其对债务人权利造成损害之间的关系,有违比例原则精神。在涉及债务人基本权利应获合理保护的情形下,自动执行有失公允。此外,"裁决即执行"的自动化仲裁剥夺了当事人对仲裁结果的撤销权。尽管传统仲裁亦一裁终局,但若仲裁存在程序性瑕疵或实体法律适用不当等情形,当事人仍可依法请求撤销或不予执行仲裁裁决。国际仲裁裁决中,《承认及执行外国仲裁裁决公约》(《纽约公约》)也允许成员方法院在承认和执行裁决前进行有限审查。区块链解纷应用自动执行的特征使裁决与执行绕过国家法院的承认和执行程序,排除了国家法律对自治仲裁结果的实质审查,消解了司法救济作为当事人权利最后救济和终局保障机制的效力。[1]

四、智能合约内生型纠纷化解机制的法治化

区块链解纷应用市场也非法外之地,必须将其纳入法治轨道,避免陷入社会负外部性早期难预测、晚期难控制的"科林格里奇困境"。因此,应尽早探索区块链解纷应用的法治化治理路径,在法律规制与技术创新间寻求平衡点。

(一)区块链解纷应用与法治的关系

当下市场流行的商业区块链解纷应用在性质上属于私有化的在线纠纷解决机制(ODR),首先面临合法性困境。若从传统律法中心主义和法院中心主义的法治观出发,视法院为纠纷化解的唯一权威,那么区块链解纷应用显然与法治相悖,它的准司法特征破坏了形式法治

---

[1] 张生、李妮:《区块链的"司法化":发展、挑战与应对》,载《西安交通大学学报(社会科学版)》2021年第1期。

的运作,如同传统 ADR 在发展初期也曾被质疑与法治背道而驰。[1]
但智能合约纠纷呈现出迥异于传统合同纠纷的经验范式,未来可能出
现的大规模相关诉讼若不能得到及时有效的解决,将严重影响法律和
司法的权威性。

　　在法律多元观念下,通过私人秩序追求良好合同关系的解纷理念
并不违反实质法治观。片面追求语义上的法治只会阻碍那些无法或
不愿负担诉讼成本的当事人获得正义。如果说法治要求通过公开、明
确和稳定的规则系统解决纠纷,那么区块链解纷应用在特征上符合实
质法治观:它制度化地化解纠纷,裁判逻辑公开稳定,裁判机制客观、
结果可预测,并可根据公众意见改进规则。[2] 这些特征保证了区块链
解纷不在结构上偏向任何一方当事人,双方均不必因对方选择此种解
纷方式而陷入结构性劣势。在功能上,区块链解纷应用也有促进实质
法治的能力:它为智能合约当事人提供了更多接近正义的途径,降低
了解纷成本,提高了解纷效率。数字经济时代,发展此类商业化的解
纷机制对促进法治甚至是必不可少的。当然,区块链解纷应用促进法
治的潜力与其可能存在的威胁间不可避免存在紧张关系,须持续以适
当的治理手段平衡。

(二)区块链解纷应用的法治化治理策略

　　传统治理模式或是基于治理者"权威身份"依托纵向科层制模式,
或是基于治理者"角色功能"的横向扁平合作模式。前者易引发过度
规制,降低区块链技术潜在效益;后者易使监管私有化,使解纷话语权
落入部分权力节点,均威胁区块链技术创新的可持续性和治理实效。
对区块链解纷应用的法治化治理应结合硬法与软法,发挥其技术优势
的同时解决"以链治链"的技术隐忧。

---

　　[1]　范愉:《当代世界多元化纠纷解决机制的发展与启示》,载《中国应用法学》2017
年第 3 期。

　　[2]　[阿]费德里科·阿斯特,[法]布鲁诺·德法因斯:《当在线纠纷解决遇到区块
链:去中心化司法的诞生》,张智豪译,载《中国应用法学》2021 年第 6 期。

1. 强化顶层制度设计，明确区块链解纷应用的法律地位与监管框架

区块链解纷应用提供市场化 ODR 服务，本质是类似仲裁的私法自治，若任由资本主导该市场，必然导致秩序混乱。我国目前对区块链在纠纷化解领域的应用主要由司法机关主导，相关市场化布局尚未全面展开。因此，我国应加快顶层制度设计，明确区块链解纷应用作为非司法 ODR 的法律地位。在硬法层面加强非诉讼解纷机制的效力保障，健全数字经济时代的多元化纠纷解决体系。

在立法模式上，可选择先在现行《人民调解法》《仲裁法》等法律规范中分散补充有关非司法 ODR 的申请与执行程序，做好其与司法 ODR 的衔接；待该领域技术和研究成果更成熟后，再制定综合性专门法律，例如《多元化纠纷解决机制促进法》，以专章明确区块链 ODR 应用在平台建置、基本功能、程序保障、执行措施与监督管理规则等方面的具体规定及其与诉讼、仲裁在管辖范围的功能互补与层级关系等基础性问题，全面健全"以链治链"的法治化治理水平。制度约束和合规成本为智能合约解纷服务市场引入新的竞争变量，能降低国外成熟区块链应用依靠网络效应攫取的先发竞争优势，化解"商业化长臂管辖"对国家司法安全的威胁。

2. 构建契合区块链解纷应用技术特征的正当程序

以正当程序产生准确结果是成功化解纠纷的主要标志。被认为公平的决策程序本身能增加人们对决策结果的满意度。[1] 若区块链解纷应用以符合程序正义的方式作出裁决，当事人也会增加接受并执行裁决的意愿。因此，针对区块链解纷应用激励系统存在的异化正义风险问题，应构建契合区块链技术特征的正当程序，优化博弈论防御措施，提高解纷结果的可接受性。

当下的区块链解纷过程大多采取异步审理模式，仲裁员无须听取

---

① Lind，A．，Tyler，T. *The Social Psychology of Procedural Justice*，Springer Science，Business Media，1988，p. 81.

当事人的质证和辩论,仅通过审查当事人提供的书面材料和有关证据进行裁决,类似在线版简化的"斯图加特模式"。提倡以集中原则对传统民事诉讼制度进行改革的德国"斯图加特模式"包括充分的书面准备程序与一次全面的言词辩论程序,[①]区块链解纷程序将一次言词辩论也予以省略。对海量小额纠纷而言,此种简化程序确实提高了裁决效率,也能保障当事人灵活提交证据的公共空间,但却限制了仲裁员表达公正裁决结论的论证空间与能力,有可能损害裁决的可接受性,这也是为何区块链解纷应用被认为不适合解决标的额较大或过于复杂的智能合约纠纷。[②] 为平衡效率与公平,规避区块链解纷应用的去在场性和直接言词规则消解带来的弊端,应明确区块链解纷应用适用的纠纷类型,强化应用的程序透明性与过程控制,包括公开解纷代码启动规则、证据提交方法、仲裁员组成规则、纠纷可能涉及的裁决规则等,同时加强仲裁员在投票时的必要说理义务。

3.加强对区块链激励机制的研究,控制人员道德风险

为克服部分区块链解纷应用众包模型的缺陷,应进行预防性人员风险控制并加深对博弈模型和群体智能领域的研究。首先要提高众包模型的裁决公正性,解决仲裁员恣意裁判导致结果失真的问题,这要求将风险控制提前至仲裁员准入阶段。区块链解纷应用须明确人员筛选标准与基本行为准则,保证入选仲裁员名册人选的专业能力和道德水平。虽然区块链应用社群参与者大多保持匿名,但当其希望交换"仲裁员"这一特殊"权力身份"时则应披露必要信息,以增强仲裁员的责任意识和他们对该系统内声誉价值的评估。其次要提高众包模型的裁决效率,关键在于优化现有聚合决策模型,使仲裁员能以更优效率接近谢林点。一方面可在技术层面加深对群体智能问题的研究,

---

① 肖建国,丁金钰:《论我国在线"斯图加特模式"的建构——以互联网法院异步审理模式为对象的研究》,载《法律适用》2020 年第 15 期。

② Howell, B., Potgieter, P. Uncertainty and Dispute Resolution for Blockchain and Smart Contract Institutions, 17 *Journal of Institutional Economics*, 2021:545-559.

探索仲裁员如何在众包模型中维系个体自治性的同时形成真正的群体智慧;另一方面要发挥区块链解纷应用社群的力量,持续记录、分析并讨论有代表性的已决纠纷,为仲裁员积累解决类似案件的档案和经验。

4. 设计完善区块链解纷应用的权利保障与救济制度

为解决被执行人合法权益保障不足问题,要完善区块链裁决风险事先防范和事后救济措施,在技术和规范面双重限制区块链"代码自治"。区块链解纷应用相较其他没有强制执行力的替代性纠纷化解手段的关键吸引力在于其裁决结果可自动执行,根据前文对裁决自动执行的风险分析,对其进行风险控制应从事前和事后两方面着手。

在事前,可借鉴《个人信息保护法》中的个人信息保护影响评估制度建立"自动化执行"影响评估机制,要求区块链解纷应用负担披露自动化执行范围与标准的法定义务。据此,区块链解纷应用参与方可及时发现自动化执行对个人合法权益的潜在风险,提前采取适当措施,改善自身安全风险管理能力。在事后,考虑到裁决的自动执行绕过了国家法院的承认和执行程序,似乎只有引入一个赋予主权国家审查权限的"超级节点"才能干预。有观点指出"超级节点"使区块链系统背离去信任的本质。[1] 但不能忽视,现代法治国家不存在完全的去监管化。[2] 去中心化的匿名公有链架构在降低信任成本的同时,极大增加了监管成本,也降低了交易效率。在交易效率与信任间取得均衡的"弱中心化"分布式解纷平台是落地应用的最佳选择。因此,可在区块链解纷应用市场增加司法监管节点,把司法解纷系统和区块链解纷应用系统整合在一个连贯的框架之内,打通链内与链外。当区块链解纷应用的裁决与执行违反法律、行政法规强制性规定或损害社会公共利

---

[1] Savelyev A. Copyright in the Blockchain Era Promises and Challenges. 34 *Computer Law & Security Review*,2018:550-561.

[2] 高奇琦:《智能革命与国家治理现代化初探》,载《中国社会科学》2020 年第 7 期。

益时，允许当事人寻求司法监管节点介入救济，例如请求司法部门在链上直接通过特权节点逆转自动执行合约。当然，当事人也可选择链外救济，例如请求司法部门裁判当事人在链外返还自动执行的财产。

5.加强区块链解纷应用的自主规制与标准化建设

推进区块链解纷应用的法治化治理还离不开软法规制，重点在于加强行业自律、自主规制与标准化建设。首先要在硬法之外发挥行业自律作用，由区块链分布式自治组织推出自律规范，完善对市场主体行业行为的指引。实际上，即使配套制度缺失，区块链解纷应用企业也会在政策激励、市场压力、社会期望和自身利益诉求下培养制度供给能力，展开"自主规制"。但这种市场主体的内部规制没有统一标准，容易产生碎片化效果。① 因此，还应在行业层面加强区块链解纷应用的标准化建设，统一安全认证体系、技术架构、信用评价体系等核心标准。当下，区块链技术国际标准化工作正在快速推进，国际电信联盟、国际标准化组织、电气与电子工程师协会等主要国际标准化机构均已成立区块链标准工作组或委员会，相关标准的制定已成为企业乃至国家之间的竞争焦点。国内区块链标准体系建设也正有序推进，未来还需要进一步聚集产业资源，积极参与国际标准制定，融入全球区块链解纷应用生态发展，以此提升我国在智能合约内生型纠纷化解服务市场的国际竞争力与规则话语权。

五、结论

智能合约的应用在带来无限潜力的同时引发了新型矛盾冲突。传统的诉讼与仲裁制度并不能很好地化解此类纠纷，这促使我们开发同样以区块链技术驱动的纠纷化解机制作为智能合约内生型纠纷预防和化解的基础设施。明确区块链解纷应用的合法性是确保智能合约内生型纠纷化解效力和助力产业创新的重要保障。从国际竞争和

---

① ［英］R.赫里安：《批判区块链》，王延川等译，上海人民出版社 2019 年版，第 58-67 页。

司法安全角度来看,我国应尽快开展智能合约内生型纠纷化解服务的国际布局,避免竞争者依托先发优势和规模效应在纠纷化解服务市场攫取绝对话语权。但不可忽视,区块链解纷应用在技术上天然的"去监管"性质在一定程度上威胁了国家司法体系的权威性,在激励机制与程序设计上也有部分违背现代法治精神之嫌。因此构建一套融合硬法与软法的规制机制,有机结合法律治理与技术治理,是区块链解纷应用法治化与实现正义的关键,也是区块链系统新型权力分配与现代化多元治理结构间的权衡艺术。

具体应用研究

第四章 区块链视角下数字创意产业的著作权保护促进方案

针对基于区块链的各类应用一直存在批评,一些人认为它们只不过是充满噱头和未兑现承诺的商业炒作。然而,基于区块链的知识产权生态系统确实已在全球范围内开始运作。各行各业都为保护知识产权启动了不同的区块链项目。其中既有私营部门建立的全球首个基于区块链技术的专利交易市场 IPwe,也有欧洲知识产权局这类公共部门启动的"区块马拉松"(Blockathon)计划。区块链技术在数字创意市场的核心应用场景,包括提供创作者身份或拥有作品权属的证据、数字著作权管理、通过智能合约建立和执行著作权许可、提供著作权侵权监测与存证服务等。本章将着重分析区块链技术在数字创意产业著作权保护中的应用,说明它为何及如何被用于作品著作权认证登记、著作权许可和转让登记,以及侵权存证。

第一节 区块链技术驱动下的著作权登记制度变革

科斯定理(Coase theorem)指出明确产权对减少交易成本有决定性作用。[1] 识别作品权利人的成本占交易成本的很大一部分,若存在

---

① Coase,RH. The Problem of Social Cost,3 *The Journal of Law and Economics*,1960:1-44.

一个公开可用的作品权利管理信息的数据中心,著作权人和使用者之间将有机会进行直接许可,降低许可成本。早期著作权法采用"登记保护主义",著作权登记制度有较强公示作用。著作权人可以通过取得著作权登记证书作为权利归属的证明。作品使用者也可查询登记簿,以得知著作权人身份并进一步寻求许可与转让交易。然而,《伯尔尼公约》要求取消著作权法定形式要件,我国《著作权法》亦遵循"创作保护主义",即作品一旦完成,创作者即自动取得著作权。这意味着,在我国,著作权之取得不再以完成著作权登记申请的行政程序为要件。如今,除著作权质权登记以外的法定著作权强制登记制度已不复存在。

著作权登记作为一种具备公示与存证功能的法定"形式",在实务中仍是权利人重要的维权证据。因此,国际上开始出现主张恢复著作权形式要件制度立法的趋势。[①] 恢复著作权强制登记可能违反《伯尔尼公约》的规定,但公约并未禁止对旨在证明某些特征或确保更高证据价值的公共或私人登记系统。[②] 因此,完善自愿登记机制实为必要。然而传统登记实践费时耗力,成本较高。很多公共部门与私人部门正在探索如何将区块链技术应用到著作权登记系统中去。区块链实现的分布式著作权登记确权机制,可节省中心化机构登记制度下的管理成本,提高作品权属和交易信息透明度,呈现完整授权链条,避免权利重复转让/许可,提升交易效率。本节首先在理论层面回顾著作权形式主义的类型与制度价值,梳理我国作品著作权登记制度以及转让登记制度存在的问题。继而探讨如何通过引入区块链技术,完善数字作品登记制度的私人创制,探索在《伯尔尼公约》背景下发挥著作权准形

---

① Mausner, JO. Copyright Orphan Works: A Multi-Pronged Solution to Solve a Harmful Market Inefficiency, 12 *Journal of Technology Law & Policy*, 2007: 395-426; Samuelson, P. Preliminary Thoughts on Copyright Reform, 3 *Utah Law Review*, 2007: 551-571.

② Janssens, MC., Vanherpe, J. Blockchain and Copyright: Beyond the Buzzword, 2 *I. R. D. I.*, 2018: 93-110.

式主义积极功能的可能性。

一、著作权法定形式的类型与利弊分析

现代知识产权法的特征之一就是现代知识产权登记制度的出现。[1] 讨论区块链技术驱动下的著作权登记制度变革,不可避免要先对著作权形式要件制度及其效力与价值进行历史性回顾。本部分首先介绍几种典型著作权法定形式类型,阐释维持著作权形式主义的积极与消极作用,分析强制性或强激励登记制度是否比著作权自动保护更符合公众利益。

(一)著作权法定形式的主要类型

著作权法定形式要件与独创性等可作品性的实质要求无关,通常被理解为国家法律中规定的行政义务。该义务规定了著作权存在、权利继续存在或实际可用的必要条件。[2] 各法域在不同历史时期对作品的法定形式要求各不相同,常见形式包括:著作权登记(registration)、著作权存证(recordation)、著作权标识(notice)以及法定送存(deposit)等。

1. 著作权登记

登记是一种行政手续,由申请人向主管部门提出申请,以确保其受到法律保护,并使其信息公之于众。著作权登记内容一般包括:作品名称、作品类别、署名、完成日期、是否发表、首发日期和地点;作品完成形式;作者情况、其他著作权人情况;等等。

专利、商标和工业设计保护制度普遍存在登记要求。对这些知识产权制度来说,登记与其规范基础密切相关。例如,专利作为"以公开换保护"的制度,专利公开即为专利权取得的前置要件。此类知识产权权利人可对第三人主张权利,任何希望获取或处理该知识产权之人

---

① [澳]布拉德·谢尔曼,[英]莱昂内尔·本特利:《现代知识产权法的演进:英国的历程(1760—1911)》,金海军译,北京大学出版社 2006 年版,第 61 页。

② Sprigman, C. Reform(aliz)ing Copyright, 57 *Stanford Law Review*, 2004:485-568.

都必须承担信息成本，以确定和衡量可能存在的私人知识产权。明确的权利归属还可促进专有权的许可与转让，推动形成更有效的著作权交易市场。因此，在公开的登记簿中明确标识受保护对象的权利范围和权利归属至关重要。这种做法降低了知识产权管理中第三方的信息负担，同时减少了交易风险。作为权利取得要件的著作权登记制度具有公示公信力，有助于权利信息和交易信息的对外公开，同时在有权部门的严格审查下提高了相关信息的可信度，增强了公信力。

著作权登记在著作权法律制度发展过程中的不同时期发挥过不同作用。然而，自《伯尔尼公约》确立了作品的自动保护原则，法律不再强制著作权人进行登记，著作权登记也不再是权利人享有和行使著作权的法定要件。

2. 著作权存证

著作权存证系一种广义著作权登记，旨在保障权利人将有关著作权转让或以著作权中的财产权设定担保时的信息公开。相较著作权登记，著作权存证发生在著作权交易后端。所有与著作权变动相关的文件，都是著作权存证的标的。存证制度在理想情况下，所形成的公共记录能够反映著作权转让的整个交易链条，使第三方得以追溯著作权变动历史。[①] 这使著作权的转让信息公开可查，有利于保护著作权交易的透明与安全。著作权存证制度与著作权登记制度相辅相成，可显著降低著作权交易成本。

在美国法上，存证与著作权登记一样，均已不再是强制性法定形式。然而，美国版权法通过立法措施激励当事人办理作品存证。例如，明确规定存证具有"拟制通知"效力，即公众被视为对存证作品信

---

① Latman，A. *The Recordation of Copyright Assignments and Licenses*，US Copyright Office，Study No. 19，1998，pp. 124-125. https：//www. copyright. gov/history/studies/study19. pdf，accessed on 31 Mar. 2024.

息已有认知，即使他们事实上并不了解存证作品信息，亦不能以善意作为抗辩理由。① 此外，美国版权法采用其登记法上的优先权规则解决著作权多重授权或转让问题，规定如果在后著作权转让在先完成著作权存证，且在后受让人基于善意对给付权利金作出有拘束力的承诺并且不知道存在在先转让的，那么在后著作权转让的效力将优先于在先转让。

3. 著作权标识

在知识产权制度中，标识通常被用来表示权利客体的受保护状态——例如商标法领域的注册商标标识Ⓒ。著作权标识是一种表明作品受著作权保护以及权利归属和权利获得时间的标记。著作权标识要求与著作权登记要求相分离，是一种独立的著作权法定形式，通常由表示著作权的符号、作品首次出版年份及权利人姓名三部分构成。

部分国家与地区曾以添加著作权标识作为取得著作权的前提条件。例如美国 1976 年《版权法》第四百〇一条(a)即规定，任何在美国境内或境外发行的作品，其所有公开发行且能被视觉感知的复制件都须附上著作权标识。未遵守著作权标识规定将导致作品被排除在著作权保护之外，进入公共领域。美国加入《伯尔尼公约》后，为遵守公约禁止法定形式作为著作权保护要件的要求，方才废除著作权标识作为作品发行必要条件的规定。② 如今，是否在作品上附加著作权标识对权利人而言通常是完全自愿的。随着时间推移，这一要求已逐渐减弱，但是否加注著作权标识仍然对著作权保护具有一定影响。③ 例如，美国法仍然为添加著作权标识施加激励，规定若被控版权侵权的作品复制件上附有适当的著作权标识，则侵权人无法以无辜侵权抗辩减轻

① Leaffer，MA. *Understanding Copyright Law*，LexisNexis，2010. pp. 278-279.

② Schechter，RE.，Thomas，JR. *Principles of Copyright Law*，Thomson/West，2010，p. 123.

③ 丛立先：《论网络版权的获得与归属》，载《知识产权》2008 年第 4 期。

其赔偿责任。[①]

4. 法定送存

法定送存制度又称为法定呈缴制度，起源于 16 世纪法国国王弗兰西斯一世在 1537 年颁布的《蒙彼利埃敕令》（Ordonnance de Montpellier）。其中规定，凡法国印刷的资料在出版发行前均要向设于国王城堡内的国王图书馆呈缴一份，否则禁止销售并课以重罚。送存制度的最初动机是为了加强图书馆藏，确保可以在必要时查阅到作品的原始版本，同时也有利于检查和控制出版物。之后，法国将送存制度与著作权保护关联起来。1710 年，英国的《安妮法案》（Statute of Anne）也规定了送存制度。之后，先进国家争相效仿。

送存目前已成为一种世界通例，被广泛采用。只不过如今违反送存制度已不再会影响著作权的效力。当代送存制度仍有很多重要功能，例如为权利人证明作品出版情况、创作日期、权利归属情况等，还有利于长期的文化保存与作品信息公共数据库的建设。

5. 小结

著作权的法定形式可分为强制性形式与自愿性形式。《伯尔尼公约》第五条第二款明确规定，著作权的获得和保护不得以任何形式要件为前提，即作者享受和行使根据国民待遇而获得的权利，无须履行任何手续，包括注册、登记、送存复制件、缴纳费用或加注著作权标识等。这排除了公约成员国采用强制性形式的可能性。然而，权利人是否选择依据自愿性著作权形式进行申请、存证、标识等行为，则完全取决于其自身的善意和主动性。[②] 因此，如果没有适当的法律激励使权利人自愿遵守，自愿性著作权形式的功能将受到严重限制。

荷兰学者斯特夫·范·贡佩尔（Stef van Gompel）将著作权法定

---

① See 17 U. S. C. § 401 (d) Evidentiary Weight of Notice.

② Sprigman, C. Reform(aliz)ing Copyright, 57 *Stanford Law Review*, 2004: 485-568.

形式划分为"构成性""维持性"和"声明性"三类。[①]　"构成性"形式是指那些使权利得以产生的形式,未满足"构成性"形式则不会形成受著作权保护的客体。"维持性"形式是确保著作权保护持续有效的条件,未及时履行可能导致著作权保护丧失,例如美国版权法历史上的版权续展制度。"声明性"形式则用于辅助证明权利人现有权利的合法性。由于《伯尔尼公约》禁止所有作为著作权保护先决条件的"构成性"形式和可能导致权利丧失的"维持性"形式,因此本书探讨的著作权法定形式仅限于"声明性"形式。

即使将著作权登记、存证和送存与权利取得及维持脱钩,传统上权利人仍需借助国家著作权主管部门完成这些形式。前文所述之形式,仅著作权标识无须国家机构参与,成本相较更低。但传统的著作标识技术无法随权利转让而更新标识内容,人们很难仅凭著作权标识确定作品的权利归属。近年来,著作权形式在技术上多有创新,包括对数字作品进行可实时更新的元数据标记、在分布式数据库中存储权利管理信息等。[②]　随着技术的发展,提供新著作权形式技术服务的私人部门逐渐兴起,为解决数字创意产业著作权信息公示不足问题提供了新的解决方案。

(二)著作权法定形式的积极价值与消极作用

1.著作权法定形式的积极价值

著作权法定形式具有多重功能,尤其在著作权归属的公示与证明方面发挥重要作用。通过著作权登记和存证,可以初步确定著作权的归属和使用情况,为权利人提供初步证据支持。经国家著作权主管部门审查的"构成性"形式具有更强的公示效果,未满足法定要求的作品

---

①　van Gompel, S. *Formalities in Copyright Law: An Analysis of Their History, Rationales and Possible Future*, Kluwer Law International,2011,pp. 27-31.

②　Dusollier, S. (Re)introducing Formalities in Copyright as a Strategy for the Public Domain, In: Guibault, L., Angelopoulos, C. (eds.) *Open Content Licensing: From Theory To Practice*, Amsterdam University Press,2011,pp. 75-105.

易被识别,使权利人能够更轻松地确认和主张专有权利。建立可公开访问的作品权利信息登记簿,完整记录每项权利的许可和转让情况,有助于潜在使用者以较低成本识别作品、作者、当前权利人以及首次出版日期等有价值信息,进而寻求授权许可,减少未经许可的侵权行为。

著作权法定形式要求将公众搜索权利人的成本分摊至创作者一方,有助于提高潜在使用者对作品的法律确定性,[①]降低著作权交易的信息成本,同时缓解"孤儿作品"问题。孤儿作品问题是指作品权利人无法被识别或定位时,希望以许可方式使用作品的人面临的情况。如果作者身份不明,潜在使用者可能因著作权侵权风险而放弃使用这些作品。孤儿作品的出现正是著作权保护范式从"登记保护主义"向"创作保护主义"转变的必然结果。在创作保护主义模式下,作品完成后即自动获得著作权保护,作者无须登记或在作品载体上标识权利。如果创作者未在作品上做出足以识别其身份的标识,信息缺失将导致作品成为孤儿作品。若大量缺乏权利信息的作品无法有效开发利用,将妨碍著作权法促进文化发展的立法目的。而在登记保护主义模式下,受保护的作品的权利信息及交易链条可在登记簿中查证,从而避免孤儿作品问题。

著作权法定形式还可提高作品质量,扩大公共领域。[②] 要求创作者完成法定形式需付出一定成本,这促使他们主动将其希望获得法律保护的、具有较大商业价值的作品与不需要保护的创作区分开来。当然,即使在创作保护主义模式下,也不意味着作者的所有创作均自动获得著作权保护。其创作仍须满足可作品性的实质性要求,而这往往在纠纷中由法院最终确定。如果著作权的取得依赖于"构成性"形式,

---

① 黄汇,刘伊菲:《公共领域视野下作品登记制度改革之构想》,载《科技与法律(中英文)》2023年第5期。

② Ginsburg,JC. The U. S. Experience with Mandatory Copyright Formalities: A Love/Hate Relationship, 33 *Columbia Journal of Law & the Arts*,2010:311-348.

著作权主管部门在初始就能够筛选出那些明显不符合著作权保护要求的琐碎创作，从而提高创意市场整体作品质量。此外，创作保护主义间接增加了人们创作衍生作品的成本。创作者在二次创作中采用的原始作品，即便是其作者在创作时无意使其获得保护的商业价值低下的"无用"作品，但由于自动保护原则，公众在利用时仍需事前确认权利人身份并取得许可，徒增创作成本。著作权法定形式以较低成本塑造了著作权保护的准入门槛，促使寻求保护的创作者积极行动。换言之，著作权法定形式通过发挥"过滤"功能，[①]从著作权制度中剔除那些作者无意主张权利的、商业价值稀缺的"无用"作品，使其立即进入公共领域。这使后续创作者无须向在先作者支付累进利息，满足了洛克范式下"为他人留下足够多同样好的东西"的要求。[②] 同时，这也避免了社会资源过多流向对思想的低级别表达的开发，最终促进充满活力的文化共享。

最后，从务实角度观察，以著作权存在或执行为前提的"构成性"形式还可以在一定程度上化解"著作权蟑螂"策略性诉讼的威胁，保护那些履行著作权法定形式要件的商业性的大型著作权人免受以发起侵权诉讼渔利的"著作权蟑螂"的侵权索赔。

2. 对著作权法定形式消极作用的批评

首先，在国内法中规定"构成性"著作权法定形式违反 TRIPS 协定和《伯尔尼公约》关于获得和实施著作权不需要履行任何手续的规定。反对著作权法定形式的观点指出，尽管法定形式能够降低使用者的信息成本，但历史经验表明，若要求寻求著作权国际保护的作者在不同国家完成各自的著作权形式，最终会给他们造成难以负荷的沉重

---

① Greenberg，BA. More Than Just a Formality：Instant Authorship and Copyright's Opt-Out Future in the Digital Age，59 *UCLA Law Review*，2012：1028-1074；Sprigman，C. Reform(aliz)ing Copyright，57 *Stanford Law Review*，2004：485-568.

② 张玉敏、黄汇：《版权法上公共领域的合理性》，载《西南民族大学学报（人文社科版）》2009 年第 8 期。

成本负担。以《伯尔尼公约》为代表的规定著作权自动取得的国际公约在著作权法定形式问题上的考量，旨在解放作者免于被迫在不同国家出版作品时遵守不同的强制性形式，从而减轻他们的困扰。①

也有观点强调，《伯尔尼公约》禁止著作权形式性要求并非仅为解决作者寻求著作权国际保护时面临的实际困难，而是源于认识论或著作权正当性理论上的分歧。著作权法定形式被批评为与倾向自然权理论的大陆法系著作权法制度不相容，而自然权理论正被认为是《伯尔尼公约》的"基础规范"②。普遍采用作者权体系的大陆法系国家对著作权正当性的证成是一种基于自然权的论证，认为著作权是一种与生俱来的自然权利，③其正当性来源是作者与其作品间的密切联系。因此，仅因未完成某种形式而使作者失去著作权保护是不合理的。实际上，如果承认创作者的著作权是基于其创作行为"自然地"产生的，那么国家当然无须通过"构成性"形式等进一步行动来授予此权利，而只需在纠纷时由法律确认其存在并为其划定权利边界即可。采用著作权法定形式旨在降低使用者确认和追踪权利人的信息成本，是基于功利主义的外部考量，不应因此削弱作为自然权利的著作权的享有和行使。④

从实际操作角度看，著作权法定形式要件与作品的可作品性的实质要求并无关联。创作者能否取得著作权最终取决于其作品是否为"文学、艺术和科学领域内"具有"独创性"并能以一定形式表现的智力

---

① van Gompel，S. Les formalités sont mortes，vive les formalités! Copyright Formalities and the Reasons for Their Decline in Nineteenth Century Europe，In：Deazley，R.，Kretschmer，M.，Bently L.（eds.）*Privilege and Property*：*Essays on the History of Copyright*，Open Book Publishers，2010，pp. 157-206.

② Story，A. Burn Berne：Why the Leading International Copyright Convention Must Be Repealed，40 *Houston Law Review*，2003：763-798.

③ van Eechoud，M，*Choice of Law in Copyright and Related Rights*：*Alternatives to the Lex Protectionis*，Kluwer Law International，2003，p. 50.

④ Ginsburg，JC. A Tale of Two Copyrights：Literary Property in Revolutionary France and America，64 *Tulane Law Review*，1990：991-1031.

成果。而此种独创性并不体现在著作权的任何形式之中。既然著作权法定形式不能决定某一创作是否应当受到著作权保护，那么即使在强制登记制度下，也难谓著作权法定形式能带来传统财产法上登记制度具备的公示公信作用。

还有批评观点指出，著作权法定形式，特别是强制登记制度，对小型创作者和不太成熟的业余创作者不利。① 强制登记要求创作者履行一定手续换取著作权保护资格，这使著作权法定形式具备过滤功能。创作者通常会在作品发行前衡量作品发行后的预期收入与履行著作权法定形式的成本，如果作品带来的预期收益不足以覆盖办理著作权形式要件所需花费的成本，他们可能会放弃取得或继续维系其著作权，从而"被迫"让这些作品进入公共领域。虽然"构成性"和"维持性"形式将部分具备作品资格的创作推入了公共领域，有助于形成更具活力的文化公地。但在这种制度下，往往是规模较小、较不成熟的独立创作者被迫放弃著作权。与成熟创作者相比，他们缺乏足够的经验准确评估其作品价值。这导致著作权制度对专业内容创作者的保护过多，对表达多元性社会具有贡献的业余创作者保护不足，从而造成创意市场参与者的利益失衡。

最后，传统的著作权法定形式要求与数字时代的传播手段和创作文化不尽相容。社交网络等平台的兴起改变了作品的传播范式，也引发了公众文化创作和表达方式的深刻变革。② 最突出的表现是，数字时代著作权人与使用者之间的角色频繁转换，使用者具有消费者、创作者与参与者三重潜在身份。③ 人们对数字作品的消费形态也从过去被动的使用性消费转向主动的创作性消费，借助先进的创作工具，用

---

① Elkin-Koren，N. Can Formalities Save the Public Domain? Reconsidering Formalities for the 2010s，28 *Berkeley Technology Law Journal*，2013：1537-1564.

② 熊琦：《"二次创作"行为著作权合理使用认定的经济分析范式》，载《当代法学》2024 年第 1 期。

③ Elkin-Koren，N. Making Room for Consumers Under the DMCA，22 *Berkeley Technology Law Journal*，2007：1119-1155.

户生成内容(UGC)型创作以及维基百科型的协同知识生产大量增加。[1] 在庞大的数字作品创作规模下,要求 UGC 创作者和协同知识生产者对创作内容逐一登记几乎不可能。强制性登记制度可能剥夺这些非专业创作者创作内容的法律保护资格,使创意作品收益大量流向强大的内容中介平台。[2] 这进一步破坏了著作权人与使用者、传播者之间的利益平衡,无法实现著作权法所追求的分配正义价值。

二、我国作品著作权登记制度的演进及存在的问题

(一)我国作品著作权登记制度历史变迁

回顾我国著作权法的发展历史,新中国成立之前的几部著作权法基本都认可了著作权形式主义,并赋予其不同效力。例如,1910 年清政府颁布的《大清著作权律》第十一条规定:"凡著作权均以注册日起算年限。"第三十条规定:"凡已注册之著作权遇有侵损时,准有著作权者向诙管审判衙门呈诉。"第二十三条还额外规定了类似强制性"著作权标识"的标识义务,要求已呈报注册者,应将呈报及注册两项年月日,载于该著作之末幅。可见彼时作品著作权并不随着创作行为自动产生,而必须由作者履行呈报注册义务,经主管机关批准后方能取得。此外,著作权之转让和继承,亦应履行上述呈报手续。之后,中华民国北洋政府和中华民国国民政府分别于 1915 年和 1928 年颁布的《北洋政府著作权法》和《中华民国著作权法》也均基本沿袭《大清著作权律》,对著作权之取得采用"登记生效主义",对著作权之转让与抵押设定采用"登记对抗主义"。

新中国成立后,我国第一部《著作权法》于 1990 年由第七届全国人大常委会第十五次会议审议通过,并于 1991 年 6 月 1 日施行。我

---

① Simone,D. Copyright or Copyleft? Wikipedia as a Turning Point for Authorship,25 *Kings Law Journal*,2014:102-124.

② O'Connor,MS. Creators,Innovators and Appropriation Mechanisms,22 *George Mason Law Review*,2014:973-1000.

国于 1992 年 10 月 15 日正式成为《伯尔尼公约》的成员国。作为公约成员国,我国著作权立法自应遵循公约确立之作品自动保护原则。

我国 1990 年《著作权法》没有关于著作权登记制度的规定。2010 年,我国《著作权法》第二次修订时增加了关于著作权出质应当向国务院著作权行政管理部门办理出质登记的规定。虽然作品登记不再是权利人享有和行使著作权的法定要件,但鉴于著作权法定形式要件在著作权权利归属与侵权纠纷中的重要功能,其仍为许多国家所重视。我国国家版权局于 1994 年发布《作品自愿登记试行办法》[①],明确规定我国作品实行自愿登记。在作品自愿登记制度下,主管部门不对作品开展实质审查,作品登记在法律性质上仅为解决著作权纠纷的初步证据,[②]与作品底稿、原件、合法出版物、认证机构的证明、取得权利的合同、符合行业管理的权利人声明等具有同等证明力。

2008 年,国务院颁布的《国家知识产权战略纲要》中明确要求"进一步完善版权质押、作品登记和转让合同备案等制度"。2021 年,国务院颁布的《知识产权强国建设纲要(2021—2035 年)》进一步提出"健全著作权登记制度""完善知识产权审查注册登记政策调整机制,建立审查动态管理机制""健全版权交易和服务平台,加强作品资产评估、登记认证、质押融资等服务"等要求,对著作权登记制度的完善提出了更高目标和更具体任务。

2020 年,我国《著作权法》在第三次修订中将推定作者规则与著作权自愿登记制度合并于第十二条,规定在无相反证据的情况下,在作品上署名的自然人、法人等被推定为作者(第一款),而作者等著作权人可以向国家著作权主管部门认定的登记机构办理作品登记(第二款)。这是著作权自愿登记制度首次上升至法律层面,改变了我国早先有关著作权登记的规定仅能散见于行政法规、部门规章,法律层级

---

① 《作品自愿登记试行办法》,1994 年 12 月 31 日国家版权局国权〔1994〕78 号公布,自 1995 年 1 月 1 日起生效。

② 参见《作品自愿登记试行办法》第一条。

不高的问题,也显示出立法者倾向于将著作权登记制度与推定作者规则的功能界定为一项证据规则,具有重要意义。

(二)我国作品著作权登记制度存在的问题

根据各省、自治区、直辖市版权局和中国版权保护中心作品登记信息统计,2023 年全国共完成作品著作权登记 6428277 件,同比增长42.30%。全国作品著作权登记量的大幅增长反映了我国创意产业各类作品的创新能力明显提升,以及国家对著作权保护力度和服务水平的持续提升。尽管如此,与数字环境下海量作品相比,作品著作权登记数量仍然存在明显不足之处。这一现象的原因在于我国著作权登记面临着多重现实困境。

1.作品著作权登记成本问题

从登记权利人角度来说,作品著作权登记成本包括时间成本、金钱成本与其他隐性成本。传统作品登记制度周期较长,自登记机构受理登记申请后一般需 20—30 个工作日方可办理完成。传统作品登记制度费用也较高,参照中国版权保护中心公示的著作权登记费用标准,以美术作品为例:单件作品登记费用为 300 元,系列作品登记第二件起每件 100 元。考虑到数字时代艺术创作的特性,创意行业作者的创作数量与频率累计计算作品登记费用数量巨大,加之沟通成本、效率成本等大量隐性成本同时累积,并非个人创作者皆能负担。此外,创作者还需考虑其他隐性成本,如委托代理机构办理登记的费用、材料准备费用、交通费用等。这些隐性成本进一步提高了作品著作权登记的总成本。

从登记机关角度来说,作品著作权登记作为一项行政确认,需要政府机构承担相应的管理成本,主要包括对登记作品的审查成本以及对登记信息的管理成本开支。[1] 尽管著作权行政管理部门仅进行形式

---

[1] 张颖:《区块链技术驱动下的著作权登记制度变革》,载《图书馆论坛》2019 年第12 期。

审查,但数字时代下人工审查海量登记作品效率十分低下。此外,我国还存在登记机关不统一、登记标准不一致、登记信息发布不及时以及重复登记等问题。我国目前的著作权自愿登记制度由国家版权局集中牵头管理,各省、自治区、直辖市版权局负责本辖区的作品登记工作。但随着政府机构和职能调整,登记主管部门几乎都将登记职能转移给相关社会团体、事业单位或其他有关机构,但立法并未明确这些登记机构与著作权行政管理部门间的关系。[①] 国家版权局也未在顶层对各登记机构进行有效的统一监管,这种分散登记模式导致我国各地缺乏相对统一的登记规范标准与作品登记信息公共数据库,容易形成信息壁垒,导致重复登记等问题。这些问题使著作权人对自愿登记的积极性不高。面对不断增长的作品数量,我国现有自愿登记体系提供的作品权利公示信息总量明显不足。

2.作品著作权登记效力问题

我国《著作权法》第三次修订虽将作品自愿登记制度上升至法律规范层面,但对著作权登记的法律效力未作规定。为符合作品自动保护原则,作品著作权登记自不可能定性为“构成性”形式。依据《作品自愿登记试行办法》第一条,著作权登记旨在为解决著作权纠纷提供初步证据。《最高人民法院关于审理著作权民事纠纷案件适用法律若干问题的解释》[②]第七条亦明确规定,当事人提供的涉及著作权的底稿、原件、合法出版物、著作权登记证书、认证机构出具的证明、取得权利的合同等,可以作为证据。

由此可见:第一,作品著作权登记在我国并无权利表征效力。在我国,著作权登记机构对申请登记的作品通常只进行形式审查,审核登记证书上列明的事项,包括作品名称、类型、作者、著作权人、创作完成日期、首次发表日期,而不审查其是否属于《著作权法》第三条所保

---

① 索来军:《著作权登记制度概论》,人民法院出版社 2015 年版,第 41 页。

② 法释〔2002〕31 号,已于 2020 年修订。

护的客体。因与作品可作品性的实质要件无关,作品著作权登记在我国并非著作权的表征,对外公信力有限。权利表征是权利人向外人表明其拥有权利的特定外在形式,通常反映权利的真实状态,[①]可作为世人借以判断权利归属的依据。我国立法例采用创作保护主义,作品著作权登记自然不能为创作者创设权利。法院在著作权纠纷中最终须以独创性等实质性标准来判断争议标的之上是否存在著作权。换言之,已登记的对象很可能因不满足独创性要求而不属于著作权保护范围,即持有登记证书的人并不拥有真实权利,因为该权利从未产生。虽然实践中,作品使用者仍能凭借作品上的著作权标识及其他证明文书等途径辅助确认著作权归属情况。然而,由于无可靠公示方法,第三人很难完全信赖登记证书内容的正确性,作品著作权登记也就不能具有当然的公信力。更遑论著作权登记中可能存在的登记错误、冒名登记等问题,不但无助于权利证明,反而有损交易安全。

第二,作品著作权登记在我国仅具有证明著作权归属的初步证据(prima facie)效力。作品著作权登记作为一种可反驳的法律推定制度,当作品著作权登记证书上记载某人享有著作权时,即推定该人享有该项权利,但可通过相反的证据予以推翻及辩驳。然而,登记权利人在著作权纠纷中提交登记证书,是否能为其带来诉讼程序上的优势,特别是在侵权诉讼中是否能转移证明作品权利状况的举证责任,仍然存在疑问。在民事诉讼中,举证责任由案件性质决定,案件性质确定后,举证责任即被确定。[②] 在著作权纠纷中,原告提起侵权诉讼,首先要证明自己拥有的权利状况,对其享有著作权这一证明对象承担证明责任。这一举证责任在法庭审理之前确定,而法院对初步证据的推定则发生在法庭审理中。因此,对证据的推定不会影响举证责任的

---

① 吴国喆:《权利表象及其私法处置规则——以善意取得和表见代理制度为中心考察》,中国政法大学 2006 年博士学位论文。

② 叶自强:《举证责任的确定性》,载《法学研究》2001 年第 3 期。

分配，也不会转移已分配的举证责任。在"王龙、河南科学技术出版社有限公司著作权权属、侵权纠纷案"[①]中，原告提交登记证书拟证明其系涉案作品著作权人，但该证书中作者一栏空白。二审法院指出，我国实行著作权自愿登记制度，登记证书可作为判断著作权权属的初步证据。然而，被告提交的公证书显示某网络用户上传的图片与被诉侵权图片完全一致。在存在相反证据的情况下，仅凭在后形成的登记证书不足以证明原告系涉案作品的著作权人以及被诉侵权图片的来源。原告应对涉案作品的创作过程、发表情况等承担进一步的举证责任。从本案裁判观点来看，当前司法实践认为登记申请人仅凭提交作品著作权登记证书并未完成初步举证义务，即使被诉侵权人未能提交反驳证据，仍需对著作权权属这一要件事实继续举证。这是因为在著作权权属证明的动态结构中，初步证据往往由单方当事人提供。与两造证据对抗不同，当事人此时对权利状态事实要件的举证往往仅达到疏明的程度，对法官心证的约束较弱。因此，初步证据推定力的稳定性十分脆弱，法官可选择适用这种推定，得出临时心证，并等待推定相对方反驳，也可不适用这种推定。如果原告履行说服责任，所提出证据的说服力克服了被告方的反驳，则可能成立说服性推定，增强初步证据推定地位，起到转移提供证据责任，而非转移举证责任的作用。若初步证据推定能引起举证责任转移，将严重影响著作权诉讼中举证责任的确定性。[②]

第三，作品著作权登记效果与权利救济间的关联性较弱。在我国，作品著作权登记的时间、登记效果与权利救济间几乎没有关联性，导致权利人对作品著作权登记活动不积极，与美国的情况形成鲜明对比。美国在加入《伯尔尼公约》后同样不再以登记作为取得著作权的条件，但通过激励性规定维持其作品著作权登记、著作权存证等法定形式要件的一定地位，激励作者尽早登记。[③]《美国版权法》第四百一

----

①　最高人民法院（2020）最高法民再 243 号。

②　叶峰，叶自强：《推定对举证责任分担的影响》，载《法学研究》2002 年第 3 期。

③　Koegel，JB. Bamboozlement：The Repeal of Copyright Registration Incentives，13 *Cardozo Arts & Entertainment Law Journal*，1995：529-551.

十条(c)款规定,作品发表前或首次发表后五年内签发的登记证书构成著作权有效性及证书中所述事实的初步证据。此后签发的登记证书的证明力由法庭自由裁量。可见在美国,登记证书的证明力与登记时间直接挂钩。创作者在其作品发表后五年内完成登记获得的登记证书,虽然不是其享有著作权的权利表征,但在后续著作权纠纷中通常证明力强于作品发表后五年后才进行登记的情形。相比之下,我国的作品自愿登记制度未规定登记时间与效力的关系。虽然美国作品著作权登记证书的证明力度须由法官在个案中判定,但在权利人寻求临时禁令的情形下,其初步证据力度通常会被法官视为足够支持发布临时禁令,权利人无须再另行提出证明,对权利人颇具实益。此外,在美国的著作权侵权诉讼中,作品著作权登记与否直接影响权利救济中赔偿额度的确定。根据《美国版权法》第四百一十二条的规定,未发表作品登记生效前已开始的侵权行为,以及作品首次发表后、登记生效前已开始的侵权行为,除非权利人在作品首次发表后三个月内登记,否则无法获得法定赔偿金、律师费及其他诉讼支出赔偿,[①]只能主张因侵权而遭受的实际损失和因侵权而导致的、在计算实际损失时未计入的侵权人的任何利润。因此,及时登记对权利人获得合理赔偿至关重要。而在我国,无论权利人是否登记、何时登记都不会影响其权利救济,以至于部分创作者在作品侵权发生后,才尝试进行登记。

综上,虽然作品著作权登记可在著作权权属纠纷中作为判断权利归属的初步证据,但并未给登记人带来太多程序和效率优势,往往不足以激励创作者积极登记。

3. 作品著作权登记公开问题

进行著作权登记,须提供登记申请人的个人信息。以中国版权保

---

① Fisher, CJ. Addition through Subtraction: The Resolution of Copyright Registration Uncertainty through the Repeal of 441(a) and 412.14 *Tulane Journal of Technology & Intellectual Property*.2011:191-236.

护中心作品著作权登记为例,申请作品著作权登记需要提交《作品著作权登记申请表》、申请人身份证明文件、作品样本等材料。在中国版权保护中心全国作品登记信息数据库管理平台中,可以查询登记作品的作者与著作权人信息。著作权法保护作者是否署名以及署何名的权利,但创作本身是一种私人行为,部分作者因为各种原因可能并不希望在其作品上署真名。如何在登记机构以匿名身份登记,既保护创作私密性,同时为将来可能的权利纠纷保留初步证据,是现行登记系统应解决的问题。同样的问题也出现在著作权转让合同备案制度中。在转让或授权许可他人使用作品的情形下,著作权转让或许可合同双方出于保护个人信息、商业秘密或著作权经营策略等内部信息的考虑,往往不愿进行合同备案以避免公示相关信息。这也导致权利人在作品著作权转让环节的登记积极性不高,阻碍了著作权权利信息与交易信息统一数据库的建立与完善,带来著作权公示失灵,不利于解决数字时代作品一权二卖及孤儿作品利用等问题。

此外,作品著作权登记公开过程中存在的权利人信息泄露风险不容忽视。登记过程中,权利人通常需向登记部门提交作品信息与个人信息,其中亦有可能包含不愿为他人知晓的私密信息。登记部门作为个人信息处理者应对其个人信息处理活动负责,并采取必要措施保障所处理的个人信息的安全。但在实践中,存在登记部门泄露登记申请人个人信息和隐私信息为商业数字平台所用的情况,[①]亟须引起重视。

4.作品著作权登记规范体系不完整:导致"一权二卖"现象频繁

我国《著作权法》第三次修订于第二十八条保留了作品出质强制登记,并在第十二条第二款增加了作品自愿登记的规定,但对著作权转让登记和权利许可登记未作规定,导致著作权登记规范体系不完

[①]　黄保勇,施一正:《区块链技术在版权登记中的创新应用》,载《重庆大学学报(社会科学版)》2020 年第 6 期。

善,影响了作品确权、用权和授权环节的信息流动。存在著作财产权与署名权分离的情形,不对著作权转让信息予以登记公示,易导致作品著作权"一权二卖""一女多嫁"等情况。[①] 虽然我国版权保护中心已有关于著作权转让合同备案制度,但法律层面未明确备案效力。实务界与学术界均呼吁著作权转让登记制度的建立与完善。

在国际上,美国、日本、韩国、加拿大、意大利等国的著作权法均规定了著作权转让登记对抗效力。实际上,我国在《著作权法》第三次修订时曾讨论过著作权转让登记制度。2014 年,国务院法制办发布的《著作权法(修订草案送审稿)》第五十九条规定:"与著作权人订立专有许可合同或者转让合同的,使用者可以向国务院著作权行政管理部门设立的专门登记机构登记。未经登记的权利,不得对抗善意第三人。"该草案引发了学界的激烈讨论,讨论焦点集中在转让登记制度的必要性以及若建立该制度应采用"登记要件说"还是"登记对抗说"等。[②] 由于分歧难以调和,该条款在 2020 年 4 月 30 日公布的《著作权法(修正案草案)》中被删除。反对增加作品著作权转让登记制度的论据之一是世界绝大多数国家和地区的著作权法并未规定著作权转让登记及其效力。但考虑到完善的著作权转让登记制度及其与区块链的结合将有助于促进数字创意市场的繁荣,在引入区块链技术视角前将先着重探讨著作权转让登记制度的完善可能。

三、解决一权二卖:著作权转让登记制度完善的法理思考

著作权转让与授权许可不仅为权利人提供了灵活的经济回报,也推动了数字作品的广泛传播和利用,促进了数字创意产业的发展与繁荣。为确保作品能够得到充分利用并为权利人带来收益,需要一个低成本、高效率的安全交易环境作为支撑。然而,著作权交易没有稳定

---

① 北京市第一中级人民法院(2006)一中民终字第 2500 号;广州市中级人民法院(2007)穗中法民三重字第 2 号;武汉市中级人民法院(2008)武知初字第 179 号等。

② 董美根:《论版权转让登记的对抗效力——评著作权法修改草案(送审稿)第 59 条》,载《知识产权》2016 年第 4 期。

的权利外观,无须交付和占有转移,实践中存在大量"一权二卖",即同一著作权人冲突授权、重复转让或两者混合的情况,带来了复杂的著作权交易关系和纠纷。

(一)著作权重复转让的当下处理方案:保护在先权利

目前的著作权交易实践中,频繁出现著作权人重复转让著作权或对作品著作权重复授权的现象。在司法实践中,针对此类纠纷较为主流的裁判是采"意思主义",判定最先取得权利人转让的受让人取得著作财产权,在后的善意受让人或被许可人虽无过错,但其行为构成侵权的,仍应承担停止侵权责任。例如在"乐视与优酷侵害作品信息网络传播权纠纷"一案中[1],著作权人先后向案外人武汉华宇丰文化发展有限公司和乐视网授予信息网络传播权的专有使用权。该行为系典型的重复授权行为,法院依据保护在先权利原则,认为著作权人通过合同转让著作权或授权他人专有使用的,受让人或被许可人取得合同约定的著作权或专有使用权,原著作权人则在合同约定范围内无权就相同的权利再次处分。原著作权人就相同权利重复进行转让或许可的,人民法院应当依法支持在先受让人或被许可人取得著作权或专有使用权。最终法院在本案中,判定案外人已在先取得该影片的独家信息网络传播权,原告未取得授权方授权,也就没有提起侵权诉讼的资格。

不同地区和层级的法院在处理类似著作权重复转让或专有使用权重复授权问题时,基本都采取这种保护在先受让人(被许可人)的处理方式。这也与 2012 年出台的《最高人民法院关于审理买卖合同纠纷案件适用法律问题的解释》[2]中关于动产一物数卖且均交付情况下,先支付价款或合同成立在先的买受人优先取得物权的处理规则类似。

---

① 北京市朝阳区人民法院(2018)京 0105 民初 88706 号。
② 法释〔2012〕8 号,2012 年 3 月 31 日最高人民法院审判委员会第 1545 次会议通过。

需要说明,此处保护在先权利的处理方式并非属于在权利冲突中保护在先权利原则的适用,①而是与著作权权利变动的认知相关。在著作权重复转让或许可的情形,在后转让或处分行为系无权处分,受让人或被许可人至多只是著作权的利害关系人,而非真正权利人,因此其与在先受让人间的权利之争也非权利冲突性质。由于著作权交易缺乏有效的公示手段,这种对重复交易一律保护在先交易的判定模式对在后交易的"善意"第三人十分不友好,不利于维系交易安全。为此,有观点支持在著作权交易中引入善意第三人保护制度,以解决著作权一权二卖中的利益失衡问题,②其基础则在于建立和完善著作权转让登记制度。此外,还需明确著作权多次转让的权利归属、善意第三人的法律地位以及著作权权利变动模式等制度细节。

(二)著作权"一权二卖"现象的制度根源

著作权交易是寻求利益的行为,有时权利人会故意重复出售权利以求得最大利益。例如,在"《别说我的眼泪你无所谓》词曲著作权重复授权纠纷案"中,③被告作为词曲作者故意将作品进行三次著作权转让。著作权人自身缺失诚信自然是著作权重复转让或授权的主要原因,而著作权法的一些独特规则与特征更是其"一权二卖"现象的深层理由。

第一,著作权权属认定规则导致权利主体在交易中识别困难。根据《著作权法》第十二条第一款,在作品上署名的自然人、法人或非法人组织被推定为作者。但在作品上进行署名或其他标识并非创作者的法定义务,实践中存在凭署名推定的作品权属与实际情况不一致的

---

① 广东省高级人民法院(2004)粤高法民三终字第 187 号;广东省高级人民法院(2008)粤高法民三终字第 371 号。二审法院依据在权利冲突中保护在先权利的原则,判定后取得授权方构成侵权,但以其无过错为由免除了赔偿责任。

② 吕炳斌:《版权"一女多嫁"的解决之道——以善意第三人保护为中心》,载《暨南学报(哲学社会科学版)》2017 年第 12 期。

③ 湖北省武汉市中级人民法院(2007)武知初字第 134 号。

情况。此外,数字作品传播的特殊性又使作品署名容易被去除与篡改,这些都使作品署名无法标示真正权利人。因此,署名与登记证书只能作为作品权属推定的初步证据,且这种推定可被相反证据推翻。这意味着,在著作权交易中,作品权属情况在第三人视角下实际处于一种不确定状态,第三人很容易对权利人身份和作品权属状况产生错误认识,尤其是在有多个权利人的情况下。当作品由两人以上基于合意共同创作,会形成一个不可分割使用的整体作品,著作权由合作作者共同享有。[①] 此类作品著作权的转让与许可应由所有合作作者协商一致,不能协商一致的,任何一方依据《著作权法》第十四条第二款,均不得转让、许可他人专有使用与出质。在著作财产权发生继承的情形中,若继承人不止一人,也会发生类似合作作品情形的权利共有。类推《民法典》第三百零一条共有人的权利行使规则,继承人转让或对著作权进行专有许可在按份共有的情形,须经占份额三分之二以上的共有人同意;在共同共有中,则需要全体共有人同意。但实践中,若不要求对作品著作权转让登记备案,任一合作作者或继承人都可能独自向外转让作品著作权,受让人很难准确识别全部权利人。此外,由于著作权的特性,在著作财产权已转让的情况下,著作人身权仍然由作者保留,导致著作财产权与作品署名人分离。由于缺乏著作权信息公示,潜在使用者可能仍将署名人视为著作财产权人,并尝试向其寻求转让与授权,这可能导致著作财产权被违背诚实信用的原权利人再度转让或授权。权利主体在著作权交易中的不确定性使得第三方难以掌握前手交易和权利变动情况,增加了"一权二卖"现象的发生。

第二,著作权交易客体的无形性导致难以建立有效的权利信息公示机制。所谓公示,乃指权利享有与变动可取信于公众的外部表现形式。[②] 有体物物权的权利归属与权利变动较易从外部识别,正是因其

---

①　孙山:《溯源循理:合作作品权利归属规则的改进之道》,载《河北法学》2022 年第6 期。

②　纪海龙:《解构动产公示、公信原则》,载《中外法学》2014 年第 3 期。

已有登记、占有、交付等较为成熟与有公信力的公示手段。即使该公示手段所表征的权利状态与实质权利状态不符，善意受让者基于信赖而进行的交易亦不受影响，从而保障交易安全。对不动产来说，不动产登记为其物权公示手段。对动产来说，则以占有和交付为静态下权利归属与动态下权利变动的一般公示手段。与此相较，著作权交易对象并非书本、光碟等作品的有形载体，而是凝结于作品之上的由创作者以一定形式表达并为外界所感知的知识产品。因此，交付作品载体的占有自然不能表明载体之上著作权的权利变动。有观点认为，可尝试通过在作品载体上做署名标识①或采用技术保护措施拟制动产占有效果，并以转移技术保护措施的控制作为权利转让的表征。② 然而，且不说可能存在错误署名、不署名或署笔名的情况，导致署名标识指向的权利状态可能与真实权利状态不符。这种观点还在一定程度上混淆了权利人、作品以及作品载体的关系。署名标识或采用技术保护措施都是权利人在物理状态上控制与支配知识产品的有形载体，而并非控制与支配抽象无形的知识产品本身。知识产品的本质为具有非排他性与非竞争性的信息产品，③第三人仅从信息载体的占有与交付中根本无从得知知识产品的权利归属与流转状况。因此，著作权无法适用占有制度，署名标识或采用技术保护措施都无法产生占有状态下的公信力，难以规避"一权二卖"。

第三，我国现行法律法规下著作权转让/许可实行合同自愿备案制，不具有强制性。目前，著作权人转让或许可他人使用作品著作权，与受让方或被许可方签订著作权转让合同、著作权专有许可使用合同

---

① 杨延超：《精神权利的困境——两大法系版权立法比较分析》，载《现代法学》2007 年第 4 期。

② 类似观点主张将数字作品通过 NFT 化的方式铸造和上链，任何权属变动信息都会在智能合约中被记录下来，通过智能合约下的自动登记代替交付。参见郭鹏：《功能等同原则视域下 NFT 数字藏品交易的法律定性——兼论虚拟财产纳入物权法调整的新路径》，载《现代法学》2023 年第 6 期。

③ 沈健州：《数据财产的排他性：误解与澄清》，载《中外法学》2023 年第 5 期。

或非专有许可使用合同的,可以申请著作权合同备案。这种合同登记内容简单且著作权行政管理部门仅进行形式审查,不能完全正确表明作品著作权的真实权利状态,很难在立法层面赋予该登记效果以公信力。[1] 此外,现行登记操作混淆了登记公示的对象。著作权转让/许可合同为权利人/受让人、许可人/被许可人间的相对法律关系,自无向社会公众公示之必要。应登记备案的是具有排他性的著作权专有权利及许可使用权利的变动信息。

综上所述,著作权权利主体的复杂性、权利客体的特殊性以及现行的自愿备案制度都是著作权"一权二卖"现象的制度根源。

(三)引入著作权转让登记制度的必要性与合理性

就必要性而言,如果作品使用者无法准确判断其欲使用的作品权属信息及前手交易情况,难免担心在支付转让费或使用许可费后无法受让相应权利。为降低侵权风险或避免交易目的落空,使用者可能需要投入高昂成本逐一调查作品权属信息,或者选择减少交易,最终导致著作权交易市场萎缩。著作权转让登记制度可提供可查询的登记信息,使公众能够获悉著作权交易情况,能有效减少"一权二卖"现象,增强著作权交易市场安全,促进海量数字作品的利用、流转与价值挖掘。

就合理性而言,有观点质疑著作权转让登记制度不符合成本收益原则,认为其顺利运转依赖于较强的公信力。为此,登记部门需对著作权转让登记进行实质审查以确保登记信息与实际情况相符。然而,实质审查程序烦琐,增加了在先交易方的登记成本,也使登记机关必须投入大量人力与时间成本,[2]与经济效率和行政效率原则不合。[3]

---

① 陈文学、高圣平:《著作权质权登记程序研究——兼及〈著作权质押合同登记办法〉的修改》,载《学术研究》2011 年第 2 期。

② 文杰:《我国版权登记制度的现状、问题与完善——从版权"一女多嫁"谈起》,载《出版发行研究》2011 年第 5 期。

③ 高圣平:《登记对抗主义之下的动产抵押登记制度——兼及〈企业动产抵押物登记管理办法〉的修改》,载《法学家》2007 年第 6 期。

即便登记机关进行实质审查，审查结果仍有可能被司法机关推翻，交易风险犹存。以上观点虽有一定道理，但不能以此否定著作权转让登记制度的合理性。首先，著作权转让登记制度并非确权制度，登记能否反映作品真实权属和交易链条与登记制度的健全程度相关，其可能影响一国对登记效力模式的选择，而非决定转让登记制度存废的理由。① 例如，在物权领域，如果一个国家的登记制度极不健全，仍可通过登记对抗制度保护交易安全，而非因此废弃登记制度。其次，判断著作权转让登记制度的合理性应考量整体成本效益。尽管设置著作权转让登记增加了在先交易人的登记成本与登记机关的审查成本，但其带来的著作权交易信息公示效果却同时降低了作品使用者调查著作权权属与交易链条的信息成本。在先交易者的登记成本通常远低于第三人对著作权交易信息的调查成本。② 随着登记技术的进步，登记成本还会不断降低。著作权转让登记还相对减少了"一权二卖"的可能，避免可能出现的纠纷带来的司法成本。从交易成本与效益的总量对比来看，著作权转让登记降低了著作权利用总体成本，提升了著作权交易安全与流转效率。最后，从公共领域角度看，著作权转让登记制度的合理性在于使登记成本扮演"过滤器"的角色，将独创性较低、利用价值与交易可能性不大的作品分流出著作权交易市场，避免过度保护权利人。

(四)著作权权利变动与转让登记的效力模式

鉴于著作权转让登记制度的合理性和必要性，立法者在构建登记制度时，首先要在现有立法基础上选择适当的效力模式。对著作权转让登记效力模式的选择问题可以转化为我国著作权法理论中常被忽视的一个关键问题：著作财产权在转让与对外许可过程中如何发生权

---

① 包红光：《著作权转让登记对抗主义辩护及其改进——兼评〈著作权法修订草案(送审稿)〉第 59 条》，载《科技与法律》2019 年第 3 期。

② 龙俊：《中国物权法上的登记对抗主义》，载《法学研究》2012 年第 5 期。

利变动。此处可借鉴传统民法理论,将著作权变动模式归纳为三种:债权意思主义、债权形式主义和著作权形式主义。

1.我国实证法上著作权变动模式:纯粹债权意思主义

所谓纯粹债权意思主义,是指仅依据当事人一致的意思表示就可引发权利变动的法律后果。[1] 根据《著作权法》第二十六条、第二十七条及其实施条例第二十五条,转让著作财产权或使用他人作品的,应当订立著作权转让合同或许可使用合同,并可以向著作权行政管理部门备案。在此,未对著作权交易中权利变动时间作任何规定,对著作权转让和许可亦无强制登记、备案等外部公示形式要求。登记只是当事人自愿选择的手续,不会影响权利转让与许可的效力。由此可见,我国现行法律制度框架下著作权变动模式采用债权意思主义,[2]著作财产权的权利变动随着著作权转让合同或许可使用合同的生效而发生。著作权转让合同的效力及于著作权权利变动,著作权权利变动是著作权转让合同的履行结果,只要当事人意思表示一致即权利变动生效。

在债权意思主义著作权变动模式下,著作权交易直接依据当事人的意思被赋予法律效力,充分体现了当事人的意思自由。尽管著作权交易更方便快捷,但却使受让人面临较大交易风险。例如,当著作权人与在先受让人签订著作权转让合同时,在先受让人即受让权利;当著作权人与在后受让人签订著作权转让合同时,则属于无权处分,即在后受让人实际无法取得著作财产权,却可能因信赖权利取得而利用作品进而构成侵权。

此外,债权意思主义的权利变动不要求以占有、交付等形式进行公示,[3]使第三人难以从外部识别著作权一权二卖、重复交易等现象,

---

[1]　马新彦:《一物二卖的救济与防范》,载《法学研究》2005 年第 2 期。

[2]　苏平:《知识产权变动模式研究》,载《法商研究》2011 年第 2 期。

[3]　汪志刚:《意思主义与形式主义对立的法理与历史根源》,载《法学研究》2010 年第 5 期。

不利于交易安全。虽然有观点认为,一权二卖属于出让人的交易自由,若以维护诚信或交易安全的名义将其禁止,有违私法法理。因此,无须在立法层面禁止一权二卖,而只需明确当事人一权二卖的处理方式。但这种观点未考虑到著作权交易与民法上传统有体物交易的不同之处。有体物具有稀缺性与排他性,权利人即使多次转让也只有一个交易对象可以实际对交易标的进行占有与收益。著作权交易对象为知识产品,其实质为信息,不具有稀缺性。每个受让人都有可能利用作品,其他未经许可的使用者也可就同一作品在同一时间独立使用与向公众传播。在此情形下,除真正的权利受让人之外,其他使用者皆构成著作财产权侵权,造成著作权交易与利用市场的极度混乱。著作权交易对象与有体物财产权的此种差异导致一权二卖在著作权交易中产生更大的负外部性,因此才有建立交易安全配套制度之必要。

此外,由于著作权客体的非物质性,其客体权利移转无法通过"移转占有"这一公示方式表征权利变动,唯有利用登记制度为公示手段。可以说,纯粹的债权意思主义著作权变动无法平衡权利人保护与交易安全。

2.形式主义的著作权变动模式:登记生效模式

在传统民法领域,与债权意思主义形成鲜明对比的是德国法上的"物权形式主义"①变动理论。该理论区分负担行为(债权行为)与处分行为(物权行为),物权变动除当事人的债权合意外还须有一个以转移所有权为目的的物权合意,并践行登记或交付等一定形式的公示行为,始能变动初始权利。有学者借鉴这种高度抽象的物权变动理论,将著作权变动模式划分为"债权形式主义"和"著作权形式主义"(类比于物权形式主义)。② 而无论是哪种形式主义权利变动模式都是建立

---

① 尹田:《论物权对抗效力规则的立法完善与法律适用》,载《清华法学》2017 年第2 期。

② 杨明:《著作权许可中的公示公信——从对〈中华人民共和国著作权法修改草案〉第 57 条的质疑谈起》,载《法商研究》2012 年第 4 期。

在承认著作权变动"区分原则"（Trennungsprinzip）①的基础之上的。问题是，著作权转让过程是否可拆分为著作权交易当事人转让著作权的合同行为与著作权权利变动两个独立的法律事实？显而易见的是，当事人签订著作权转让合同旨在为转让人设定债法上的义务，而著作权转移行为旨在直接引起著作财产权的变动。两者意思表示不同，引起的法律效果也相异。在此意义上，著作权转移行为本身具有一定的独立性。

形式主义权利变动模式下，"债权形式主义"立法模式认为著作权变动法律效果的发生，除了需要著作权交易当事人在著作权转让合同中的债权合意外，还需要登记这一外在形式。换言之，著作权转移的法律效果须通过著作权转让合同这一负担法律行为与转让登记这一事实行为的相互结合实现。而"著作权形式主义"立法模式则认为著作权变动法律效果的发生，除当事人变动债法关系的意思表示之外，还要求当事人另有一个独立的"著作权变动合意"，并履行相应登记手续，构成一个独立的、无因的法律行为。② 这种观点认为登记行为的性质并非履行债务的事实行为，而是一项独立且无因的法律行为，是著作权变动的生效要件。尽管可以在著作权转让过程中剥离出一种隐约的"著作权变动意思"，带来著作权权利变动的法律效果。但是这种"著作权变动意思"并不具备独立性。更确切地说，著作权转让或专有许可使用合同包含着当事人"债权变动意思"与"著作权变动意思"的聚合，二者在客观的外部表达上表现为一个完整的"合意"，将"著作权变动意思"独立出来并赋予无因性似乎有悖生活常情。

我国自《物权法》伊始明确了依法律行为发生物权变动时的"区分原则"，其中第九条与第十五条清楚表达了"区分原则"的立法思想。③

---

① 孙宪忠：《中国民法典采纳区分原则的背景及其意义》，载《法治研究》2020年第4期。

② 汪晓华：《论著作权转让变动模式》，载《青岛农业大学学报（社会科学版）》2011年第3期。

③ 孙宪忠：《我国物权法中物权变动规则的法理评述》，载《法学研究》2008年第3期。

《民法典》第二百一十五条规定，当事人之间订立有关设立、变更、转让和消灭不动产物权的合同，自合同成立时生效；未办理物权登记的，不影响合同效力。可见，我国民法领域采纳的物权变动模式并非债权意思主义，也非严格的物权形式主义，而是债权形式主义。这种模式虽然区分了负担行为与处分行为，但不承认存在独立的物权合意，统一将负担行为作为物权变动的依据，物权变动效果的产生则依赖于当事人践行登记或交付等法定方式。① 著作权与物权同属排他权、对世权与绝对权，如希望保持我国民法体系与知识产权法在权利变动规范方面的和谐统一，则应延续债权形式主义变动模式，要求著作权权利变动除当事人意思表示一致外，尚需为登记等法定形式，并在立法上使登记为权利转让之生效要件，即在立法上采用债权形式主义的"登记生效模式"。

有学者指出，债权形式主义的"登记生效模式"能促进著作权交易当事人为避免交易目的落空，及时办理转让登记以确保权利发生变动。② 当登记机关的数据库中积累了大量的著作权转让登记信息后，可建立完善著作权交易信息查询公示系统，从而消除著作权交易市场上的信息不对称。

登记生效模式有助于解决著作权重复转让中的权利归属认定问题。按照这一原则，只在最先办理著作权转让登记的当事人之间发生权利变动，在后受让人自然无法从同一出让人处取得著作权，这一点清晰明了。从知识产权法体系考量，我国《专利法》与《商标法》对专利权转让和商标权转让均采用登记生效模式。而在著作权出质的情形，我国法律已明定登记是权利变动的生效要件。《民法典》第四百四十四条的规定，以著作权中的财产权出质的，质权自办理出质登记时设立。《著作权质权登记办法》第五条规定，著作权质权的设

---

① 王利明：《论债权形式主义下的区分原则——以〈民法典〉第 215 条为中心》，载《清华法学》2022 年第 3 期。
② 余能斌、侯向磊：《保留所有权买卖比较研究》，载《法学研究》2000 年第 5 期。

立、变更、转让和消灭，自记载于《著作权质权登记簿》时发生效力。因此，规定著作权转让登记为著作权转让中权利变动的生效要件有利于简明规则，[①]并保持知识产权法律制度间的协调与权利变动模式的统一。

意思主义与形式主义的立法模式体现了立法者在保护著作权交易效率与著作权交易安全间的选择偏好。[②] 意思主义更有利于提高交易效率，而形式主义以登记为权利变动生效要件，更有利于保障交易安全。需要讨论的是，采用债权形式主义下的登记生效模式是否有利于实现著作权交易效率与著作权交易安全间的平衡？对登记生效模式最常见的诟病是，其以登记为权利变动生效要件，不利于维护著作权交易当事人的意思自治，有家长主义之嫌。正如变动物权的法律行为也是当事人意思自治行为，如不涉及第三方利益或已给予第三方足够保护，法律自不应加以干涉，包括施加任何形式上的强制。[③] 在著作权交易中，当事人有自行预见、判断和处理交易风险的能力，应当允许当事人根据具体情况预判风险，决定是否登记。如果将著作权转让登记规定为权利变动的生效要件，则是公权力对民事领域的过分干涉。根据比例原则，在能实现同等水平交易安全效果的情况下，应选择对民事自治价值侵害更轻微的手段，[④]"登记对抗主义"即为此例。另外，虽然已臻完备的传统民法理论可为著作权法理论提供借鉴，但著作权变动法律制度的构建不能完全忽视著作权自身的特点及其在转让过程中与民法上有体物转让的区别。[⑤] 例如，登记生效模式要求登记机关对作品真实权属与权利转让相关事实进行实质审查。在实践中，由

[①] 陈爱碧：《著作权重复转让中的权属认定》，载《知识产权》2017 年第 9 期。

[②] 杨明：《著作权许可中的公示公信——从对〈中华人民共和国著作权法修改草案〉第 57 条的质疑谈起》，载《法商研究》2012 年第 4 期。

[③] 郭明瑞：《物权登记应采对抗效力的几点理由》，载《法学杂志》2005 年第 4 期。

[④] 张兰兰：《作为衡量方法的比例原则》，载《法制与社会发展》2022 年第 3 期。

[⑤] 唐艳、苏平：《论著作权转让与登记制度型构——兼论对民法物权理论的借鉴与扬弃》，载《徐州师范大学学报（哲学社会科学版）》2012 年第 6 期。

于成本过高,实质审查很难实现,更适合由司法机关在个案中进行。[①]然而,若不进行实质审查,转让人有可能并非作品真实权利人,这就可能导致登记生效模式所追求的保护著作权交易中的信赖利益和维护交易安全的制度目的落空。此外,著作权登记之上很难建立公信力。在不赋予著作权登记公信力的前提下,不应将其作为著作权变动的生效要件。由于仅进行形式审查,著作权客体的无形性增加了准确登记的难度,使著作权登记无法达到很高的权利表征概率。如果错误地依赖著作权登记信息,使受让人支付了对价却无法取得权利,将降低市场对著作权登记制度的普遍信任。因此,强制交易方遵循一个缺乏足够公信力的公示制度是不合理的。在这种情况下,更适合构建登记对抗制度。

3.更平衡的著作权变动模式:登记对抗主义

债权形式主义和著作权形式主义都以登记等一定外部公示方式为著作权变动要件。而"登记对抗主义"则意味着当事人一旦形成著作权转让的意思表示即产生权利变动的法律效果。登记并非著作权变动的必备要素,只是未经登记机关登记的著作权转让的法律效力仅发生在交易当事人之间,不能对抗交易关系之外的善意第三人。[②] 可见,登记对抗主义仍属债权意思主义,[③]只不过通过立法赋予登记事项以对抗力来保护登记人的合法权益,同时赋予登记事项以一定公信力以保护善意第三人,在一定程度上弥补了纯粹债权意思主义缺乏外部权利表征的缺陷。

我国著作权法第三次修改工作启动以来,国家版权局先后公布了

---

① 徐翠:《重复授权情况下如何确定继受权利人——〈别说我的眼泪你无所谓〉词曲著作权重复授权纠纷案评析》,载《科技与法律》2011 年第 3 期。

② 吕炳斌:《版权"一女多嫁"的解决之道——以善意第三人保护为中心》,载《暨南学报(哲学社会科学版)》2017 年第 12 期。

③ 高圣平:《民法典动产担保权登记对抗规则的解释论》,载《中外法学》2020 年第 4 期。

三稿《著作权法(修改草案)》。在未被采用的修改草案中,曾采用过两种关于登记对抗主义的表述。《著作权法(修改草案)》第三稿第五十七条中规定:"与著作权人订立专有许可合同或者转让合同的可以向国务院著作权行政管理部门设立的专门登记机构登记。经登记的权利,可以对抗第三人。"这一制度设计对著作权重复交易中的在先交易方来说,可视为一种对其不登记行为的反向惩罚。因为若著作权人将其著作财产权重复转让给多个人,在后交易人可通过抢先登记对抗在先交易的第三人。由于著作权交易双方面临后续交易可能随时通过抢先登记否定在先交易效力的风险,他们几乎必然选择登记,这使得登记不再是基于意思自治的自愿选择,有违"登记对抗主义"的制度意旨。于是,在《著作权法(修订草案送审稿)》第五十九条中将对登记对抗的表述改为"……未经登记的权利,不得对抗善意第三人"。据此,著作权交易关系之外的善意第三人得以在受让人未登记时主张该权利对自己不生效力。

相较于债权形式主义权利变动下的登记生效模式,"债权意思＋登记对抗"模式更充分地尊重著作权交易当事人的意思自治。交易当事人是否登记不影响其权利取得,当事人可根据具体情况分析交易风险与成本效益进而自愿选择是否进行登记。反对登记对抗主义的观点可能指出,著作权转让采登记对抗主义与民法财产权利变动规则不一致,不利于规则简明与形式理性上的逻辑统一。然而,著作权转让的登记对抗主义与我国民法物权变动逻辑构造不一致并不能否定该模式,因为"逻辑可以违反,体系必须强制"[①]。关键是判断登记对抗主义与相关制度间的分工合作,能否发挥著作权转让登记制度的整体效果。

还有反对观点指出,登记对抗主义否定了著作权合同履行价值。在债权意思主义下,著作权交易当事人在著作权转让合同债权合意完

---

① 郭志京:《也论中国物权法上的登记对抗主义》,载《比较法研究》2014年第3期。

成时即发生著作权变动。随着著作权变动,权利转让合同即履行完毕。若根据登记对抗主义认可著作权重复转让中在后登记的受让人取得著作财产权,将无故否定在先著作权转让合同的履行价值。[①] 这种观点只着眼于交易一方,而未站在著作权交易市场高度观察问题。在先交易者与在后交易者发生冲突时,登记对抗主义何以选择牺牲在先未登记者之著作权转让合同履行价值,要求其承担未登记的风险,盖因其旨在保护交易安全与维护意思自治间取得平衡。

在著作权交易中,若采用纯粹的债权意思主义,著作权变动无须任何外部形式要件,那么除非让与人主动披露在先转让交易,潜在受让人均须耗费信息成本调查作品上之权利负担状况,否则就可能承担无法受让权利甚至利用作品构成侵权的法律风险。如果信息成本累积过高,必将抑制后续著作权转让交易。登记对抗主义在权衡登记成本与第三人调查成本之间进行平衡,要求成本较低的先前交易方承担未登记的风险。否则,即否认其著作权转让合同履行价值,表现为不得对抗在后交易并登记的善意受让人,从而无权继续使用作品。这种制度设计能够纠正纯粹债权意思主义的弊端,激励著作权交易相关方积极进行权利转让登记,降低著作权交易链条后续交易的成本,促进整体交易效率提升。此外,登记对抗主义并非一刀切,一概使未为登记之权利变动无效。著作权交易方得以自行评估法律风险与交易成本,决定是否进行登记,从而在保护交易安全的基础上最大限度尊重当事人之意思自治。

还有观点指出登记对抗主义未解决著作权重复交易中的权利归属认定问题,始终无法回答诸如既然在先交易中著作权已随当事人意思表示一致发生变动,何以在后交易方通过抢先登记可从原著作权人处取得权利并对抗善意第三人的逻辑问题。[②] 此质疑指出了著作权登

---

① 董美根:《论版权转让登记的对抗效力——评著作权法修改草案(送审稿)第59条》,载《知识产权》2016年第4期。

② 陈爱碧:《著作权重复转让中的权属认定》,载《知识产权》2017年第9期。

记制度与第三人间的关系。需要说明,登记对抗主义并不旨在解决权利取得问题,这有赖于著作权善意取得制度以及重复交易中救济规则的完善。

综上所述,本书认为,在我国著作财产权转让领域应当采用"意思主义＋登记对抗主义"。著作权交易当事人应当向登记部门提交申请办理著作权转让登记,未为登记者不得对抗在后交易并登记的善意第三人。此处"善意"仅指在后受让人不知道也不应当知道在先受让人存在的情形。[①] 在后受让人明知著作权重复转让却抢先登记的情形,有违民法公平之基本原则,其意思自治不值得保护。在其与其他在先受让人的利益冲突中,则出于保护交易安全与维护意思自治间取得平衡的基本观念无一概牺牲在先受让人之必要。

四、区块链技术在著作权登记制度中的应用

区块链是一种仅允许追加信息的分布式数据库,其具有的去中心化、高透明度、可追溯、防篡改以及内嵌智能合约可自动执行等特征,能够创建一个公开透明且不可变的信息链。这些特征均适用于作品著作权登记、自动化合同管理、盗版证据记录等功能模块,为公共机构和私人机构提供了改变著作权管理信息的效率和透明度的机会,使著作权登记流程更具成本效益、更准确和安全。

(一)指导思想:促进著作权私人登记与公共登记系统的整合

在《伯尔尼公约》自动保护原则要求下,成员方均放弃了著作权形式主义的要求。随着互联网发展至 Web 2.0 时代,作品的创作与传播发生了一种范式的转变,数字作品的主流消费形态从被动的使用性消费转向主动的创造性消费。著作权法中独创性要求的"低门槛"更使大量制作周期短、制作门槛低的用户创作内容被纳入著作权保护范围。这些作品的创作者大多为非职业作者,通常没有主动登记作品的

---

① 魏振华:《登记对抗与善意取得:关系辨析与法律适用》,载《社会科学》2018 年第11 期。

意识。另外,由于网络的匿名性,许多数字作品在创作时并未明确标注作者身份。大量作品发表后,在不同网络平台的多次流转传播中遗失权利信息,最终沦为孤儿作品。作品著作权信息的缺失导致了严重的外部性问题,进而引发了著作权信息公示失灵(notice failure)[①]。利用权利状态不明晰的作品存在侵权风险,极易引发"寒蝉效应",进而可能阻碍数字创意产业的繁荣发展。

鉴于以上背景,著作权市场参与者在公共登记系统之外产生了其他信息公示方式的需求,著作权市场衍生了大量具有登记性质的私人数字系统。考虑到著作权登记制度的重要功能和我国当下自愿登记制度与相关法律规范的缺失,创新和完善登记制度极为重要。具体可从公私两个角度入手:一方面,在不违背《伯尔尼公约》的前提下完善公共登记体制和登记法律效力;另一方面,有效整合具有登记性质的私人作品信息登记系统与公共著作权登记制度。

1. 私人登记系统的表现形式

根据 2021 年世界知识产权组织对成员方著作权登记和法定送存制度的最新调查[②]显示,共有 67 个成员方建立了著作权自愿登记制度。其中绝大多数国家将著作权登记和(或)著作权转让登记制度的管理集中在一个机构,由国家知识产权(著作权)行政管理机构专责管理。在几乎所有接受调查的国家中,著作权登记制度均在国家著作权及相关权立法中进行规定,更详细的规则和程序则由政府法令、决议、决定或通告规定。在做出答复的 109 个国家中,有 14 个国家表示其未设计任何著作权登记、权利转让记录或法定送存制度。

---

① Meurer, J., Menell, P. Notice Failure and Notice Externalities, 5 *Journal of Legal Analysis*, 2013:1-59.

② van Gompel, S., Massalina, S. Survey on Voluntary Copyright Registration Systems (reporting to the WIPO Secretariat), https://www.wipo.int/edocs/mdocs/mdocs/en/wipo_crr_ge_2_21/wipo_crr_ge_2_21_report.pdf, accessed on 31. Mar. 2024.

　　著作权市场上,除现有的公共登记系统外,世界各地的私人著作权登记和档案系统已实质形成了关于作品著作权和相关权利信息的最大规模数据库。著作权私人登记组织是指那些与国家公共著作权登记机构相对的,由私人团体为权利人提供作品登记管理服务的组织。这些私人登记组织利用先进的技术工具,系统地收集市场上的作品著作权信息和其他相关信息,并提供查询有关登记时间、作品名称和权利人身份的服务。与公共著作权登记机构的典型区别是,私人作品著作权登记系统通常完全在数字环境中工作,允许对各种格式的数字作品进行快速、实时登记。这类系统通常会为登记申请人分配特殊的识别符号,例如永久统一资源标识符(URI)或数字对象识别符(DOI),用于识别作品。这些特殊识别符号在构建数字作品权利信息数据库时发挥关键作用,使用户能够轻松访问与数字作品相关的信息。

　　美国学者迈克尔·卡罗尔(Michael Carroll)将私人著作权登记实体分为三种类型。[1] 第一类是依法获得权利人授权对作品进行著作权登记管理的组织,例如著作权集体管理组织。在国际上,亚美尼亚、马里、纳米比亚和斯洛文尼亚等一些国家的作品著作权登记职能就由本国的著作权集体管理组织或私人实体履行。意大利采用了一种混合模式,由著作权集体管理组织负责计算机软件和视听作品的登记,同时由其文化部监督下的公共登记处负责其余类型作品的著作权登记。[2] 第二类是第三方登记机构或著作权文档服务提供商,他们并非仅依赖权利人提供信息,而是通过多种途径收集作品及其权利信息,比如 YouTube 的内容识别注册系统。这类私人实体的服务以提供内

①　Carroll，MW. A Realist Approach to Copyright Law's Formalities,28 *Berkeley Technology Law Journal*,2013:1511-1535.

②　WIPO. WIPO Summary of the Responses to the Questionnaire for Survey on Copyright Registration and Deposit Systems，https://www. wipo. int/export/sites/www/copyright/en/registration/pdf/registration_summary_responses. pdf，accessed on 31. Mar. 2024.

容和平台服务为主,①在运营过程中,这些平台都要求其用户上传无权属争议的作品源文件。这类私人实体并不旨在为公众提供可靠的作品著作权归属信息证明,而是为收集内容、促进内容创作并为用户提供寻找相关作品的便利,附带向公众提供一些例如"上传用户昵称""联系方式"等简单信息。作品权利信息系统通常只是一种附加服务。第三类是那些与公共登记系统直接竞争的私人作品著作权登记组织。这些私人登记为权利人提供著作权标识、登记等技术服务,往往利用先进技术保障其登记信息的真实性与可靠性。例如 BlockAi、纸贵(Ziggurat)等平台,就利用区块链与人工智能技术,为原创作品提供著作权登记服务。这类私人登记系统在很大程度上满足了人们保存安全可靠的创作记录、低成本管理权利且实时追踪使用记录等方面的需求,是本书主要的探讨对象。

2. 私人登记系统的优势与不足

由于国际条约限制,在国家层面不能建立作品著作权强制登记制度,而推进统一的公共作品著作权自愿登记系统建设也是障碍重重。我国当下的公共著作权登记系统在设计上更重视为权利人出具作品著作权登记证书,以便在出现著作权权属纠纷时作为证明权利归属的初步证据,而较少关注其在向公众提供作品著作权信息资源方面的重要性。这一点是著作权登记与专利、商标登记注册制度的一大区别。数字作品的海量增长要求著作权市场上出现对权利人来说更易负担,同时对作品使用者和公众来说更易于获取信息的作品著作权登记与权利信息公示系统。私人登记系统填补了这方面的市场需求空缺。

整体而言,私人登记系统具有三个方面的优势。第一,权利人使用私人登记系统登记作品著作权在操作上更为便利。例如在申请材料准备方面,一些传统公共登记系统仍要求登记申请人提交纸质材

① 张颖:《论版权登记组织的私人创制》,载《华中科技大学学报(社会科学版)》2016 年第 1 期。

料。而私人登记系统通常可全程在数字环境中运作。例如"鹊凿数字版权服务平台"提供的著作权存证服务,只要求创作者使用身份证件进行线上认证,再上传数字作品电子样稿,最后缴费即可完成作品登记工作。第二,权利人使用私人登记系统登记作品著作权花费的时间与金钱成本更低。传统公共登记系统办理作品登记费用高、周期长,而私人登记系统提供的登记服务往往费用更低、周期更短。为了在著作权登记服务市场竞争中脱颖而出,大量私人登记系统频繁展开价格与服务方面的竞争。一些平台更为创作者提供免费的著作权存证服务。在服务时间上,这些私人登记系统通常都可以即时、实时地进行信息存证与登记活动。第三,私人登记系统为权利人提供的服务场景更丰富。除了为权利人提供权利存证,这些私人登记系统还发挥着其他重要作用。例如,提供面向公众的作品著作权信息数据库;对送存作品样本进行特征提取,实施在海量网络内容中进行侵权检测并支持收集与著作权侵权相关的证据;为创作者提供数字作品确权、用权、授权、维权全链路著作权保护解决方案;等等。

当然,私人登记系统在著作权市场上的应用也存在不可忽视的劣势。第一,私人登记系统在权利人身份认证环节存在风险。传统的公共登记系统由国家授权进行著作权登记管理,创作者可通过出示身份证件进行身份验证。部分机构采用线下材料审核模式,保障身份验证环节的真实性。相比之下,私人登记系统全程在线上进行,尽管可要求创作者提交身份证扫描件或进行人脸识别以确认身份,但可能难以应对深度伪造等规避技术。[①] 从个人信息保护角度考虑,私人登记系统须处理创作者大量个人信息,难免带来个人信息泄露与滥用风险。如果不采用严格的身份验证措施,又难以保障申请人提交信息的真实性。因此,私人登记系统的存证登记活动仅能在著作权归属纠纷发生

---

　　① 蔺琛皓、沈超、邓静怡等:《虚假数字人脸内容生成与检测技术》,载《计算机学报》2023年第3期。

时为创作者提供证明权利归属的初步证据材料,却难以充当著作权交易市场上潜在使用者寻找真实权利人的可靠桥梁。第二,私人登记系统存证的效力不明确。尽管私人登记系统可为申请人提供快捷的作品存证服务,但该存证几乎不对作品内容进行审查或仅通过人工智能进行审查,很可能为明显不具备独创性的作品颁发登记证明。其法律效力是否如公共登记系统颁发的登记证书一样可作为认定著作权归属的初步证据尚不明确。第三,私人登记系统由以营利为目的的私主体运营,受到资本驱动的特征影响。换言之,若无盈利,私人登记系统就没有长期维护作品权利信息数据库的动力。因此,与公共登记系统相比,私人登记系统会带来更高的信息丢失风险。① 第四,私人著作权登记市场进入门槛低,登记信息标准不统一、服务质量良莠不齐。作品著作权登记服务市场由资本驱动,大量私主体进入该市场逐利却缺乏提供高质量登记服务的能力。各私人登记系统采用不同技术进行作品权益存证登记,导致形成了标准不统一、数据不相通的作品权利信息库,不利于消除著作权市场的信息扭曲与失灵问题,甚至会增加潜在使用者的搜索成本。

3. 私人登记系统与公共登记系统的竞争与协调

无论是私人登记系统还是公共登记系统,它们的主要目的都集中在两个方面:第一,为著作权市场提供作品权利信息公示机会,促进交易。第二,为权利人提供便利,提升其登记与维权效率。功能更为丰富的私人登记系统和公共登记系统之间的关系是替代还是共存促进,其判断关键在于它们是否能够有效地实现上述两点主要目的。

对第一点来说,作品权利信息是一种非竞争性与非排他性的信息。作品著作权登记及信息公示服务的提供具有公共物品服务提供性质,其不仅使登记权利人受益,还能向公众提供信息,产生正外部效

① Ricolfi, M. Survey Of Private Copyright Documentation Systems And Practices (2011), https://www.wipo.int/export/sites/www/meetings/en/2011/wipo_cr_doc_ge _11/pdf/survey_private_crdocystems.pdf, accessed on 31. Mar. 2024.

应。然而,公共物品提供者难以阻止他人"搭便车",并面临收费困难,导致长期提供公共物品往往无利可图,追求利润最大化的理性经济人通常不愿意长期供给,进而导致公共物品市场失灵。要实现长期稳定的著作权登记与信息公示服务,需由政府通过激励机制保障私人登记组织提供,或由政府自行提供。① 然而,仅由政府提供公共登记服务不足以解决著作权市场的信息失灵问题,因为公共登记系统通常由公共部门管理运营,其法定自然垄断状态易导致价格垄断,使权利人需支付较私人登记服务更高的费用。这可能会降低权利人的登记意愿,进而减少公共信息的可获取性。此外,公共登记系统由于其非营利性质,在技术创新与迭代方面通常不如私人登记系统积极。因此,更适合的方法是让私人登记系统参与到作品著作权信息提供服务中来,以提升其公信力。这样一来,公共登记系统与私人登记系统可以在公共物品供给合作与竞争中找到均衡。

从第二点,便利权利人登记与维权角度观察,如果权利人更重视通过登记获得证明权利人身份的有力证据,那么当前私人登记系统的证据效力并不如公共登记系统提供的登记证书那样明确。一旦公共登记服务采用类似的数字化技术,对不太关注成本的创作者而言,私人登记系统的吸引力可能会大大减弱。私人登记系统生命力的延续需要与公共登记机构形成互补和竞争关系,这要求私人登记系统提供与公共登记组织有明显差异的服务。② 实际上,私人登记系统吸引创作者的一个重要因素是其服务多样性。这在 WIPO 的调查中得到证实。③ 在著作权市场上,私人登记系统是作品著作权登记领域技术创新的开

---

① 锁利铭:《公共品最优供给的两种分析途径及启示》,载《科技进步与对策》2007年第 11 期。

② 张颖:《论版权登记组织的私人创制》,载《华中科技大学学报(社会科学版)》2016 年第 1 期。

③ WIPO, WIPO Summary of the Responses to the Questionnaire for Survey on Copyright Registration and Deposit Systems, https://www. wipo. int/export/sites/www/copyright/en/registration/pdf/registration_summary_responses. pdf, accessed on 31. Mar. 2024.

拓者，一旦其技术标准得到著作权市场的广泛认可，这些技术往往会被公共登记服务采纳，进而推动公共登记系统的创新。同时，公共登记系统在服务改进和技术更新方面的努力，也会激发私人登记系统之间的竞争，这有助于提高整体登记服务的质量。若能实现不同私人登记系统之间在权利信息收集、存储和公示标准上的互通，并将公共登记与私人登记系统的数据库进行整合，解决技术兼容性和互操作性问题，将极大丰富市场上作品著作权公示信息的总量，并可能对著作权市场的业态产生变革性的影响。

（二）规范路径：建立与《伯尔尼公约》相融的登记制度与激励规范

《伯尔尼公约》第五条第二款规定，作者享有和行使著作权无须履行任何形式，也不论作品起源国是否存在保护。在其协调之下，成员方的著作权强制登记制度已不复存在。重建以确权为目的的著作权登记制度，不但背离已获共识的著作权自动产生基本教义，还面临违反国际著作权保护义务以及众多实践上的障碍。如果一国能在不违反国际公约的情况下建立一种理想登记模式，为公众提供充足的作品权利信息，这将对促进本国数字创意产业及著作权交易市场的发展十分有益。因此，有必要详细解释《伯尔尼公约》第五条第二款，以明确其禁止的著作权登记制度的具体范围。

1.《伯尔尼公约》禁止的著作权形式要件范围

公约缔约方对"任何形式"（any formality）达成共识的定义同时涵盖影响权利存在或行使的"形式上"及"实质上"条件。从文义解释出发，《伯尔尼公约》第五条第二款禁止的著作权形式要件，仅指向那些影响著作权产生、存在或影响权利行使的手续要求。其中，所谓"享有"权利的手续是指那些作者为确保取得著作权而必须遵守的一切形式要件；所谓"行使"权利的手续则指向那些已被赋予著作权的作者为行使权利而必须履行的形式要件。[①] 因此，并非成员方规定的所有与

---

① Ricketson, S., Ginsburg, JC. *International Copyright and Neighbouring Rights: The Berne Convention and Beyond* (2nd ed.), Oxford University Press, 2006, p. 325.

作品著作权登记、标识、存证相关的形式义务都应被视为《伯尔尼公约》所禁止的"任何形式"。公约只针对与著作权相关的特定措施,并不禁止成员方规定管理作品使用条件的示范合同,[①]亦不禁止适用于所有司法程序的一般诉讼义务、程序或证据要求。

从体系解释出发,《伯尔尼公约》第十条之二第一款规定:"本同盟各成员方的法律得允许通过报刊、广播或对公众有线传播,复制发表在报纸、期刊上的讨论经济、政治或宗教的时事性文章,或具有同样性质的已经广播的作品,但以对这种复制、广播或有线传播并未明确予以保留的为限……"关于报纸文章复制权例外类似的规定早已出现在《伯尔尼公约》1908 年的拟议文本中,很明显要求作者必须明确主张权利保留并不能被解读为被禁止的"形式要件",否则会与第五条第二款形成体系上的矛盾。

综上所述,将《伯尔尼公约》第五条第二款解读为禁止任何强制形式,并不妥当。该条款并非禁止建立著作权登记制度,而是要求此类制度不得构成对合法获得和行使公约所承认权利的障碍。区块链驱动的新型著作权登记模式必须为作者登记作品创造足够的激励,以构建可靠的作品权利信息记录,但不能以著作权的丧失或行使障碍来激励作者遵守登记义务。

2. 著作权强制登记制度之替代机制

首先,应加强著作权权利推定信息的辨识度。我国《著作权法》第十二条第一款"署名推定规则"扮演着与著作权标识类似的功能,即作者署名后发生权利推定的法律效果。但著作权法并未要求发生推定力的信息须以特定方式标识,造成实践中署名标识方法杂乱无章,使权利推定效果究竟应发生于何种信息之上难以判定。虽然著作权一般由作者原始享有,但也存在若干例外情形。例如在特殊职务作品、委托作品等情形下或者在著作财产权发生转让时,作者并不享有除署

---

① Masouyé, C. *Guide to The Berne Convention*, WIPO Publication, 1978, § 5.5.

名权之外的著作权,但通常可推定作者享有作品的原始著作权。因此,可考虑借鉴《美国版权法》第四百○一条(a),将署名要求调整为由作者原始取得著作权的作品[1]的非强制性法定形式,使标识方法统一。[2] 满足特定标识要求者,方发生权利推定效果。2020 年,最高人民法院发布了修正后的《关于审理著作权民事纠纷案件适用法律若干问题的解释》,第七条规定"当事人提供的涉及著作权的底稿、原件、合法出版物、著作权登记证书、认证机构出具的证明、取得权利的合同等,可以作为证据。在作品或者制品上署名的自然人、法人或者其他人组织视为著作权、与著作权有关权益的权利人,但有相反证明的除外"。根据该条,虽然署名可直接推定作者,进而推定原始权利人,相较于作品著作权登记具有优先效力,但作品著作权登记证书作为证明著作权权属的证据之一,可结合其他证据构成推翻署名权利人的相反证明。登记制度为作者带来的证据优势可能会激励作者或权利人主动登记作品,促进作品权利信息公示。有学者指出,如能将作品登记与作品独创性推定相关联,降低作者对其作品表达独创性的举证责任,则更能促进创作者主动登记作品的意愿。[3]

其次,要保障已登记作品在权利救济中的相对优势。权利与权利救济不同,《伯尔尼公约》第五条第二款第二句的规定"除本公约条款外,保护的程度以及为保护作者权利而向其提供的补救方法完全由被要求给以保护的国家的法律规定",正体现了权利与其救济手段间的概念分离。从此角度解释,公约仅禁止那些影响著作权实体权利的享有与行使,包括提起侵权诉讼资格的形式要件,而并不禁止那些仅规范权利救济手段的形式要件,只要这些以补救措施为重点的形式要求

---

[1]　王迁:《论〈著作权法〉中"署名推定"的适用》,载《法学》2023 年第 5 期。

[2]　刘慧:《论数字技术变革与著作权集体管理制度的耦合》,载《出版发行研究》2021 年第 1 期。

[3]　Ginsburg, JC. Berne-Forbidden Formalities and Mass Digitization, 96 *Boston University Law Review*, 2016: 745-775.

不违反公约最低限度的保护规定。例如,要求权利人只有在已登记的情况下,才能在著作权侵权诉讼中主张禁令救济或要求法定赔偿。反对观点指出,限制未登记作品的权利人取得禁令救济,会影响该权利人对著作权的享受与行使,违反《伯尔尼公约》相关义务。

本书认为,限制未登记作品的权利人获得禁令救济,不会影响著作权人对著作权的"享有"。毕竟权利人的实体权利并未丧失,在权利受损的情况下还能获得其他类型的侵权救济。仅限制禁令救济也不会影响权利人对著作权的"行使",因为不登记作品不会影响权利人提起侵权诉讼,也不会影响法院对侵权责任的判定,权利人仍有机会获得包括金钱赔偿在内的其他实质性补救措施。侵权救济方式属于权利人成功行使权利的法律后果,这是由成员方国内法律规定的独立事项。限制权利救济方式并不会影响一国法院作出著作权侵权责任认定的过程,而是会影响这种认定所产生的结果,这不属于"行使"权利的范畴。① 因此,如果没有有力证据表明《伯尔尼公约》意图把禁令等救济手段定义为著作权实体权利行使的固有要素,就没有理由推翻公约关于由缔约方国内法保留补救措施立法的基本决定。亦有学者提出,在数字时代应当对《伯尔尼公约》进行动态解释。特别是在那些能够方便地使用计算机和互联网的国家,强制性登记手续不应被视为影响作者行使或享有权利的能力,因为在数字环境中完成这些手续非常容易。这一观点殊值同意。鉴于此,我国可以尝试建立一种技术驱动型的便利登记制度,使登记的法律效果直接与侵权救济种类的获得可能性相关,强化作品著作权登记的激励效应。

此外,还应完善著作权转让和专有许可登记制度。我国目前对著作权转让和专有许可实行自愿备案制度,导致实践中一权二卖、重复授权现象十分普遍。著作权市场的交易安全与效率或可通过建立著

---

① Sprigman, C. Berne's Vanishing Ban on Formalities. 28 *Berkeley Technology Law Journal*, 2013:1565-1582.

作权转让和专有许可登记制度来提高,但首先需考察此种制度是否违反公约禁止施加著作权形式要件。如前所述,从《伯尔尼公约》立法过程来看,立法者禁止对著作权享有和行使施加形式要件的理由主要是为了保障外国作者能享受公约的国民待遇,消除登记国别障碍,而未考虑过著作权转让问题。著作权转让和专有许可登记的功能是确定著作权是否在当事人间发生权属变动,而非决定权利人是否享有以及能够行使权利。因此,著作权转让和专有许可登记不属于公约禁止施加的形式要件。著作权转让登记制度最终未能进入《著作权法》第三次修订后的正式文本,十分令人遗憾。本书认为,在充分考虑我国著作权市场现实状况的基础上可尝试引入"意思主义+登记对抗主义"为基础的著作权登记转让和专属授权登记制度。当然,这一过程需要同时解决若干著作权法理上的难题,以确保法律条文的逻辑自洽。

(三)著作权登记制度引入区块链技术的具体优势

1. 分布式技术可降低登记活动整体成本

我国在作品著作权登记领域实行以国家版权局为首的集中管理、分散登记模式。由于缺乏统一的登记标准和有效监管机制,导致重复登记、信息碎片化以及登记系统冗余建设等问题频繁出现。这些问题不仅增加了著作权登记的复杂性,也提高了相关的行政和运营成本。区块链技术能够极大简化作品著作权登记程序,[1]国内外已有诸如Bernstein、百度图腾等许多平台运用区块链登记作品权利信息,不仅有助于公众确定作品是否受著作权保护,还为使用者打造了一个著作权个别许可与转让交易的平台。

作者在创作完成时利用私钥生成并封装作品名称、权利信息,加密形成唯一数字指纹至链上并加盖时间戳,创建对信息完整性不可篡

---

[1] 陈维超:《基于区块链的 IP 版权授权与运营机制研究》,载《出版科学》2018 年第5 期。

改的分布式数据结构,最大限度地防止发生权属纠纷。[①] 区块链登记系统由分布式计算技术驱动,构建起了一个多节点数据体系。与传统登记系统采用的集中式服务器不同,区块链的数据不是集中存储的,而是摆脱了中心化存储和地理位置的局限,分布在各个节点之上。在区块链上,所有信息的验证都由多个节点达成共识,相比只有中心服务器可以写入信息的模式,信息记载效率更高。分布式技术确保了作品著作权登记系统不会出现单点故障并且提升了黑客攻击的难度。即使链上某一节点发生故障或数据丢失、损坏,其他节点仍能保证数据安全并维持整个网络持续运行。此外,区块链技术通过维护数据的一致性和防止篡改提供了对登记活动的额外信任保障。

区块链的透明性为著作权登记提供了一个公开且透明的平台,有效预防了作品的重复登记和数据的冗余记录。在成本方面,区块链技术显著降低了权利人参与著作权登记的经济门槛。实证研究显示,利用主链进行著作权登记的成本可低至每次人民币 0.3 元,而侧链[②]的使用则进一步降低了这一成本。[③] 区块链去中心化的特性降低了登记活动对传统中心化登记机构的依赖。这不仅节省了大量的人力物力及系统运营成本,还促进了私人登记系统与公共登记系统之间的健康竞争与合作。这种去中心化的登记模式为著作权保护提供了一个更为高效、经济且民主化的解决方案,有助于推动著作权管理体系的现代化进程。

2.智能合约的应用能够提高登记效率

区块链系统通过部署去中心化的智能合约,显著简化了作品著作

---

① 石丹:《论区块链技术对于数字版权治理的价值与风险》,载《科技与出版》2019年第 6 期。

② 侧链技术是一种通过在主区块链之外准备一个区块链并使它们彼此交互来提高处理效率的机制。通过使用侧链,每个链都可以采用不同的共识算法,并部署不同的智能合约,这样也可以减少主链的负担。

③ 马治国,刘慧:《区块链技术视角下的数字版权治理体系构建》,载《科技与法律》2018 年第 2 期。

权登记步骤,实现作品在登记申请人提交信息后即时完成登记,大幅缩短登记时间。以图片原创保护平台"鹊凿"为例,通过该区块链驱动的登记服务系统,最快可在 1 秒内帮助权利人完成作品权利信息存证。区块链登记服务根据去中心化程度的不同,可分为公有链、联盟链和私有链三种部署模式。无论采取哪种部署结构,都削弱了传统登记实体在登记活动中的核心作用。这一转变减少了因人为操作导致的延误和错误,降低了人为因素对登记效率的影响。通过智能合约实现作品登记贡献数量、贡献质量、查询数量、活跃程度等多维度激励,可有效促进作品权利信息与交易信息登记。由于区块链上的信息是按照时间顺序存储的,因此可以很容易地追溯和验证特定作品的授权链条,为创作者提供了一个更加高效和安全的著作权保护与交易环境。

3. 匿名技术可加强登记信息与权利人隐私安全

区块链通过非对称加密技术和哈希算法,在作品著作权登记过程中为原创作品生成独一无二的加密哈希值,并将其存储在分布式区块链网络的所有节点之上。由于区块链的不可篡改性,一旦作品权利信息被记录上链,就很难被更改或删除,从而确保了作品著作权登记信息的持久性和安全性。[①] 这种机制不仅提高了作品权利信息的透明度,还通过去信任化环境使公众能够在无需中介的情况下安全地管理和验证作品权利信息。

相较传统登记实体,区块链技术在安全性和可验证性方面更具优势。分布式的区块链作品登记系统可被设计为不由任何单独组织拥有、管理和控制,链上的所有信息均为公开透明。在作品著作权转让登记中,可实现让公众追踪作品实时交易信息和完整交易链条,同时通过匿名化技术使交易当事人身份信息得以去识别化,最大限度地平

---

① 赵丰,周围:《基于区块链技术保护数字版权问题探析》,载《科技与法律》2017 年第 1 期。

衡隐私保护与透明交易。

（四）著作权登记制度引入区块链技术的挑战与因应

区块链技术在作品检索、著作权信息登记中的应用尚处于发展阶段，在许多方面还面临着技术困境与法律挑战。设计基于区块链的作品著作权登记系统，需关注具有"自治"特征的区块链给传统法律制度及监管体系带来的挑战与需要化解的冲突，兼顾法律治理与技术治理。

1. 区块链登记的证明效力有限，有待规则设计与技术设计

区块链打造的作品著作权登记系统不仅能记录作品权利信息，还可记录创作过程，通过保存作品草稿、创作思路辅助创作者获得更易为法院采信的证据链条。目前，以公共登记机构为主导的国家级区块链作品登记系统还未形成，各私人著作权服务企业以私有链或联盟链形式提供的所谓"作品权益存证"服务的法律地位不明。不同于经国家版权局授权的全国作品登记机关和办理机构背书的作品著作权登记证书，私人登记信息在作品权属纠纷中仅能作为权利人维权的辅助依据，[①]恐难以激发区块链登记系统的规模效应。

因此，建议在法律或司法解释中明确规定区块链登记信息与"作品著作权登记证书"一样具有法院斟酌判断著作权存在初步证明的法律效力，帮助作者在诉讼中减轻举证负担。如前所述，旨在确保更高证据价值的公共或私人登记要求并不违反《伯尔尼公约》确立的自动保护要求，因此我国在自愿登记前提下设立公共区块链作品著作权登记系统，鼓励私人区块链登记服务，并设计与《伯尔尼公约》相容的法律激励规则，进一步促进区块链登记系统技术潜力的发挥。鉴于区块链因其技术品质而拥有天然的"技术公信力"，本书建议在国家版权登记机构主导的区块链登记系统成熟后，在法律层面赋予区块链登记更

---

① 汪红春：《区块链在数字版权管理平台应用的进展与挑战》，载《编辑之友》2019年第 10 期。

高的证据效力,并借鉴美国版权法将侵权救济中的法定赔偿请求权与作品著作权登记挂钩,利用证据规则与侵权赔偿规则同时驱策创作者登记作品,激发区块链登记系统的最大价值。

2. 区块链登记系统之扩展性与搜索便利问题有待解决

作品在区块链登记系统登记时须封装作品名称、著作权信息以及唯一数字指纹至区块链上并加盖时间戳,创建对信息完整性不可篡改的分布式数据结构。但是,区块链本身储存扩展性较差,不适宜存储大容量数据。[①] 因此,区块链作品著作权登记系统不应在链上存储作品原始数据,只需记录作品元数据(Metadata)索引。记录元数据的分布式分类账可作为作品权属的初步证明,在作品转让或二次授权后,还可通过识别数字指纹呈现其流转去向,记录授权交易的完整链条。至于作品原始数据则可以分散式架构存储在链外的 IPFS 中,只供权利人和经合法授权者访问。此外,如前所述,作品著作权登记系统的重要功能之一在于消除著作权交易市场之信息不对称。当前数字创意产业的著作权交易市场存在创作者没有良好分销渠道,而使用者又检索不到权属清晰优质数字作品的困局。据此,本书建议构建基于版权信息元数据的知识本体(ontology),利用自然语言处理技术(NPL)完善基于语义的检索系统,改善使用者检索体验,促进作品著作权直接交易。

3. 区块链登记系统的错误登记与重复登记问题须及时解决

尽管区块链被视为著作权登记系统的潜在解决方案,但在基础技术标准、业务流程规范、应用实施准则、操作与方法标准、信任与互操作性标准以及信息安全标准等方面,尚未实现标准化的共识。这些因素可能导致不同登记系统之间的沟通障碍。有观点指出,区块链上的数据一经上链即不可篡改,错误的作品权属登记和跨链重复登记信息

---

① 贾大宇、信俊昌、王之琼等:《存储容量可扩展区块链系统的高效查询模型》,载《软件学报》2019 年第 9 期。

无法删改，可能对公众产生误导。① 虽然区块链的不可篡改性限制了对错误和重复登记的直接修正，但可以通过在链上新增信息区块来补充和纠正错误。法院也可以在著作权权属纠纷中判决变更登记，并将判决书存证上链，供公众查询以确认真实权利人。这种方法允许在不修改原始数据的情况下，通过添加新区块记录更正信息。

此外，可以探索建立一个基于共识机制的异议登记系统，为真正的权利人提供正式渠道以提出异议和纠正登记错误。可以考虑将修正登记的权限授予相关产业联盟链中的"超级节点"。这些超级节点可以是行业领导者或权威机构，由其负责监督和管理联盟链的运作。虽然引入"超级节点"可能引发对去中心化本质的担忧，但须得承认现代法治国家并不认可完全去监管化的技术架构。与公有链相比，"弱中心化"的联盟链因其节点有限而验证效率更高，还能降低区块链的维护成本，是当下作品登记系统落地应用的最佳选择。联盟链日常管理须由多方参与并由管理员牵头，因此其技术品格天然就不排斥监管，自可包含具备监管功能的"超级节点"，保障区块链登记系统的稳定、安全与可信性。鉴于国家版权登记机构的权威性，建议由其充当"超级节点"链接各链，统一制定登记标准，并借鉴文字作品领域的数字版权唯一标识符（DCI）标准联盟链的模式，发展适用于所有类型数字作品著作权产业的联盟链。这样的结构可以实现"登记去中心化＋管理弱中心化"，即在保持登记过程去中心化的同时，由国家版权登记机构作为中心节点进行管理和协调。同时，鼓励民间私人区块链登记服务提供商作为一般节点参与竞争与协作，②通过提供差异化的收费水平和附加服务来吸引用户。这种竞争机制有助于提升作品著作权登记服务质量，加强登记信息在不同区块链登记系统间的共享，繁荣

① 薛晗：《基于区块链技术的数字版权交易机制完善路径》，《出版发行研究》2020年第 6 期。

② 张颖：《论版权登记组织的私人创制》，载《华中科技大学学报（社会科学版）》2016 年第 1 期。

著作权登记市场。

五、结论

尽管基于区块链的作品著作权登记尚未获得法定证据效力,但其提供的不可篡改时间戳验证机制目前可在著作权权属纠纷中被法院用作判定创作时间序列的重要参考。保护著作权的关键在于提高著作权交易的便捷度与透明度,以减少因授权困难而产生的侵权行为。因此,本书建议打造基于区块链的作品著作权创作与转让登记系统,由申请人自行填写作品信息,减少行政工作负担。同时,利用区块链公开透明、时间戳记录、数据不可篡改、可追溯和永久保存等技术特性增强登记信息的正确性与公信力,并立法惩处虚假不实登记。

区块链技术的最大价值在于通过各节点去中心化的协作减少行政管理成本与负担,但这并不能完全消除著作权市场对知识产权公共保护机构的需求,因为维护适用的作品著作权登记系统只是其应履行的职责之一。无论作品著作权登记系统的底层技术是否使用区块链,其仍然是一个劳动密集型的工作。因此,建设完全去中心化的公有链著作权登记并不现实。即使将去中心化技术适用于作品登记系统,也无法完全消除中介机构。当前较为务实的做法是积极构建区块链登记服务领域的公私合作模式,再由二者在统一登记标准、外包登记服务以及监督登记管理等方面展开合作。① 通过有效整合官方与民间资源,弥补著作权交易公开化的不足之处。

第二节 基于区块链技术的数字作品 著作权侵权治理策略优化

在我国,数字创意产业著作权侵权案件的数量持续攀升。传统数

---

① 张颖:《区块链技术驱动下的著作权登记制度变革》,载《图书馆论坛》2019 年第12 期。

字作品著作权交易模式下,创作者在作品使用追踪、权利证明及维权方面面临高成本。区块链技术有效降低了这些成本,并为权利人维权提供了坚实的证据基础。随着区块链技术在数字创意产业的广泛应用,创作者开始积极采用区块链与 NFT 技术,中国的 NFT 市场迅速发展。许多创作者将数字作品转化为独一无二的 NFT,以解决来源标识和真伪验证问题。这不仅赋予数字作品与传统有形作品相似的排他性和竞争力,还促进了数字作品交易的繁荣,但也引发了潜在的著作权侵权争议。本节将重点分析区块链技术在数字作品侵权治理,包括在电子存证中的应用潜力、挑战及应对方案,并针对 NFT 衍生的著作权侵权风险进行讨论。

一、区块链技术在数字作品著作权侵权治理中的应用

(一)用于数字作品的使用追踪与侵权检测

1.应用背景:数字创意产业侵权频发与权利人维权艰难

随着网络传输技术的不断进步和带宽容量的显著提升,数字作品得以实现几乎无成本、即时、无地域限制的传播。然而,网络环境的匿名性和跨国界特性为著作权侵权提供了可乘之机,使得侵权行为难以被追踪和追究。在这种情况下,著作权作为受法律保护的私有财产权,其实际执行效力受到了挑战,权利人甚至可能陷入徒有权利却无处行使的境地。

就数字创意产业而言,权利人维权艰难的原因主要有三:第一是权利人很难即时追踪数字作品在互联网的异质化传播。不改变作品表达与传播方式及渠道的同质传播行为较易识别,但跨平台搬运[1]、改变作品表达[2]等侵害数字作品信息网络传播权等一系列权利的异质传播行为较难识别。这是因为目前权利人用来检测数字作品侵权的关

---

[1]　谢晴川·何天翔:《"搬运类"短视频侵权乱象的全周期治理》,载《兰州学刊》2023年第 3 期。

[2]　邱遥堃:《网络洗稿规制的反思与重述》,载《出版发行研究》2021年第 8 期。

键词提取和视频指纹识别等传统技术在追踪以非结构化趋势传播的数字作品时常常失灵。第二是数字作品传播平台责任厘定困难。当代数字作品传播平台的身份定位在"数字内容提供者"和"信息存储空间服务提供者"之间呈现不断变化的趋势。在数字作品传播平台扮演信息存储空间服务提供者身份时,对其用户从事的侵权活动通常可依据《信息网络传播权保护条例》第二十二条规定的"避风港原则"进行抗辩。根据"通知—删除"规则,数字作品传播平台在接到权利人的侵权通知后积极履行采取必要措施等处理义务,即可以进入"避风港"免责,除非根据其他相关事实可判断其主观上明知或应知平台之上的侵权活动。然而,当下的数字作品传播平台兼具多重功能,部分已偏离传统信息存储空间服务提供者之"技术中立"身份,而是会积极介入内容管理,并依靠流量或广告获取收益。有些平台甚至滥用"避风港原则",将其作为规避责任的工具。即便部分平台预防性地设置"上传过滤"机制,意图预防侵权,却因识别算法阈值偏差而导致许多创作者的非侵权作品无法成功上传与传播。司法实践中,由于数字作品传播平台的法律地位含混,更使法官对"避风港原则"适用条件的判断无法保持一致,间接增加了权利人获得救济的难度。[①] 第三是权利人维权所需的成本相当高昂。数字作品网络侵权通常呈现多点发生、频繁出现等特点,侵权主体遍布众多不同平台,且重复侵权行为屡见不鲜。权利人面临在多个平台上及时发出有效通知并逐一要求删除侵权作品的挑战,这一过程复杂且耗时。即便选择通过法律途径对侵权者提起诉讼,权利人也不得不应对诉讼周期漫长、侵权证据收集困难以及赔偿金额可能不足以覆盖实际损失与维权成本等实际问题。

2.基于区块链技术的数字作品使用控制与著作权侵权检测机制

面对科技不断发展和创新所造成的产业冲击,数字创意从业者在

---

① 赵双阁,姚叶:《区块链技术应用于短视频版权保护的优势与局限》,载《中国编辑》2021年第8期。

积极打击非法行为之余，亦不断追求新的技术手段与之抗衡。前区块链时代，权利人已开发出数字水印技术，在传统 DRM 系统之外保护数字作品。数字水印的技术核心在于将著作权标识信息以隐秘的方式嵌入数字内容。这些信息可在著作权纠纷中用来证明数字作品来源于原始内容。

数字水印系统包含水印嵌入和提取两个关键技术环节。高效的数字水印技术通常具备以下特性：第一，不可感知性，即数字作品嵌入水印后，其在用户感知上应与原始作品保持一致，未产生用户可感知的失真。第二，安全性，即数字水印算法必须是安全的，确保恶意攻击者无法成功提取或篡改水印信息。第三，具备一定的水印容量，即嵌入的水印信息必须足以表示数字内容创建者或权利人的标识信息，或被许可方/购买者的序列号。第四，鲁棒性，意味着数字水印应具备在经历如裁剪、压缩、添加噪声等信号处理操作后，仍能保持完整性和可检测性的能力。[1] 然而实践显示，传统数字水印技术的安全性仍面临较大风险，且缺乏一种确保其真实性和可信度的机制。

相较传统数字水印，基于区块链的多媒体指纹在技术上展现出更高的安全性、不可感知性以及鲁棒性，且不会影响原始载体的功能和价值，同时也难以被检测和篡改。此外，权利人还可利用区块链的可追溯性，通过数字指纹追踪侵权行为并识别侵权者身份。这种可追溯性是通过将唯一的用户特定信息嵌入到同一数字作品的不同复制件中实现的。具体而言，当用户上传作品后，区块链系统会创建一个新区块，用以登记该作品的元数据信息。在数字作品发行时，系统同样会在区块链上生成一个新区块，以记录作品相应的分发信息。当数字作品被转让或许可给他人使用时，区块链也会创建新区块记录相关交易信息。这些信息的哈希值将被存储在区块链上，形成该作品的数字

---

① Cox, I., Miller, M., Bloom, J., Fridrich, J., Kalker, T. *Digital Watermarking and Steganography* (2nd ed.), Morgan Kaufmann Publishers Inc., 2007.

指纹。通过分析这些数字指纹,可以有效验证作品的真实性及其创作和交易历史。当权利人在市场上发现该作品的侵权复制件时,通过对比特定复制件中的数字指纹与区块链上的交易记录,就能够有效地追踪侵权活动。

通过结合现有自动化检测与区块链技术,权利人还可实现对数字作品在互联网上使用状况的实时监控。以 YouTube 的 Content ID 技术为例,当权利人上传其视听作品样本后,系统将自动扫描 YouTube 平台上的作品使用情况。一旦系统检测到潜在侵权行为,权利人将收到通知,并可选择采取相应措施,如删除侵权内容,或允许侵权者继续使用作品并与其分享收益,或追踪侵权作品的使用情况。通过激励数字作品传播平台整合自动化检测系统与区块链著作权登记系统,即可实现对数字作品著作权侵权的实时检测。具体而言,该整合系统将首先自动判断数字作品的类型,对被归类为文字、图片或视听作品的数字内容,平台可定期提取作品的标本片并提交至搜索引擎。随后,将搜索引擎返回的结果与原作品进行相似度分析。当相似度超过预设阈值时,系统将自动发出侵权预警,并执行侵权页面的存证保全操作。根据数字指纹比对结果,系统定期生成侵权监测报告,记录包括侵权内容名称及链接、侵权平台名称及类型、侵权发布者信息等具体内容。这一流程不仅为权利人提供了实时监控作品使用情况及侵权活动的手段,还显著提升了著作权的管理和保护的效率。[1]

该技术方案还可为那些希望获得"避风港"庇护的数字作品传播平台打造"著作权过滤"系统并设定合理阈值提供有效参考。完整的数字内容著作权过滤系统包括目标内容输入模块、内容比对模块和比对结果输出模块。结合区块链数字指纹技术所具备的侵权内容识别能力,以及包含海量数字作品数字指纹信息的数据库,再配合机器学

---

① Pech. S. Copyright Unchained: How Blockchain Technology Can Change the Administration and Distribution of Copyright Protected Works, 18 *Northwestern Journal of Technology and Intellectual Property*, 2020: 1-50.

习、OCR 识别、音频频谱识别和文本相似度对比等侵权监测核心技术，能够为各类创意内容平台，包括网络视频平台、直播平台和社交媒体平台，提供一套事前过滤侵权内容的技术方案。具体而言，平台可使用数字指纹提取工具生成用户上传内容的数字指纹，并向数字指纹信息数据库发送相应的数字指纹与相似度检测查询请求，并根据设置的相似度阈值触发过滤措施。通过这种方式，平台能够合理地管理用户上传的内容，确保在发现侵权时有能力及时响应，履行平台知识产权治理的主体责任，在保护著作权和促进内容共享之间寻得平衡。

(二)用于数字作品侵权的实时分布式取证与固证，降低救济成本

1. 基于区块链技术的电子证据存证溯源机制

传统模式下，权利人追踪数字作品使用和维权的成本很高。区块链与电子数据存证的结合有效降低了这些成本，提升了诉讼活动中的鉴真效率。[①] 区块链在电子存证领域的运用，主要得益于其固有的不可篡改性和去中心化架构。这些特性克服了分散系统中信息保护不足和信任建立难的问题，为当前电子数据真实性的保障提供了解决方案。

以下是如何利用区块链技术实现电子证据存证溯源机制的步骤：当发现侵权行为时，区块链存证系统首先会自动抓取涉嫌侵权的数据文件，通常包括侵权页面、网址、源代码以及调用日志等，同时记录抓取时间。这一步骤确保了电子数据在特定时间点的存在性。在抓取过程中，区块链存证系统会运用 MD5 或 SHA-1 等特定哈希函数对这些数据文件进行运算，重新创建由随机字母和数字组成的固定长度的二进制值，作为每个电子数据文件独特的哈希值。各数据文件的哈希值再依次进行哈希计算，通过默克尔树算法整合为一个总哈希值。[②]

---

① 刘品新：《论区块链存证的制度价值》，载《档案学通讯》2020 年第 1 期。

② 李振汕：《基于完整性的区块链电子存证方法研究》，载《计算机时代》2019 年第 12 期。

电子证据中的电子数据文件将存储在 IPFS 或其他分布式存储系统中,生成的总哈希值则在加盖时间戳后记录在区块链上,确保安全及不可篡改。如果被抓取的电子数据文件有任何改动,无论是数据顺序、结构变化还是单个数据被篡改,都会导致哈希值变化。因此,通过对比电子数据在不同时间点的哈希值,即可判断数据是否被更改。在法庭审理过程中,可以通过对比当前电子证据的哈希值与取证时记录的原始哈希值来验证证据的真实性。如果发现电子证据的哈希值与原始值不一致,还可沿证据保管链逆向追踪,找出数据变动环节。

比起传统公证固证,区块链存证效率更高、成本更低。尽管现有的 DRM 系统在一定程度上也能实现自动防范侵权并收集证据的功能,但其基于单点控制的技术系统易被攻破,由此取得的电子证据在司法判决中的采信度较低。相反,区块链的完全分布式结构克服了单点故障问题,即使部分节点失灵,系统依然能够安全运行。传统电子证据存在易篡改问题,需要从电子证据载体、电子证据数据、电子数据内容三方面进行真实性审查,往往真实性程度不高。[①] 但区块链存证因特殊技术特质支撑,至少能够在存证阶段保证天然的真实性。其由共识驱动的模型更可确保没有一个单独实体能完全控制链上数据,进一步加强了著作权管理和证据保存的可靠性,也有利于解决传统电子证据易被修改,不易保持原始状态、不易证实其来源与完整性等问题。

2. 区块链存证的司法实践:华泰一媒公司诉道同公司著作权侵权纠纷案

区块链技术在电子证据领域的应用,自 2018 年已悄然兴起。随着互联网法院的诞生以及电子证据平台的兴起,区块链技术在这一领域的应用逐渐成为现实。在 2018 年的"华泰一媒公司诉道同公司著作权侵权纠纷案"[②]中,杭州互联网法院首次接受了采用区块链技术保

---

① 刘品新:《论电子证据的理性真实观》,载《法商研究》2018 年第 4 期。
② 杭州互联网法院(2018)浙 0192 民初 81 号。

存的电子数据作为证据,同时明确了对通过区块链技术保存的电子数据的审查方法。在该案中,原告华泰一媒公司主张被告道同公司侵犯其信息网络传播权,并向法院提交了涉嫌侵权的网页图片、网站源码、调用日志及其他相关证据。这些证据通过一家基于区块链技术保存证据的第三方平台"保全网"抓取,并被计算为哈希值上传至比特币区块链和 Factom 区块链中进行保存。

　　杭州互联网法院在审查区块链电子证据时采用了比较务实的方法,强调对于采用区块链等技术手段进行存证固定的电子数据,应秉承开放、中立的态度进行个案分析认定,既不能因为区块链等技术本身属于当前新型复杂技术手段而排斥或者提高其认定标准,也不能因该技术具有难以篡改、删除的特点而降低认定标准,而应根据电子数据的相关法律规定综合判断其证据效力。法院在本案中把区块链技术仅仅定位为一种创新的电子数据存证手段,将区块链证据界定为区块链存证证据。[①] 为了评估该电子证据的证明力以及原告的存证方法是否符合法律规定,法院分别审查了存证平台的资质、侵权网页取证技术手段的可信度以及区块链电子证据保存的完整性。关于存证平台资质,经查"保全网"运营主体数秦公司股东及经营范围均独立于原告,具有中立性,且其通过国家网络与信息安全产品质量监督检验中心完整性鉴别检测,具备作为第三方电子存证平台的资质。关于侵权网页取证技术手段的可信度,法院查明,保全网通过自动调用谷歌开源程序 Puppeteer 对目标网页进行图片抓取,同时通过调用 Curl 获取目标网页源码。这两个作为固证系统的平台对所有用户开放,且其操作过程均系按照系统事先设定的程序由机器自动完成,取证、固证过程被人为篡改的可能性较小。因此,法院认为该电子证据来源可信度较高。关于区块链电子证据保存的完整性,法院首先分析了区块链的

---

　　① 罗恬漩:《民事证据证明视野下的区块链存证》,载《法律科学(西北政法大学学报)》2020 年第 6 期。

技术特征,并确认区块链有难以篡改、删除的特点,指出在确认电子数据系真实上传和上传的电子数据系诉争的电子数据后,即可确认诉争电子数据已保存至区块链,其作为一种保持内容完整性的方法具有可靠性。最终,法院认定原告采用的区块链存证方法符合法律规定,可作为认定侵权的依据,最终认定被告侵权事实成立。

本案系我国司法实践中首次通过具体审查方法认定区块链存证的证据效力。其后,区块链存证平台迅速发展,各地区人民法院在司法区块链建设方面的实践也相继展开。区块链存证技术在著作权司法实践中的应用范围显著扩大。实践中,法院对于区块链存证的电子证据的认定较为简单。在当事人通过法院主导的区块链平台存证的情况下,法院在认定该区块链证据时几乎不会质疑其真实性。① 部分法院没有说理,②直接在审查后采信区块链证据;部分法院则会先分析论述区块链的技术特征与法律性质,再分别审查存证平台资质、取证过程可信度(包括电子数据生成及存储方法可靠性)、区块链证据完整性等要点,接着指出其符合《最高人民法院关于互联网法院审理案件若干问题的规定》的相关规定,最终采信该证据。

二、区块链技术应用于数字作品著作权侵权治理的挑战

除了前文讨论的区块链技术面临的普遍性挑战,如技术架构的脆弱性、去中心化节点的监管困难、隐私保护难题以及跨链互操作性等问题之外,将区块链技术应用于数字作品的著作权侵权检测与存证还存在一些独特挑战。

(一)基于区块链的侵权检测机制可能导致诉讼爆炸与私人执行过度

基于区块链的数字作品著作权侵权检测机制包括作品使用追踪、侵权识别与"通知—删除"几个模块。这种大规模自动化侵权检测机

① 伊然:《区块链存证电子证据鉴真现状与规则完善》,载《法律适用》2022 年第 2 期。

② 北京知识产权法院(2019)京 73 民初 1261 号。

制使侵权行为的查找算法化,权利人能够以较低成本识别大量未经许可的使用行为,可能导致大量侵权纠纷进入法院。然而,法院诉讼周期长、成本高、赔偿金额低,许多著作权人在海量的小额纠纷中可能无法有效保护自身合法权益。此外,如果同一权利人基于同一或相似案由,针对同一或不同被告发起批量维权、批量诉讼,试图利用司法定价替代市场定价的市场失灵现象牟利,[①]这将占用大量诉讼资源,加重司法系统的运行压力,导致"诉讼爆炸"现象。这些情况都可能削弱著作权法激励创作、促进知识共享和文化传播的核心价值。

另外,完整的区块链侵权检测系统能实现侵权通知与侵权信息处置的算法化,包括通知受理、转通知、采取必要措施的一体自动化。这一系统使数字作品传播平台能够自动完成"通知—删除"步骤,在一定程度上发挥实质"执法"的作用,替代了司法或仲裁等公共权力机构的角色。[②] 这种做法为权利主体提供了一种私力救济的方式,可被视为著作权保护中的私人执行。在此意义上,权利人对区块链的应用,可能会推动著作权领域的私人执行模式从传统的人工操作转变为全流程的算法化和自动化。[③]

尽管这种转变提高了著作权保护效率并降低了执行成本,但也存在私人执行过度的风险,可能侵蚀以合理使用为代表的公共领域空间,导致新的法律和社会问题。例如,区块链侵权检测系统可能在侵权作品识别阶段将合法的作品使用行为(如合理使用)错误地标记为侵权行为。这是由于其侵权识别机制仅关注哈希值匹配和内容相似性,而不会考虑该利用行为本身是否属于《著作权法》第二十四条第一款规定的"私人使用""适当引用"或"为科学研究"等可不经著作权人

---

① 易继明、蔡元臻:《版权蟑螂现象的法律治理——网络版权市场中的利益平衡机制》,载《法学论坛》2018 年第 2 期。

② 周学峰:《"通知—移除"规则的应然定位与相关制度构造》,载《比较法研究》2019 年第 6 期。

③ 焦和平:《算法私人执法对版权公共领域的侵蚀及其应对》,载《法商研究》2023 年第 1 期。

许可的合理使用行为。[1] 实际上，著作权侵权判定并不仅是对不同作品内容相似性的事实判断，还需深入分析二者相似之处是否为具有独创性之表达、是否达到实质性相似程度等问题，是一个充满法律与价值判断的复杂认知过程。合理使用的判定更是一个不能用明确规则简化，且需要具体情况具体分析的过程。这些复杂性都远超当前区块链侵权检测系统内容过滤功能所能负荷的设计和处理能力。为了最大程度保护作品，权利人通常倾向为区块链侵权检测系统设定严格的内容过滤标准。同样，数字作品传播平台为了避免被诉侵权的风险，也可能采取类似的措施。这种做法将导致更多公共领域内容被错误地标记为侵权，进而限制其传播和使用。实践也表明，自动识别且执行"通知—删除"的算法私人执法系统既不受公众监督，也不受任何司法实体监督，易被滥用，可能对信息自由流动、言论自由以及实现权利人专有权与公众访问权间的平衡造成不利影响。[2]

此外，实践中还存在大量故意发出的错误通知。在人工通知下，有一些权利人出于不正当竞争等目的，故意频繁向网络服务提供者发出错误侵权通知。此时，厌恶侵权风险的网络服务提供者往往会直接移除相关内容或屏蔽相关账号，引发纠纷。[3] 恶意操纵的自动化算法通知势必加重这类错误通知的负面效应，增加网络服务提供者的负担。虽然《民法典》第一千一百九十五条第三款与《信息网络传播权保护条例》第二十四条都规定了错误通知的侵权责任，但仍以造成损害为要件，且未规定权利人滥用通知的主观状态。而实践中，准确认定权利人发出错误通知的主观状态及其造成的损害数额往往十分困难，而且错误通知不等于恶意通知，某些错误通知也不包含主观恶性。因此，现有制度对因通知错误而遭受损害的网络服务提供者的救济十分有限。

---

[1] 刁佳星：《算法时代合理使用制度的困境与纾解》，载《中国出版》2023 年第 3 期。

[2] Elkin-Koren，N. Fair Use by Design，64 *UCLA Law Review*，2017：1082-1100.

[3] 广州互联网法院（2021）粤 0192 民初 21482 号。

（二）区块链证据的真实性证明机制亟待完善

2018 年 9 月，《最高人民法院关于互联网法院审理案件若干问题的规定》第十一条首次以司法解释形式确认了区块链存证的法律效力。采用泛在化的概念范畴，[①]区块链的应用场景包括在线取证、存证以及传统证据的电子化三个方面。[②] 在线取证指的是利用区块链技术从其他网络平台提取电子数据，并将其复制存储于区块链中。存证则涉及运用哈希函数计算电子数据得到独一无二的数据指纹，并将其记录在区块链上。此外，还有将传统证据数字化后存入区块链系统的司法实践。区块链证据相较传统取证、固证服务更为实惠便捷，这使其成为数字创意产业著作权市场中权利人维权的有效工具。

然而不容忽视，区块链本质上是一个封闭系统，无法直接访问外部网络数据，须通过预言机与外界交互数据。区块链的"自证其真"其实仅限于保证信息在入链后未作更改，并不能保证预言机写入信息本身的真实性，而这正是入链证据真实性的基础。传统预言机系统通常由单一的数据提供者或少数几个节点提供外部数据。当证据真实性依赖单一预言机服务商提供正确信息时，传统电子证据面临的单点故障和信任问题就又被重新引入区块链。如果数据提供者出现问题，整个智能合约的执行过程和可靠性都将受到影响。

虽然新的存证方式提高了司法效率，但在从"国家公证"向"技术自证"的转变过程中回归证据法视角思索，传统电子证据真实性审查模式似乎并无法有效适用于区块链证据。区块链证据技术性极强，更对法官在区块链证据真实性的审查认定中提出更高专业要求。这些都导致司法实践中对区块链证据真实性的审查缺乏一致性和规范性，具体问题包括：未能根据区块链证据的类型和所处的不同阶段采取差

[①]　张洪亮，许世强：《区块链证据真实性保障的全流程困境与破解路径》，载《四川师范大学学报（社会科学版）》2024 年第 1 期。

[②]　邓永民，徐昕：《区块链证据"客观印证"的合理性思考》，载《河南师范大学学报（哲学社会科学版）》2022 年第 3 期。

异化的真实性审查方法；审查过程呈现出极端化倾向，实践中出现法官从漠视区块链证据效力激进转变为一概认可区块链证据；[①]以及在真实性认定的标准和依据方面存在混乱。这些问题共同导致区块链证据真实性审查的复杂性和不确定性。

三、对区块链技术应用于著作权侵权治理挑战的"法律代码化"因应

（一）区块链侵权检测与权利管理系统内建链上解纷机制，众包纠纷化解

如前所述，数量庞大的网络著作权纠纷会占用大量司法资源，同时会削弱著作权交易机制的效率与可扩展性。通过诉讼化解纠纷的成本较高，不适合解决大量网络低值侵权和小额争议。利用区块链技术推进 ODR 路径，为小额著作权争议提供更多元的纠纷化解渠道，使双方不需诉诸缓慢且成本高昂的诉讼程序，可有效缓解诉讼爆炸带来的司法压力。然而就传统线上仲裁路径来说，我国总体信息化建设程度不高，未在全国范围内建立能为线上仲裁提供稳定指引的统一规则。[②] 此外，通过智能合约缔结的仲裁协议是否符合《仲裁法》第十六条规定的"书面方式"，也有待释明。

另一种策略是引入本书第三章提及的线上纠纷众包化解理念。[③] 在区块链侵权检测与著作权管理系统中内嵌线上纠纷众包化解模块，实现诉非衔接，将已产生的著作权纠纷分流化解。在具体操作上可先把调解条款写在智能合约代码中，争议发生后将遵循预定义的调解程序实现自动化调解。调解不成的，由在线仲裁系统及时作出裁决。例如结合了众包机制、区块链与博弈论的在线争议裁决协议

---

① 伊然：《区块链存证电子证据鉴真现状与规则完善》，载《法律适用》2022 年第 2 期。

② 刘宁、梁齐圣：《制度、技术、共联：线上仲裁机制建构的可能性三角——从新冠疫情对仲裁带来的挑战谈起》，载《商事仲裁与调解》2021 年第 1 期。

③ 高薇：《众包网上争议解决——群体智慧如何解决网络争议》，载《北大法律评论》2018 年第 19 卷第 2 辑。

Kleros,它引入了陪审团投票制度,当发生争议时随机抽取陪审员。陪审员在区块链系统中保持匿名,独立审查证据后投票作出裁决,最终被判定获胜的一方陪审员将获得智能合约自动转移的激励奖励。所有裁决流程通过文件记录,保证透明、快速、公正地解决争端。去中心化在线众包机制下的"非诉调解前置程序"在程序选择、纠纷处理与结案方式等方面都赋予当事人自治性,更降低了传统争议解决机制在程序上的高成本。由 Kleros 裁决的纠纷通常会在三周内得到解决。如果当事人提出上诉,平台通常会在 4 天内作出决定。这种更具成本效益的纠纷化解方法使其尤其适合于部分低价值的网络著作权侵权纠纷。

在链上纠纷化解中,部分需要直接转移指定数量加密资产的裁决结果确实可能自动执行,这与日益普遍的 NFT 相关争议有着天然的契合度,值得投以更多关注。但就更复杂的著作权侵权裁决而言,当事人寻求的补救措施可能是尚未量化的损害赔偿或停止侵权救济,这两种补救措施若无其他技术辅助,未必能完全在区块链上自动执行。对于无法自动执行的纠纷裁决,当事人可向法院寻求救济。毕竟,区块链解纷应用并不排除纠纷双方继续行使诉诸司法系统的权利。这种对抗性较弱的纠纷解决方式打造了一个成本较低且扁平透明的救济网络,扩大了当事人实现正义的途径,提高了著作权纠纷化解效率。

(二)代码的规制:针对侵权识别系统自动执法的著作权法配套制度应对

首先,应完善区块链侵权识别系统自动执法下的用户申诉程序。区块链侵权识别系统的自动执行改造了传统的"通知—删除"平台著作权生态,实际打造出一个类似著作权过滤系统的"通知—持续删除"模式。部署了区块链侵权识别系统的网络服务提供者在收到针对特定内容的侵权通知后,往往其算法会自动防止被通知作品和其他相关主题的进一步上传,事实上履行着一种持续性的事前预防义务。这虽

223

然有利于最大程度地保护著作权人,在一定程度上缩小"价值缺口",但也可能损害广大公众的非经济利益,[①]例如言论自由、文化多样性等,忽视了著作权法在服务和塑造多元化公民社会方面的重要作用。为了实现权利人、网络服务提供者、用户间的利益平衡,在采用这类自动化执法系统的情形下,应当同时为用户设置相应的投诉和救济途径。例如,当网络服务提供者部署的区块链侵权识别系统将用户上传内容识别为侵权内容后,应当允许用户通过申诉机制主张其上传内容不侵权并要求继续上传,同时为权利人和用户提供传递沟通信息的中立渠道。这时,侵权识别+自动化执法系统的"算法通知—算法处置"模式应转向人工处置模式。对于明显不侵权,例如属于合理使用的情形,应允许用户继续上传。

其次,应明确针对恶意著作权侵权通知行为适用惩罚性赔偿责任。我国《电子商务法》第四十二条第三款已规定错误通知的侵权责任,特别针对恶意投诉的情形规定适用惩罚性赔偿责任。在著作权领域,行为人恶意发出侵权通知,大多是其明知自己无权发送通知或对方不存在侵权行为,但出于不正当竞争或损害他人合法权益等目的仍然发出通知的情况,存在明显的主观过错。若该行为同时在客观上"情节严重",即给权利人造成严重损害后果的,或事件的发展演变过程在事件、程度、范围、后果等方面产生恶劣影响的,[②]符合适用著作权惩罚性赔偿责任的前置要件。在"算法通知—算法处置"模式下,适用惩罚性赔偿责任可倒逼"算法向善"。此处,对惩罚性赔偿责任适用前置要件诠释的一致性尤为重要。在主观要件方面,应以"意思主义"标准解释恶意,将其理解为行为人不仅应当认识到错误通知行为的侵权结果,还应对该结果的发生持有追求或者放任的心态,包含直接故意

---

① 谭洋:《在线内容分享服务提供商的一般过滤义务——基于〈欧盟数字化单一市场版权指令〉》,载《知识产权》2019 年第 6 期。

② 朱理:《专利侵权惩罚性赔偿制度的司法适用政策》,载《知识产权》2020 年第 8 期。

和间接故意两种情况,但不包含重大过失的过错形式,①以避免过度威慑。这种理解在法律解释上更为自洽,也与"慎用惩罚性赔偿"的司法理念相契合。在一个区块链打造的自动化执法系统中,对这种"恶意"的理解具体可借鉴最高人民法院出台的《关于审理涉电子商务平台知识产权民事案件的指导意见》第六条以及浙江省高级人民法院发布的《涉电商平台知识产权案件审理指南》第二十八条的规定,将其类型化为:自动化通知中包含行为人伪造、变造的权属证明;权利人明知或应知权利状态不稳定或有瑕疵,仍然设置了侵权通知的自动化发布;权利人明知或应知自动化通知错误发出却不及时撤回的;前后同类的自动化通知理由有冲突的等情况。②

(三)规则代码化:将保存公共领域与比例原则考量纳入执行机制设计

在著作权执法中,平衡相互冲突的利益不仅依赖于对作品定义、专有权利范围及其限制的弹性界定,还可通过调整著作权执法的严格程度来实现。③ 法律执行的水平为平衡各方利益提供了灵活杠杆。④如果将著作权人对专有权的享有想象成一个满足其利益的"法律产品"(如图 4-1),那么其范围就是著作权实体法律及其实施划定出的边界(法律产品＝权利的授予×权利的实施)。可见,著作权人的利益实现是权利分配及其执行的产物,不仅包含狭义的因著作权法而享有的实体权利,还包括著作权法的执行水平。

当"法律产品"总面积达到平衡水平时,在权利人享有的实体权利被削弱而执法程度相应增强,或权利人享有的实体权利被增强而执法

---

① 董凡,刘婧瑄:《文本与诠释:我国知识产权惩罚赔偿的司法适用实证研究(2014—2021)》,华南理工大学出版社 2022 年版,第 126-127 页。

② 焦和平:《算法私人执法对版权公共领域的侵蚀及其应对》,载《法商研究》2023年第 1 期。

③ Hofmann, F. Kontrolle oder nachlaufender Rechtsschutz-wohin bewegt sich das Urheberrecht, *GRUR* 2018,21 ff.

④ Hellgardt, A. *Regulierung und Privatrecht*, Mohr Siebeck,2016,S. 282 ff.

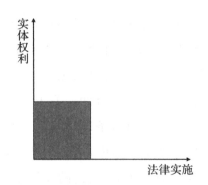

图 4-1　法律产品＝权利的授予×权利的实施

程度相应减弱的情况下,"法律产品"的总面积均保持不变。然而,若保持权利人享有的实体权利范围不变,那么在著作权法执行不足时,则权利人享有的"法律产品"会相应萎缩,从而使权利人对专有权的实现难以达到理想状态;相反,在著作权法过度执行时,则会有损公共利益。

因此,最能实现著作权立法目的的执法水平,并非尽可能强有力地执法,而是符合各方利益的适度执法。如果法律对著作权人的授权强度保持不变,而仅加大著作权法的实施力度,会打破著作权人享有的专有权利与公众对公共领域资源的访问权利之间的平衡。为此,值得考虑将保存公共领域与比例原则的考量纳入区块链侵权识别系统设计,以此规范著作权私人执行强度,保障利益平衡。该灵感借鉴自加拿大安大略省信息和隐私专员安·卡乌基安(Ann Cavoukian)提出的"在产品或服务设计之初即纳入隐私保护机制"的"隐私纳入设计"(privacy by design)框架。通过这种方法,公共政策考量成为区块链侵权识别系统架构的一部分,类似欧盟数据保护框架通过"隐私纳入设计"及"设计由隐私出发"(privacy by default)对数据保护系统提出的要求。将合理使用等权利限制规则与比例原则的三个检验层次——适当性、必要性(最小侵害原则)和衡平性(狭义比例原则)的考量因素转换为一组可以在数据源上执行的指令,为每个因素分配权重。根据案例库中的海量案例分析不同因素之间的关系,以准确识别真正侵权活动,并采取适当、必要且衡平的必要措施。尽管有学者对此类"规则代码化"的操作可行性表示怀疑,指出将合理使用的所有可能性和结果构建到计算机代码中带来了极高的系统复杂性,而且要求设计者拥有几乎不可能的"先见之明",目前还没有能够有效执行此类分析的算法。[①] 然而,随着语音识别、图像识别以及复杂机器学习技术的进步,这些技术的高度集成已经展现出在精确识别侵权的同时,考虑到合理使用等著作权限制因素且采取合比例的必要措施的应用潜力。[②]

(四)补强区块链证据真实性证明机制,完善去中心化预言机网络

提高区块链证据在司法判决中的采信度是优化区块链技术在著作权保护与交易中重要功能的关键。认定区块链证据的可采性以及证明力应围绕其关联性、合法性与真实性展开。就关联性而言,区块链上信息来源可追溯、不易篡改。区块链的纯分布式结构不存在单点性能瓶颈,即使链上多个节点发生故障,其他节点仍能保证数据安全并维持系统运行。电子证据在链上被储存为信息块并链在一起,每个新区块都附加之前的区块信息。这使任何单独实体除非取得 51% 以上参与者共识,否则不能删改链上信息。这种特质补强了区块链证据的关联性特征。就合法性而言,在法律层面未禁止区块链技术作为取证固证的社会化应用且取证主体、取证程序及证据的保全与运用也不违反法律法规禁止性规定的情况下,一般而言这样取得的区块链电子证据就具有合法性。[③] 在考虑真实性问题时,必须注意到前文提及的区块链系统中与外部数据交互的预言机机制可能会重新出现单点故

① Burk，DL.，Cohen，JE.，Fair Use Infrastructure for Rights Management Systems，15 *Harvard Journal of Law & Technology*，2001：41-83.

② Elkin-Koren，N. Fair Use by Design，64 *UCLA Law Review*，2017：1082-1100；何炼红：《论算法时代网络著作权侵权中的通知规则》，载《法商研究》2021 年第 4 期。

③ 张玉洁：《区块链技术的司法适用、体系难题与证据法革新》，载《东方法学》2019 年第 3 期。

障和信任问题。

2021 年 5 月 18 日，最高人民法院审议通过的《人民法院在线诉讼规则》[①]（以下简称《在线诉讼规则》）以司法解释形式完善了区块链存证的效力及审查规则。《在线诉讼规则》第十六条规定，针对当事人提交的经技术核验一致的区块链证据，人民法院可以认定该电子数据上链后未经篡改，除非有相反证据足以推翻。该条在肯定"技术自证"基础上赋予了区块链存证真实性有限推定效力，但又将其效力弱化为"推定未经篡改"，这是由于电子证据在入链前的完整性与同一性情况证明较为困难。为此，《在线诉讼规则》还刻意区分了区块链存储证据在"入链前"（第十八条）与"入链后"（第十七条）的真实性审查规则。在当事人质疑上链前数据真实性并提供证据的情况下，《在线诉讼规则》第十八条明确了人民法院进行真实性审查判断的义务。但不谙技术的当事人要提供证据证明上链数据真实性十分困难。《在线诉讼规则》第十九条补充规定，当事人可以申请具有专门知识的人就区块链技术存储电子数据相关技术问题提出意见。人民法院也可以根据当事人申请或者依职权，委托鉴定区块链存证数据的真实性，或者调取其他相关证据进行核对。据此，应充分利用专家证人等辅助程序，或借鉴知识产权案件审判经验，引入技术调查官参与诉讼活动，全面补强"技术偏在"情况下诉讼参与人和法官的技术短板。

同时，应针对不同类型的区块链证据确定差异化的真实性认定规则。对原生于区块链系统的电子数据，其真实性得到区块链技术特质背书保障，可在审查中确认该数据真实，但应警惕"多版本预留"问题，即区块链上存有某一事实在不同发展阶段形成的多版本电子证据，而当事人在争议发生时只选择对己方有利的版本提交法院。对由当事人上链存储的非原生数据，需要审查其与原始数据的一致性、网络取证过程的规范性及取证环境的清洁性。多个相互印证的上链证据可

---

① 法释〔2021〕12 号，自 2021 年 8 月 1 日起施行。

提高真实性和可信度。对于仅利用区块链技术改变传统电子证据流转方式,例如将传统证据电子化后上链存储的情况,则应仍然依据传统证据规则进行审查。①

此外,完善区块链证据真实性证明还应在技术层面加强保障。一是完善区块链存证平台技术资质审查,二是加强对预言机机制,特别是"去中心化预言机网络"的研究。去中心化预言机网络是由若干独立的预言机构成的网络,这些预言机会相互竞争以服务智能合约,类似于权益证明共识机制中验证者竞争的模式。去中心化预言机的工作原理是聚合不同预言机提供的数据,通过比对这些数据来排除偏离平均值过大的结果(通常使用中值或加权平均等统计方法)并降低那些提供偏差过大数据的预言机在未来数据聚合中的权重。② 这一机制提高了数据的准确性和可靠性,同时避免了单点故障和完全依赖单一预言机所带来的风险。通过这一机制,去中心化预言机网络能够实现高效且可信的信息源服务,广泛适用于智能合约的多种应用场景。尽管这不能完全解决对预言机的信任问题,但各类数据的关联印证仍可补强上链证据的真实性。法院可结合预言机数据的具体来源、生成机制等多方面因素判断电子证据的真实性。在遇到验证难题时,亦可借助专家证人补强区块链证据的证据效力。③

四、数字作品 NFT 交易中的著作权侵害及其制度因应

NFT 是记录在区块链上的独特数字资产,几乎任何类型的数字创意作品都可以转化为 NFT。NFT 的应用不仅创造了新的作品表达媒介,还开辟了新的数字艺术市场,也带来了新的著作权风险。

---

① 张洪亮、许世强:《区块链证据真实性保障的全流程困境与破解路径》,载《四川师范大学学报(社会科学版)》2024 年第 1 期。

② Ellis, S., Juels, A. Nazarov, S. Chainlink: A Decentralized Oracle Network, https://research.chain.link/whitepaper-v1.pdf, accessed on 31. Mar. 2024.

③ 陈爱飞:《区块链证据可采性研究——兼论我国区块链证据规则的构建》,载《比较法研究》2022 年第 2 期。

（一）数字作品 NFT 的法律属性分析

NFT 代表区块链分类账中的数据单元，每个 NFT 对应一个不可互换的唯一数字作品。虽然数字作品很容易被复制，但代表它们的 NFT 可以在其底层区块链上追踪，为买家提供拥有该数字作品的证明。

1. 数字作品 NFT 的技术基础

在技术层面，NFT 是一种由智能合约定义和操作的加密工具，由一个数字代码 tokenID 和一个智能合约地址代码组成，并储存在区块链上。tokenID 和智能合约地址的独特组合使得 NFT 具有非同质化的特性。2018 年，在以太坊区块链上开发的 ERC-721 技术标准是 NFT 的基础协议，规定了 NFT 必须符合的功能和属性。根据 ERC-721 标准，每个 NFT 都必须有自己的 tokenID，该 ID 在铸造时生成。

数字作品 NFT 的铸造就是创建一个新的代币并将其记录在区块链上，其流程（如图 4-2）主要包括准备数字作品、数据上传、创建元数据文件并生成智能合约，以及将信息写入区块链等几个关键步骤。首先，确定要铸造的数字作品类型（如图片、视频、音乐等）。然后，将包含作品的数据文件上传至 NFT 平台，并通过加密哈希函数计算该文件生成哈希值，该哈希值作为该数字作品的 tokenID。接着，创建该作品的元数据，包括作品名称、作者、描述、tokenID 以及指向该作品的链接。该元数据文件也会上传至区块链并进行哈希运算，指向元数据文件的统一资源定位地址将嵌入智能合约。最后，将编写好的智能合约部署至区块链系统中。因此，NFT 并非数字作品本身，也不包含该作品的复制件，其本质是储存在区块链上的由引用链接衍生的复杂编码。

图像　　　　上传云端　　　　智能合约　　　　区块链

图 4-2　数字作品 NFT 的铸造流程

2.数字作品 NFT 宜定性为财产性权益

一个完整的数字作品 NFT 应从两个层面讨论：一是其代表的数字作品，二是 NFT 本身。NFT 与数字作品的归属不同，数字作品的权属未必因发行或铸造 NFT 而转移。当创作人自行发行、铸造或交易数字作品 NFT 时，其法律属性尚无定论。我国 NFT 侵权第一案"胖虎打疫苗案"[①]中，两审法院分别将数字作品 NFT 交易定性为"数字商品的所有权流转"与"财产性权益的移转"。学界对此有"物权说"[②]"债权说"[③]"功能型通证说"[④]以及"特殊数字作品说"[⑤]等多种观点。

首先，可以否认"特殊数字作品说"。经过哈希计算生成的 NFT 已不再是原始数字作品，NFT 本质上只是存储在区块链上、由引用链接衍生的编码。具体而言，NFT 包括数字作品元数据文件的哈希值和指向元数据文件的链接，而元数据文件又包括 NFT 所代表的实际数字作品的哈希值和指向该作品的链接。因此，NFT 为各项数据经哈希运算后衍生的编码，本身并非文学、艺术和科学领域内以一定形式表现的智力成果，亦欠缺表达思想情感的独创性，不能成为受著作权保护的适格客体。

其次，数字作品 NFT 亦非物权客体。随着物的概念扩展，有学者基于功能等同的视角，认为 NFT 等同于"物"，理由主要有二：首先，在静态层面，NFT 具备物的可支配性。NFT 使数字作品获得独一无二的通证，符合物的特定性。用户能通过私钥对特定数字资产进行排他

---

① 杭州互联网法院(2022)浙 0192 民初 1008 号；杭州市中级人民法院(2022)浙 01 民终 5272 号。

② 司晓：《区块链数字资产物权论》，载《探索与争鸣》2021 年第 12 期。

③ 王雷：《网络虚拟财产权债权说之坚持——兼论网络虚拟财产在我国民法典中的体系位置》，载《江汉论坛》2017 年第 1 期。

④ 张凯君：《NFT 的意义与特性》，载《当代法律》2022 年第 4 期。

⑤ 江哲丰、彭祝斌：《加密数字艺术产业发展过程中的监管逻辑——基于 NFT 艺术的快速传播与行业影响研究》，载《学术论坛》2021 年第 4 期。

性控制,使其如物权人一般得依据自己的意思对 NFT 的管领和处分。其次,在动态层面,NFT 通过自动化的登记过程确保所有权的透明性和可追溯性,功能上与物权的公示公信功能相一致。[1] 然而,虽然 NFT 是独一无二的通证,但世间独一无二的事物众多,如独一无二之商标、地名,却未必均为民法上的"物"。可见,数字作品 NFT 难谓符合物之特定性。标的不能特定化,NFT 之上恐难以建立物权。而物权说认为用户可如支配物一般占有和使用数字作品 NFT,也是一种基于效果论的错误认知。用户对数字作品 NFT 的管理和处分并非仅基于个人意愿,而是依赖于网络服务提供者和区块链信息服务提供者等第三方的技术支持。尽管数字作品 NFT 可作为交易标的,但其价值却并非独立,而是取决于其所标示的链接至数字作品的权利,且其价值的实现需依赖第三方技术。NFT 的交易价值可能因与其所标示的数字资产脱钩而逐渐减损。[2] 因此,仅凭 NFT 可以在技术效果上为人所控制,并不能直接推断出其具有物的属性。

此外,若采"债权说",则数字作品 NFT 持有人为债权人,拥有请求他人履行一定义务或为特定给付的权利。然而,基于债之相对性,NFT 持有人只能对债务人主张权利,如主张相对人因债务不履行而承担赔偿责任,却无使用、支配 NFT 或排除他人妨害之权能,似乎不利于 NFT 市场发展。客观来看,债权客体本质上是行为,而数字作品 NFT 显然是一种有别于行为的客观存在。[3] 因此,"债权说"在解释 NFT 的性质时亦显得难以自洽。

本书认为,数字作品 NFT 确实可通过技术拟制出人造稀缺,从而在效果上实现相对特定及可支配等物之特性。数字作品 NFT 的持有

---

① 郭鹏:《功能等同原则视域下 NFT 数字藏品交易的法律定性——兼论虚拟财产纳入物权法调整的新路径》,载《现代法学》2023 年第 6 期。

② 张凯君:《NFT 的意义与特性》,载《当代法律》2022 年第 4 期。

③ 郭鹏:《功能等同原则视域下 NFT 数字藏品交易的法律定性——兼论虚拟财产纳入物权法调整的新路径》,载《现代法学》2023 年第 6 期。

人可以像占有、支配和使用物理对象一样，对 NFT 进行一定程度的管理和处置，这在功能上与物理对象具有相似之处。然而，NFT 与物理对象之间的区别也不容忽视，因此不宜将 NFT 视为与民法中物的法律地位完全等同，也不应直接将其纳入物权保护的范畴。NFT 的价值并不完全独立，它与我国《民法典》第一百二十七条所指的"网络虚拟财产"有所区别。[①] 实际上，NFT 是以电磁数据形式存在于网络空间的数据条目。在法律属性上，NFT 更适宜被视为一种受民法保护的财产性权益。对这种权益的保护应当在现行法律体系内进行，同时充分考虑 NFT 的独特性和数字环境的特性。

（二）数字作品 NFT 交易宜扩张解释为发行行为

在现有的数字作品 NFT 交易中，将数字作品存储上链或其他分布式 IPFS 中，在购买者下载后通过技术变更区块链上 NFT 的权属证明，使原所有者无法继续占有与使用。这一过程在交易外观上与著作权法上发行的效果相似，与线下实体作品的发行并无本质区别。[②] 有观点质疑 NFT 交易不会导致有体物所有权的转移，因此数字作品 NFT 在二级市场的交易更应被视为债权让与，即由新购买者取得首次购买者要求 NFT 铸造者给付 NFT 的债权。[③]

然而，债权让与的观点将 NFT 交易平台与 NFT 转售者排除在交易关系之外。一旦平台出现技术障碍或终止运营，NFT 持有者往往只能请求铸造者承担违约责任。[④] 此外，若将 NFT 交易视为债权让与，强势的 NFT 交易平台可能在合同中以唯一对自己有利的方式定义 NFT 的"发行"，将大部分负担转嫁给相对弱势的用户，

① 陈吉栋：《超越元宇宙的法律想象：数字身份、NFT 与多元规制》，载《法治研究》2022 年第 3 期。

② 何炼红、邓欣欣：《数字作品转售行为的著作权法规制——兼论数字发行权有限用尽原则的确立》，载《法商研究》2014 年第 5 期。

③ 王迁：《论 NFT 数字作品交易的法律定性》，载《东方法学》2023 年第 1 期。

④ 李逸竹：《NFT 数字作品的法律属性与交易关系研究》，载《清华法学》2023 年第 3 期。

包括 NFT 铸造者、转售者与购买者。若希望在 NFT 铸造者、平台、转售者与购买者之间实现利益平衡,即使承认 NFT 交易的债权让与性质,也难免承认所谓"债权物化"[①]趋势,即使债权不再仅以请求权之相对性面向出现,而成为一项独立的财产权客体,承认其上的债权所有权本身具有绝对的广义物权属性。[②] 否则仅以债权的相对权面向,无法解决 NFT 铸造者、平台、转售者与购买者四者之间复杂关系,也难以应对 NFT 多次转让问题,导致交易秩序存在极大风险。反对将 NFT 交易视为发行行为的质疑集中于担忧其可能突破物权法定限制,创设新型物权。[③] 既然无论将数字作品 NFT 交易视为发行行为抑或债权让与,都无法彻底避免需要一定程度突破物权法定的问题,那么不如在法律政策与形式理性间的角力与权衡中寻求平衡,从功能主义角度回应 NFT 交易市场的实际需求,将 NFT 交易理解为在外观和效果上更接近的发行行为,以减少不必要的复杂性。

数字作品 NFT 的交易在技术上与区块链出现前的数字作品交易有显著不同。NFT 的底层逻辑是功能与物类似的财产性权益,其人造稀缺、流转透明、转让即删除复制件等特性,使得将数字作品 NFT 的交易纳入发行权的控制范围不会在数字领域的参与者之间引发重大利益失衡。[④] 我国《著作权法》将发行权界定为"以出售或赠与方式向公众提供作品原件或复制件的行为",并未要求作品原件或复制件必须为有形载体,因此数字领域适用发行权并未与我国现行法律秩序相悖。[⑤] 若忽视技术中立,过于强调发行权仅适用于有形载体作品,则

---

① 司晓:《区块链数字资产物权论》,载《探索与争鸣》2021 年第 12 期。

② 袁野:《"债权物权化"之范畴厘定》,载《法学研究》2022 年第 4 期。

③ 浙江省杭州市中级人民法院(2022)浙 01 民终第 5272 号。

④ 李晓宇:《NFT 数字作品发行权用尽原则的适用》,载《深圳社会科学》2023 年第 5 期。

⑤ 何怀文:《网络环境下的发行权》,载《浙江大学学报(人文社会科学版)》2013 年第 5 期。

可能陷入形而上学与技术决定论的误区。因此,数字作品 NFT 交易的性质应扩张性解释为发行行为。

(三)数字作品 NFT 交易中的著作权侵害风险与制度回应

1. 数字作品 NFT 在铸造、上架、流转等交易流程中的著作权侵害风险

数字作品 NFT 需经过铸造上链和平台上架,才能进入交易流转环节。任何受著作权保护的数字作品均可制作成 NFT,通过生成独特的 tokenID 和智能合约地址的组合与原作品关联。未经著作权人许可上传数字作品及铸造、展示、许诺销售、销售 NFT 的行为,可能侵害权利人的发行权、复制权与信息网络传播权等专有权利。

铸造 NFT 需将作品上传至链上或 IPFS 等分布式存储空间。以全球最大 NFT 市场 OpenSea 为例,用户铸造 NFT 主要经历作品创作、上传、合约上链、mint 页面四个环节。铸造者将数字作品上传至 IPFS 后,可以命名和描述,并设置具体交易条件。支付完成交易(gas)费用后,数字作品将被转化为特定长度的哈希值,NFT 即铸造完成。整个流程中,铸造者的上传行为导致作品以二进制代码在 IPFS 服务器上形成稳定的复制件,而该作品的原始数据文件仍储存在铸造者的设备中。若上传行为未获著作权人许可,则构成对其复制权的直接侵权。然而,铸造 NFT 通常只是销售 NFT 行为的预备阶段,二者之间具有手段与目的之牵连关系,因此在销售行为构成信息网络传播行为时,往往以后者吸收前者,不再单独评价复制行为。[①]

在 NFT 上架环节,铸造者将 NFT 上架至交易平台,进入许诺销售阶段。一般 NFT 销售项目会有白名单预售和公开销售两个阶段。通常,公开销售的数字作品 NFT 全网可见,使公众可在个人选定的时间和地点"获得"作品。这种获得既包括提供指向存储数字作品网络

---

① 孙山:《数字作品 NFT 交易的著作权风险治理》,载《知识产权》2023 年第 6 期。

地址的 URL 链接,①也包括不以受让为条件的在线浏览,还包括在线受让之后的下载、浏览等方式,②均纳入信息网络传播权的权利范围。与传统广播技术不同,交互式传播背景下的信息网络传播不以发生数据传输为先决条件,其重要特征是向公众提供在其个人选定的时间和地点获得作品的可能性,至于实际的数据传输是否发生对判断传播行为无关紧要。③ 因此,未经许可向公众许诺销售 NFT,构成对著作权人信息网络传播权的直接侵权。铸造者理论上可通过不在上架页面呈现数字作品的图样或任何具体内容,以加密方式出售来规避侵犯信息网络传播权,但无法避免铸造环节的复制权侵权。如果铸造者许诺销售的 NFT 所指向的数字作品从未公开发表,则还侵犯作者的著作发表人身权。在许诺销售环节,NFT 交易平台通常会在 NFT 上架前对铸造者提供的作品信息进行初步审核,并向其提供技术基础设施以生成 NFT。作为以"作品"为交易对象的专业平台,NFT 交易平台对每件 NFT 的铸造与交易收取一定费用,并对平台上的侵权行为,特别是针对知名作品的侵权和重复侵权行为,承担比一般网络服务提供者更高的著作权注意义务。若平台在审核铸造者上传内容及上架信息时未履行必要注意义务,则可认定其存在过错,构成侵犯信息网络传播权的帮助侵权责任。

在数字作品 NFT 出售环节,交易通过智能合约进行。购买方在支付相应价款和交易费用后,智能合约内嵌的代码将被触发,自动执行预设的交易条件,将数字作品所有者信息更新为购买方并存储上链。虽然数字作品在此环节并未以有形载体方式投入市场交易流通,但在技术加持下,NFT 一经出售,铸造者便失去对 IPFS 上存储的数字作品复制件的控制权,而购买方则可继续管理和处分该复制件。从

---

① 高阳,谢天宇:《论 NFT 数字作品交易中著作权侵权行为判定》,载《中国出版》2023 年第 23 期。

② 浙江省杭州市中级人民法院(2022)浙 01 民终字第 5272 号。

③ Schapiro, L. Die neuen Musiktauschbörsen unter "Freunden", *ZUM* 2008,273.

法律效果看,这一过程与线下有形作品的销售行为等效。因此,有必要将数字作品 NFT 的出售行为扩张地解释为发行行为,这可能侵犯著作权人的发行权。此外,冒充他人作品为自己作品,移除创作者标识或删改作品内容后铸造上链销售,还涉嫌侵犯作者的署名权、修改权和保护作品完整权。[①]

数字作品 NFT 售出后,购买方可在二级交易市场交换、出售或赠与他人其购得的 NFT。[②] 然而,购买方仅获得 NFT 本身,并不自动获得 NFT 所表明的数字作品之上的任何权利,包括著作权。购买方是否能获得使用 NFT 标示的数字作品的任何权利,取决于智能合约的具体条款和平台使用许可协议等因素。在缺乏明确约定的情况下,购买方通常只能出于个人目的使用 NFT,例如在其加密钱包中展示,否则亦可能构成对著作权人信息网络传播权等专有权的侵犯。

2. 数字作品 NFT 交易著作权风险的制度回应

为应对数字作品 NFT 交易中的著作权风险,必须从数字创意产业链的整体生态出发,系统完善和构建相应法律框架。目前,数字作品 NFT 交易中的著作权侵权风险主要源于铸造者在未经权利人授权的情况下在 NFT 交易平台上进行铸造、上架、向公众许诺销售和实际销售等行为。因此,未来围绕 NFT 的立法活动应特别关注产业链中的关键角色:铸造者和平台服务提供者。鉴于数字作品 NFT 交易的特殊性,即不仅包含著作权侵权风险,还蕴含巨大的金融风险。因此有必要在立法层面要求铸造者及平台履行相应义务,以实现对 NFT 市场的间接监管。[③]

首先,数字作品 NFT 的铸造者需确保所铸造 NFT 链接的数字作

[①]　陶乾:《论数字作品非同质代币化交易的法律意涵》,载《东方法学》2022 年第 2 期。

[②]　此处需考量权利用尽原则在数字环境下的适用可能。本书对此问题持肯定态度,详见第六章第三节。

[③]　孙山:《数字作品 NFT 交易的著作权风险治理》,载《知识产权》2023 年第 6 期。

品的权利真实性。为降低著作权侵权风险,立法应要求铸造者在铸造NFT时向平台提交相关的著作权登记证明或著作权合同备案信息,以证明其对NFT所链接数字作品的合法使用权。如因缺乏合法权利导致权利人或购买者受损,铸造者应承担相应赔偿责任。其次,作为新兴网络服务提供者,NFT交易服务平台应承担与其对侵权风险的预防和审查能力相适应的注意义务。然而,若一刀切地要求其承担超出一般网络服务提供者的注意义务,可能会模糊平台对其信息服务承担责任的界限,忽视了平台仅在其用户侵权活动中扮演积极角色时才应承担侵权责任。[①] 通说亦强调,不应苛求平台过重的义务负担,以免影响特定平台的商业模式和经营自由。[②] NFT交易服务平台作为基于区块链的分布式账本数据库,功能上类似"网络信息存储空间服务提供者",享有"避风港"规则的庇护。因此,平台仍应根据"通知—必要措施"规则与"红旗"标准,对用户的侵权行为负善良管理人的一般注意义务,仅在侵权行为针对知名作品、发生重复侵权或平台能从侵权活动中直接获益时,才引发其较高的注意与审查义务。

在实践中,著作权间接侵权风险是此类平台的重点合规方向。NFT交易服务平台应重点审查其在事前、事中和事后合理注意义务的遵守情况。在事前合规环节,NFT交易服务平台应采取合理措施审查注册用户(包括铸造者、购买者等用户)的真实身份,在保护个人信息的基础上收集、存储必要的用户数据。建议平台采取"前台自愿,后台实名"的规则,要求用户进行实名认证,并利用区块链技术建立数字身份监管系统,在传统实名认证基础上引入"可信中心"。这样,平台可以安全存储用户的加密实名信息和活动记录,若发生纠纷,可向可信中心请求验证,恢复加密信息。如此,NFT交易服务平台既可充

---

① CJEU,Case C-324/09,L'Oréal SA and Others v eBay International AG and Others.

② 王杰:《网络存储空间服务提供者的注意义务新解》,载《法律科学(西北政法大学学报)》2020年第3期。

分保护用户个人隐私,亦可保障在将来可能出现的著作权纠纷中提供充分证据证明涉案作品系真实注册用户上传,而自己仅提供信息存储空间与中介交易服务。[①]

在事中合规环节,NFT 交易服务平台应保持作为网络信息存储空间服务提供者和网络中介交易平台的技术中立性。这要求平台对铸造者上传内容尽到相应的注意义务,避免对侵权内容的"明知"或"应知"却视而不见。具体而言,平台应主动删除、屏蔽明显侵权的内容,如知名作品的盗版复制件、重复侵权内容等。若平台通过榜单、目录、描述性段落等方式推荐用户铸造内容的,或从侵权活动中直接获益的,则需承担更高的注意义务。其中,对从侵权活动中直接获益的认定不宜采取扩大解释。并非平台收取交易费用即构成获益,关键在于其是否依赖 NFT 所链接之侵权数字作品复制件吸引流量或提高广告收益,是否针对铸造者的直接侵权行为提供特殊增值服务并收取额外费用。

在事后合规环节,NFT 交易服务平台应针对平台知识产权合规情况进行预防性审查,针对同一用户或同一作品的重复侵权采取删除、屏蔽等合理必要措施,以防止未来出现与在先侵权事实"基本相似"的情况。这种预防性审查不应扩展至所有用户在铸造 NFT 前上传的作品。换言之,平台并不承担预防性的一般审查义务,建立主动监控用户上传内容以防止未来侵权的过滤系统在我国当前的著作权风险合规要求下是不必要的。鉴于 NFT 交易平台作为一种新兴业态,各平台在技术能力、服务范围、经营规模等方面存在明显差异,未来应对其分类分级,对规模不同与风险程度不同的平台提出不同高度的注意义务要求。[②]

---

① 杨菲,郑凯丽:《图书馆共享式阅读平台著作权侵权案件实证研究》,载《图书馆工作与研究》2023 年第 11 期。

② 俞风雷,姚梦媛:《NFT 交易平台的责任:法律定性、归责原则及边界》,载《中南大学学报(社会科学版)》2023 年第 3 期。

此外,应加强对 NFT 行业的区块链监管,提升数字创意产业的自我规制能力。国内数字作品 NFT 发行多采用联盟链。联盟链是部分中心化的,参与者通过协议进行合作,同时赋予平台更多监管权力。[①]一方面,政府应加强对区块链应用的监管,规制数字作品 NFT 的投机行为和 NFT 交易服务平台的寻租行为,避免尾部创作者无法自给自足,甚至放弃创作之路。尽管有观点认为区块链的去中心化特征在本质上排斥政府监管,但这忽视了数字作品 NFT 的去中心化主要体现在著作权登记与交易的去中心化,而非内容审核机制的去中心化。[②]因此,加强对行业联盟链的监管并不违背区块链技术的基本品格。在技术上,应激励 NFT 交易服务平台与公共及私人部门的区块链作品著作权登记系统相连接,便利作品权利信息的查明与确认。另一方面,数字创意产业 NFT 市场的知识产权治理还需要分散治理权力,激发行业协会、社会组织和平台运营商等多元主体的自主规制潜力。这种治理模式与科林·斯科特(Colin Scott)提出的反思性治理理念相契合,即在面对新兴且复杂的治理挑战时,优先利用行业协会的专业自律机制,并通过"职业主义"原则来调整或部分替代"权威主义"的治理方式。[③] 最后,应加快 NFT 产业链关键环节、关键领域、关键产品的技术攻关和标准研制,发挥关键技术标准在产业协同和技术协作中的纽带和驱动作用,确保产业体系自主可控和安全可靠。

五、结论

"区块链＋著作权"代表了一种技术与规则的组合,可有效用于保护著作权。区块链的去中心化特性显著降低了数字作品未经授权复制和分发的风险,为权利人提供了低成本且可追溯的存证手段,同时

① 赵磊:《区块链类型化的法理解读与规制思路》,载《法商研究》2020 年第 4 期。

② 王韵、张叶:《非同质化通证技术赋能数字版权保护的应用优势与实践策略》,载《中国编辑》2022 年第 8 期。

③ [英]科林·斯科特:《规制、治理与法律:前沿问题研究》,安永康译,清华大学出版社 2018 年版,第 204 页。

展现了在提升侵权追踪能力、确保数据不可篡改性和实现自动化执法等方面的巨大潜力。与国际上一些未能成功的区块链项目相比，国内的区块链著作权应用更多地涉及公共机构的参与。这些应用或通过跨链技术与司法区块链相连，或作为联盟节点与互联网法院、公证机构、司法鉴定中心、仲裁委员会和版权局等公共机构合作，共同构建区块链司法联盟链，打造一站式的著作权服务平台。随着区块链技术的进步逐渐解决成本和效率挑战，其在著作权保护方面的应用前景将更加广阔，推动公正的著作权实践发展。然而，这一技术的应用也面临诸多挑战，如证据规则的不完善和实际操作的复杂性等。通过"法律代码化"，可以在一定程度上应对这些挑战，促进区块链技术的有效应用。

在快速发展的数字创意产业领域，NFT 作为一种颠覆式创新技术，正在彻底改变我们对著作权的认知和保护方式。NFT 通过将数字作品的数据元文件及指向它的链接嵌入智能合约并写入区块链，创建了一个防篡改的原始创作者记录和完整的交易历史，使创作者能够在作品的整个生命周期内保持对其知识产权的控制。NFT 不仅帮助创作者在市场上快速曝光和传播其作品，还能让他们了解市场需求和价格动态。此外，NFT 的购买者也有机会分享作品销售的版税收入，从而激励他们支持喜爱的创作者。可以预见，随着 NFT 平台运作机制的不断完善，更多去中心化应用将在数字创意产业中涌现。然而，NFT 交易中也可能存在侵害著作权的问题，这要求我们在制度层面进行相应调整，以平衡 NFT 铸造者、平台、转售者和购买者之间的利益，确保著作权人的合法权益。

第五章　区块链技术与孤儿
作品的保护与利用

　　孤儿作品在前互联网时代就已存在，随着数字技术的发展和公众文化需求的增加，人们保存和利用孤儿作品的需求日益突出。尽管孤儿作品在一些人看来欠缺商业价值，但它们却蕴含着重要的历史与文化价值。在数字创意产业背景下，对孤儿作品进行再利用也具有巨大的商业潜力。若无合理的孤儿作品利用规则，将导致私人利益、公共利益和作品再利用之间关系的严重失衡，严重阻碍我国数字创意产业发展。本章首先梳理孤儿作品的诞生缘由及其背后蕴含的基本法理，评析国内外孤儿作品利用机制，基于著作权体系构成与正当性理论提出适合我国的孤儿作品类型学解决方案，再重点探讨如何利用区块链技术打造众包自动化搜索系统与作品信息元数据库，以解决孤儿作品利用难题，并提出改进我国著作权规则的具体建议。

第一节　孤儿作品问题探源

一、孤儿作品的定义与分类

　　历史经验显示，孤儿作品在不同法域的保护水平和利用程度部分也取决于孤儿作品的定义方式。孤儿作品是一个包含隐喻（metaphor）的术语，意指此类作品的权利人无法识别或无法联系，暗示了作品与权利人分离的状态。[1]

---

　　① 吕炳斌：《孤儿作品版权问题研究：兼论对著作权法的反思》，北京大学出版社2023年版，第18页。

隐喻是一种类比，它使人们能够将一种经验（目标领域）映射到另一种经验（源领域）的术语中，进而获得对复杂主题或新情况的理解。著作权话语中即嵌入了作者与作品之间的关系。前美国众议院版权顾问威廉·帕特里（William Patry）用亲子隐喻描述作者与作品之间的亲密关系：作者是父母，书籍是他们的孩子。[①] 这迫使人们在孤儿作品场景下产生这样一种联想：权利人是失去与"孩子"联系的可怜"家长"，因此应尽可能恢复权利人对作品的控制。[②] 同时，人们不得在未经权利人许可的情况下使用其作品。这种隐喻根源于个人主义的作者概念，即将作者视为孤独的浪漫主义天才，是其个人智力成果的唯一创造者。这种隐喻模式先验地认为孤儿作品需要保护，因此恢复权利人对作品的控制是正当的，但却忽略了这些作品的创作者可能早已去世，而在世的权利人也可能对传播和利用这些作品失去兴趣。

孤儿作品作为一个著作权术语在全球主要法域的定义并不统一，少数国家立法中包含有关孤儿作品的规定。美国版权办公室将孤儿作品定义为，版权保护期间尚未届满，而版权人身份不明或所在不明，利用人意欲合法经权利人授权而利用，虽尽一切努力仍无法寻得权利人的作品。在欧盟层面，长期没有对孤儿作品的统一定义。直到欧盟数字图书馆高级别专家组的版权小组在 2009 年的《数字图书馆：建议与未来挑战》报告中将孤儿作品定义为，根据勤勉搜索指南进行勤勉搜索仍无法识别或定位权利人的作品。此处的勤勉搜索必须在主观上是善意的并且对权利人来说在客观上是合理、充分的。欧盟委员会于 2010 年在《孤儿作品问题与权利清算成本评估报告》中将孤儿作品

[①] Patry，W. *Moral Panics and the Copyright Wars*，Oxford University Press，2009，pp. 69-71；pp. 76-78. 有趣的是，此种隐喻的理论根源并非基于美国、英国等版权法体系国家遵循的功利主义哲学理念，而是基于著作权人格理论。这种隐喻也与版权法体系将版权视为可交易的经济商品产生矛盾，因为作品版权可以被出售和许可，而"孩子"却不应该被交易。

[②] Chiang，TJ. Trolls and Orphans，96 *Boston University Law Review*，2016：691-715.

进一步区分为"权利人身份不明的作品"与"权利人所在不明"的两类。

我国《著作权法》没有使用"孤儿作品"这一术语。广义而言,这种权利人无法识别或无法联系的作品,既包含权利人因死亡且无继承人或受遗赠人等原因而事实上不再存在,也包含权利人虽然存在,但无法通过勤勉搜索与其取得联系的情况。前者可称为"无主作品"或"实质的孤儿作品",即不仅外观上无法查明权利人身份或所在,权利人实际上亦已不复存在的作品。后者可称为"形式的孤儿作品",即有能力主张作品权利的著作权人仍然存在,但在外观上暂无法查明其身份或所在。有学者以使用者是否通过勤勉搜索仍无法查明权利人身份或所在为判断标准,进一步将孤儿作品区分为"真性孤儿作品"与"假性孤儿作品"[①](如表 5-1)。

表 5-1 孤儿作品的分类及特征

一级分类	二级分类	特征
实质的孤儿作品		①在外观上无法查明权利人身份或者所在,并且;②权利人因死亡且无继承人或受遗赠人等原因而实质上不复存在
形式的孤儿作品	真性孤儿作品	①在外观上无法查明权利人身份或者所在,并且;②权利人存在,利用人已尽勤勉搜索义务,并且;③仍然无法或很难查明权利人身份或所在
	假性孤儿作品	①在外观上无法查明权利人身份或者所在,并且;②权利人存在,利用人未尽勤勉搜索义务,并且;③擅称无法查明权利人身份或所在

从著作权基本法理出发,实质的孤儿作品已进入公共领域,任何人都可以免费获取和利用。法律须解决其利用、补偿与赔偿问题的唯有形式的孤儿作品,亦为本章探讨重心。

二、孤儿作品出现及数字孤儿作品暴增的原因

近年来,信息网络技术快速发展,极大促进了数字作品的传播。

---

① 周艳敏、宋慧献:《关于孤儿作品著作权问题的立法设想》,载《电子知识产权》2011 年第 3 期。

伴随着去中心化、全民参与化、匿名化、快捷化的作品创作，匿名数字作品在互联网上被大量生产与传播，以致传统模式下并非常见的匿名作品转变为当下的常态作品形态，孤儿作品问题愈演愈烈。总体而言，数字孤儿作品数量暴增之原因，主要可以归结为以下几点。

(一)作品系自愿登记，缺乏强制性

传统的作品登记"构成性"形式要件可产生外界辨识权利人之表征，具有较强公示性和公信力。公众通过统一作品登记簿查询著作权归属与权利状况，可降低作品交易的信息成本。但《伯尔尼公约》采取创作保护主义，禁止成员方以任何形式要件作为著作权人享有和行使权利的前提。为履行国际公约义务，我国《著作权法》亦采用自动保护原则，作品一经完成即产生著作权，而不问创作者是否有取得著作权保护的主观意图。在此背景下，作品登记的公信力减弱，仅在权属纠纷中可作为法院判断著作权存在与归属的初步证明。[1] 目前，我国作品登记手续可谓烦琐且昂贵，数字作品创作周期短、数量大，导致创作者需付出较高的经济成本，加上相对漫长的处理周期，都让创作者在非强制登记背景下自愿登记作品的动机不强烈。

随着作品失去强有力的公示外观，著作权信息不明时，认定作品权利归属变得困难。此外，著作权人可将著作财产权全部或部分转让给第三人，而著作权的转让及权利变动在我国既不需登记，亦不强制标识权利归属。若作品授权链条不清晰，则可能存在即使利用人知晓创作者身份，亦无法查明著作财产权人信息的情形。

(二)著作权保护期限较长，且有延长趋势

《伯尔尼公约》自 1908 年《柏林修正案》起为作品的著作权保护期限设定了最低标准，即作者终生及其死亡后 50 年。至 1948 年《布鲁

---

① 吕炳斌:《版权登记制度革新的第三条道路——基于交易的版权登记》,载《比较法研究》2017 年第 5 期。

塞尔修正案》时,这一标准成为会员国必须遵守的强制性要求。我国《著作权法》第二十三条对公民作品发表权及各项著作财产权的保护期即为《伯尔尼公约》规定的最低限度。一些国家为个人创作者规定了更长的著作权保护期限或企图进一步延长著作权保护期限,例如《跨太平洋伙伴关系协定》将著作权保护期限最低标准确定为作者终生及其死亡后 70 年。著作权保护期限的延长加剧了现有孤儿作品使用的困难,因为延长著作权保护期限意味着作品进入公共领域的时间也相应推迟。而随着时间的推移,作者可能因死亡而导致著作财产权分散于多个继承人之间。同时,作品上记载的权利信息也可能因储存等原因而灭失。这使得作者身份或所在不明的作品越来越多,直接阻碍了这些作品的利用与传播。

(三)互联网新兴创作与传播模式

随着新媒体和数字技术的发展,孤儿作品的问题愈发突出。此外,数字技术提供了以低成本大规模重复利用现有作品的能力,促进了二次利用市场的快速增长。过去无法通过模拟分发渠道以较低成本再利用的内容,现在却可以通过数字分发渠道以极低的边际成本进行传播。作品在多次传播后,往往会丢失权利信息标识,使得利用人几乎不可能或需要付出极高成本来查明权利人的身份及其所在。

互联网还催生了集体协作创作模式,关联起大量彼此不认识的作者通过互联网共同创作,例如创建维基百科、开发开源软件。这种模式使得平台取代传统掌握创作者信息的出版商,公众很难获知所有作者的身份,甚至很难为合著者确立明确的作者身份标准。这种集体协作的创作模式,挑战了传统著作权法中以个人为中心的作者身份概念。传统著作权法将作者权定义为特定作者与其表达之间存在的个人关系,强化了对著作权作为排他性权利的叙述。但集体协作的创作模式改变了这种个人主义中心的作者身份概念,将著作权视为一种由开放的权利人社区集体拥有的财产权。[①] 尽管知识共享许可条款可以部分解决集体创作者的身份界定问题,但在集体创作实践中,由于不同作者间的意愿和需求差异,确定每个作者的具体身份仍然异常困难。此外,蓬勃发展的人工智能技术加剧了孤儿作品问题的复杂性。当前人工智能生成作品的著作权权属缺乏明确规则,这些作品可能成为新型孤儿作品,导致大量作者身份不明的作品出现,影响著作权市场的规范化管理,会对现有著作权市场秩序造成冲击。[②]

三、孤儿作品带来的负面影响

孤儿作品是著作权法的一个公认的制度性难题,这归咎于著作权法体系的专有模式。有学者批评其为一个有缺陷的模式,[③]过于强大的专有权一方面"锁定"了文化材料,另一方面又鼓励广泛的侵权行为,将危及公众自由享受文学、艺术和科学作品的权利。具体来说,孤儿作品至少会带来三方面问题。

(一)转嫁侵权成本,增加消费者负担

对使用者来说,利用孤儿作品的最大风险在于权利人可能重新出现,寻求禁令救济和损害赔偿。因此,那些既不愿放弃使用孤儿作品,又不愿最终承担可能的侵权风险的使用者,通常会开展风险效益分析,将这种不确定性风险的成本体现在其包含了"风险溢价"的作品定价中,即转移至作品消费端。若消费者因价格增加而减少对这类作品的需求,孤儿作品的潜在使用者就会降低作品的创作供给,使作品供应量降低至消费者愿意提高价格购买的程度,直到其能将"风险溢价"转移出去为止。这种机制最终增加了消费者的负担。

---

① Mendis, S. Wiki (POCC) Authorship: The Case for an Inclusive Copyright, 13 *JIPITEC*,2022:267-289.

② 杨利华:《人工智能生成物著作权问题探究》,载《现代法学》2021 年第 4 期。

③ Ilie, L. Intellectual Property Rights: An Economic Approach, 16 *Procedia Economics and Finance*,2014:548-552.

(二)阻碍公共近用,威胁文化遗产的保存

随着 VR、区块链等技术的不断发展,文化遗产机构开始将其活动扩展到数字空间。但是,数字化并向公众传播仍受著作权保护的馆藏作品,需要获得权利人许可。由于著作权保护期限漫长,20 世纪的大部分近现代作品仍受著作权保护,加上其中还有许多难以寻找和联系权利人的孤儿作品,大大增加了文化遗产机构进行数字化保存的成本。文化遗产机构只能选择,要么未经许可使用特定作品,冒着权利人重新出现并提出侵权索赔的风险;要么不对这些作品进行数字化,使它们远离公众视野,难以为公众获取。鉴于此,图书馆等非营利性文化遗产机构往往倾向规避风险,优先选择数字化公共领域内的作品。这进一步缩小了公众获取文化遗产的渠道。

孤儿作品使全球文化遗产机构面临越来越大的压力。统计研究显示,英国国家档案馆、苏格兰国家档案馆和大英图书馆总馆藏中的40%属于孤儿作品。[①] 尽管这些孤儿作品可能具有历史和文化价值,但因著作权法的限制而无法被数字化并提供给社会。如果说可供开放获取的文化遗产内容将长远塑造我们的文化记忆,那么孤儿作品制度则在一定程度上深刻影响着未来历史观念的形成。遵循著作权法而阻止孤儿作品的数字化与文化遗产机构支持和促进文化遗产内容的保存、传播和再利用的使命发生了直接冲突。

(三)劫持效应明显,威胁公共领域

孤儿作品的权利人与其作品相互分离,因而伴随着严重的"劫持"问题。具体来说,每当孤儿作品被使用,权利人总是有可能突然出现,并以其著作权为筹码提起侵权诉讼。使用者可能因此不愿意使用无法识别或定位权利人的作品,[②]这危害了对此类作品的生产性投资。

---

① Rosati, E. The Orphan Works Directive, or Throwing a Stone and Hiding the Hand, 8 *Journal of Intellectual Property Law & Practice*,2013:303-310.

② Chiang, TJ. Trolls and Orphans, 96 *Boston University Law Review*,2016:691-715.

当孤儿作品因法律上的不确定性而不被使用时，也会产生对公众的负外部性，即不得不承担因著作权人与使用者无法沟通而未能再创作作品的成本。由此可见，孤儿作品问题可能正在创造一个公地悲剧[①]，最终造成公共损失。

立法者忽视了，孤儿作品权利人不明的背后，往往隐含着权利人不愿主张、不能主张或不在乎主张其专有权的现实。民法尚有时效制度敦促"躺在权利上睡觉的人"及时行使权利，著作权法却允许权利人在孤儿作品漫长的保护期限内随时出现，威胁利用者以高额赔偿，以至于公众无法进一步使用此类作品。从这个角度来说，著作权法以激励创作为名，为大量市场价值有限的孤儿作品提供了保护，却减少了总体知识生产。长此以往，将使公共领域陷于贫乏。

第二节　我国现行的孤儿作品处理规则

我国现行《著作权法》没有针对孤儿作品的完整制度设计，也没有使用"孤儿作品"这一术语。在解决孤儿作品使用困境问题时，多援引《著作权法实施条例》中关于"作者身份不明的作品"的相关规定。有学者将此处的"作者身份不明的作品"称为无主作品，并将其视为孤儿作品的同义词，[②]显然并不十分精准。"作者身份不明的作品"概念范围小于孤儿作品，仅包括权利人身份不明的作品，而未涵盖权利人所在不明的作品。所以，以孤儿作品指代"作者身份不明的作品"的作者，往往须事先声明其所称的孤儿作品不包括作者身份明确但下落不明的作品，[③]破坏了孤儿作品概念的统一性。此外，作者身份不明的作

---

① Hardin，G. The Tragedy of the Commons.162 *Science*.1968:1243-1248.

② 汤妮燕：《我国无主作品著作权保护的司法困惑与破解路径》，载《河北法学》2015 年第 1 期。

③ 董慧娟：《孤儿作品的利用困境与现行规则评析》，载《中国出版》2010 年第 18 期。

品并非无主财产,只不过其权利人暂时无法确定,而无主作品以文义解释类似财产法意义上的"无主物",仅在权利人因作者死亡且无继承人或受遗赠人等原因而事实上不再存在的情形下形成。几个术语在概念范围、利用规则上均有差异,本节分述之。

一、作者身份不明的作品的利用

《著作权法实施条例》第十三条规定了作品身份不明作品的利用规则,即"由作品原件的所有人行使除署名权以外的著作权。作者身份确定后,由作者或其继承人行使著作权"。这一规则将除署名权以外的著作权行使,在作者身份确定前,赋予了作品原件的所有人。也就是说,任何人想使用这类作品,必须先向作品原件所有人寻求许可。

从法律经济分析角度出发,在存在交易成本的前提下,制度设计应促使资源的有效配置与利用,避免市场交易失败。孤儿作品问题就是一个典型的结构性市场失灵的例子。就"形式的孤儿作品"而言,权利人仍然存在,即在权利人与使用者间存在有效市场。但由于信息成本过高,使用者无法获知权利人身份,没有机会协商许可,进而无法就作品的预期用途达成一致,导致作品使用需求无法得到满足,市场效率低下。为避免市场失灵,使作品不因权利人身份不明而不能被传播与利用,原件所有人被推定为享有署名权以外的其他著作权的权利主体,有权与使用者协商许可。从该角度看,《著作权法实施条例》对作者身份不明的作品利用规则的设计思路仍然延续了著作权法"先授权、后使用"的专有权框架,实为旨在消除市场失灵而设计的效率规则。但鉴于"形式的孤儿作品"的权利人实际存在,此规则剥夺了真正著作权人在无法被联系的状态下,因其作品被使用而获得报酬的权利。如果在司法实践中不加限制地适用该推定规则,恐难谓公平。另外,在著作权人身份不明时,作品原件所有人能以自己的名义向第三方许可作品,法律效果直接归属于作品原件所有人。待真正权利人重新出现时,是否能溯及既往地获得授权金收入,也存在争议。

现行作者身份不明作品的利用规则还可能导致孤儿作品著作权主张的不当延长。具体来说,根据《著作权法》第二十三条,自然人作品的权利保护期为作者终生及其死亡后 50 年。但《著作权法实施条例》第十八条规定,作者身份不明的作品的权利保护期截止于作品首次发表后第 50 年的 12 月 31 日。这意味着,在原作者身份不明时,由作品原件所有人取代原作者行使著作权,实际上将这些作品的保护期转化为作品首次发表后 50 年。也就是说,如果作品的自然人创作者早已死亡,对其作品的保护本应于其死后 50 年终止。但因这些作品的原作者身份不明,使本应于作者死亡后 50 年进入公共领域的作品,因适用《著作权法实施条例》第十八条而实质延长了保护期限。这种规则设计显然既不利于保障公共利益,损害了公众的近用权,亦有悖于著作权制度的宗旨。

此外,电子数据在复制上具备精确性、虚拟性、便宜性等多种特性,因此数字作品的原件与复制件往往在数据构成、格式等方面完全相同,第三者很难将原件与复制件区分开,进而也难以准确地识别作品原件的所有人,将导致前述作者身份不明作品的利用规则难以适用。同时该规则亦无法解决权利人身份明确但所在不明以及权利人与原件所有人身份均不明情况下作品的利用问题。

二、无人继承或放弃继承的作品著作权归属

无人继承或放弃继承的作品属于"实质的孤儿作品",真正的权利人已经不复存在。若这些作品就此归入公共领域,将成为全社会可自由近用的文化财富。而我国在立法上选择了"公有"模式。

《著作权法》第二十一条规定:"著作权属于自然人的,自然人死亡后,其本法第十条第一款第五项至第十七项规定的权利在本法规定的保护期内,依法转移。著作权属于法人或者非法人组织的,法人或者非法人组织变更、终止后,其本法第十条第一款第五项至第十七项规定的权利在本法规定的保护期内,由承受其权利义务的法人或者非法人组织享有;没有承受其权利义务的法人或者非法人组织的,由国家享有。"此处的依法转移指根据《民法典》第一千一百二十二条,凡非依照法律规定或者根据其性质不得继承的遗产,均可继承。因此,《著作权法》第十条第一款第五项至第十七项规定的著作财产权,可以被继承并发生转移。若无继承人或受遗赠人的,根据《民法典》第一千一百六十条,著作财产权归国家所有,用于公益事业。

此规则同样明确了"实质的孤儿作品"的权利人身份,有效解决市场失灵中的信息不对称问题,然而上述规则适用于孤儿作品的难题在于:如何确定身份不明的作者已经死亡?使用者应从何处得知哪些作品的著作财产权归属国家?哪个法律授权机关代表国家行使著作财产权?在实务中如何取得授权?沿用此规则,将模糊国家享有权利的有主作品与属于公共领域的无主作品以及孤儿作品之间的边界,进一步加剧孤儿作品使用者寻求许可的信息费用。可见,《著作权法》对"实质的孤儿作品"的利用规则亦难称实用,更有学者建议将无人继承或放弃继承的事实规定为导致著作权消灭的法律事实之一,使这类"实质的孤儿作品"直接进入公共领域。①

第三节　世界典型法域的孤儿作品利用规则

一、事前授权许可模式

加拿大、日本、英国均采取事前授权许可模式,即主管部门在一定条件下,例如提存一定的补偿金或支付使用报酬,许可授权申请人利用孤儿作品。

(一)加拿大

加拿大是世界上最早立法明文规定孤儿作品利用规则的国家。《加拿大版权法》将"无法找到所有者"的作品称为孤儿作品,并于1988

---

① 董慧娟:《孤儿作品的利用困境与现行规则评析》,载《中国出版》2010 年第 18 期。

年在对 1985 年《加拿大版权法》的修订中首次纳入了孤儿作品问题的解决方案。

根据《加拿大版权法》第七十七条第一项的规定，任何希望获得已公开发表的作品、已固定的表演者表演、已发行的录音制品或者已固定的通信信号的使用许可却无法找到相关权利人的人，均可向加拿大版权委员会提出申请；若委员会经评估确信申请人已做出合理努力（reasonable efforts）寻找版权人却无法找到的，可向申请人颁发非排他性的使用许可。在支付报酬方面，加拿大版权委员会可要求利用人延迟至找到版权人时支付，或立即向代表版权人的集体管理组织支付，并由其托管。若版权人在许可期满后五年内再次出现，有权要求利用人支付授权时确定的费用。若在颁发许可时未支付特许权使用费且用户拒绝支付，则版权人有权向有管辖权的法院提起诉讼。若版权人在许可到期之日起五年内不再出现，则许可费可用于与所涉使用相关的其他目的。

加拿大孤儿作品解决方案的优势在于为孤儿作品使用者提供足够的法律确定性。加拿大版权委员会通过授予使用许可保证利用人不必担心权利人重新出现后的劫持问题，满足了孤儿作品市场潜在用户的使用需求。另外，作为公共机构的加拿大版权委员会在使用许可证的颁发、使用许可费用和条件的确定上拥有基于个案的高度自由裁量权。这使委员会可以向特定用户授予仅用于特定用途的使用许可，避免了过度损害著作权制度固有的"专有权"制度。

然而，加拿大孤儿作品立法的实施效果似乎并不理想，迄今为止颁发的许可证数量十分有限。这主要有几个方面的原因：首先，尽管《加拿大版权法》规定了加拿大版权委员会可为已履行合理搜索义务的利用人颁发使用许可，但并未明确应如何满足合理搜索义务。其次，加拿大版权委员会的事前许可过程烦琐耗时，费用昂贵。使用者往往在实际使用作品后才能准确判断特定使用行为的真正经济价值。在孤儿作品利用前，基于支付给非孤儿作品或基于利用人和权利人在假设谈判中可能支付的费用计算许可费,会导致费用过高。[①] 鉴于最终能否找到权利人存在高度不确定性,因此孤儿作品许可费应基于孤儿作品发生支付可能性的概率进行相应折扣。[②] 此外,加拿大的事前许可模式仅适用于已出版且在加拿大地区利用的作品,无法解决未出版或跨境利用的孤儿作品问题。加拿大模式亦不能解决大多数图书馆、博物馆等文化遗产机构在面对孤儿作品时的困境。这些机构需要长期对藏品进行成本高昂的数字化工作,而中央授权机构集中授予的使用许可期限有限,无法为它们提供足够的安全保障。

(二)英国

英国对孤儿作品的解决方案更接近于混合模式,但其颇具创新特色的孤儿作品许可计划(Orphan Works Licensing Scheme,OWLS 计划)仍基于事前许可模式。英国对孤儿作品问题的详细讨论肇始于2006 年的《高尔斯知识产权评论》(*Gowers Review of Intellectual Property*)。该评论首次明确指出解决孤儿作品问题对整个文化创意产业的益处,并提议欧盟委员会修订《关于协调信息社会中版权和相关权若干方面的第 2001/29/EC 号指令》(以下简称《信息社会著作权指令》)[③],增加孤儿作品条款。

2011 年,伊恩·哈格里夫斯(Ian Hargreaves)教授在研究报告《数字机遇:知识产权与增长评论》中建议英国政府立法,允许孤儿作品获得许可。报告提议区分孤儿作品的大规模许可和个别许可,并为大规模许可建立类似北欧模式的延伸性集体许可制度。哈格里夫斯

---

① Picker, RC. Private Digital Libraries and Orphan Works, 27 *Berkeley Technology Law Journal*,2012:1259-1284.

② Hansen, DR., Hinze, G., Hashimoto, K., Samuelson, P., Urban, JM. Solving the Orphan Works Problem for the United States,37 *The Columbia Journal of Law & The Arts*,2013:1-55.

③ Directive 2001/29/EC of the European Parliament and of the Council of 22 May 2001 on the Harmonisation of Certain Aspects of Copyright and Related Rights in the Information Society.

的研究报告延续了《高尔斯知识产权评论》中要求利用人履行"勤勉搜索"(diligent search)义务以平衡权利人利益的建议。此外,该报告还建议英国政府建立一个互操作性的数据库网络——"数字版权交换"平台,以开放、标准化的方式管理包括孤儿作品在内的版权信息。[①] 同年 12 月,英国政府启动了版权现代化磋商,明确表示计划在版权法中引入孤儿作品许可规则。然而,有批评者指出,英国在未深入调查孤儿作品获取实践的情况下就决定引入许可制度,反映了大多数法域对孤儿作品问题的先验立场,即先将其构建为一个需要立法解决的问题,再考虑具体解决方案。

为推动成员国立法简化孤儿作品的利用,欧盟于 2012 年 10 月 25 日颁发《关于孤儿作品的特定允许使用的 2012/28/EU 号指令》(以下简称《2012 孤儿作品指令》)[②],要求各成员国于 2014 年 10 月 29 日前完成国内法转化。2014 年,英国政府首次确立孤儿作品立法框架,颁布三项相关条例:(1)《2014 版权和表演权利(孤儿作品许可)条例》(LOW 条例)[③],引入孤儿作品许可计划(OWLS 计划),允许人们在勤勉搜索并支付许可费后获得合法使用孤儿作品的许可;(2)《2014 版权和表演权利(延伸性集体许可)条例》(ECL 条例)[④],旨在简化孤儿作品大规模许可,提高版权清算效率,改善利用人获得作品的机会并确保创作者获得足额补偿;(3)《2014 版权和表演权利(孤儿作品的特定允许使用)条例》(CPUO 条例)[⑤],旨在将欧盟孤儿作品例外纳入英

①　Katherine Read, K., Griffiths, L. Current Awareness. 13 *Legal Information Management*, 2013:127-130.

②　Directive 2012/28/EU of the European Parliament and of the Council of 25 October 2012 on certain permitted uses of orphan works Text with EEA relevance.

③　The Copyright and Rights in Performances (Licensing of Orphan Works) Regulations 2014.

④　The Copyright and Rights in Performances (Extended Collective Licensing) Regulations 2014.

⑤　The Copyright and Rights in Performances (Certain Permitted Uses of Orphan Works) Regulations 2014.

国立法框架,允许文化遗产机构和教育机构在勤勉搜索后出于数字化、保存、编目或索引目的利用孤儿作品并提供公共近用。

与欧盟孤儿作品例外不同,OWLS 计划为孤儿作品颁发的许可不限于特定机构类型或使用目的,无论是商业利用还是非商业利用,任何类型的机构和个人均可申请使用许可。OWLS 计划是一个创新的在线系统,旨在为通过勤勉搜索仍无法找到权利人身份或权利人所在的所有类型作品和表演授予许可。孤儿作品许可由英国知识产权局授予,为非排他许可,可用于英国境内的商业和非商业用途,单次许可期限最长为 7 年(可续展)。使用者须注明已知身份的创作者和权利人名称。在许可费率上,商业用途的许可费根据市场费率计算,而非商业用途的则象征性收取每件作品 0.10 英镑/次的费用。需要注意的是,英国在 2021 年 1 月 1 日退出欧盟后,废除了基于欧盟《2012 孤儿作品指令》的孤儿作品例外。与加拿大的事前中央许可制度类似,英国的孤儿作品解决方案仍受限于孤儿作品许可证的覆盖范围限制和管理费等额外成本。

二、事后赔偿责任限制模式

事后赔偿责任限制模式是美国解决孤儿作品利用问题的主要策略。美国本土的孤儿作品问题相较欧盟地区表现得并不显著,这可能与美国直至 1976 年修订版权法时才开始动摇其长期坚持的版权法定形式制度有关。[①]

很长时间内,美国未觉有必要专门为孤儿作品问题立法,实践中主要依赖其灵活的合理使用制度处理孤儿作品利用问题。在著名的 Google Books Search 案[②]中,美国纽约南区地方法院即根据《美国版权法》第一百○七条认定谷歌公司未经授权对数百万册受版权保护的

---

① Ahmed, BA. The Situation of Orphan Works under Different Jurisdictions, 20 *Chicago-Kent Journal of Intellectual Property*, 2021:1-34.

② Authors Guild v. Google Inc., 05 Civ. 8136 (DC) (S. D. N. Y. No. 14, 2013).

图书馆馆藏作品进行扫描和索引等数字化活动,以及让用户通过"Google Books"搜索工具在线获取这些作品中的部分内容的行为,属于合理使用,不构成版权侵权。合理使用是著作权法为平衡著作权人之个人权利与信息自由之公共利益而创设的一种制度。在 Google Books Search 案这类涉公共利益的孤儿作品利用争议中,合理使用制度确实可为利用人提供对版权侵权的抗辩。但作为侵权抗辩,法院只能根据每个侵权案件的具体事实审查和决定是否适用合理使用。① 这种不确定性,不利于利用人对孤儿作品不同目的与类型的广泛利用。因此,合理使用制度在促进作品大规模数字化方面的能力有限,如一国欲鼓励或促进大规模数字化项目,仍有必要在合理使用制度之外确立解决孤儿作品问题的专门制度,以使利用人不必担心权利人突然出现并以其版权为敲诈杠杆要求高额赔偿。

美国版权局于 2006 年 1 月发布《关于孤儿作品的报告》(*Report on Orphan Works*),提出引入"救济限制规则"解决孤儿作品问题。救济限制规则意味着,如果孤儿作品利用人能够证明其已进行合理的勤勉搜索,并在利用作品时提供创作者和权利人的合理归属信息,那么法院应在版权侵权诉讼中限制可用的补救措施。首先,将金钱救济限制为对使用的合理补偿,即在非商业性使用且用户在收到通知后迅速停止侵权的情况下,不适用金钱赔偿。其次,在利用人以孤儿作品为基础制作衍生作品时,限制版权人获得完全禁令救济,以保留利用人和后续创作者继续开发衍生作品的能力。在其他所有情况下,法院应尽量减少禁令对利用人造成的损害,避免影响公共利益。该方案适用于所有类型的孤儿作品,包括未出版作品,旨在限制满足合理勤勉搜索标准的使用者的侵权责任,而非授予其利用孤儿作品的许可。该方案采取个案解决模式,将许多事项留给法院自由裁量。该方案要求利

---

① Xalabarder, R. Google Books and Fair Use: A Tale of Two Copyrights? 5 *JIPITEC*,2014:53-59.

用人必须证明其履行了"合理的勤勉搜索",但未提供对该术语的一般定义,仅规定利用人至少应符合最低限度的努力要求,包括搜索美国版权局的相关记录、利用人得以取得的版权人信息,并须利用在当时环境下得以获取的科技工具与专家的协助,提交合理勤勉搜索的文件证明。法院将在个案中判断利用人的搜索是否属于"合理勤勉"。该方案旨在限制孤儿作品利用人的侵权责任。但由于孤儿作品类型和利用方式的多样性,个案裁量方法仍使利用人面临一定不确定性。尽管大部分版权人和使用者支持该方案,美国插画家和摄影师群体却强烈反对,因为照片和插图类作品在出版时通常缺乏可识别的版权人信息。此外,他们无力负担为维护海量作品版权向法院提起侵权诉讼的高额费用。因此,该群体希望使用人支付一定数量的"使用费"至特定的托管账户。①

2008 年,美国首次在《肖恩·本特利版权法案》(Shawn Bentley Copyright Act)中提出孤儿作品立法,基本遵循了 2006 年《关于孤儿作品的报告》的内容。拟议法案规定,若侵权人在使用孤儿作品前善意地(in good faith)进行了合格搜索(qualifying search)并记录,且在无法查明权利人时向版权登记处提交书面使用通知的,则权利人在侵权民事诉讼中仅能向侵权人主张支付合理补偿,而不得寻求包括损害赔偿在内的其他金钱救济。若侵权人是非营利性教育机构、图书馆或档案馆或公共广播实体,而其利用行为主要是教育、宗教或慈善性质而无任何直接或间接商业目的,且在收到侵权通知后迅速进行善意调查并立即停止侵权的,则权利人不得要求其支付合理补偿。

与 2006 年《关于孤儿作品的报告》中未明确勤勉搜索的信息源的要求不同,《肖恩·本特利版权法案》明确了侵权人是否开展勤勉努力(diligent effort)搜索的判定标准。该法案规定,法院在评估侵权人是

---

① Ahmed, BA. The Situation of Orphan Works under Different Jurisdictions, 20 *Chicago-Kent Journal of Intellectual Property*, 2021:1-34.

否进行勤勉努力搜索时,须考虑以下因素:(1)侵权人的检索行动是否合理、适当,包括其是否根据检索结果采取了进一步行动;(2)侵权人是否采用版权登记处发布的指导孤儿作品勤勉努力搜索的最佳实践;(3)侵权人是否在使用该作品之前并且在合理地接近侵权开始的时间进行过搜索。然而,对"勤勉搜索"的具体认定仍有赖于法院根据个案的具体情况进行判断,例如孤儿作品的类型、作品上存留的可用于识别权利人的信息、行业标准等具体情况。这意味着,在某些个案中被视为合理的勤勉搜索,可能在其他个案中被认定为未开展充分的勤勉努力搜索。[①] 最终,该法案被众议院否决,未获决议通过。

2015 年,美国版权局发布了《孤儿作品和大规模数字化问题的报告》(Report on Orphan Works and Mass Digitization),仍以侵权赔偿责任限制为主要立法方向。针对孤儿作品的大规模数字化,报告提议通过有限试点计划测试延伸性集体许可作为解决方案。同时,报告还针对前述《肖恩·本特利版权法案》提出了几项关键修正建议,例如明确承认外国搜索对认定本土搜索勤勉努力资格认定的影响,以及增加对基于孤儿作品创作的衍生作品禁令救济限制的例外等。尽管美国一直在努力为孤儿作品利用问题提供解决方案,但目前美国国会尚未通过这些拟议法案。

三、延伸性集体许可制度

为应对大规模作品使用带来的复杂性,降低作品使用过程中逐一协商许可的成本,北欧国家自 20 世纪 60 年代开始采用延伸性集体许可制度。延伸性集体许可制度最初是为了解决北欧国家广播产业在大规模许可中面临的权利人数量众多、分散且难以找到的问题,后续也发展应用于其他公共目的的作品利用。

所谓延伸性集体许可是指,著作权集体管理组织代表某个领域

---

① Teng, S. The Orphan Works Dilemma and Museums: An Uncomfortable Straitjacket, 2 *Journal of Intellectual Property Law & Practice*, 2007: 30-39.

"大量权利人"达成的许可协议,对非该集体管理组织成员的权利人或以其他方式受该组织约束的权利人也产生效力。其背后的原理是,当一个集体管理组织被认为代表某领域超过"临界数量"的权利人时,即被假定为代表该领域的所有权利人行事。除非权利人明确选择"退出"(opt-out)该延伸性集体许可系统,①否则该许可协议对所有权利人都具有约束力。延伸性集体许可提供了一种独特的权利集体管理方式,可谓强制许可等非自愿许可与传统权利集体管理许可方式的混合体。传统权利集体管理是自愿许可制度,集体管理组织在成员自愿转让权利的基础上管理其权利,并允许被许可人以规定的费率使用这些权利。集体管理组织充当权利人与用户之间的许可中介,维护成员的合法权益。而延伸性集体许可属于非自愿许可制度,将那些未意识到集体管理组织存在的独立作者纳入管理范围,作为非集体管理组织成员的权利人无法直接参与许可合同的协商。这种方式将许可协议"延伸"至集体管理组织的非成员,显著提高了许可效率。但作为一种非自愿的集体管理形式,延伸性集体许可与强制许可亦有不同。非集体管理组织成员的权利人并非被完全剥夺对著作权交易与否的选择权,而是随时有权退出使其作品不被纳入集体管理。此外,许可费率由集体管理组织和利用人协商确定,而非由政府规定。在解决孤儿作品方面,延伸性集体许可制度使利用人无须逐一确认权利人,只需与著作权集体管理组织接洽,以预先确定的许可费率获得许可,从而大幅降低搜索和交易成本。选择退出机制巧妙平衡了权利人自治与国家干预,使延伸性集体许可既具备类似强制许可的效力,又让权利人有机会控制作品的使用。

延伸性集体许可制度已被多个国家和地区视为解决作品大规模使用问题的方案。欧盟《2012 孤儿作品指令》、英国 ECL 条例以及美国 2015 年《孤儿作品和大规模数字化问题的报告》中均讨论了该制度

---

① 熊琦:《著作权延伸性集体管理制度何为》,载《知识产权》2015 年第 6 期。

的引入。增加对延伸性集体许可制度的概括规定尽管有其效益所在，但也可能使涉及众多权利人的一些作品领域成为该制度的牺牲品。这是因为，虽然延伸性集体许可降低了使用者与权利人逐一磋商的信息成本，但在特定作品的个别利用中，若完全忽视权利人意愿，仅考虑利用人与集体管理组织的意图直接将其作品纳入延伸性集体许可，难谓利益平衡。

从孤儿作品利用角度看，延伸性集体许可制度确实使文化遗产机构对藏品的大规模数字化项目成为可能。我国《著作权法》第三次修改草案中曾借鉴北欧等国经验拟增对著作权延伸性集体管理的规定，但其未必是促进孤儿作品利用的最佳方案。在实践层面，我国音乐、音像、文字、摄影等主要作品类型的集体管理组织虽然基本齐备，但这些集体管理组织的会员数量及管理的作品数量较有限，且在地方上执行力保障不到位，导致与权利人和使用者群体关系疏离，代表性不强，受信任度不高。[①] 我国目前尚不存在一个既具备必要专业知识，又受公众及行业信任的集体管理组织充当延伸性集体许可的管理者。另外，要在大规模数字化中利用延伸性集体许可促进孤儿作品利用，关键是要有一个像挪威国家图书馆那样拥有全面作品馆藏的实体充当许可中介。但我国目前也还没有类似较为成熟的实体作品馆藏基础设施。尽管国家图书馆未来可能有能力担任这一角色，但目前其还不具备这样的条件。[②] 可以说我国目前还不具备引入延伸性集体管理制度的基础条件。若脱离社会文化语境与著作权产业背景，孤立地引入延伸性集体管理制度，更可能造成我国著作权市场机制的破坏。

---

① 杨吉：《论我国著作权集体管理制度的困境与改进——以〈著作权集体管理条例〉修订为依托》，载《出版参考》2023 年第 12 期。

② Hansen，DR.，Hinze，G.，Hashimoto，K.，Samuelson，P.，Urban，JM. Solving the Orphan Works Problem for the United States，37 *The Columbia Journal of Law & The Arts*，2013：1-55.

从道德论角度观察,引入延伸性集体许可制度亦有争议。"延伸性"意味着未经许可从他人劳动中索取不公正和不应得的利益。当孤儿作品权利人未主动就其作品利用寻求报酬,甚至在主动放弃权利很久之后,通过延伸性集体许可对该孤儿作品的使用收取费用,可称之为经济学意义上的"寻租"(rent-seeking)活动,即在不提供交换价值的情况下,从未知他人的创作中获益,追求一种基于非正常价值交换的不应得利润。

四、允许孤儿作品特定使用的限制模式

为推动成员国在孤儿作品问题上的立法,欧盟委员会于 2011 年提出《关于孤儿作品的特定允许使用的指令提案》(COM/2011/0289 final)。[①] 从指令标题文义可见,欧盟委员会并未采取通用方法处理孤儿作品问题,而是针对与大规模数字化项目有关的孤儿作品利用情境提出措施,旨在降低公共文化机构在线上提供孤儿作品时面临的著作权风险。该提案经多次修改,欧盟最终于 2012 年 10 月 25 日颁布《2012 孤儿作品指令》,主要涉及公共图书馆、教育机构、博物馆等公共机构对孤儿作品的特定使用,允许它们在设立目的范围内将孤儿作品典藏数字化并置于开放网络,保障公众接触近用,以实现其公益使命。

根据欧盟《2012 孤儿作品指令》,孤儿作品是指那些仍受著作权保护,但在完成"勤勉搜索"并在重要、可公开访问的在线数据库中记录后,仍无法确定任何权利人,或虽确定部分权利人却无法定位其所在的作品或录音制品。[②] 回顾欧盟孤儿作品立法历程,欧盟委员会曾比较若干政策选项,包括事前特别许可、延伸性集体许可、法定例外等模式,并评估了各自的经济和社会影响。欧盟否定事前特别许可模

---

① Proposal for a Directive of the European Parliament and of the Council on Certain Permitted Uses of Orphan Works,COM(2011) 0289 final,Brussels.

② See Article 2,Directive 2012/28/EU.

式,因其许可磋商成本对拥有大量孤儿作品馆藏的非营利公共机构过高。欧盟也拒绝了延伸性集体许可模式,部分归因于担忧公共机构在大规模数字化活动中可能被迫为无明确市场价值的作品支付大量许可费。最终,欧盟选择了严格的法定例外模式,与前述其他模式不同,欧盟《2012孤儿作品指令》的适用范围十分受限。

在适用主体方面,欧盟《2012孤儿作品指令》仅适用于在成员国内设立的公共图书馆、教育机构和博物馆,以及档案馆、电影或音频遗产机构和公共服务广播组织等非营利性机构,且以达成与其公共利益使命相关的目标为限。① 在适用标的方面,欧盟《2012孤儿作品指令》只适用于特定作品类型,包括:(1)以书籍、期刊、报纸、杂志或其他形式出版并收录于公共图书馆、教育机构、博物馆、档案馆或电影、音频遗产机构馆藏的作品;(2)收录于公共图书馆、教育机构、博物馆、档案馆或电影、音频遗产机构馆藏的电影作品、视听作品及录音制品;(3)由公共服务广播组织在2002年12月31日及之前制作并保存于其档案中的电影作品、视听作品及录音制品。这些作品须处于著作权或邻接权保护期内,且曾首次出版于欧盟成员国,或虽未出版但首次在成员国内播放。② 在利用方式上,利用人须在利用孤儿作品前开展勤勉搜索以确认权利人身份或所在。欧盟《2012孤儿作品指令》明确"勤勉搜索"的实质标准由各成员国自行确定,但最低标准至少应涵盖本指令附件规定的各类数据库,如孤儿作品与权利信息可及性登记处(ARROW),图书馆和其他机构保存的法定送存、图书馆目录和其他规范文件,相关集体管理组织的数据库,等等。欧盟《2012孤儿作品指令》还确立了孤儿作品状态互认机制,即当一件作品在特定会员国被视为孤儿作品时,该效力及于欧盟整体。

经分析可见,欧盟《2012孤儿作品指令》的内容并不包含孤儿作

---

① See Article 1, Directive 2012/28/EU.

② See Article 1 Ⅱ, Directive 2012/28/EU.

品许可制度,该指令也没有影响成员国有关一般孤儿作品的许可或权利管理制度。^①换言之,成员国现有的集体许可制度、延伸性集体许可制度与该指令并不冲突。在该指令适用范围内,利用人在完成勤勉搜索后,使用孤儿作品无须支付费用。但若权利人重新出现并主张权利,作品的孤儿状态即被终止,并且权利人有权获得公平补偿。为确定可能的公平补偿水平,该指令要求应适当考虑欧盟成员国的文化促进目标、作品利用活动的非商业性使用性质,以及可能对权利人造成的损害等因素。^②

五、结论

解决孤儿作品问题的核心在于合理分配权利与义务,实现著作权人利益与公众作品近用间的动态权衡。一方面,要促进更多作品的广泛获取和利用;另一方面,要避免将孤儿作品身份强加于实际可明确权利人身份并确定其所在的作品之上。前述四类孤儿作品利用模式,向利用人施以不同强度之义务,各有优缺点,但共同点在于都要求利用人在使用孤儿作品前进行勤勉搜索。

事前授权许可模式的主要优势在于允许利用人支付许可费使用孤儿作品,无须担心权利人重现提起侵权诉讼。许可费提存等机制亦能保障权利人获得合理报酬。然而,该模式下的官僚主义与高许可费用仍阻碍了孤儿作品的利用,特别是大规模数字化利用。

事后赔偿责任限制模式显著简化了事前授权许可模式,使利用人无须等待烦琐的许可程序即可在完成勤勉搜索后径直利用孤儿作品。然而,这种模式是在承认著作权侵权的基础上限制侵权人责任,为"适格"的孤儿作品利用行为创建"安全港"。这意味着,利用人对孤儿作品的使用仍属侵权,限制侵权责任的可能性和方式依赖于法院的个案裁判。这难免降低厌恶风险的利用人使用孤儿作品制作衍生作品的

---

① See Whereas (24), Directive 2012/28/EU.
② See Whereas (18), Directive 2012/28/EU.

动力与欲望。

学界普遍认为，延伸性集体许可制度的主要优势在于降低孤儿作品利用中的许可费用。然而，在讨论其效率优势时，人们并未实际利用量化数据验证其是否真能通过避免利用人的勤勉搜索而降低许可成本。在该模式下，虽然著作权集体管理组织无须在向利用人提供孤儿作品使用许可前完成对权利人身份的勤勉检索，但最终仍无法完全避免这一过程。因为集体管理组织最终要分配许可费，并根据许可类别中孤儿作品的大概比例计算许可费率。在此意义上，延伸性集体许可制度并未彻底消除勤勉搜索环节，而是将搜索成本从利用人处转移至集体管理组织处。此外，集体管理组织在寻找权利人的过程中，也面临道德风险。一方面，集体管理组织有责任进行勤勉搜索以确定权利人身份并分发许可报酬。另一方面，集体管理组织与分配受益人之间存在潜在的利益冲突，因为它们可能会因为有机会保留未分配资金供自己使用而受到激励，从而导致在对非会员权利人开展搜索时未能达到合理的勤勉程度。

最后，欧盟的特定使用限制模式旨在促进文化遗产机构利用海量孤儿作品馆藏，实现社会效用。该模式仅适用于这些机构的非商业用途，适用对象范围狭窄，无法满足有孤儿作品利用需求的大量主体类型。即使对那些公共机构而言，欧盟的特定使用限制模式亦有不足之处。主要表现在，勤勉搜索义务和潜在法律责任的不确定性，给孤儿作品大规模数字化项目带来了沉重的成本负担。[①] 此外，在那些为实现类似公益目的已设置灵活合理使用制度作为著作权例外或限制的法域，似乎已无必要再为孤儿作品利用特别设立这种特定使用限制模式，以避免立法资源浪费。

以上孤儿作品处理方案各有利弊，相互之间并非严格互斥，而是

---

① Hansen, DR., Hinze, G., Hashimoto, K., Samuelson, P., Urban, JM. Solving the Orphan Works Problem for the United States, 37 *The Columbia Journal of Law & The Arts*, 2013: 1-55.

可以相互补充。例如，事后责任限制模式可能过度损害著作权人利益，与一国所承担之国际义务不相容。① 而完全依赖事前授权许可模式又可能无法实现孤儿作品广泛利用的目的。因此，需要在不同方案之间寻求平衡和融合。

第四节　基于著作权体系构成与正当性理论的孤儿作品类型学解决方案

长期以来，著作权体系构成与正当性理论在著作权保护期限和保护范围等问题的研究中被大量文献深入讨论。但关于孤儿作品的研究却鲜少考虑著作权体系构成与著作权正当性问题。这导致版权体系与作者权体系国家在寻求孤儿作品利用困境的解决方案时，很难开展切实有效的讨论和协调。与主要关注技术解决方案和重点比较借鉴孤儿作品国际立法的主流文献不同，本书认为在提出任何政策建议和技术方案（包括区块链技术）之前，有必要将著作权体系构成和正当性理论纳入考量，在不同著作权体系构成下以著作权正当性理论视角分析不同类型的孤儿作品，并在此基础上展开对主流法域孤儿作品法律框架的比较分析。理论探索可促进学者和政策制定者之间有价值的讨论，从而催生新的可能性和解决方案。以理论为基础的实用解决方案能更好地适应一国既有的法律框架，同时可对那些本属不同类别但正在被各国法律框架和多数学术文献一刀切管理的孤儿作品进行微妙的规则区分。

关于著作权正当性的争论经常诉诸洛克式的财产权劳动理论、黑格尔的人格理论或功利主义理论。这些构成著作权正当性基础的主要论述要么是社会效用导向（功利主义理论、文化民主理论）的"社会

---

① Gera，M. Extended Collective Licensing under the New Slovak Copyright Act．11 *Journal of Intellectual Property Law & Practice*．2016：170-171.

本位论"，要么是作者自我导向（自然权理论）的"个人本位论"。[①] 前者基于增进社会整体福利的规范价值为作品提供保护，后者则更多基于对创作者保护的规范价值保护作品。

本节通过构成著作权正当性基础的主要理论框架分析不同孤儿作品，研究每种理论是否以及如何证明为孤儿作品提供著作权保护是合理的。在理论分析基础上，本书还将测试这些理论与各国孤儿作品立法框架的匹配程度，以分析和确定解决一国孤儿作品问题的最佳制度安排。

一、著作权之正当性基础论证

（一）功利主义理论

功利主义（utilitarianism）是一种以实际功效或利益作为道德标准的伦理学说，认为人们应该以效益最大化的方式行事。英国哲学家杰里米·边沁（Jeremy Bentham）以"最大多数人的最大幸福"作为功利主义的最高原则，[②]以此指导人的行为和决策，即如果一项行为能促进效用，就应予以追求。著作权功利主义理论即基于这样一种功利主义道德观：承认著作权保护是实现社会效用的必要工具，经由排他性权利及其限制来达至社会效用最大化。[③]

作品因其无形性而不似有体物拥有天然排他性，其更类似经济学意义上的公共物品，[④]具有一定的非竞争性与非排他性。使用者对作品的消费不会减损其物理价值，且制作和传播作品复制件的边际成本极低，而排除他人获取该复制件的成本却很高。若无著作权保护补足

---

① 曾斯平:《知识产权保护中个人本位论与社会本位论之争及原因探析》,载《求索》2013 年第 12 期。

② ［英］杰里米·边沁:《道德与立法原理导论》,时殷弘译,商务印书馆 2017 年版,第 87-90 页。

③ 王传辉:《知识产权法"利益平衡说"之反思:自然法与功利主义之比较》,载《交大法学》2022 年第 1 期。

④ Landes WM., Posner, RA. *The Economic Structure of Intellectual Property Law*, The Belknap Press of Harvard University Press,2003,pp. 13-14,19.

无形作品之排他性,大量"搭便车者"就会免费获取并利用他人作品。创作者将失去应有的激励,导致作品的生产少于社会公共需求,出现市场失灵。著作权法是政府对自由市场的一种调控手段。它通过授予创作者对其作品一定期限的专有权,排除其他人对其智力成果未经授权的特定使用。创作者可为第三方对其作品的特定使用收取许可费用。这不仅为创作者提供了继续创作和传播作品的经济激励,而且有助于促进自由市场上作品的多样性和质量,进而丰富社会文化,提升社会整体的福利水平。功利主义理论如今更广泛地被版权体系的法律传统接受为著作权正当性理由。[①]

(二)自然权理论

相较于功利主义理论更强调著作权对增进社会效益的驱动功能,自然权(natural rights)理论则聚焦于著作权的道德内核和创作者的自然地位。[②] 自然权理论强调创作者对自己智力劳动成果的支配,著作权人在自然秩序支配下对自己创造的作品当然享有排他性权利。

1. 财产权劳动理论:智力成果是创造者的劳动产物

英国哲学家约翰·洛克(John Locke)是自然权理论的代表人物之一。他在《政府论》中提出财产权劳动理论(labor theory of property),阐释在资源共有的自然状态下,个人如何通过劳动将物品转化为私有财产。[③]

洛克预设了一个不言而喻的前提:由于人对自身身体拥有所有权,因此也拥有对自身劳动的所有权。人的劳动不仅是对外界材料的加工,更是对自身身体的劳动。人是劳动的实施者,是自身劳动的主体,因而拥有自身身体劳动的成果。一个将自己的劳动与无主物混合

---

① 李琛:《论我国著作权法修订中"合理使用"的立法技术》,载《知识产权》2013 年第 1 期。

② 杨涛:《知识产权专有性特质的理论阐释》,载《法制与社会发展》2020 年第 3 期。

③ [英]洛克:《政府论》,瞿菊农、叶启芳译,商务印书馆 2020 年版,第 160 页。

在一起的人,在道德上就有权对该物品主张财产权。洛克通过"劳动掺进"理论剖析人的劳动与财产之间的关系,说明了人通过劳动获得物质财产的正当性。这不仅为解释有形财产合理性提供了重要依据,也适用于无形的知识产权。我们同样可以假设公共领域是一种自然状态,其中充满着有待人们挖掘以使其摆脱自然状态的无形财产。人的头脑是其身体的一部分,人的智力劳动也是其身体劳动的一部分,在不损害他人的情况下,创作者在公共领域中取用材料并通过智力劳动使其成果脱离自然状态,因此取得对其智力成果的财产权。[①] 如果随意取走劳动者通过努力获得的劳动产品是对劳动者的损害,那么未经许可复制传播他人的智力成果同样是对他人无形财产的损害。据此,著作权的正当性在于创作者在创作过程中付出的劳动而具有的道德要求。

财产权劳动理论在道德上反对伤害个人,即使承认对某项智力成果的财产权保护能增进社会整体福利,但若其对个人产生有害影响,也不应给予保护。与功利主义理论不同,财产权劳动理论不以市场失灵来定义损害,而是将损害与生命、健康、自由等更普遍的价值观关联起来。

财产权劳动理论在应用中的困境是其在分析结果上的不确定性。它不能确定地解释一个人将其智力劳动掺进公共领域所获得的权利范围究竟有多宽。就像美国哲学家罗伯特·诺齐克(Robert Nozick)发出的经典疑问,如果将自制的番茄酱倒入大海,这显然掺进了自己的劳动,那么大海是否全归其所有?[②]

2.人格理论:智力成果系创造者人格的延伸

以财产权劳动理论证立私有财产权源的正当性从一开始就因存在占有和划界难题不无争议,用以应对著作权这类无形财产更是存在

[①]　易继明:《评财产权劳动学说》,载《法学研究》2000 年第 3 期。

[②]　Nozick, R. *Anarchy, State, and Utopia*. Basic Books,1974,pp.174-182.

解释力不足的诟病。作为自然权理论的另一支撑是德国哲学家康德和黑格尔的人格理论。部分文献在阐述基于人格的著作权理论时会同时引用康德和黑格尔的哲学思想，①但鲜少有文献明确区分二者。事实上，康德和黑格尔在知识论立场上存在原则分歧。康德支持德国法一元论（monisme）②传统所主张的著作权系单一权利，其财产性与人格性只是统一权利的双重功能，这与黑格尔主张的法国主要遵循的著作权利包括精神权利和财产权利的二元论（dualisme）立场形成对比。③

作为自由主义哲学家，康德认为私有财产权的实质并非人对物的权利，而是人与人之间的行为法则，即其他人有责任尊重与自由意志行使紧密相连的物体上的权利主张。尽管康德的财产理论主要关注有形财产，但其主张亦可扩展到"智力创作"等无形财产领域。④ 因为智力创作往往体现了一个人个性和意志的运用。现代社会中智力劳动已不再局限于物质形式，很多人会选择在无形媒介中表达自由意志。如果将著作权法上的人格理论理解为将作品视为作者人格（Persönlichkeit）的延伸并要求作者在其作品中表现出人格印记，因此给予著作权保护，那么在此意义上，将康德归入人格理论的支持者可能并不精准。在康德看来，作者在作品中表达的是其个性（Individualität）和独创性（Originalität），而非其人格印记。这是由于人在创作时的个人表达和思想交流不一定能揭示作者内在的自我。实际上，一些艺术家往往会在自己作品中故意避免人格印记的表达，例如当代艺术家马塞尔·杜尚（Marcel Duchamp）的一系列现成品（ready-made）创作。康德理

① 张玲：《署名权主体规则的困惑及思考》，载《中国法学》2017 年第 2 期。

② 德国学者奥易根·乌尔默（Eugen Ulmer）生动地将一元论比喻为"树形理论"，即著作人格权与著作财产权如同一棵大树的树根，而其他著作权使用权能则犹如大树的枝干，得向第三方授权。

③ Treiger-Bar-Am, LK. Kant on Copyright: Rights of Transformative Authorship, 25 *Cardozo Arts & Entertainment Law Journal*, 2008: 1059-1103.

④ 吴汉东：《法哲学家对知识产权法的哲学解读》，载《法商研究》2003 年第 5 期。

论对著作权的支持更应被理解为"表达自主权"。作品总会体现作者对表达的自主选择和控制,因此作者有权主张控制其作品的使用。

黑格尔对财产分析的起点依然是人的意志。他认为人的意志是人存在的核心,本质上是自由而不受限制的,但它空洞、抽象,缺乏内容。为了发展自我,意志必须"从无区别的无规定性过渡到区分,过渡到设定一个规定作为一种内容和对象",①从而使自我以一种确定的存在方式呈现。黑格尔认为,人与外在客体紧密相连,并通过将自己的意志置于物体中将自我从抽象发展为现实。在这个自我发展过程中,私有财产和财产关系构成了人格。没有私有财产,我们就无法发展自由和人格。黑格尔的人格理论早年间被许多学者视为洛克劳动财产权模型最有力的替代方案。② 对于无形财产也是如此,使创作者对其作品拥有权利非常重要,因为只有通过控制作品的利用,创作者才可以将其意志体现于外部客体(作品)中,从而开始一种自我发展过程。在此意义上,作品是创作者人格的延伸,是其精神和意志的体现;著作权将作者的自由范围扩展至身体之外,使之成为物质世界的一部分,使创作者得以发展自由与人格。

(三)社会规划理论

社会规划(social planning)理论是晚近新发展的用以论证知识产权正当性的理论框架。以色列学者妮娃·埃尔金可伦(Niva Elkin-Koren)③、美国法律学者威廉·费舍尔(William Fisher)④和尼尔·内

---

① [德]黑格尔:《法哲学原理》,邓安庆译,人民出版社 2016 年版,第 42 页。

② Hughes, J. The Philosophy of Intellectual Property, 77 *Georgetown Law Journal*,1988:287-366.

③ Elkin-Koren, N. Copyright and Social Dialogue on the Information Super Highway: The Case Against Copyright Liability of Bulletin Board Operators,13 *Cardozo Arts & Entertainment Law Journal*,1995:346-411.

④ Fisher, William W. Theories of Intellectual Property. In: Munzer, S. (eds.) *New Essays in the Legal and Political Theory of Property*,Cambridge University Press,2001,pp.168-199.

塔尼尔（Neil Netanel）①等被认为是主张该理论的主要代表。该理论认为,著作权的架构是建设理想社会的关键组成部分,对服务和塑造"一个强大的、参与性的、多元化的公民社会"意义重大,因此应被有意识地构建。

虽然社会规划理论与功利主义理论似乎都是目的与结果导向,但与功利主义理论不同,社会规划理论寻求超越"社会福利"的概念和经济功利主义的狭隘观点,以更长远的"人类福祉的多元视角"看待由知识产权服务的社会,旨在推进"美好生活或人类繁荣的实质性概念"。②

举例而言,对网络平台著作权执法的狭隘功利主义关注会促使立法者支持为在线内容分享平台引入著作权过滤义务,要求其采取积极的内容审核和过滤措施,以降低侵权风险。然而,这种内容过滤措施不准确程度较高,透明度较低,并可能危害言论自由。如果从社会规划理论视角重新理解著作权,强调其通过促进"创作者与用户之间的对话"③来支持民主文化和公民社团话语基础的民主功能,著作权的正当性将被限制在维持参与性文化和培育强有力的民主话语的范围内,旨在保障人们享有经济独立和塑造文化及社会环境的机会。④ 社会规划理论将作品内容的传播自由视为著作权法的内生目的。创作者享有著作权的正当性不仅在于通过激励创作提升先进文化生产力,更在于创造发表创新言论的机会,培育表达民主化和多元文化的能力。通过采用"人类福祉的多元概念",社会规划理论修正了功利主义的狭隘观点。

---

① Netanel，NW. Copyright and a Democratic Civil Society，106 *Yale Law Journal*，1996：283-387.

② Bracha，O. Standing Copyright Law on its Head? The Googlization of Everything and the Many Faces of Property，85 *Texas Law Review*，2007：1799-1869.

③ Drassinower，A. From Distribution to Dialogue：Remarks on the Concept of Balance in Copyright Law，34 *Journal of Corporation Law*，2009：991-1007.

④ Netanel，NW. Copyright and a Democratic Civil Society，106 *Yale Law Journal*，1996：283-387.

二、不同著作权体系构成下孤儿作品解决方案的类型学检视

目前针对孤儿作品利用问题，大部分国家的实证法规则和当代学者的对策建议都是一揽子式的。然而，不同孤儿作品在特征与状态上存在很大差异。实质的孤儿作品的原始创作人已经死亡，且无继承人或受遗赠人，利用人对其广泛利用不会出现所谓劫持问题。形式的孤儿作品则包括两类：真性孤儿作品在外观上无法查明权利人身份或所在，即使已尽最大努力亦无法或很难查询到权利人信息，但权利人仍有可能重现。假性孤儿作品虽然在外观上无法查明权利人身份或所在，但只要利用人稍尽勤勉搜索义务即可寻得权利人信息。假性孤儿作品与实质的孤儿作品其实都并非真正意义上的孤儿作品，它们与真性孤儿作品之间存在重要的规范差异。即使是真性孤儿作品，在权利人寻找的难度上亦有很大差异。鉴于不同孤儿作品涉及的利益状况不同，显然应适用差异化的利用规则。

（一）著作权正当性理论的个人本位观与社会本位观

在各种著作权正当性理论的生成过程中，学者所持的规范性态度要么是重视创造者个人利益的个人本位观，要么是重视社会公共利益的社会本位观。

个人本位观以"自我"为价值取向，其基本含义为个人在人类社会的经济生活、政治生活和伦理生活等方面占据着核心地位和相对于群体与整体的优先地位。[1] 例如在自然权理论影响下，著作权法接受浪漫主义作者观，强调自我和个人价值，强调诉诸浪漫的创造力概念，强调创作者的主观体验及其表达。[2] 作者被概念化为一个有天赋的、自主的人。著作权法通过立法确认了作者的此种自然财产权。因此，当

---

[1]　饶明辉：《当代西方知识产权理论的哲学反思》，科学出版社2008年版，第124页。

[2]　Palmer, T. Are Patents and Copyrights Morally Justified?, 13 *Harvard Journal of Law and Public Policy*, 1990: 817-865.

作者的个人利益与公共利益发生冲突时,作者权利仍应优先,除非存在同样基于自然法而产生的权利限制与例外。

社会本位观则以"公共性"为价值导向,更多地关注对整个社会的利益,而非对个别人或个别利益群体的影响。例如功利主义理论即将著作权视为解决自由市场下作为公共物品的知识产品供给不足的工具,赋予作者和出版者对作品使用的独占性权利是为了激励他们生产和传播足够数量的创意内容,繁荣公共文化,提升社会整体效益的。又如社会规划理论在肯定著作权激励作用的同时,强调了著作权在促进民主文化和民主话语表达方面的更广泛目的。

当然,对著作权正当性理论的个人本位观与社会本位观的划分并非二元对立。多种理论都存在着不同观念的交叉与平衡,找出其中的平衡焦点尤为重要。制定孤儿作品规则就是在通过回答以下问题确认该焦点的所在:为何作者身份不明或无法判断其所在的作品仍可获得著作权保护?如何利用这些作品?何时应将其归入公共领域?此外,孤儿作品的状态并非同质化,在寻找焦点时还需考量不同孤儿作品的类型学差异。

(二)实质的孤儿作品利用规则

实质的孤儿作品在概念上接近我国《著作权法》意义上"无人继承或放弃继承的作品著作权归属"的作品,与孤儿作品相关联的创作者"自我"已在生理上不复存在。从著作权正当性理论视角分析,无论是社会本位观下的功利主义理论、社会规划理论,还是个人本位观下的自然权理论,都没有规范性的理由将著作权保护范围扩展到实质的孤儿作品。

从功利主义视角观察,赋予实质的孤儿作品著作权保护并不正当。因为其作者已经去世,著作权激励功能指向的对象在生理上已不复存在。该对象既不会再利用该作品,亦不会创作出新作品。如果继续赋予此类作品著作权保护,例如规定其著作财产权归国家所有,或规定由延伸性集体管理组织管理此类作品,都不能实现著作权的激励功能，反而削弱了潜在利用者利用和传播这些作品的动力，阻碍相关衍生作品的生产与提供，造成社会整体福利的"无谓损失"（deadweight loss），无法实现功利主义追求的目标。

从自然权理论观察，无论是人格理论还是财产权劳动理论均不支持赋予实质的孤儿作品著作权。根据自然法观点，财产权有一个固有的限制：生命。[①] 如果人格理论赋予孤儿作品保护的理由在于作品系创作者人格的延伸，体现其精神和意志，亦是其发展人格所必需，那么一旦作品创作者死亡，依附于这些实质的孤儿作品之上的（死者的）人格与意志自然随之消亡。黑格尔把财产与人格权联系在一起，通过人与财产间的关系，说明主观与客观在自身中获得统一。当没有生命、没有权利、没有人格的外在物（无形财产）与人建立关系时，这个物就具有了财产权利人的特点，变为有生命、有人格、有权利的东西了。[②] 相反，当这个有生命、有人格、有权利的东西不再与人建立联系，其上自然不再附着权利人的人格。人格理论不再能为保护这些已不存在人格的客体提供正当性理由。至于洛克的财产权劳动理论则要求在不损害他人的情况下向劳动者分配劳动成果。洛克主张依据自然法取得财产权存有两个限制：第一，足量限制，即人在占有外物时，必须剩有同将其划归私用以前一样好和一样多的财产给其他人。该限制通过把每个人的私有财产限制在一个适当范围内，使其在占有财产的同时不会损害他人利益。[③] 第二，败坏限制，即被劳动混合所占有的东西不可毫无用处地败坏。这是因为自然是匮乏的，浪费会伤害到其他人的自我保存，这就要求一个人对财产的占有仅以其享用为限度，其余的仍应保留在公共领域。[④] 实质的孤儿作品的创作者死亡，其作者

---

① Desai, DR. Property, Persona, and Preservation, 81 *Temple Law Review*, 2008:67-122.

② 鄢一美：《论所有权的法哲学》，载《哲学研究》2016 年第 3 期。

③ ［英］洛克：《政府论》，瞿菊农，叶启芳译，商务印书馆 2020 年版，第 165 页。

④ ［英］洛克：《政府论》，瞿菊农，叶启芳译，商务印书馆 2020 年版，第 162 页。

不会再利用作品。对那些因不能充分使用而最终导致浪费的作品,可违反败坏限制,该作者不应拥有权利。实际上,劳动成果无法向一个已不存在的对象进行分配,在无人继承且受遗赠人放弃遗赠之时应恢复其权利无主的最初状态。就作品这类无形智力成果而言,即应返回公共领域。取用这些返回公共领域的智力成果不会损害任何人,在无主物上付出劳动的人理应对其劳动产品主张权利。普通法上的"逆权侵占"(adverse possession)规则也体现了类似思想。所谓逆权侵占,指占有人本非有权占有,却如同所有权人一样对地产实施事实上的、持续的、公开的与明显的占有,并意图排除包括真正所有权人在内的其他一切人的权利。当此等占有达到法定时限后,真正所有权人的所有权因诉讼时效完成而终止,占者可以成为地产的新所有权人。①逆权侵占通过消除所有权人的财产追索权惩罚那些未有效利用其土地的所有权人并将财产转移给长期实际使用土地的反向占有者,用以保护其信赖利益,从而达到避免资源浪费、促进物尽其用的目的。虽然著作权是一种不能被实际占有的无形权利,但立法者隐藏在逆权侵占规则背后的政策偏好完全可用来类推解释孤儿作品问题。例如,文化遗产部门对孤儿作品的数字化活动投入了大量金钱和时间成本,向公众提供了这些未被权利人有效利用作品的剩余价值。类推适用逆权侵占规则,即应消除孤儿作品之上附着的专有权,将其利用权转移至文化遗产部门,以避免知识资源的浪费。

从社会规划理论角度看,赋予实质的孤儿作品著作权亦不合理。社会规划理论实际是一种旨在实现美好生活或人类繁荣的文化民主理论。据此,著作权的社会目标是推动公共空间的发展,例如促进个人自治和个人积极地参与文化意义的形成过程。② 如果孤儿作品创作者已经去世并且没有权利承受人,那么就不再有利益相关者需要著作

---

① 薛波编:《元照英美法词典》,法律出版社 2003 年版,第 42 页。

② Bracha,O.,Syed,T. Beyond Efficiency:Consequence-sensitive Theories of Copyright,29 *Berkeley Technology Law Journal*,2014:229-315.

权法保护其在文化领域追求个人自治。为实质的孤儿作品赋权会阻碍公众对作品的获取,从而妨碍著作权法在促进文化进步的同时平衡权利人和使用者之间的合法利益。

通过以上分析,无论基于哪种著作权正当性理论,赋予实质的孤儿作品保护都不合理。对于那些原始创作者已确定死亡,无人继承或受遗赠人放弃接受遗赠的"实质的孤儿作品",与其如我国现行规定的"公有"模式,即"著作财产权归国家所有,用于公益事业",不如直接规定这些作品进入公共领域,使其成为全社会可自由近用的文化财富。此方案的实践难度在于,除了显而易见的"实质的孤儿作品",还存在大量作品,人们可能无法准确判断其是不是孤儿作品,以及是不是实质的孤儿作品。这些作品可作为"形式的孤儿作品",以勤勉义务及后文所建议之技术手段予以解决。

(三)形式的孤儿作品利用规则

形式的孤儿作品与实质的孤儿作品不同,因为其原始创作者或权利承受方仍然存在。基于社会本位观和个人本位观的著作权正当性理论支持不同的孤儿作品利用模式,这些模式对适用规则的主体范围、作品类型及利用范围有不同的限制。其中一些方案与其著作权制度的正当性基础完全吻合,而另一些则存在偏差。

功利主义理论的逻辑建立在"成本—效益"分析基础之上,通常不要求对孤儿作品利用规则的适用主体、利用范围等作特定限制。无论是图书馆、博物馆等公共机构还是商业性机构或个人,无论是以营利还是非营利为目的使用孤儿作品,只要能够在结果上促进整体社会福利,功利主义就没有理由进行特别限制和区分。在具体利用方式上,加拿大式的事前授权许可模式要求利用人在使用孤儿作品前,先行确认作品的权利状态与归属,勤勉努力地查找权利人并与其取得联系,获得使用许可并支付许可费用。这一过程会产生大量权利清算成本。功利主义理论要求事前授权模式将利用人勤勉搜索义务的强度设置在使其负担的权利清算成本低于著作权保护带来的激励收益,以保障社会整体福利水平的增进。但实践中，孤儿作品的使用成本远远超过其（假定的）市场价值，这是由于勤勉搜索成本和基于市场推定的许可费定价偏高所致。美国的一项调查显示，无论勤勉搜索的尝试是否成功，将一本书纳入在线馆藏的版权清算平均成本高达 1000 美元。① 然而，孤儿作品的著作权保护对创作者的激励作用十分有限，因为创作者在完成创作后并未以自己名义积极利用作品。著作权保护对这类创作者的激励作用主要在于使他们确信能从第三方对作品的利用中获得市场报酬，从而回收创作成本。但行为经济学研究显示，行为主体在跨期决策中往往具有时间偏好，个人对事件的价值量估计随着时间的流逝而下降。② 短期收益对人们决策的影响大，而长期收益，尤其是对于 10 年后才可能获得的收益，人们往往不愿等待。③ 这意味着，作品创作 10 年之后，著作权保护在时间贴现的影响下对著作权人的激励作用已经很小。④ 有心理学证据显示，外部激励的作用可能导致与预期相反的效果，进而挫败创作者内在动力，最终抑制其创作努力。⑤ 因此，对于发行年代久远的作品，功利主义理论难以证明孤儿作品著作权保护的正当性。

同样出于功利主义理论视角，延伸性集体许可制度亦有其缺陷。将对孤儿作品的利用放置于自由市场内观察，延伸性集体许可可能导致经济学上的"无谓损失"。以实体商品买卖为例：当商品向买方征税，买方支付价格上升，需求曲线向下移动，移动量等于税收大小。当商品由于税收而变得过于昂贵，消费者购买力减少，购买数量降低。

---

① Band，J. The Long and Winding Road to the Google Books Settlement，9 *The John Marshall Review of Intellectual Property Law*，2009：227-329.

② Samuelson，PA. A Note on Measurement of Utility，4 *Review of Economic Studies*，1937：155-161.

③ 何嘉梅，黄希庭，尹可丽等：《时间贴现的分段性》，载《心理学报》2010 年第 4 期。

④ 曾斯平：《著作权激励的限度与著作权制度的完善——基于行为经济学的分析》，载《贵州师范大学学报（社会科学版）》2020 年第 6 期。

⑤ Johnson EE. Intellectual Property and the Incentive Fallacy，39 *Florida State University Law Review*，2012：623-679.

同时,生产者面临更高生产成本,产量下降。这将导致市场交易量减少,形成无谓损失,社会将失去所有潜在利益。这个例子中,不当的税收被认为是造成无谓损失的原因。同理,我们可将延伸性集体许可视为对使用孤儿作品征税的一种形式。这类许可费收入不会为创作者提供创作激励,因为它们往往不会流向作品的原始创作者,而缴纳大量许可费的要求会阻碍许多公益性数字化项目。在此意义上,延伸性集体许可既未实现对创作者的激励,又导致孤儿作品利用减少,造成双输局面,社会整体福利降低,形成无谓损失。可见延伸性集体管理许可模式也不是功利主义理论视角下对孤儿作品利用的正确选择。

另一类主要以社会本位观为基础的社会规划理论,亦包含个人本位观的特色。社会规划理论旨在实现民主繁荣,要求社会个体在政治与经济上自力更生,通过支持创作者的经济独立和公共文化生活参与,促进多元的民主社会。对利用人应承担的勤勉搜索义务标准的考量,不仅要促进知识传播和社会公共利益,还应确保创作者从作品利用中获得收益,以保持经济独立。因此,社会规划理论不对孤儿作品的利用主体、作品类型或利用活动类型施加过多限制。无论是商业抑或非商业机构,亦不论是以营利还是非营利目的的利用,该理论下的孤儿作品利用规则均全面涵盖,关键在于创作者能够获得适当补偿,同时不影响文化交流和知识传播。因此,事前授权许可模式在社会规划理论看来过于严格,而美国的事后赔偿责任限制模式更符合该理论要求。在勤勉搜索义务的标准上,社会规划理论持更为灵活务实的观点,即根据作品类型、年代和作者信息的可用性等因素进行动态调整。

与以社会本位观为主的功利主义理论和社会规划理论不同,基于个人本位观的自然权理论支持在孤儿作品利用规则中纳入较高的勤勉搜索义务。其中,人格理论强调尊重和保护创作者的个性和意志。因此,利用人应在使用作品前履行高水平的勤勉搜索义务,即使最终难以确定创作者身份或所在,亦应以向第三方机构事前提存许可费的方式补贴权利人的利益损失,以体现对创作者人格与自由的尊重。在主流的孤儿作品利用规则中,事前授权许可模式是最符合人格理论的孤儿作品利用方式。这种模式下的法律确定性最高,但因勤勉搜索耗费资源,利用人成本负担亦最高。人格理论对孤儿作品利用规则在适用主体和利用范围方面的限制更为严格,例如仅允许图书馆、档案馆和博物馆等公共文化机构进行以公共利益为目的的非商业性使用。

对孤儿作品利用规则在适用主体、利用范围等方面的限制上,人格理论的要求亦更为严格,例如仅允许图书馆、档案馆、博物馆等文化部门以公共利益为目的的非商业性使用。这是由于自然权理论将著作权视为作者天然的、神圣的权利,人格理论更将作品视为作者意志的延伸,任何未经许可利用其作品的行为都将损害创作者利益。因此,人格理论仅允许利用人对孤儿作品开展有限类型的利用活动,例如以存档为目的的复制,而不允许任何对作者表达的变革式利用。欧盟允许孤儿作品特定使用的限制模式即是符合人格理论的典型。

但若从财产权劳动理论视角出发,结论又有些许不同。尽管洛克的财产权劳动理论主要基于个人本位观,将孤儿作品创作者的著作权视为纯粹自然和道德意义上的权利,但他从"自然理性"的理论前提出发对财产权提出的足量限制与败坏限制,亦融合了社会本位观念的因素。为此,创作者必须保证,其在公共领域为他人保留了足够多的知识产品,并对那些因不能充分利用而最终浪费的知识产品不再主张权利。过高的勤勉搜索义务标准会导致大量孤儿作品无法利用,浪费资源并缩小公共领域。因此,从财产权劳动理论的社会本位观出发,对利用人勤勉搜索义务的要求应以确保公共领域作品的丰富性为基准。

在自然权理论下还有一类棘手情况,即创作者死亡而有继承人或受遗赠人时。社会本位观下的功利主义理论和社会规划理论在此情境对勤勉搜索的要求与其他情况没什么不同。但在自然权理论下,是否仍有保护孤儿作品而施以高强度勤勉搜索义务的必要。在采用著作人身权与著作财产权分离的二元论国家,例如我国《著作权法》规定作品的著作财产权可被继承(《著作权法》第十九条),著作人身权虽不能被继承但可由继承人或其他人代为行使(《著作权法实施条例》第十三条、第十五条),间接享受著作人身权上的财产价值。在主张著作人身权和著作财产权统一构成著作权的一元论国家,例如德国著作权法规定著作权虽不可在作者生前转让,但在作者死后可被继承(德国《著作权法》第二十八条)。著作权虽然可以完整地或部分地被继承,但不可否认基于保护"自我"的自然权理论继续保护孤儿作品的规范性力量确实减弱了。[①] 出于利益平衡考量,对年代久远的孤儿作品应采用较低的勤勉搜索要求,因为这些作品的现时权利人可能已经由于创作者死亡而发生移转。

综上可见,一个国家或地区对孤儿作品利用规则的设计、选择和组合往往根植于其著作权体系观与著作权正当性理论。只有与本土著作权制度的正当性基础相契合的孤儿作品利用规则,才能避免排斥效应,并在本土扎根适应。

三、孤儿作品利用的中国方案及技术缺口

我国《著作权法》从 1991 年实施以来,先后在 2001 年、2010 年和 2020 年进行了三次修改,现行著作权法整体上以功利主义理论为指导,但在某些制度环节上也借鉴了富有人格理论色彩的制度规则,例如著作人格权保护制度等。[②] 在以功利主义理论为主导,辅之以人格理论的著作权制度下,本书尝试为我国孤儿作品问题设计一个更适应我国《著作权法》内部结构的实用型解决方案。

(一)基本特征

以功利主义理论为指导原则的典型法域有美国与英国,二者采取了完全不同的孤儿作品利用模式。前者采用事后赔偿责任限制模式,后者在脱欧后基本采用事前授权许可模式。可以说,英国的事前授权

---

① Sarid, E., Ben-Zvi, O. A Theoretical Analysis of Orphan Works. 40 *Cardozo Arts &. Entertainment Law Journal*,2023:585-619.

② 崔国斌:《知识产权法官造法批判》,载《中国法学》2006 年第 1 期。

许可模式与其本土的版权正当性基础的要求并不匹配,这也是为何英国的 OWLS 计划实施后,孤儿作品的数字化及其在英国的创意、文化和商业等领域的利用仍受到阻碍的深层原因。[①]

我国的著作权正当性基础混合著作权功利主义理论和人格理论,且以功利主义为主,经前文分析(见表 5-2),反映这种理论组合的孤儿作品问题解决框架应主要包含以下特征:第一,孤儿作品利用规则应适用于所有作品类型、利用用途和利用主体;第二,不应采取事前授权许可模式;第三,不应要求提存使用费,而应采取权利人补偿模式;第四,勤勉搜索义务标准不应过高,且应根据具体情境予以调整;第五,不应完全忽视对作者人格的保护。

表 5-2 不同著作权正当性基础下孤儿作品利用方式典型框架特征

著作权正当性基础	孤儿作品利用方式典型框架特征
功利主义理论	①不采用事前授权许可模式 ②不采用预付许可费模式 ③不限制孤儿作品利用主体、利用目的、利用范围 ④勤勉搜索义务标准须平衡利用人的权利清算成本与孤儿作品保护带来的收益
财产权劳动理论	①相对灵活的勤勉搜索义务标准,以确保在公共领域内的作品足够丰富作为基准
人格理论	①较高的勤勉搜索义务标准 ②支持向第三方机构事先提存许可费用 ③严格限制孤儿作品利用主体、利用目的、利用范围
社会规划理论	①不采用事前授权许可模式 ②不限制孤儿作品利用主体、利用目的、利用范围 ③采用灵活的勤勉搜索义务标准

(二)孤儿作品利用模式的本土化设计

从功利主义角度出发,孤儿作品的利用不应要求事前授权许可,

[①] Martinez, M., Terras, M. "Not Adopted": The UK Orphan Works Licensing Scheme and How the Crisis of Copyright in the Cultural Heritage Sector Restricts Access to Digital Content, 5 *Open Library of Humanities*, 2019:1-51.

因为这会显著增加利用成本,并导致许可费率过高,降低对孤儿作品的需求。类似的,延伸性集中许可等非自愿许可模式也并非理想解决方案,因为预付许可费用会增加潜在利用人的成本,减少孤儿作品的使用,导致"无谓损失",降低社会整体福利。尽管我国著作权制度混合了人格理论,亦不能使此种预付许可的形式正当化,因为许可费并不会直接流向著作权人,而是流向集体管理组织。因此,应允许孤儿作品利用人无须事先获得许可即可使用孤儿作品。美国的事后赔偿责任限制模式可供借鉴。本书建议通过立法限制孤儿作品权利人的救济途径与范围,减轻善意利用人的责任,相较美国模式进一步增强法律确定性,促进资源利用和社会福利。

具体方案如下。

首先,将相关规定置于《著作权法》第五章"著作权和与著作权有关的权利的保护"中,孤儿作品利用人因其使用行为未经著作权人同意而仍为侵权人(以符合著作权正当性基础之人格理论部分),但在符合法定要件的情况下,其侵权责任受到限制:第一,孤儿作品已公开发表,或虽未公开发表,但作者未在作品上明确表明不愿发表且已处于可被第三方以合法途径接触的状态;第二,孤儿作品利用人在使用作品前,曾基于诚信原则合理勤勉地搜索孤儿作品的权利人而不可得,并将搜索结果予以记录;第三,孤儿作品利用人在使用作品前已向国家著作权主管部门认定的登记机构就其利用行为进行通知并建立档案;第四,若孤儿作品利用人通过合理勤勉搜索得知著作权人身份却无法与之联系时,应在利用中表明其身份;第五,孤儿作品利用人须在孤儿作品上以特殊标记表示该作品为孤儿作品,以公示其孤儿作品状态。

当孤儿作品利用人满足上述要件时,其利用行为虽仍属于侵权行为,但著作权人的救济主张受到限制。首先,权利人得要求孤儿作品利用人基于侵权向其支付合理补偿金,但不得依《著作权法》第五十二条主张赔偿损失等金钱救济型民事责任。公共文化及教育机构的不以营利为目的的非商业性利用行为,若在收到权利人侵权通知后立即停止利用行为的,无须支付补偿金。此外,权利人得依《著作权法》第五十二条主张停止侵害,但若利用人在孤儿作品使用中加入原创性表达时,则"要根据案件具体情况,合理平衡当事人之间以及社会公众的利益,考虑执行的成本和可能性,对于判决停止侵权将导致执行结果明显不合理或损害公共利益的",可以不判决停止侵权,即孤儿作品利用人可通过支付合理补偿金以继续使用和开发相关衍生作品。通过对停止侵害请求权的限制可削弱权利人的挟持能力,避免权利人获得过度保护而减损社会整体福利。①

至于合理补偿金如何计算,本书认为可在权利人重现后首先由其与孤儿作品利用人自行协商,协商不成的则允许权利人提供与其作品市场价值相关的证据,借鉴美国模式以"在孤儿作品开始利用时,处于权利人和使用者立场的合理自愿许可方和合理自愿被许可方所同意的金额"②计算,但需同时考量孤儿作品的使用期限、使用产生的作品复制件数量等因素。这种合理补偿金是公平的,因为它近似于作品的真实市场价值,同时使孤儿作品利用人在利用伊始时能较为准确地估计其可能负担的成本。

(三)明确孤儿作品利用规则的适用对象

首先,孤儿作品利用规则应涵括所有类型的中外作品,同时包括录音录像等邻接权客体。任何类型的著作权和邻接权客体均可能出现权利人身份不明或者失去联系的情况,孤儿作品利用规则没必要将某类客体排除在外。将相同的利用规则适用于邻接权客体,符合功利主义促进社会整体福利最大化的要求,也不存在法律解释上的困难。③

---

① 吕炳斌:《挟持理论下知识产权停止侵害救济的限制》,载《山西师大学报(社会科学版)》2021年第2期。

② Davis v. The Gap, Inc., 246 F. 3rd 152 (2d Cir. 2001).

③ 吕炳斌:《孤儿作品版权问题研究:兼论对著作权法的反思》,北京大学出版社2023年版,第101页。

此外,孤儿作品不仅包括最先在我国发表的作品,还包括最先在外国发表的作品,这能够降低识别作品来源国的信息成本,同时提升对(外国)作者的激励水平。对中外孤儿作品施加同样的限制、例外或特殊制度亦不违反国际法确立的公平原则。

其次,孤儿作品利用规则的适用主体应涵盖所有类型使用者的所有用途。从功利主义角度看,并无理由将孤儿作品的利用规则仅局限在公共部门以数字化、索引、编目和保存为目的的复制和向公众传播。无论是私人公司还是任何个人,无论是以营利为目的的商业性利用还是以非营利为目的的公益性使用孤儿作品,都有益于激励作品的创作与传播,有助于促进文化和科学事业的发展与繁荣。

(四)合理设置勤勉搜索义务标准

功利主义理论下,勤勉搜索义务标准应确保利用人的权利清算成本低于孤儿作品保护带来的收益,过高的标准会降低社会整体福利。如前文分析,各种著作权正当性理论均不支持保护"实质的孤儿作品"。以此推理,孤儿作品在特征上越接近"实质的孤儿作品",则其权利人搜索难度和利用人清算成本越高;在特征上越接近"假性孤儿作品",则其权利人搜索难度和利用人清算成本越低。因此,勤勉搜索义务标准应动态地与孤儿作品的搜索难度呈现一定的反比例关系,以平衡孤儿作品利用人负担的清算成本与权利人利益。而且,这一动态标准应考虑孤儿作品的类型和特征,对不同孤儿作品的勤勉搜索义务标准也应有所区分。为降低搜索成本并确保孤儿作品利用规则的顺利运转,还应设计相应的配套制度与技术支撑,例如基于区块链技术的孤儿作品利用平台。

(五)行为经济学视角下对孤儿作品著作人身权保护的规则设计

孤儿作品权利人的著作人身权主要包括发表权、署名权和保护作品完整权。本书主张的孤儿作品利用模式虽支持利用人在满足法定要件时直接利用孤儿作品,但仍以不侵犯权利人著作人身权为限。

孤儿作品包括未发表作品,对于已公开发表,或虽未公开发表但作者未明确表明不愿发表且已处于可被第三方以合法途径接触状态的孤儿作品，均可适用前文设计的孤儿作品利用规则。但对于那些未公开发表且作者已明确表示不愿发表的，应予以尊重。利用人擅自利用的，应承担相应的侵权责任。功利主义理论并不限制利用人对孤儿作品的具体利用形式，即不局限于那些仅以数字化、索引、编目和保存为目的的复制及向公众传播行为，而是涵盖所有类型的利用行为。但鉴于"作品体现人格"，利用人不得做出歪曲、篡改或任何其他损害著作权人在作品中的合法精神或人身利益的行为。

此外，本书建议要求利用人在使用孤儿作品时以特殊标记声明该作品之"孤儿"状态，并注明其通过勤勉搜索可能获得的真实作者身份以及利用人的联系方式。这既是个人本位的著作权人格理论的必然要求，亦符合社会本位的功利主义视角。因为利用人留下联系方式，可保障权利人在重新出现时能够快速与其取得联系，降低后续许可成本。而注明真实作者身份既是对著作权人署名权的保护，同时又起到功利主义意义上的激励功能。大量研究显示，对创作者身份的认可是激励作者创作的重要因素。① 很多作者不仅希望因其作品享受直接的金钱利益，更渴望享受复杂的基于声誉的利益。这是因为，当作者因署名创作而获得荣誉时，就会提高他们在领域内的声誉，为他们带来各种职业发展机会，形成"声誉经济"。署名也是对作者的一种补偿形式，除了金钱收益带来的外在激励，外界的认可也能满足一个人创造性努力的内在动机和心理需求。实际上，创作性活动本身也会对创作者产生内在激励。毕竟人本身就是一种创造符号的动物，对于创造性活动具有内生性渴望，只要其自我表达或求知欲望得到满足，就会乐于创新。② 此处，可用一个简单的公式表示社会创意表达的总产出（output，简称 O）和总效用（utility，简称 U）。

---

① Sarid, E. Don't Be a Drag, Just Be a Queen-How Drag Queens Protect Their Intellectual Property without Law, 10 *FIU Law Review*, 2014:133-179.

② 章凯业：《版权保护与创作、文化发展的关系》，载《法学研究》2022 年第 1 期。

　　在没有著作权保护的情况下,社会创意表达的总产出和总效用为:

$$U = O = \beta(I_0) \qquad ①$$

　　在有著作权保护的情况下,社会创意表达的总产出和总效用为:

$$U = O = \beta(I_1 + E_1) \qquad ②$$

　　其中,β 是一个正常数系数,表示各种激励对创意产出的影响力度。对创作者的激励包括内在激励和外在激励:I_n 代表对创作者的内在激励水平,其在有外在激励(如著作权保护)的情况下,可能因创作者适应新的激励环境而变化。E_n 代表对创作者的外在激励水平,即著作财产权给创作者带来的经济回报。

　　公式①假设了一个没有著作权保护的环境,此时对社会创意表达的总产出 O 和总效用 U 的全部激励都来自创作者的内在激励。公式②表示引入对作者创意表达的著作权保护(引入著作权激励 E_1)后的情况,即作者可通过其作品的传播与利用获得金钱回报。此时,社会创意表达的总产出 O 和总效用 U 受到内在激励和外在激励的共同影响,其值等于 β 乘以内在激励和外在激励之和。由于外在经济激励相较内在激励而言更具有针对性和具体性,因此其影响通常会超过内在激励,产生所谓"挤出效应"。[①] 也就是说,过强的外在激励可能会弱化创作活动自身价值的内在激励,导致其激励动机外部化,不利于对创作者的长期内在驱动。大量实验数据也表明,如果个体预期获得金钱激励,他们的内在激励会被削弱。[②] 根据公式②,如果著作财产权带来外在激励的边际效用高于因其减少的内在激励的边际负效用,那么总的创意产出 O 和社会效用 U 将有所提高。然而,如果外在激励过多

---

　　① 金辉:《内、外生激励因素与员工知识共享:挤出与挤入效应》,载《管理科学》2013 年第 3 期。

　　② Deci,EL.,Koestner,R.,Ryan,RM. A Meta-Analytic Review of Experiments Examining the Effects of Extrinsic Rewards on Intrinsic Motivation,125 *Psychological Bulletin*,1999:627-668.

则可能反而导致挤出效应,大幅降低内在激励,从而最终减少创意总产出和总效用,有违功利主义的要求。鉴于著作权制度可能带来新的社会成本,我们可以将公式②进一步复杂化:

$$U = \beta(I_1 + E_1) - \lambda\beta(I_1 + E_1) \qquad ③$$

公式③中的 λ 是一个系数,用于估计由于著作权系统导致的无谓损失大小,旨在反映出著作权制度可能给创作带来的负面影响。通过对这一系数的调整,可以更好地理解和量化著作权激励在实际应用中对创作产出和社会效用的综合影响。公式③在公式②的基础上,考虑了著作权系统带来的双重成本。其一是无谓损失,即著作权系统引起的效率损失,例如作品高价格导致的市场需求减少。其二是再创作损失,即当一个创作者的作品被著作权保护,其他创作者就不能免费使用这些作品作为创造新作品的基础,导致市场上作品总量减少。

可以看出,在功利主义理论视角下设计孤儿作品保护规则时,不仅要考虑激励效果,还需关注潜在的负面成本,例如无谓损失和再创作损失。如果创作活动的内在激励作用很强,超过或接近著作权激励,那么维持强著作权保护的规范理由将减弱。在这种情况下,创作者可能因热爱创作或其他内在因素而继续创作,即使著作权激励 E_1 存在或增加,其正面影响也有限,甚至可能因拥挤效应而产生负面影响。在孤儿作品利用规则中,要求利用人以特殊标记明确标识作品的"孤儿"状态或难以取得联系的创作者身份,可以营造增强创作者内在激励的创作环境,平衡创意市场上内外部激励,从而实现最优的著作权保护水平。

此外,通过将作者身份归属于原始作者,可以防止剽窃或错误归属的情况,促进创意社区内的信任与诚信,防止作者声誉因不当归属或虚假声明受到削弱。[1] 要求利用人在其使用孤儿作品时明确标识其

---

① Lastowka, G. Digital Attribution: Copyright and the Right to Credit, 87 *Boston University Law Review*, 2007:41-89.

通过勤勉搜索获知的作者身份,无需额外经济成本,却可保护创作者的署名权,满足创作者心理需求,激励其继续创作。[①] 同时,这也避免了对著作权激励的过度依赖,防止削弱创作者的内在动力,进而导致的整体创作数量、质量及社会总效用下降。这总体上也与我国以功利主义理论为主导,并辅以人格理论的著作权制度相符合。

第五节　利用区块链技术打造与孤儿作品利用规则互补的技术架构

孤儿作品利用规则固然可为解决孤儿作品问题提高法律确定性,但其实际操作还有赖于技术支撑。许多文献指出,区块链在去中心化信息管理方面的优势将为著作权管理带来福音,但关于如何利用区块链解决数字创意市场中孤儿作品利用问题的研究相对较少。复杂的技术架构有时能改善法律机制的不足。本节将在现有文献基础上,探讨区块链技术在孤儿作品问题领域的应用可能性,并结合前文论述,设计一套互补的法律和技术架构。

一、技术架构要素之一:基于众包技术的自动化勤勉搜索系统

勤勉搜索是处理孤儿作品问题的核心。目前大多数孤儿作品利用规则设计都以利用人对孤儿作品权利人开展勤勉搜索活动为前提。利用人为获得前文所提议的事后补救措施限制的资格,也应在利用孤儿作品前善意地进行勤勉搜索。至于其是否达到"勤勉搜索"的程度以获得侵权责任限制的庇护,还须在权利人重新出现之后进行审查。

(一)合格勤勉搜索的标准及其判定

各法域立法对勤勉搜索义务标准的界定差异很大。例如加拿大

---

① 熊文聪:《作者人格权:内在本质与功能构建的法理抉择》,载《法制与社会发展》2012年第6期。

对勤勉搜索要求较低。《加拿大版权法》仅要求孤儿作品利用人在向加拿大版权委员会寻求利用许可之前做出"合理努力"而非"尽一切努力"寻找权利人。所谓"合理努力"要求孤儿作品利用人证明其已经进行了彻底搜索（thorough search），具体工作包括检索加拿大版权局的作品登记信息，联系相关的集体管理组织、出版社，查阅国家图书馆、大学图书馆和博物馆的索引目录，并简单地在互联网上搜索相关信息。① 虽然欧盟《2012 孤儿作品指令》明确"勤勉搜索"的实质标准由各成员国自行确定，但其要求的最低标准仍相对较高。《2012 孤儿作品指令》第三条第(1)项要求适格的孤儿作品利用人必须善意地识别和寻找与其希望在线提供的档案项目相关的每项作品或邻接权客体的权利人，且保存勤勉搜索的完整记录，并向相应政府机构报告搜索结果、孤儿作品的用途、任何因权利人出现并主张权利而脱离孤儿作品状态的情况。指令还针对不同的作品类型规定了不同的检索范围，该范围从图书类作品至视听作品逐渐变大。但即便是所需开展搜索范围最小的图书类作品，利用人也应逐一检索：由图书馆或其他机构保存的图书馆目录、权威文件和法定机关的资料，出版商协会或作家协会、著作权权利人协会、国际标准图书编号（ISBN）、连接多国的国家图书馆规范文档的虚拟国际规范文档（VIAF）和 ARROW 等。

勤勉搜索是一个成本高昂的程序，其实际成本主要取决于两个因素。第一，孤儿作品利用规则中要求利用人必须查阅的作品信息来源数量。利用人所需搜索的来源越多，版权清算成本就越高。第二，孤儿作品利用规则中要求利用人必须查阅的作品信息来源的在线可访问性。由于利用人前往实体部门开展勤勉搜索的成本远高于线上活动成本，因此无法在线访问的信息来源比例越高，利用人负担的搜索成本就越高。② 过

---

① van Gompel, S. Unlocking the Potential Pre-existing Contents: How to Address the Issue of Orphan Works in Europe, 6 *IIC*, 2007: 669-702.

② Schroff, S., Favale, M., Bertoni, A. The Impossible Quest-Problems with Diligent Search for Orphan Works, 48 *IIC*, 2017: 286-304.

于严格的勤勉搜索义务带来的高昂成本最终会降低利用人使用孤儿作品的意愿。换言之，各类孤儿作品利用规则所希冀解决的问题会被高昂的搜索成本重新引入，导致孤儿作品立法无法实现政策制定者最初的目标。因此，补充孤儿作品利用法律架构的技术架构应以打造一个成本较低的勤勉搜索模块为核心。

在此背景下，产生了另一个实践难题：应由哪个部门负责验证孤儿作品利用人搜索活动的勤勉程度。有观点认为应由用户自行决定，并在事后的侵权诉讼中由法官在个案中进行认定。但诉讼结果的不确定性将对孤儿作品利用人产生寒蝉效应，抑制其利用意愿。也有观点认为，应由政府著作权行政管理部门或由其授权的机构验证孤儿作品利用人的勤勉搜索程度是否合格。但此模式在孤儿作品利用人负担的时间与金钱成本基础上又增加了行政管理成本，在孤儿作品的大规模数字化活动中更不可行。本书认为，解决这一实践难题应结合规范性要求与技术架构，以此在保障著作权人合法权益、促进孤儿作品利用、降低勤勉搜索成本与辅助利用人规避侵权风险间取得平衡。具体而言，可通过权威机构推行的技术措施完整记录孤儿作品利用人的所有搜索活动，并将这些记录作为其已开展勤勉搜索活动的初步证明。例如，欧盟开发的 ARROW 系统即在一定程度上实现了权利人识别过程的自动化，大幅降低了孤儿作品利用人勤勉搜索的成本。

（二）来自欧盟 ARROW 系统的经验

ARROW 项目于 2008 年 9 月启动，旨在促进大规模数字化项目中的作品权利管理，以使公众能够无障碍地获取欧洲的文化和科学资源。该项目开发的 ARROW 系统是一个分布式基础设施，为作品建立了一个单一的兼容入口，以确保欧洲所有相关机构间的数据能够彼此兼容，并且可以促进跨国数据、现版和绝版图书书目、复制权组织目录等不兼容的数据彼此融合流通。

其主要组件包括作为网站入口服务的用户界面、ARROW 权利信息基础设施（RII）、ARROW 作品登记处（AWR）以及孤儿作品登记处

(ROW)。其中 RII 是 ARROW 系统的核心,当使用者提出搜索请求后,ARROW 搜索程序会依序检索欧洲图书馆、虚拟国际规范文档、现版和绝版图书书目以及复制权组织的作品权利信息数据库,以判断被检索作品权利状态。通过 RII 搜索流程,将会得到以下关键数据:(1)作品相关信息;(2)作品表现形式信息;(3)作品表现形式及其归属间的关系;(4)作品间关系;(5)作者和其他贡献者信息;(6)已确定的作者与其所贡献之作品关系;(7)每项信息彼此间关系,以及提供这些信息的来源;(8)ARROW 系统对作品著作权状态、出版状态、孤儿作品状态的判断。搜索流程结束后,RII 生成的数据将被存储在 RII 存储库和 AWR 内。AWR 是构成 ROW 的基础,存储在 AWR 内的作品于任一时间点被标记为"孤儿作品状态"就会被立即添加至 ROW 数据库。这些孤儿作品信息均可在公开用户界面检索。若权利人在此数据库内发现自己的作品,可立即通过 ARROW 系统主张权利。若 ARROW 认可其权利人身份,则会在系统内立即终结孤儿作品状态,删除 ROW 内的存储记录并在 AWR 内明确标记作品权利人信息。

勤勉搜索活动的自动化以能够访问大量用于识别权利人身份的数据为前提。欧盟 ARROW 系统在利用人主动提出检索要求后,全部搜索活动与结果将存储在 AWR 数据库内,并自动识别出可能属于孤儿作品状态的作品信息,以此积累了大量孤儿作品信息,可供公众查询取用,大幅降低了版权清算成本。ARROW 系统通过技术架构逐步建立了完整的欧洲统一作品数据库,部分解决了规范上关于勤勉搜索的不确定性和成本争议。借鉴 ARROW 系统,由国家著作权行政管理部门或著作权集体管理组织建立完整的孤儿作品信息数据库,可大幅降低孤儿作品利用的整体成本和利用风险的不确定性。但 ARROW 系统的运用仍有一大障碍,即其运作经费来源有限。文献中大多主张其经费或来自公共部门提供的公共基金,或来自 ARROW 系统使用者的直接支付,但无论何种方式最终亦将分摊至孤儿作品的利用成本之上。如何在技术上使该成本最小化,是促进孤儿作品利用环节的重点之一。

(三)关于勤勉搜索的众包项目实践

"众包"作为一种新兴范式,最初由美国记者詹姆斯·索罗维茨基(James Surowiecki)在 2005 年时提出,意指"人多力量大"。记者杰夫·豪威(Jeff Howe)在知名科技月刊《连线》杂志上发表的"众包的崛起"一文中更加系统地阐述了融合"人群"和"外包"的"众包"概念,即一种把曾经由内部工作人员执行的工作以灵活的公开征集形式外包给未定义的(通常是大型)人群网络,以利用群体智慧、知识、技能、工作和经验的协作工作模式。这种协作模式将组织内部活动外部化给"大众冲浪者",复合融合了"人群""外包"和"社交网络"三个关键定义元素,①非常适合通过互联网发挥人群的巨大潜力。② 此后,众多协作平台出现,众包则成为新的热门研究领域。

众包的原则是把对个体困难耗时的大型项目分配给更广泛的个人,将其分解为众人集体努力解决的小型行动,以快速实现任务目标。多人对同一项目的贡献比一个人的贡献更丰富,维基百科等协作百科全书编撰、开源中国众包平台都是引入众包理念的典型事例。众包形成的这种由多元化群体组成的集体认知系统,③除了提高工作效率,还能大幅降低项目的实施成本。根据著名咨询公司麦肯锡估计,使用众包平台在帮助企业提高大约 9% 业务产出的同时,还降低了大约 7% 的整体成本。④ 这既归因于通过加强协调和合作,采取多样化的解决

---

① Saxton, GD., Oh, O., Kishore, R. Rules of Crowdsourcing: Models, Issues, and Systems of Control. 30 *IS Manag*. 2013: 2-20.

② Hirth, M., Hoßfeld, T., Mellia, M., Schwartz, C., Lehrieder, F. Crowdsourced Network Measurements: Benefits and Best Practices. 90 *Computer Networks*. 2015: 85-98.

③ Surowiecki. J. *The Wisdom of Crowds*. Anchor Books. 2005. p. 31.

④ McKinsey reports. Connecting Talent with Opportunity in the Digital Age (2015). https://www. mckinsey. com/featured-insights/employment-and-growth/connecting-talent-with-opportunity-in-the-digital-age. accessed on 20. Apr. 2024.

方案来解决核心问题,从而实现的范围经济效应;同时,也得益于将劳动密集型任务分配给众多专业贡献者,从而实现的规模经济效应。

众包为进一步解决大规模版权清算中勤勉搜索的成本问题提供了方案。虽然按照大多数孤儿作品利用规则的规范性要求,对孤儿作品权利状态进行集中勤勉搜索活动的成本十分高昂。但若允许众多个体进行独立的搜索活动并认可这些分布式搜索结果的再度集中整合,则可将孤儿作品利用者负担的勤勉搜索成本分摊至众多贡献者,既能提升版权清算效率,又能降低资金不足的利用人的成本负担,最终促进孤儿作品利用,符合著作权功利主义理念的价值趋向。

欧盟已在其孤儿作品解决实践中充分运用了众包理念。例如欧盟委员会的联合规划倡议 Heritage Plus 项目——"通过分布式孤儿作品清理(EnDOW)增强对 20 世纪文化遗产的获取"。该项目旨在利用众包平台协助文化遗产机构将勤勉搜索工作分配给更广泛的人群来降低成本。与 ARROW 系统不同,EnDOW 系统向全世界公众开放,实现最大化版权清算效率。EnDOW 系统首先指导众包参与者通过"公共领域计算器"(Public Domain Calculator)确定被搜索作品是否落入公共领域。如果落入公共领域,则搜索终止。如果该作品仍受到著作权保护或权利状态不明,则引导众包参与者逐一搜索该国孤儿作品法定利用规范中规定的来源。若搜索结果为该作品权利人明确,则将权利人信息报告给众包任务发布者及拥有该作品的机构,并将该信息发布至公开数据库供公众查询。若搜索结果为权利人身份不明,则向拥有该作品的机构出具勤勉搜索报告,并由该机构承担验证搜索结果和确认孤儿作品状态的最终责任。① EnDOW 系统通过将劳动密集型工作任务外包至大量参与者分摊成本。但这类众包系统共同面临的问题是,如何有效地激励大量的贡献者参与众包项目。即使众包

---

① Borghi, M. , Erickson, K. , Favale, M. With Enough Eyeballs All Searches Are Diligent: Mobilizing the Crowd in Copyright Clearance for Mass Digitization, 16 *Chicago-Kent Journal Of Intellectual Property*, 2016:135-166.

平台的运营与维护成本低于中心化的 ARROW 系统,但若激励贡献者仍需投入大量费用,该项目也不符合功利主义对福利最大化的要求。值得注意的是,众包活动参与者并不总是需要金钱激励。在大规模众包项目中,通过众包社区规则设计可以将激励成本降至最低,[①]因为知识技能与社区声誉的提升也能有效激励个体为公共产品作出贡献。众包理念也反映出欧盟当下允许孤儿作品特定使用的限制模式的狭隘。因为要向更广泛的群体外包勤勉搜索众包项目,必然超出当下可援引孤儿作品著作权例外的文化和教育机构范围。如果采用本书提议的事后责任限制模式,即允许所有主体在满足相应条件的基础上利用孤儿作品而不必担心侵权风险,则可有效激励大众参与权利清算活动。

本书建议我国在制定孤儿作品利用规则时,借鉴 ARROW 和 EnDOW 系统,建立类似的互补型众包平台。具体要求包括:明确勤勉搜索的最低技术标准,并将其与众包平台任务关联。例如,孤儿作品利用人需咨询哪些具体数据库和来源机构以满足勤勉搜索标准。为此,利用人可将权利清算要求提交至众包平台,由专业参与者进行检索,只有在所有规定的数据库和来源机构查询完毕并记录后,任务才可标记完成。为提高检索准确度,还可设计用户间对检索结果的交叉检验环节。此外,为降低利用人的检索成本,应承认先前检索结果对后续利用人的效力。

(四)基于区块链的去中心化众包技术

包括 EnDOW 系统在内的众包项目应用普遍采用中心化结构,这虽然便于管理,但采用中心化方式构建孤儿作品勤勉搜索众包平台存在固有弊端,如难以应对单点崩溃故障、运行和维护成本较高、用户参

---

① von Hippel, E., von Krogh, G. Open Source Software and the "Private-Collective" Innovation Model: Issues for Organization Science, 14 *Organization Science*, 2003:209-223.

与度有限等。将众包系统部署在区块链上,可在一定程度上解决这些问题。区块链的去中心化特性能提高系统的安全性、可用性和可扩展性,并扩大众包技术的规模经济优势。①

　　本书以典型的区块链众包平台 CrowdBC② 为例,类比说明此类平台如何用于孤儿作品勤勉搜索活动。CrowdBC 的架构分为"应用层""区块链层"和"存储层"。孤儿作品利用人可作为发包方在"应用层"发布版权清算搜索任务。感兴趣的公众可查询并根据其技能和兴趣竞争相应任务。区块链层以任务状态(任务待接受、任务已接受、任务已完成)作为输入,实现参与公众与发包方之间的共识。由于区块链存储空间有限,众包平台将任务元数据(如哈希值、发包人、指针)存储于"区块链层",将任务原始数据存储于"存储层"。用户可通过元数据验证"存储层"数据的完整性与真实性。区块链驱动的众包平台可以使用智能合约将用户注册、任务发布、任务分配、奖励发放与任务质量评估几个子过程部署到区块链上。例如,CrowdBC 平台使用 Requester-Worker Relationship Contract(RWRC)智能合约管理任务。智能合约在发包方发布搜索任务信息时创建,并通过引入声誉系统解决众包参与者搜索水平参差不齐带来的数据质量问题。③ 当众包参与者想要接受搜索任务时,众包平台会调用"check Worker Qualification()"函数验证其声誉是否超过最小阈值,若符合要求,平台将更新智能合约状态并记录任务接受记录。当参与者完成搜索任务并提交相关信息后,该信息将作为智能合约的解决函数"solution

　　① Yang, P. et al., "Friend is Treasure": Exploring and Exploiting Mobile Social Contacts for Efficient Task Offloading, 65 *IEEE Transactions on Vehicular Technology*, 2016:5485-5496.

　　② Li, M. et al., CrowdBC: A Blockchain-based Decentralized Framework for Crowdsourcing, 30 *IEEE Transactions on Parallel and Distributed Systems*, 2019:1251-1266.

　　③ 吉原、蒋凌云:《基于区块链的众包系统研究综述》,载《软件工程》2023 年第 12 期。

Evaluate()"输入,用于任务质量评估。该质量评估由区块链中的其他节点进行,呼应了前文提出的用户间对检索结果的交叉检验策略。

区块链与众包技术的融合,为项目发起和管理提供了便利,增加了项目实施环节的透明度。同时,区块链技术特有的激励机制有助于解决传统众包平台激励不足的问题。

二、技术架构要素之二:基于区块链技术的孤儿作品信息元数据库

完善的孤儿作品保护体系核心在于在规范层面明确勤勉搜索标准,并在技术层面降低勤勉搜索成本。如前所述,勤勉搜索活动的自动化程度越高,综合成本越低。而实现勤勉搜索活动的自动化,又以能够访问大量用于识别权利人身份的数据为前提。因此,从著作权功利主义的角度看,促进孤儿作品利用规则的另一互补性技术架构要素是建立基于区块链技术的孤儿作品信息元数据库。该数据库结构类似于欧盟 ARROW 系统的 AWR 与 ROW 数据库,但应设计为"登记去中心化＋管理弱中心化"模式,由国家版权登记机构管理,并与勤勉搜索众包平台相连接。

(一)明确作品搜索来源

打造孤儿作品信息元数据库作为作品权利信息基础设施,应借鉴欧盟 ARROW 系统,除了建立完整的作品信息数据库与检索平台,还需连接国内外可公开访问的权威数据库,作为权利人信息搜索来源。例如,可以利用中国版权保护中心、国家和地方图书馆的书目中心、全国图书馆联合编目中心、全国中西日俄文期刊联合目录数据库、中国科学院中西文图书联合目录数据库、CALIS 联合编目中心、地方版文献联合采编协作网(CRLnet)、上海市文献联合编目中心及各著作权集体管理组织等部门的作品权利人信息数据库。同时,规定完成对这些来源的搜索方能满足勤勉搜索的合格阈值标准。

(二)孤儿作品信息元数据库

传统实践中,著作权行政管理部门和集体管理组织等机构通常各自管理存储相关信息的数据库，但这种中心化的数据存储与处理模式存在很多缺陷。首先，不同数据库可能存储相同作品的信息，导致数据冗余和查询效率低下。其次，各机构管理的作品信息数据格式不兼容，形成数据孤岛，阻碍数据共享。再次，中心化管理使得数据库易受黑客攻击，导致数据泄露和丢失。用户也无法独立验证数据的正确性，若作品信息被恶意篡改，用户和机构都无法察觉。尤其在孤儿作品利用领域，对作品权利信息数据的可信性和可回溯性要求很高，传统数据库技术难以满足这些要求。

区块链数据库具备去中心化、不可篡改且可回溯的特性，为解决上述缺陷提供了可能。因此，本书提出区块链驱动的孤儿作品信息元数据库概念，其核心思想是为每件在勤勉搜索众包平台发布的作品创建唯一元数据信息条目。众包平台参与者和孤儿作品利用人在每次搜索作品权利状态时，相关信息会自动添加至元数据中。具体而言，在众包搜索任务中被标记为"孤儿作品状态"的作品应立即被添加至孤儿作品信息元数据库，即将利用人勤勉搜索的过程信息和孤儿作品的权利状态信息加盖时间戳后上链，供公众检索。准备在众包平台发布搜索任务的利用人可事先检索相同作品的搜索历史，以避免重复搜索而增加成本。此外，如果权利人在孤儿作品信息元数据库发现自己的作品，可立即向国家版权登记机构主张权利并提交身份证明。若国家版权登记机构认可其身份，就会在勤勉搜索平台内将作品的"孤儿状态"变更为权利明确状态，并更新孤儿作品信息元数据库中的相关信息。

通过勤勉搜索，孤儿作品利用人实际上完成了孤儿作品权利状态在孤儿作品信息元数据库内的登记活动，并以第三方可查询的方式"公示"了其利用意图。本书认为，可将其拟制为孤儿作品利用人在利用作品前向登记机构通知并建立档案的行为。有文献批评，这种通过建立数据库并限制事后赔偿责任的孤儿作品利用模式实际上形成了一种未经权利人许可即使用作品的推定机制。除非权利人积极主张权利，否则所有未经著作权登记且权利人信息不明确的作品在实际效果上与进入公共领域的作品无异。[①] 这种规则与技术的组合迫使权利人登记作品,使著作权登记实质成为权利取得要件,既违反著作权自动取得原则,又减损了著作权制度的效能。本书对此持不同看法,因为打造孤儿作品信息元数据库旨在方便利用人查找权利人信息并形成满足勤勉搜索要求的证据记录,并非要求权利人负担登记作品或以任何形式主张著作权的义务。在法律效果上,该搜索行为及其登记亦与著作权本身的取得和丧失无关。[②]

随着网络效应的增强,孤儿作品信息元数据库的数据将更加完善,孤儿作品的权利状态也更易被搜索与确定。如果权利人拥有权利却不积极利用作品,而该作品因利用人的勤勉搜索而被记录在公开的孤儿作品信息元数据库中,则可推定权利人能够意识到其作品正在被他人使用但未采取干预措施。基于公平原则,应适当限制这些"忽视自己权利"的著作权人的救济权。

三、对区块链孤儿作品利用技术方案实践应用的质疑与回应

区块链系统以其分布式高冗余存储、时序数据、不可篡改性、去中心化和高安全性闻名,其应用已超越最初作为"一种存储各种类型资产的成本有效且安全的方式"的范畴。然而,前文提议的区块链技术驱动的孤儿作品技术架构也存在一些局限性,需通过技术和法律手段加以应对。

(一)对区块链信息无法删改可能降低孤儿作品技术系统可信度的回应

使用去中心化的区块链技术打造的孤儿作品利用系统,通过连接多个区块形成链式结构,并利用共识算法确保每个节点都有相同的搜

---

① Borghi, M., Karapapa, S. *Copyright and Mass Digitization*, Oxford University Press, 2013, p. 2.

② Goldenfein, J., Hunter, D. Blockchains, Orphan Works, and the Public Domain, 41 *Columbia Journal of Law & the Arts*, 2017:1-43.

索记录和更新。这一机制不仅避免了中心化数据库的单点故障问题，还保障了数据交换和记录的安全性和可信度。然而，区块链网络通常是封闭的，无法直接获取外部信息，部署的智能合约本身也没有访问外部数据的能力，必须依赖预言机收集孤儿作品相关数据。这些数据来源于链外且多形成于线下，区块链无法对上链数据进行溯源与核实，亦没有统一的标准来验证第三方提供的孤儿作品信息，难以防范错误登记。[①] 此外，预言机作为区块链与外部世界的唯一桥梁，也可能被不当操纵或恶意填喂错误数据，导致智能合约不当履行并引发纠纷。[②] 同时，信息一旦经过验证并记录在以太坊等公链上，将永久存储且无法修改。这意味着孤儿作品信息元数据库中的错误登记通常无法被修改、撤回或删除，只能通过不断新增信息区块来修正先前的错误。这可能导致数据冗余，并降低公众对数据库信息的信任度。

完善基于共识机制的异议登记可以改善这一困境。技术上，可以采用联盟链作为解决方案。联盟链介于公有链和私有链之间，兼具二者的优点。首先，联盟链是相对封闭的系统，参与节点相对独立却合作紧密。建议由文化遗产和教育部门及相关产业联盟参与者作为联盟节点；国家版权登记机构则作为"超级节点"连接各节点，负责在验证孤儿作品状态信息后更正错误登记，并管理区块链孤儿作品利用系统。实际上，联盟链在区块链应用实践中也是更受欢迎的解决方案。截至2022年3月4日，国家互联网信息办公室共发布了累计1705家境内区块链信息服务提供者，其中大多以联盟链为基础，几乎不涉及公有链。

（二）对孤儿作品利用系统有效激励不足可能降低系统长期可用性的回应

如果导致孤儿作品出现的根本原因是权利人缺乏权利宣誓和权

---

① 陈晓屏：《馆藏版权清算的困境与出路——兼议"孤儿作品"使用立法的必要性》，载《海峡法学》2022年第2期。

② 杨菲：《智能合约"内生型"纠纷化解机制及其法治化》，载《学术交流》2022年第4期。

利管理的动机导致的作品权利信息缺失,那么类似的激励不足问题也会出现在基于区块链技术的孤儿作品利用系统的管理与运行中。

区块链技术驱动的孤儿作品利用系统能够记录、存证和共享利用人对作品权利信息的搜索过程与结果。这不仅丰富了作品权利信息资源库,还能避免后续利用人对同一作品的重复搜索,从而降低利用成本。然而,该系统的顺利运作基于一个假设:每个孤儿作品利用人都会积极使用该系统进行勤勉搜索,并且使用该系统进行搜索活动,以及开发、运行和维护该系统的社会成本低于不使用该系统的总成本。一些学者对此持怀疑态度,[1]因为发挥这类登记系统潜力的关键在于能否建立一个向公众开放且信息可共享的庞大孤儿作品信息数据库。尽管技术上可以实现对利用人搜索活动记录的自动化,但这对形成数据库基础数据最关键的初次查找并无帮助。如果没有活跃的初次查找活动,孤儿作品信息数据无法累积,那么该系统的长期可用性也就成了一个伪命题。[2]

需要承认,仅将区块链技术作为一种数据库工具来解决孤儿作品利用问题,其作用十分有限。要充分发挥区块链技术在促进孤儿作品利用方面的潜力,需要一套结合技术和法律的综合方案。

首先,应为孤儿作品利用人积极使用该技术系统提供法律上的激励机制,降低其完成勤勉搜索义务的证明难度,以有效限制侵权责任。具体而言,可在确立前述孤儿作品利用规则的同时明确规定,孤儿作品利用人在该技术系统内按照规定方式和渠道进行搜索所形成的记录,应视为其满足勤勉搜索义务的初步证据。当权利人重新出现并向利用人提起著作权侵权诉讼时,如果法院确认利用人已通过统一的基

---

[1] Young, AC. , Copyright's not so Little Secret: The Orphan Works Problem and Proposed Orphan Works Legislation, 7 *Cybaris* ©, *An Intellectual Property Law Review* . 2016:202-248.

[2] 陈晓屏:《馆藏版权清算的困境与出路——兼议"孤儿作品"使用立法的必要性》,载《海峡法学》2022年第2期。

于区块链技术的孤儿作品利用系统进行了对涉案作品相关信息的搜索并形成勤勉搜索记录的,则视为其已尽勤勉搜索义务。在这种情况下,尽管利用人可能仍构成著作权侵权,但其侵权责任受到限制。利用人只需向权利人支付合理补偿金;如果是非商业性质的利用的,则可不作补偿。如果利用人未通过统一的基于区块链技术的孤儿作品利用系统搜索涉案作品相关信息的,则需承担其通过其他途径已尽勤勉搜索义务的证明责任,否则将承担相应的侵权赔偿责任。在制度层面明确对孤儿作品权利信息的查找方式和查找结果的法律效力,有利于提高孤儿作品利用行为的法律确定性,降低版权清算成本和利用人侵权风险。

其次,应在技术上将孤儿作品信息元数据库与基于区块链技术的众包搜索平台连接,将众包平台内部的激励效应传导至整个孤儿作品利用技术系统。当然,众包活动的激励措施并非完全内生,传统的众包平台也存在激励不足的问题。孤儿作品版权清算活动对众包参与者的法律知识、检索技术、外语水平以及人文素养均有一定要求。若无适当激励机制,很难吸引大量志愿者参与众包活动。区块链系统可以设计适度的激励机制,通过博弈规则促使参与者在自利行为的驱动下采取行动,实现个人利益与整体利益的共同目标,这也与著名的激励相容理论相容,[①]与促进孤儿作品搜索与信息共享的功能需求相匹配。

第六节　总结:利用规则与技术架构

本书提议的孤儿作品利用规则和技术架构旨在消除利用孤儿作品的法律障碍,最大限度地提高公众获取和再利用这些未被积极运用的创意作品的可能性。这显然与著作权的功利主义理念相符:当某件作品被权利人忽视,处于权利怠于行使的状态时,无形财产难尽其用,

---

① 胡元聪:《区块链技术激励机制的制度价值考察》,载《现代法学》2021年第2期。

作品传播的公共价值受到抑制,社会资源的分配未达到帕累托最优状态。此时,若有使用者希望利用该作品,那么其未获授权径直利用孤儿作品的行为,虽然可能降低著作权人的福利水平,但也促进了作品传播利益的实现。从功利主义视角出发,孤儿作品保护的合理限度应在动态平衡著作权人和使用者利益的过程中,找到能够最大化社会整体福利的焦点。

当然,为了履行我国作为国际著作权公约签署国所承担的国际著作权保护义务,引入此种孤儿作品利用规则时,必须确保对权利人补救措施的限制不会系统性剥夺其保护知识产权的有效执行手段。在对著作权救济措施的限制规定中,应设立原则性规定,只有在利用人已经尽力进行了"勤勉搜索"且无法找到权利人的情况下,方允许其在孤儿作品权利人重新出现时主张侵权责任限制。具体利用规则和技术架构如表 5-3 所示:

表 5-3 孤儿作品利用规则与技术架构设想

利用目的	非商业性使用		商业性使用
利用主体	公共文化及教育机构	其他主体	所有主体
技术架构	基于众包技术的区块链孤儿作品利用系统 		
利用方式	• 权利人经合理勤勉搜索而不可得,并记录搜索结果 • 利用前向相关机构就利用行为进行通知并建立档案 • 利用时标识无法定位所在的真实作者身份及利用人身份 • 利用时标识所利用作品之"孤儿"状态		
责任限制	无须支付合理补偿金		支付合理补偿金

第六章 区块链视角下数字创意产业的著作权交易促进路径

Web 3.0 时代,数字创意产业除了面临盗版、非法传播等传统问题,还遭遇了资源和利润分配不均等新挑战。尽管数字创意产业整体收入持续增长,权利人所得收益在其中所占比例却异常低。权利人收入与整体市场增益之间的"价值缺口"日益扩大,中心化传播平台收割了绝大部分收益。此外,数字创意产品的 IP 资源在头部和腰部、尾部之间存在显著的差距。这种不平衡现象进一步削弱了数字创意产业的整体创新能力。① 区块链技术的公开透明与去中心化理念为解决这些挑战提供了有效方案。利用区块链,著作权交易可以实现更高的透明度,智能合约的应用则能降低交易成本、提高效率,激励原创作者创作并减少 IP 资源的集中,促进优质内容的涌现,从而推动产业创新与发展。本书建议,从改善现有的 DRM 系统和著作权集体管理制度入手,逐步建立去中心化的活跃著作权交易市场。此外,本章探讨利用区块链技术消除数字内容二级交易市场中的法律障碍,以促进数字创意产业的消费端发展。最后,提出一个旨在简化交易的完整去中心化著作权交易模型构想。

---

① 解学芳:《区块链与数字文化产业变革的内外部向度》,载《人民论坛》2020 年第 3 期。

第一节 区块链技术用于改善作品
数字权利管理系统

DRM 是在数字内容交易过程中，对知识产权进行保护的技术、工具和处理过程，旨在防止未经授权的复制、修改和分发，还可要求用户按使用频次付费。[①] 然而，现有的 DRM 系统高度中心化，缺乏兼容性和互操作性，对数字作品交易产生负面影响。此外，这些系统易被破解，权利人难以获得全面保护。

为了应对这一挑战，数字创意产业相关人员提出了一种创新的解决方案：建设基于区块链技术的去中心化 DRM 系统。这种新型系统有望实现数字作品的跨平台使用和跨地域授权，并通过智能合约实现快速授权与收益分配，兼顾安全与效率。然而，该方案也面临批评，智能合约无法准确识别合理使用行为，限制了其在著作权交易中的应用。因此，需要探索如何将著作权的法定限制与例外条款嵌入智能合约中。

一、数字权利管理系统对数字作品著作权交易的促进功能

DRM 系统是一种结合软件与硬件的存取机制，采用信息安全技术在数字作品上设置存取权限。它可以追踪和管理数字内容全生命周期内的使用状况，在保证有权用户正常使用数字内容的同时，保障创作者和权利人获得合法收益。DRM 系统主要具备两大功能：一是确认作品来源及权利归属，通过"权利管理信息"（rights management information，简称 RMI）系统，在作品上标识浮水印或其他数字权利标识；二是控制作品的接触、复制或传输，主要通过"技术保护措施"（technological protection measures，简称 TPMs）来实现。

---

① Kwok, SH., Cheung, SC., Wong, K., Tsang, KF., Lui, SM., Tam, KY. Integration of Digital Rights Management into the Internet Open Trading Protocol. 34 *Decision Support Systems*, 2003: 413-425.

目前，主流 DRM 技术提供作品识别、用户认证、存取限制、作品保护与侵权监测等功能。部分 DRM 系统还能预先设定交易条件，在使用者端撮合著作权交易。随着电子支付的普及，权利人可利用 TPMs 控制作品利用，与使用者建立信任关系进行点对点许可，甚至进行跨境授权。可靠的 DRM 系统能够简化许可流程，提升权利金分配效率，是著作权交易机制的重要保障。设计良好的 DRM 系统不仅能防止盗版，还能增加数字作品交易的可能性。

(一)性质：权利人的合法私力救济措施

私力救济是指权利人在遭受损害但国家公权力无法及时介入或情况紧急，可能缓不济急之时，权利人不通过国家机关和法定程序，而仅依靠自身或私人力量解决纠纷的一种手段，[①]以弥补公力救济的不足。私力救济由来已久，是民间一种朴素的自我维权方式，但随着社会法治化程度的提高，其适用空间也限缩至正当防卫、紧急避险、严格限定条件下的自助行为等特定情形。《民法典》第一千一百七十七条新增"自助行为"相关规定，将其作为一种私力救济行为正式制度化。

著作权作为私权，传统私法上的私力救济制度显然可用于其保护。不过与传统民事自助行为不同，著作权制度中的私力救济更倾向于通过事前防御措施来预防侵权，而非主要针对已发生的侵权行为采取事中或事后控制。[②] 本书认为，DRM 系统的本质正是网络时代数字作品侵权便捷化与普遍化背景下，权利人为应对公力救济不足而采取的私力救济手段。DRM 系统的私力救济性体现在：在事实层面，DRM 系统是著作权人为应对著作权困境自发采取的技术手段，是依靠私人力量而非借助公权力实施著作权。在制度层面，《著作权法》第四十九条明确权利人为保护著作权与相关权可以采取 TPMs，即由权

---

① 徐昕：《私力救济的性质》，载《河北法学》2007 年第 7 期。
② 来小鹏，许燕：《技术措施与合理使用的冲突与协调——对〈著作权法〉第 49 条及第 50 条的再思考》，载《中国应用法学》2022 年第 3 期。

利人自己采取相应措施防止他人非法复制自己的作品,系对著作权人私力救济的制度化,而非改变其本身的私力救济性质。[①]

也有观点认为应将著作权人通过 DRM 系统实现作品控制的这一数字化自助行为上升为一种财产性权利加以保护。[②] 然而,尽管《伯尔尼公约》和 WCT 等国际条约以及多国立法均认可 DRM 的合法地位,但都未提及"技术措施权"这一概念,而仅规定禁止规避技术措施的义务。《著作权法》保护 TPMs 的目的是防止未经权利人许可的访问和利用,而非保护 DRM 系统内具体的装置、设备、部件、软件或算法。DRM 系统的本质是为创作者提供对其创作内容使用方式的一系列控制,[③]更适合被视为权利人以私人控制系统取代著作权的手段,而非实现权利。因此,以 TPMs 等为代表的 DRM 的法律属性并非著作权人的新型经济性权利,而是对权利人采取私力救济措施合法性的法律确认。

(二)功能之一:降低排他成本

排他成本是权利人为防止他人未经授权使用其产权而需承担的费用。具体至著作权领域,排他成本指权利人为保护其著作专有权而产生的各种费用,包括法律诉讼费用、时间成本、资源投入以及与侵权行为相关的其他损失。

依赖技术工具和代码规则来规范社会具有诸多优势,主要在于其能将法律代码化并事前执行规则。DRM 系统下的 TPMs 包括加密措施、反复制措施、追踪程序等技术手段,主要分为"接触控制措施"和"使用控制措施"(又称为"版权保护措施")两大类。前者防止他人未经授权接触作品,旨在实现"即时管制";后者针对作品使用过程中的

---

①　柴会明:《图书馆数字资源长期保存的技术措施限制与例外研究——基于著作权保护"技术路径"的考量》,载《图书馆杂志》2021 年第 1 期。

②　赵海燕:《技术措施权的著作权性质探讨》,载《时代法学》2015 年第 1 期。

③　Samuelson,P. DRM (and,or,vs.) the Law,46 *Communications of the ACM*,2003:41-45.

特定侵权行为,如未经许可复制,进行"事前控制"。《著作权法》仅在侵权发生后赋予权利人请求停止侵害、消除影响、赔礼道歉和赔偿损失的权利。通过部署 DRM 系统,著作权人可实时跟踪作品使用情况,并立即阻止任何未经授权的非法复制和传播行为,而不必等到侵权发生后才采取行动,进而避免了可能的侵权诉讼费用及其他排他成本。

此外,DRM 具备灵活性与自执行性。权利人若想变更技术措施对其作品的保护范围、强度,仅需由 DRM 开发人员修改程序代码,无须其他部门介入即可自动发挥管制作用,从而节省执行成本。除了保护著作权,DRM 技术在实践中还开始承担更广泛的法律法规和公共政策执行功能。著作权法律规范得以通过技术机制执行,并由法律明确禁止规避该技术保护措施的义务,将最终用户使用作品的行动自由以最低成本控制在一个细粒度极高的水平。由此观之,DRM 系统有助于增加作品的排他性,降低作品排他成本,使网络上数字作品交易低成本的特性得以发挥,促进交易。

(三)功能之二:降低著作权交易成本

数字创意产业链包括数字内容市场调查、内容创意、内容生产、内容交易、内容消费和衍生产品等多个环节,其一端连接着数字内容平台及大量专业创作者与传播者,另一端则连接着终端作品使用者。精神生活是生活世界的有机构成。当自然人为精神生活需要而购买、使用数字作品或接受数字媒体服务时,这些"作品使用者"自然也构成《中华人民共和国消费者权益保护法》(以下简称《消费者权益保护法》)第二条意义上之"消费者"。鉴于人群众多,整体产业链条完成作品著作权交易的搜寻成本与合同成本颇高。

除了降低权利人的排他成本,DRM 系统还可降低数字作品著作权交易的整体成本。例如,结合电子合同和电子支付,DRM 系统实现全程线上化,减少当事人的协商成本。通过提供灵活多样的合约条款,DRM 系统还可针对不同需求弹性的数字作品消费者实施差别定价，避免了单一定价可能带来的效率损失。[1]而 DRM 系统内的 RMI 通过权利信息标识，则起到类似物权法中权利公示的功能。[2]结合其内部搜索功能与 P2P 架构，RMI 能显著降低确定和衡量交易对象的成本，减轻信息不对称程度，加速现有交易并促进新交易的发生。

此外，数字内容消费者在使用作品时，必须遵循 DRM 系统设定的使用规则。一旦违反这些规则，DRM 系统将自动触发控制措施，有效阻止未授权的使用行为，节省著作权合同的执行与救济成本。DRM 系统不仅确保权利人从作品合法使用中获得相应收益，还能辅助收集和分析终端用户信息，用来更有效地控制作品的二次分发。这些功能共同作用，有助于降低数字作品著作权交易的整体成本，提高交易效率，对促进数字创意产业的健康发展具有重要意义。

二、现行 DRM 系统存在的问题与挑战

尽管 DRM 系统被认为能带来诸多好处，但其在设计上以出版商利益为中心，未能有效平衡对作品创作者和数字作品消费者权益的保护。此外，尽管法律认可 DRM 的合法地位并明确禁止规避 TPMs，但 DRM 机制仍常被规避，并存在安全隐患。下面具体分述之。

（一）中心化之 DRM 系统易被破解，存在数据与隐私安全风险

传统的中心化 DRM 系统基于单点控制的技术易被破解，[3]行为人通过技术移除数字作品权利标识、浮水印、规避限制复制等措施即可变造数字作品，无法保障数字作品的内容安全。此外，DRM 系统还被批评可能威胁用户数据与隐私安全。数字作品 DRM 通常具有远程控制、追踪监测等功能，不可避免地从消费者处收集信息。例如国际数字出版巨头 Adobe 就曾被曝光其 Digital Edition 4（DE4）阅读软

---

①　梅术文：《DRM 著作权许可中的消费者利益保护》，载《南京理工大学学报（社会科学版）》2015 年第 1 期。

②　叶敏：《数字版权管理措施的法律地位与限度》，载《出版科学》2012 年第 4 期。

③　俞锋、谷凯月：《网络版权保护体系变革：来自区块链技术的支持与想象》，载《中国出版》2021 年第 2 期。

件会自动收集用户的阅读记录,甚至会隐蔽搜索用户硬盘记录消费者未利用 DE4 软件阅读的其他电子书信息,并将这些信息以明文方式回传至 Adobe 的服务器。尽管著作权人可提出诸如其已将收集利用消费者使用信息的知情同意规则写入最终用户许可协议(EULA)并由消费者表示同意遵守的抗辩理由。但问题在于,消费者在消费实践中只能选择"接受或者走开",要么接受格式条款向著作权人提供个人信息,要么放弃消费数字作品。这些对消费者个人信息与隐私的奥威尔主义式的监视、收集与利用是否符合个人信息收集的"最小必要"原则,存有疑虑。

(二)DRM 技术的标准化与互操作性水平不强

DRM 技术在标准化、兼容性、互操作性等维度还存在差异。所谓互操作性,是指在两个或多个系统或组件之间交换信息并使用所交换信息的能力。目前市场上制定 DRM 标准的技术供应商和组织主要有开放移动联盟(OMA)、互联网流媒体联盟(ISMA)、安全视频处理器联盟(SVP)、Coral 联盟(Coral Consortium)、数字媒体计划 DMP(Digital Media Project)以及我国的数字音视频编解码技术标准工作组(AVS)等。这些组织提供的 DRM 系统种类繁多,由许多专有软硬件组件组成,通常不可互操作,降低了数字作品消费者的用户体验,阻碍了数字作品的交易。一些出版商使用独家格式提供数字内容,或刻意利用 DRM 技术限制兼容性,迫使消费者购买专用阅读器,严格控制消费者访问和使用内容的设备和条件。[①] 这不仅损害了数字作品消费者权益,也阻碍了信息自由流动与知识共享。长期限制消费者在互联网的文化近用将导致数字鸿沟,加剧信息落差和贫富分化。

缺乏兼容性与互操作性通常源于 DRM 组件技术的标准化不足。[②]

---

① Schovsbo, J. Integrating Consumer Rights into Copyright Law: From an European Perspective, 31 *Journal of Consumer Policy*, 2008:393-408.

② 唐晓波,文鹏:《DRM 技术标准建设分析及对策研究》,载《情报科学》2006 年第 3 期。

然而,实践证明在 DRM 领域很难建立共同标准。一方面,数字内容表现形式及保护需求的多样性使得开发统一的 DRM 标准体系十分困难。另一方面,出版集团希望从其主导的不可互操作的 DRM 技术带来的网络外部性与锁定效应中获益。[1]

(三)欠缺数字作品的权利信息元数据库

支持 DRM 系统发挥作用的作品权利信息元数据库还不够完善。而现有的 DRM 系统无法链接一个所谓的全球作品著作权信息数据库,权利人必须跨不同中介访问许多数据库,增加了数据不一致和不完整的风险。[2]

数字创意产业也曾数次尝试建立更统一和全面的数字作品权利信息数据库以搭配集中式 DRM 系统,期望实现公平分润、缩小行业"价值缺口",但全部宣告失败。仅以分润情况最为复杂的音乐行业为例:在全球化背景下,各国普遍拥有多个音乐作品著作权数据库。然而,这些数据库通常只覆盖音乐行业中一小部分作品的信息,并且常常面临信息不准确和访问困难的问题。创建一个更全面的作品权利信息数据库一直是音乐行业的目标。例如 1998 年,美国作曲家、作家和发行商协会(ASCAP)、英国表演权协会(PRS)和荷兰表演权协会(BUMA),荷兰机械复制权协会(STEMRA)等老牌集体管理组织即建立国际音乐合作联盟(IMJV),首次尝试在多国不同集体管理组织间建立音乐作品权利信息数据库的联合伙伴关系。该数据库使用存储在荷兰乌得勒支和英国伦敦计算机上的元数据创建。但较小的集体管理组织担心 IMJV 会使其变得多余,较大的集体管理组织则不愿发布其全部作品信息,以避免降低在产业内的经济地位和盈利能力。最终,IMJV 于 2001 年解散。截至解散,其数据库内纳入曲目占全球

---

① Finck, M., Moscon, V. Copyright Law on Blockchains: Between New Forms of Rights Administration and Digital Rights Management 2.0, 50 *IIC*, 2019: 77-108.

② O'Dair, M. Music on the Blockchain: Blockchain for Creative Industries Research Cluster, 1 *Middlesex University Report*, 2016: 4-24.

曲目比例不到21％。类似的,欧盟于 2008 年成立了全球曲目数据库(Global Repertoire Database,简称 GRD)工作组,讨论创建一个单一、全面和权威的全球音乐作品数据库,以促进更高效的在线音乐许可和作品发行。GRD 工作组最初由多种组织组成,包括环球音乐和 EMI 音乐出版公司、苹果、诺基亚和亚马逊等科技公司,以及多个国家的著作权集体管理组织、出版商、音乐服务提供商、消费者、唱片艺术家、经理人、唱片公司代表等。然而 2014 年,GRD 就被彻底搁置。前述尝试的失败主要源于创作者、出版商、集体管理组织以及其他利益相关者之间缺乏合作,特别是产业链的部分节点有经济动机维持现状以最大化其自身收益。[1]

在此背景下,音乐作品著作权以及相关许可费用支付流程变得更加复杂、不透明和低效,导致"按使用付费"的 DRM 系统的实际应用效果不佳。大量作品许可费被出版商等数字创意产业链上的中介角色扣留,未能公平分配给创作者,形成"价值缺口"。

(四)DRM 技术与消费者权益存有冲突,威胁公共领域

除效率不高之外,DRM 技术还被批评为破坏消费者自由,威胁公共领域。首先,TPMs 意义上的接触与使用控制可能不当限制公众依法通过消费、再创作或提供信息等方式使用作品的权利。[2] DRM 旨在保障数字作品从创作端到消费端的安全移动,防止非法利用。随着物联网的发展,著作权人能轻松通过 DRM 限制消费者访问与使用数字作品,形成了著作权人在法定专有权外控制使用者接触作品的"超级著作权"。这种接触权使消费者在市场上陷入一种因"信息悖论"带来的系统性弱势,即在未购买作品前无法评估其价值。部分消费者在无法判断作品购买价值时选择规避 DRM 或直接放弃购买,这都使著

---

① Ciriello,RF.,Torbensen,ACG.,Hansen,MRP. et al. Blockchain-based Digital Rights Management Systems:Design Principles for the Music Industry,33 *Electron Markets*,2023:(5)1-21.

② 刘银良:《著作权法中的公众使用权》,载《中国社会科学》2020 年第 10 期。

作权人预期利益落空,数字创意产业市场总福利受损。

其次,DRM 的自执行性亦有僭越消费者合法权益之嫌。《著作权法》第二十四条允许数字作品消费者在"适当引用"等情形下不经权利人许可使用数字作品。然而,部分以格式条款形式提供的 EULA 却不考虑终端消费者使用目的,禁止一切对作品内容的评价与引用。[①] DRM 技术可自动执行这些 EULA 条款,当发现消费者违反协议利用作品时,自动限制数字内容访问权限。在现有技术条件下,DRM 还无法智能区分作品非法利用与合理使用,通常一刀切禁止所有未经许可的利用行为,包括出于个人使用目的的复制、存储或亲友间的非公开传播。部分 DRM 甚至对保护期限已届满的作品实施同样控制,阻止其进入公共领域,形成事实上无期限的著作权保护。[②] 这些私力手段导致权利人的事实权利范围大于其合法权利范围的"代码即法律"现象,催生数字创意产业中的私人秩序,使数字作品消费者处于更弱势的地位,不利于产业的健康生态。

三、区块链技术在 DRM 系统中的应用与破局

(一)去中心化设计,克服单点故障风险,兼顾效率与安全

传统的 DRM 系统通常由中央服务器或中心控制点管理和执行,以集中控制最终用户对数字作品的访问和使用。这种集中模式难免出现单点故障、数据泄露以及对用户隐私和作品著作权的侵犯。近年来,学术界提出了"去中心化 DRM"的新概念。[③] 去中心化意味着决策通过扁平网络去中心化,降低将系统管理权限集中在少数个人或组织

---

① 谭钧豪:《文学网站用户服务协议的僭越行为及其规范》,载《出版发行研究》2018 年第 7 期。

② Therien JR. Exorcising the Specter of a "Pay-Per-Use" Society: Toward Preserving Fair Use and the Public Domain in the Digital Age. 16 *Berkeley Technology Law Journal*, 2001:979-1043.

③ Ciriello, RF., Torbensen, ACG., Hansen, MRP. et al. Blockchain-based Digital Rights Management Systems: Design Principles for the Music Industry, 33 *Electron Markets*, 2023: (5)1-21.

手中的风险。采用区块链技术等去中心化工具，去中心化的 DRM 能够实现更加安全、透明和私密的数字权利管理方式。

与传统的集中式 DRM 相比，去中心化 DRM 致力于消除中介，将控制权分散至整个网络，这在原则上与集中式控制存在根本冲突。为调和这一矛盾，技术人员需要进一步探讨去中心化 DRM 的具体实施方案，并分析技术本身及其治理结构与权力动态对数字作品内容安全和用户自主性的影响。去中心化 DRM 的潜在优势包括提高 DRM 系统的透明度和问责性，增强用户对内容的控制权，促进更公平的内容分发，以及降低创作者和出版者的交易成本。然而，其潜在劣势也不容忽视：数字作品的内容管理和分发在技术上可能变得更复杂，用户可能面临更高的技术门槛，同时由于技术固有的不确定性，可能会带来预防盗版和著作权执法方面的新挑战。

市场上已出现一些基于区块链的去中心化 DRM 解决方案，如 THETA Network。THETA Network 是一个视频流媒体平台，利用区块链提高视频内容传输的效率和安全性。它由全球用户运行的节点组成，提供视频转码、存储和分发服务。用户通过质押 THETA 代币获得更好的观看体验并参与网络治理。THETA Network 支持 NFT。NFT 可用于代表视频著作权和其他数字资产信息。内容创作者可将视频内容铸造为 NFT 以证明其相关权利。权利人则可通过 NFT 管理视频和其他数字资产，追踪作品权利归属和使用信息，并控制内容分发，如限制访问权限或授予特定用户许可。THETA DRM 则是基于 NFT 的去中心化 DRM 解决方案。它使用 NFT 来存储和管理加密密钥，用于加密视频内容。只有拥有相应 NFT 的用户才能解密和播放视频。此外，THETA 的边缘节点（edge node）还可将视频内容从边缘设备传输到 THETA Network，扩展网络覆盖范围。

总体而言，结合 NFT 与 DRM 打造一个去中心化的数字著作权管理系统，能为数字作品提供强大的著作权保护和灵活的管理功能，帮助创作者保护其作品并获得合理报酬，形成更加开放、高效和安全的数字创意生态系统。

(二)实现跨平台使用与跨地域授权,提升系统兼容性与可扩展性

传统 DRM 系统在追求提升互操作性的同时,可能会引发数据泄露等安全风险。这种风险不仅威胁到所有可互操作的 DRM 内容的安全分发,还可能损害数字作品消费者权益。[1] 相比之下,去中心化的 DRM 系统通过将内容加密后存储在分布式的 IPFS 文件系统网络上,并利用区块链技术来管理授权和访问权限,能够实现数字内容的跨平台使用与跨地域授权。这种方法不仅提高了内容的安全性,还为数字作品的分发和使用提供了更大的灵活性。

在探讨基于区块链的 DRM 系统时,兼容性与互操作性也是一个重大挑战。区块链技术在其诞生之初也曾被设计为封闭的生态系统。在数字创意产业中,不同出版集团和创作人组织可能各自拥有独立的区块链网络。这些区块链网络的底层技术在数据结构上可能存在显著差异,它们各自采用独特的共识机制、通信协议和安全协议,独立运行。虽然这种独立性确保了各自链内的强大安全性和完整性,但它也限制了链与链之间的交互能力,阻碍了更广泛的技术集成。然而,与以往在复杂的 DRM 组件开发中寻求共同技术标准的挫败经验相比,提升互操作性已成为当前区块链网络发展的关键方向。技术界已经提出了多种方法来促进不同区块链网络之间的互操作性和兼容性。例如,通过公证人机制(notary scheme)、侧链/中继链(side chain/relay chain)和哈希锁定(hash-locking)等技术和协议促使不同区块链系统之间进行安全的数据传输和交互,促进区块链应用的整合和互联互通。[2]

区块链更强的互操作性允许各种 DRM 系统实现无缝集成,这促成了一种 DRM 的标准化方法。这种方法确保了创作者能够跨不同

---

[1]　Qureshi, A., Jiménez, DM. Blockchain-Based Multimedia Content Protection: Review and Open Challenges,11 *Applied Sciences*,2021:(1)1-24.

[2]　郭朝,郭帅印,张胜利等:《区块链跨链技术分析》,载《物联网学报》2020 年第 2 期。

的内容分发渠道实施基于区块链的 DRM 数字作品保护与交易解决方案。基于区块链技术的 DRM 系统促进了作品信息在不同分发渠道间的自由流动,不仅提升了系统的兼容性,还有效防止了单一 DRM 技术垄断的局面。此外,区块链技术还显著增强了 DRM 系统的可扩展性,使其能够根据不同的使用环境和著作权交易需求,分叉出全新版本,进而增强了 DRM 系统的真实性和可靠性。[①]

(三)建立统一标准的全球数字作品 RMI 元数据库,确保 DRM 系统精准追踪与分配收益

数字创意产业面临的挑战是缺乏统一的全球作品权利信息数据库,导致产业内各种类型作品的许可结构异常复杂。这种复杂性不仅导致许可流程错误频出和效率低下,还让一些传播中介不公平地截留大量许可使用费。因此,推动数字创意产业著作权交易的发展,迫切需要建立更透明的数字作品许可结构。鉴于国际著作权法的复杂性,我们需要一种去中心化技术的 DRM 架构,允许权利人将 DRM 的代码规制与国家的司法管辖结合起来,并提供一种经济上可行的机制,以维持统一的全球数字作品 RMI 元数据库。这样的数据库将确保必要的网络效应,从而提高整个产业的效率和透明度。

区块链技术为建设统一标准的全球数字作品 RMI 元数据登记系统提供了新的机会。RMI 元数据的核心要素主要包括作品权利信息元数据和作品描述信息元数据。作品权利信息数据库主要记录作品的著作权信息、使用许可信息等;作品描述信息元数据则包括作品标识,即唯一识别数字作品的标识符;作品描述,包括作品名称、作者、类型、格式、语言、主题等信息;作品技术信息包括作品的文件格式、存储地址、技术参数等。DRM 系统通过实时更新的 RMI 元数据库信息追踪数字作品的使用和许可情况,根据作品权利信息元数据确保许可费

---

① 吴健,高力,朱静宁:《基于区块链技术的数字版权保护》,载《广播电视信息》2016 年第 7 期。

正确分配,同时利用作品描述信息元数据防止作品间的混淆,并避免许可费的迟延分配。

仍以音乐行业为例,在区块链支持的 DRM 系统中,音乐作品的元数据直接发布在区块链上,使复杂的作品许可结构更加透明。元数据添加至分布式账本后,由区块链共识机制验证其准确性,并向权利人、唱片公司和发行商分配唯一标识符,确保数据一致性和完整性。为兼顾安全与效率,本书建议以联盟链而非公有链打造本区块链系统,可确保只有对被记录作品具有利害关系的私人节点(例如音乐作品创作者、出版商、唱片公司和录音录像制作者等)才能向链中添加信息。有研究建议在主链外同时打造四条侧链:第一,由出版商、创作者和集体管理组织节点运行的侧链,用于记录音乐作品创作数据;第二,由唱片公司、唱片艺术家和发行商节点运行的侧链,用于记录录音录像制品数据;第三,追踪机械复制许可费用累积的侧链;第四,追踪公开表演许可费用积累的侧链。[①] 每条区块链记录均嵌入了数字作品权利信息元数据与作品描述信息元数据。任何人都可通过搜索功能找到并查看相关作品 RMI 元数据,以减少数字作品使用权与许可费支付管理的混乱。基于区块链技术的 DRM 系统可根据验证后的作品使用信息自动执行智能合约,通过法定数字货币支付版税。同时,该系统为数字服务提供商提供开放接口,由唱片公司、出版商、表演权组织等组成的联盟共同维护区块链。这种方式有望缓解音乐行业长期存在的许可费用分配不均和作品元数据记录破碎的问题。

(四)平衡著作权与消费者权益保护,在智能合约代码中嵌入法定限制与例外

DRM 系统自诞生以来就备受争议,因其不仅禁止了未经授权的

---

① Sharp, A., Lobel, O. Smart Royalties: Tackling the Music Industry's Copyright Data Discrepancies through Blockchain Technology, Smart Contracts, and Non-Fungible Tokens. 63 *IDEA: The Law Review of the Franklin Pierce Center for Intellectual Property*. 2023: 518-554.

作品利用,对合法消费者也施加了部分限制,使消费者搜索、访问、使用和共享数字化信息产品变得愈发困难。[①] 保护日益强烈的数字作品消费者权益与著作权人不断扩张的专有权产生冲突。

著作权与消费者权益冲突的内在根源在于技术发展下立法的滞后。[②] 传播技术的发展放大了著作权法的结构性缺陷与矛盾。传统著作权法的规范方式是先划出专有权范围,再通过界定权利限制与例外的方式保留作品使用者权益。例如,合理使用从来就不是消费者为著作权人设定义务的可诉"权利"(claim),而只是一种不受他人要求约束的"特权"(privilege),[③] 当权利人通过协议或 DRM 等技术措施限制消费者合理使用时,消费者无法获得救济。这些措施扩大了权利人的专有权范围,而著作权法框架内并没有提供任何手段来救济对"专有权限制"的限制。此外,高度集中整合的数字创意产业携带丰沛资源,常可影响立法走向。然而,消费者群体高度分散且集体行动成本过高,使得消费者权益在立法和政策决策中常被忽视。在重混文化盛行的背景下,著作权人与消费者之间的界限因快速变化的技术和市场力量而模糊。[④] 著作权法的规范重点对消费者权益及公众作品利用行为的社会价值关注不足,导致著作权制度结构性矛盾突出,进而引发更多冲突与纠纷。区块链技术的引入为化解这一冲突提供了有效机遇。

就 DRM 技术破坏消费者自由、威胁公共领域之具体问题,本书建议应于规范层面要求智能合约开发者"通过设计建立著作权例外",即在其代码中嵌入著作权的法定限制与例外的规定,将"合理使用纳

---

① Burkart, P. Trends in Digital Music Archiving, 24 *The Information Society*, 2008:246-250.

② 谭华霖:《知识产权权利冲突的内在机理及化解机制》,载《知识产权》2011 年第 2 期。

③ 王迁:《技术措施保护与合理使用的冲突及法律对策》,载《法学》2017 年第 11 期。

④ Lee, JA., Tripartite Perspective on The Copyright-Sharing Economy in China, 35 *Computer Law & Security Review*, 2019:434-452.

入设计"（fair use by design）与"设计由合理使用出发"（fair use by default）的概念作为一种平衡措施。数字创意产业的行业规范也应要求 DRM 系统在默认情况下将允许数字作品消费者合理使用的价值观纳入其系统架构。[1] 在信息科技高速发展之前,这种设计理念仅仅停留在"概念"层面,因为设计者可能无法实现让代码在复杂的作品使用环境中准确判断何种作品使用行为构成对著作权的正当限制。然而,借助人工智能和机器学习分析大量历史数据,已能在现实中实现将相对准确的合理使用判断纳入智能合约的代码设计。[2] 通过智能合约的自执行性,可以自动判断消费者利用数字作品的行为是否构成合理使用,进而向其开放作品接触及私人复制的机会。从著作权交易市场角度考量,侵权内容与合理使用识别技术的引入,还能够部分解决"避风港"条款适用过程中网络服务商由于成本的原因所支付的权利金普遍低于创作者预期,进而导致的"价值缺口"问题。这有助于权利人有效控制其作品的数字化利用,更好地实现创作内容的货币化。[3]

须注意,随着著作权交易规则及其例外判定均以智能合约的形式实施,区块链实质上获得了将法律代码化的"监管技术"地位。而此种代码化规则可以由开发者单方面强加,而无须经过任何民主辩论。因此,我们在积极利用区块链技术的同时务必对智能合约的开发人员将其自己对法律的解释嵌入到其创造的技术制品中的权力保持警惕。[4]

四、实施基于区块链技术的 DRM 系统带来的其他问题

当区块链技术在 DRM 系统中发挥 TPMs 功能时,可能构成《著

---

[1]　Nissenbaum, H. From Preemption to Circumvention: If Technology Regulates, Why Do We Need Regulation (and vice versa)? 26 *Berkeley Technology Law Journal*, 2011:1367-1386.

[2]　Elkin-Koren, N. Fair Use by Design, 64 UCLA Law Review,2017:1082-1100.

[3]　胡光:《数字环境下算法版权执法规范性研究》,载《河南财经政法大学学报》2024 年第 1 期。

[4]　De Filippi, P., Hassan, S. Blockchain Technology as a Regulatory Technology: From Code Is Law to Law Is Code. *Preprint arXiv*,2018, arXiv:02507.

作权法》第四十九条第二款之技术措施规避禁止义务的保护对象。构成受保护技术措施的前提是该 DRM 系统须为用于防止、限制未经权利人许可浏览、欣赏作品、表演、录音录像制品或通过信息网络向公众提供作品、表演、录音录像制品时的有效技术、装置或部件。其有效性为判断关键，但此有效性非指绝对有效性，[①]客观效果不佳的技术措施仍可受到保护。区块链驱动的 DRM 的 TPMs 的有效性普遍被认为优于传统 DRM 的接触控制与使用控制措施，是故应视为著作权法意义上的技术措施。据此，除法律、行政法规另有规定，任何组织或个人未经权利人许可，不得故意避开或破坏该 DRM 系统，亦不得以避开或破坏该 DRM 系统为目的制造、进口或向公众提供有关装置或部件，不得故意为他人避开或破坏该 DRM 系统提供任何技术服务。这也符合 WCT 第十一条、《世界知识产权组织表演和录音制品条约》(WPPT)第十八条对成员方应采取适当法律保护和有效的法律补救办法禁止技术措施规避的义务性规定。

问题在于，如果在区块链驱动的 DRM 系统中部署了基于以太坊架构的智能合约，可能会导致著作权法律规范与开源许可条款之间的冲突。智能合约的编写语言 Solidity 是一门开源计算机语言，采用 GPLv 3.0 协议。该协议具有一定"传染性"，要求在其基础上修改或与其有关联且整体发布的衍生作品仍必须继续使用 GPL 协议，[②]以避免开发者将开源软件的部分据为己有或其他影响软件传播的行为。GPLv 3.0 许可证第三条要求开发者放弃通过法律途径禁止规避技术措施的权利。这意味着，开发者只有在满足包括持续开源以及允许用户规避 DRM 的 TPMs 等义务的情况下，才能利用 Solidity 开发智能合约。否则，其因 GPLv 3.0 协议获得的授权将自动终止，构成侵权。[③] 尽

---

① CJEU，Case C-355/12，Nintendo Co. Ltd and Others v PC Box Srl and 9Net Srl.

② 祝建军：《开源软件的著作权保护问题研究》，载《知识产权》2023 年第 3 期。

③ 谭海华、林奕濠：《违反开源许可协议构成侵权》，载《人民司法》2022 年第 32 期。

管 GPLv 3.0 许可证并不禁止智能合约的开发者应用技术措施,但却允许第三方规避这些措施。然而,应用 DRM 系统的权利人或出版商并不希望其技术措施被随意规避。为了避免违反 GPLv 3.0,他们可能需要更换编程语言,特别是与其相关联的 ERC 系列标准,或选择分叉项目来维护 GPLv 2.0 版本的智能合约。由此产生的风险是,即使权利人或出版商能够通过基于区块链技术的 DRM 促进著作权保护与交易,但这种效果可能因缺乏 TPMs 规避保护而迅速消失。然而,有学者认为这种担忧仅仅是理论上的,因为目前市场实践中从未有任何人主张基于 GPLv 3.0 规避 DRM 系统中的技术措施。[①] 实际上,GPLv 3.0 协议第三条的规定很可能因违反《著作权法》第四十九条关于技术措施规避禁止的强制性规定而无效。

五、结论

传统 DRM 系统通过限制数字作品访问来实现著作权管理和保护,这种做法主要有利于出版商等传播者,但可能会降低权利人、创作者和消费者的整体福利。中心化的 DRM 系统还存在易被规避,互操作性不强等缺陷。随着技术发展和数字作品消费形态的不断拓展,数字创意产业参与者不断探索数字权利管理的优化方法。与中心化的传统 DRM 系统不同,嵌入区块链技术的去中心化 DRM 系统并不以作品使用限制为核心,而是关注提高 DRM 系统架构的透明度、一致性和效率。本书建议通过联盟链技术实现准去中心化的 DRM 系统,建立统一标准的全球数字作品 RMI 元数据库,以实用的拜占庭容错机制验证元数据,确保对作品利用的精准追踪,防止未经授权的分发。

此外,去中心化的 DRM 系统还可以通过智能合约帮助内容需求

[①] Hanuz,BG. *Examining the Application of Blockchain Technology as a Solution to and the Enabler of End User Online Copyright Infringement*,University of Liverpool,PhD thesis,2019.

方和供给方进行交易，内容消费者有机会使用基于区块链的数字资产进行支付，同时通过自动执行的合同条款实现精准的权利管理和许可费分配的自动化，由区块链将这些交易数据记录为防篡改的证据。为此，需要打造一个"区块链即服务"（Blockchain as a service，BaaS）架构，由其提供用户界面，实现创世区块创建、共识机制定义、节点初始化和运行、钱包管理、地址管理、区块链浏览器等核心功能，用来降低基于区块链的 DRM 系统构建的复杂性。[①] 区块链驱动的 DRM 系统最显著的优势在于消除了权利管理中对单一中央机构的需求，从而降低了因中央技术系统故障导致服务中断的风险。同时，基于区块链技术的 DRM 系统采用功能更丰富的智能合约，而不仅仅旨在控制用户对作品的访问权限。

然而，区块链和智能合约驱动的 DRM 系统也可能继承传统 DRM 的一些缺点，例如可能促成权利人在法定专有权之外控制用户接触作品的"超级著作权"，导致权利人与使用者之间的利益结构失衡。为避免该风险，本书建议将"合理使用等著作权例外纳入设计"概念纳入 DRM 系统设计作为平衡措施，确保基于区块链的 DRM 系统通过预先设计的智能合约更平衡地实施著作权法。

第二节　区块链技术用于提升 著作权集体管理组织效率

数字时代，作品消费形态的变化重塑了创意行业的竞争规则。与传统线下消费模式相比，人们通过网络服务提供商更广泛、更便捷地接触各种数字作品。过去十几年中，实体作品销售和数字作品在线下载收入均迅速下降。尽管数字作品的在线下载曾被视为一种创新的

---

① Ma，Z.，Huang，W.，Gao，H. Secure DRM Scheme Based on Blockchain with High Credibility. 27 *Chinese Journal of Electronics*，2018：1025-1036.

销售模式,但其经济结构与实体作品销售模式十分类似。目前,消费者对数字作品的消费行为已显著改变,很多人会选择在线订阅小说和影视剧,或通过流媒体听取音乐,而非逐一下载特定作品。在这种新消费形态下,如何在权利人和传播者之间公平、及时、透明地分配利润,成为数字创意产业的一大挑战。

机械复制时代,著作权集体管理制度对著作权交易和许可费的流转至关重要。著作权集体管理组织沟通权利人与使用者,是著作权流转的重要一环。全球各国的著作权集体管理组织在立法和政策制定中也起到了关键作用,旨在确保创作者获得充分保护和公平报酬。然而,在数字时代,传统作品消费方式下建立的著作权集体管理组织面临巨大挑战。尽管这些组织仍是数字创意产业的重要组成部分,但必须适应颠覆性技术带来的变化,以满足权利人、传播者和使用者的新需求。

我国的著作权集体管理组织起步较晚,面临信任缺失、监督不足和运行效率低下等问题。本节分析我国著作权集体管理的现实困境,分析如何通过区块链与智能合约技术提升著作权集体管理组织的运行效率与信任度,探索数字时代著作权集体管理制度的破局之道。

一、著作权集体管理的起源、当代定义及其特性

最初,作品著作权许可是由著作权人与使用者直接协商并达成协议实施的,体现了双方的意思自治。然而,随着作品传播渠道的拓展和传播技术的进步,作品的利用方式更加多样,使得著作权管理更加复杂。面对这种复杂性,作品个别管理已经无法满足著作权人和使用者的需求,著作权集体管理制度开始崭露头角。

著作权集体管理制度的起源可追溯至 18 世纪 70 年代末期的法国。彼时法国剧院上演歌剧时,通常使用剧作家的改编剧本,但不愿支付相应报酬,且不重视保护作者署名权。1777 年,法国著名剧作家皮埃尔-奥古斯坦·卡隆·德·博马舍(Pierre-Augustin Caron de Beaumarchais)领导成立"戏剧立法办公室",旨在基于团体契约维护创作者的正当权益。[①] 该组织通过集结众多作品,使作家和作曲家能够向演出其剧本或音乐的剧院收取报酬,逐渐形成了作家和作曲家作品的集体管理概念。1791 年,在博马舍等人的努力下,法国正式认可对戏剧等作品表演权的保护,使剧作家、作曲家等得以向剧院收取演出其作品的报酬,戏剧立法办公室也转型为管理剧作家和作曲家表演权收费的组织。[②] 该组织于 1829 年更名为"剧作家暨作曲家协会"(SACD),并一直运营至今,被广泛视为世界上第一个著作权集体管理组织。

然而,SACD 的运作模式与现代著作权集体管理方式差异很大。除了将作品交由 SACD 进行集体管理外,其他诸如许可条件、范围以及许可费分配比例仍由著作权利人和使用者间个别协商决定。彼时的 SACD 更像是为权利人和作品使用者提供沟通渠道以促进许可的中介。

1847 年,法国音乐词曲作者保罗·亨利昂(Paul Henrion)、厄内斯特·布尔热(Ernest Bourget)与维克托·帕里佐(Victor Parizot)在巴黎一家餐厅用餐时,发现餐厅未经许可演奏其音乐作品,于是提起侵权诉讼。这一诉讼引发了创作者对作品保护的重视,但也揭示了权利人难以追踪作品在何处被公开表演以收取报酬的问题。这一情况直接促使法国作词作曲家共同成立"音乐作词作曲家许可费中央代理处",即现今的法国"音乐作者作曲者与出版商协会"(SACEM)的前身,为现代著作权集体管理制度的起源奠定了基础。随后,各国逐渐发展出不同类型的著作权集体管理组织,其主要任务仍是收取和分配作品许可使用费。如今,著作权集体管理组织的业务范围已扩展,不

---

① [美]丹尼尔·热尔韦:《著作权和相关权的集体管理》,马继超等译,商务印书馆 2018 年版,第 4 页。

② Ficsor, M. Collective Management of Copyright and Related Rights, https://www.wipo.int/edocs/pubdocs/en/copyright/855/wipo_pub_855.pdf, accessed on 20. Apr. 2024.

再局限于对音乐著作表演权许可费的收取,还包括发放著作权使用许可、收取和分配使用许可费、监督作品使用情况以及代理权利人提起侵权诉讼等。

WIPO 将著作权集体管理定义为一种代表权利人管理著作权和邻接权的活动,主要内容包括监督相关作品的使用、与使用者协商相关作品的使用许可费用、向使用者以合理价格发放作品使用许可、收取作品使用许可费用并将其分配给权利人。[1] 我国《著作权集体管理条例》则将著作权集体管理定义为著作权集体管理组织经权利人授权,集中行使权利人的有关权利并以自己的名义进行的活动,包括与使用者订立著作权或者与著作权有关的权利许可使用合同、向使用者收取使用费、向权利人转付使用费,以及进行涉及著作权或者与著作权有关的权利的诉讼、仲裁等。[2]

可见,著作权集体管理组织最初是由权利人为维护个人权益自愿组成的。其管理权和信任基础建立在权利人、集体管理组织与使用者之间的协议上,集体管理活动主要依赖合同而非法律,私人自治色彩浓厚。[3] 在早期的个别管理模式下,权利人需自行管理作品的使用许可,并监督作品的使用和侵权情况。随着传播技术的变革,作品使用方式日益多样,权利人很难全面掌握其作品的使用情况,个别管理方式逐渐不再适用。相较之下,集体管理模式的优势明显。在这种模式下,权利人委托集体管理组织管理作品,只需支付管理费即可按比例分享作品利用产生的收入。使用者则无须逐一与权利人协商,只需按照统一的使用许可费率支付许可费。因此,集体管理组织的设立降低了权利人和使用者之间的交易成本,促进了作品的合法利用。

---

① Ficsor, M. Collective Administration of Copyright and Neighboring Rights: Study On, and Advice for, the Establishment and Operation of Collective Administration Organizations, WIPO Publication. 1990, p. 11.

② 参见《著作权集体管理条例》第二条。

③ 张惠彬,王怀宾:《著作权集体管理制度的反思与回应——信托视角下》,载《中国编辑》2022 年第 5 期。

在性质上,著作权集体管理十分类似自益信托。典型的信托是指委托人、受托人及受益人以信托财产为客体所形成的民事权利义务关系。[1] 在形式上,著作权人(委托人)基于对著作权集体管理组织(受托人)的信任,将其著作权(信托财产)委托给由其选任的受托人,并由该集体管理组织按著作权人的意愿以自己的名义,为著作权人(受益人)的利益管理和处理信托财产,并将由此所得利益交付著作权人。信托的本质是一种财产权的取得和管理方式。[2] 当委托人在其财产之上设立信托的意思表示生效,其财产即转化为委托人不再能够支配的信托财产。同样的,当权利人与著作权集体管理组织订立著作权集体管理合同后,不得在合同约定期限内自己行使或者许可他人行使合同约定的由著作权集体管理组织行使的权利,[3]相当于丧失了对其著作权的支配,但享有对集体管理组织的报酬请求权。

著作权集体管理组织在得到信托授权后,以自己的名义从事著作权管理活动。集体管理组织汇集了大量成员作品,统一管理众多权利人的著作权,从规模经济角度看,集体管理具有效率优势。但无论是公权介入下的非营利性法定/强制性集体管理,还是市场形成的合同/自愿性集体管理,集中管理都使创作者在一定程度上失去对作品的自主控制权,并可能使其面临集体管理组织运营不透明、报酬分润不合理与滥用市场支配地位等风险。数字创意产业普遍存在作品权利信息数据不准确、缺乏透明度和延迟付款等问题。[4] 这些问题部分源于行业过度依赖以集体管理组织为核心的权利管理体系。因此,传统作

---

[1] 朱垭梁:《信托的意思表示结构及其定义的民法再造》,载《河北法学》2020年第9期。

[2] 倪受彬、黄宇宏:《信托财产权结构探析——以所有权为主要分析对象》,载《上海对外经贸大学学报》2022年第1期。

[3] 参见《著作权集体管理条例》第二十条。

[4] Li, ZH., Cheng, WT. Practices of Collective Management of Copyright on Musical Works and Related Rights on Audio-Video Products in China, 8 *International Journal of Intellectual Property Management*, 2015: 78-106.

品消费模式下建立的著作权集体管理制度亟须优化更新。

二、我国著作权集体管理制度的现实困境

(一)垄断性强:集体管理组织与会员之间权利义务失衡

我国著作权集体管理组织准入门槛高,成立著作权集体管理组织须通过国家版权局和民政部的双重审批。《著作权集体管理条例》第七条第二款第二项规定,设立著作权集体管理组织,不与已经依法登记的著作权集体管理组织的业务范围交叉、重合。换言之,在我国,每类作品领域只能设立一个集体管理组织。目前,文字、音乐、音像、电影与摄影五个领域均已设立著作权集体管理组织,任何组织和个人不得成立同类型集体管理组织开展业务竞争。可以说,我国著作权集体管理组织以法定垄断形式存在,其在设立方式、业务范围、授权许可模式上均体现出一定的垄断性。在国际上,著作权集体管理组织的运作模式根据市场结构可分为垄断模式和竞争模式。学术界与国际社会的实践对两种模式中何者更为优越尚未达成一致共识。[①] 多数观点认为,应依照各国不同国情、法律传统、创意产业规模以及整体经济发展情况来决定更为合适的做法。

部分国家和地区允许同时设立和存续多家具有相同或相似功能的、相互存在竞争关系的管理组织,并将其视为反垄断法意义上的经营者。这种模式能够增强权利人、使用者对著作权集体管理组织的自主选择权。作品使用者在与集体管理组织进行许可协商时,更容易取得较为优势的地位。但是,如果允许多个集体管理组织管理同类作品,可能会带来一些问题。一方面,这会增加权利人和作品使用者与不同集体管理组织之间的交易成本。作品使用者可能需要与多个组织接洽,以确定其所需作品的管理方,甚至可能出现重复支付使用费的情况,增加许可获取的负担。另一方面,这也可能导致不同集体管

---

① 崔国斌:《著作权集体管理组织的反垄断控制》,载《清华法学》2005 年第 1 期;杜伟.我国著作权集体管理组织代表性审视》,载《知识产权》2018 年第 12 期。

理组织之间的竞争,争夺管理作品的数量,从而提升管理成本,减少作者的报酬分配。因此,国际上同时允许两个以上集体管理组织就同类型作品进行竞争的情况仍较为少见,典型例子包括美国和日本。美国在词曲表演权的集体管理领域同时拥有美国作曲家、作家与发行商协会(ASCAP),音乐广播公司(BMI)及欧洲戏剧作家和作曲家协会(SESAC)三个集体管理组织。日本则有日本音乐著作权协会(JASRAC)及以股份有限公司形态设立的电子许可证株式会社(eLicense)与日本 Rights Clearance 株式会社等集体管理组织相互竞争。

另一些国家则赋予集体管理组织法律上的垄断地位(de jure monopoly),或在审批设立申请时维护其事实上的垄断地位(de facto monopoly),采取垄断模式。在这种模式下,著作权集体管理组织通常由政府牵头设立并对其实行严格管控。规模适度的集体管理组织能够在一定程度上应对数字时代权利管理的碎片化现状与规模化利用需求,并降低著作权交易成本,捕获规模经济的制度收益。[1] 当然,对具有垄断地位的集体管理组织而言,确实可能发生强迫使用者签订一揽子许可合同、利用垄断定价权向使用者收取不合理的使用费、对权利人实行差别待遇、限制权利人退出集体管理组织、收取权利人过高的管理费等滥用市场支配地位行为,[2]从而导致著作权集体管理组织与会员之间权利义务的严重失衡。

以我国图片市场为例,目前国内的大型商业图库主要包括"视觉中国""全景视觉"与"IC Photo"等。其中,视觉中国掌握大量独家图片内容,且在多年运营中积累了大量数据、技术和运营优势,在我国商业类图片的有效市场份额高达 50%,在高端图片市场也接近 40%。[3]

---

[1]　刁佳星:《著作权法律制度的经济分析》,中国政法大学出版社 2023 年版,第265-270 页。

[2]　袁杏桃:《著作权集体管理组织反垄断问题研究》,载《知识产权》2017 年第 5 期。

[3]　数据参见《视觉中国公司研究报告》,http://pdf. dfcfw. com/pdf/H3＿AP201901141284479955＿1. pdf,2024 年 4 月 20 日最后访问。

这些商业图库借助其市场份额优势,深刻影响图片行业市场运作。为管理海量图片著作权交易,图库与上游供图者或下游使用者间一般都使用格式合同订立许可协议。这种模式不利于许可协议的更新与管理,普通供图者对图库方提供的交易条件也缺乏必要的议价能力。商业图库借助其市场力量独占图片分销渠道,利用格式合同单方面控制图片市场价格与交易条件,并不断提高管理费用,存在滥用市场支配地位风险。

　　垄断模式之下的另一面是,非法的著作权集体管理行为不断蔓延。《著作权集体管理条例》第六条规定任何组织与个人未经许可不得自行从事著作权集体管理活动。换言之,仅著作权集体管理组织经权利人授权方可以自己名义集中行使"权利人的有关权利"(参见《著作权集体管理条例》第二条)。例如,中国摄影协会是我国政府指定国内唯一从事摄影著作权集体管理的社团法人机构。然而,对网络图片授权市场而言,只有当作者加入中国摄影著作权协会并授权协会管理其摄影作品,使用者才能够通过协会寻求该摄影图片的许可。协会的图片管理与运营范围仅限于会员作品,范围过小,并且中国摄影协会的集体管理活动亦不活跃。实践中,专营图片著作权交易的商业图库充当创作者与使用者中介,对外实现大规模许可的模式,在当下最为主流。类似的,在音乐行业,数字音乐授权通常由唱片公司与网络音乐服务提供商直接签订音乐作品著作权授权使用协议,由后者负责代理和转授权。中国音乐著作权协会和中国音像著作权集体管理协会所管理的音乐作品数量,远远少于各大网络音乐服务商。这些大型商业图库和网络音乐平台最初仅向用户提供使用服务,并未集中信托管理作品。它们凭借海量作品的优势,使集体管理组织在集体管理功能方面已难以与其制衡,实践中也开始开展作品授权许可业务。

　　商业图库及音乐平台经权利人授权作为代理机构就图片作品或音乐作品财产性权利发放许可的行为是否属于擅自从事著作权集体管理,存有疑问。虽然集体管理组织的唯一性并不在逻辑上否定图库接受供图者委托实施大规模许可的合法性，①但因《著作权法》和《著作权集体管理条例》都未明确定义何为"集中行使权利人的有关权利"，造成集体管理行为的法律性质界定不明，图库代理经营作品的"商业性集体管理"模式仍存违法风险。更何况实践中也确实存在部分商业图库和音乐平台伪造授权、故意模糊著作权信息等诱导使用者误信其具有集体管理权限的现象。② 非法的著作权集体管理行为极易导致市场交易机制失灵，如何遏制集体管理组织可能的垄断与不当行为是我国著作权集体管理制度亟须解决的现实困境之一。

（二）透明度低：行政色彩浓厚，陷入信任困局

信任作为经济发展的道德基础和交易的核心，可有效促进合作与资源共享，降低交易成本，改善整体利益，并对解决资源不合理利用的公地悲剧问题起到积极作用。③ 尽管《著作权集体管理条例》强调政府对著作权集体管理组织的监督与管理，以确保其依法依规开展工作，但权利人及使用者对其信任度不高。这归因于我国著作权集体管理组织作为独立于权利人和使用者之间的第三方，在社会公众中缺乏公开性，其整体运作也缺乏透明性。④

作为自益信托关系中的受托人，著作权集体管理组织代表权利人的利益，需按权利人的意愿为权利人的利益管理和处理其信托财产，并将由此所得利益交付权利人。因此《著作权集体管理条例》要求著作权集体管理组织除保留维持正常运作的必要管理费外，应将其他使用费全部分配给权利人，不得挪作他用。所谓必要管理费，主要因集

---

① 熊琦：《非法著作权集体管理司法认定的法源梳解》，载《华东政法大学学报》2017 年第 5 期。

② 王田，高雨薇，王如诗：《信息不对称理论视角下网络图片版权交易的侵权问题研究》，载《出版发行研究》2019 年第 11 期。

③ Milinski，M.，Semmann，D.，Krambeck，HJ. Reputation Helps Solve the "Tragedy of the Commons"，415 *Nature*，2002：424-426．

④ 田晓玲：《著作权集体管理的适用范围和相关问题研究——以著作权法第三次修改为视角》，载《知识产权》2015 年第 10 期。

体管理组织之监督利用情形与分配使用报酬而产生。在扣除上,应平等对待各个权利人,对个别管理成本较高的作品利用行为,集体管理组织出于公平原则,应仅从这些权利人的使用报酬中扣除必要管理费,而不应让其他类型的权利人负担。然而《著作权集体管理条例》并没有严格限定著作权集体管理组织的管理费收取比例与具体扣除方式。此外,条例中规定的对作品许可使用情况、使用费收取和转付情况以及管理费提取和使用情况进行记录及供权利人和使用者查阅的义务,往往也未被适当履行。以中国音乐著作权协会为例,虽然其已较为充分地在年报及会讯中说明其宏观层面的收支情况,但缺少对单个权利人作品的具体相关情况的有效充分公示。① 实践中,著作权集体管理组织转付使用费缺乏会员参与、管理费使用以及收益分配情况欠缺透明性。另外,根据出版商、唱片公司、集体管理组织和网络服务提供商等之间的保密协议,许多信息可能被认为信息是有价值的数据财产而不会被公开分享,这些都不可避免地引发信任危机。

在信托法律关系中,受托人受信托义务约束。然而,我国的各个著作权集体管理组织因均属于相关行政部门审批设立的非营利法人组织,带有半官方性质,导致行政色彩浓厚,契约精神不足。尽管《著作权法》与《著作权集体管理条例》都规定了集体管理组织应当履行的义务与法律责任,但敦促其履行义务的多为行政监督,而非来自信托财产管理中"勤勉义务""忠实义务""注意义务"等信托义务的约束。② 著作权集体管理组织的法定垄断地位及因其导致的"弱监管"现象,使其难免会为了私利损害权利人的经济利益。③ 对违反管理义务的行为,著作权人只能通过向国家著作权主管部门检举的方式进行间接监

---

① 张文韬:《论著作权集体管理组织内部治理的基本原则》,载《科技与出版》2017年第 9 期。

② 张惠彬,王怀宾:《著作权集体管理制度的反思与回应——信托视角下》,载《中国编辑》2022 年第 5 期。

③ 陈杨,谢韩:《著作权集体管理制度优化:区块链智能合约介入》,载《长沙理工大学学报(社会科学版)》2022 年第 2 期。

督或寻求司法救济,监督成本很高,效率却较低,并不利于敦促著作权集体管理组织积极履行义务。这大幅削弱了我国集体管理组织的群众基础,难免进一步降低其社会公信力。

公信力一直是非营利组织发展的重要问题,如何提升集体管理的透明度,破除信任困局是我国著作权集体管理制度亟须解决的现实困境之二。

(三)管理困难:信息偏在,难以应对数字作品的新形态利用

信息偏在,即信息不对称是影响著作权交易效率的重要原因之一。[①] 由于信息不对称,创作者很难与创意市场的潜在使用者开展直接授权活动。独立创作者也很难与拥有庞大营销预算的商业创意平台竞争交易对象。在此情况下,创作者通常只能选择加入集体管理组织,委托其进行大规模许可活动。使用者同样面临获得许可渠道有限、价格高的困境。数字作品著作权自创作完成即由作者自动取得,使用者判断作品权属信息的成本较高。随着信息技术的发展,大量用户对数字作品的碎片化利用更加剧了创作者与使用者之间的信息扭曲与沟通失灵。同时,难以确认权利人身份或所在的孤儿作品数量显著增加。在无法获得授权信息且不违法使用作品的情况下,使用者只能依赖集体管理组织。早期的著作权集体管理组织正是基于这种信息不对称而在著作权市场中获得有利地位,进而使人们对其产生天然依赖。

早期集体管理组织搭建的作品权利信息公示和交易平台确实有助于降低使用者的著作权交易成本。然而,在数字时代,作品权利分散、权利信息和标识格式不统一等问题日益突出。同时,数字作品的使用形态愈发多样化,导致使用者在某些情况下需要从不同的集体管理组织获取授权许可。在技术上,集体管理组织也缺乏一个

---

① 任安麒:《区块链技术下我国著作权集体管理的困境与破局》,载《出版发行研究》2022 年第 9 期。

能够整合跨类型作品的全球数字作品权利信息数据库。可以说,著作权集体管理制度并未完全解决实践中权利人与使用者之间的信息不对称问题。

此外,由于缺乏全球性系统来链接作品使用信息与权利归属信息,许多许可费收入在信息不完整或不正确的情况下无法准确支付给权利人,集体管理组织也缺乏经济动力去寻找权利人。以音乐作品为例,集体管理组织会将无法通过国际标准音像制品编码(ISRC)、国际标准音乐编码(ISWC)或其他标识符系统区分合法许可费存入托管账户,并最终根据市场份额将这些无法归属的资金分配给唱片公司和出版商。但这些许可费通常不与这些唱片公司或出版商签约的艺术家或作曲家分享。在信息失灵背景下,著作权集体管理组织在数字作品的新形态利用方面面临的挑战日益加剧。

(四)效能不彰:业务僵化,权利金分配不及时、不合理

我国著作权集体管理组织因其半官方特性,常带有传统公共管理体制的缺点,如僵化和官僚主义。作为特定作品领域内著作权集体管理服务的唯一提供者,它们可能垄断社会公共资源,导致效率低下、缺乏竞争力、服务质量下降以及资源配置不佳。此外,这种管理体制也难以为组织成员提供与营利性企业相同的激励机制。集体管理组织在资金募集、内部奖励机制、业务发展规划等运营方面的选择相对有限。例如,多数集体管理组织在授权许可操作上仍沿用传统的"一事一议"模式,要求作品使用人提供具体的使用方式和时间等信息,然后由集体管理组织报价。这种落后的管理方式可能导致整体授权许可业务僵化,使得集体管理组织的活动常被诟病为效率低下。

在作品许可费用分配环节,集体管理组织还存在着分润不及时、不合理的问题。以中国音乐著作权协会的许可费分配情况为例,通过将其与英国、美国、德国、法国、奥地利、丹麦等国的集体管理组织进行比较后发现,前述几个域外发达国家的许可费分配处理时间在 6~18 个月之间,而中国音乐著作权协会的许可费分配最长间隔却达到 38

个月，①可见我国集体管理组织的许可费分配效率十分低下。这种延迟部分归因于许可费分配流程会涉及许多中间媒介，而每个中间媒介都拥有结构不同的数据库和会计系统。特别是在跨境许可的情况下，权利人可能位于不同的国家，支付过程必须符合相关国家的法律规定，因此支付流程十分缓慢。权利人很难准确追踪流程如此庞杂的许可费支付过程，也很难避免中间媒介隐匿权利金的现象。②

实践中，由于创意产业中大型中介平台和作品分销商的强势介入，使那些缺乏平等议价能力的中小型创作者的许可费收入更加微薄。例如，商业图库对签约作者的图片权利金分成比例普遍偏低，摄影师在"视觉中国"图片抽成比例仅为25%。③ 不平衡的权利金分配导致平台在作品授权量与最终支付的许可费用间产生了巨大的"价值缺口"。即使在集体管理组织主导谈判的情况下，帮助成员获得公平报酬也十分困难。此外，由于使用费经过许多中间媒介才能到达权利人账户，权利人最终可能只得到很少的费用。数字技术加剧了作品利用与著作权管理的碎片化，面对市场上庞大的作品使用许可申请，著作权集体管理组织处理效率低下，也很难保障公平及时地分配许可费，无法满足数字作品新消费形态下使用者与权利人之间的实际交易需求。

三、区块链智能合约破解著作权集体管理制度困境的可行性

实践中，部分国家的著作权集体管理组织已开始尝试将区块链技术引入日常管理活动。例如，日本JASRAC于2018年与IBM子公司共同进行区块链应用验证实验，证明其可用于管理乐曲的采用、收集

---

① 张文韬：《论著作权集体管理组织内部治理的基本原则》，载《科技与出版》2017年第9期。

② 朱凌珂：《区块链智能合约应用于著作权集体管理制度的设想与路径》，载《大连理工大学学报（社会科学版）》2021年第4期。

③ 梁小婵，周亮：《视觉中国维权"暴利"背后：摄影师分成持续下降！》，载搜狐网2019年4月16日，https://www.sohu.com/a/308178952_161795，2024年3月9日访问。

和分发记录等。2020年,JASRAC开展了音乐作品信息注册与共享的实验,旨在提升公众对音乐权利信息数据库的信任度与运行效率。JASRAC开发的区块链平台能够记录音乐作品内容的哈希值、权利人的信息与时间戳,并将这些信息打包上链,确保管理音乐作品信息的正确性与透明性。此外,由于各国著作权集体管理组织的作品管理系统数据不兼容,阻碍了著作权交易。2017年4月,美国ASCAP、法国SACEM及英国PRS for Music合作开发了区块链试点项目,旨在创建一个实时更新和跟踪的共享、分布式音乐作品元数据数据库,以提高跨境交易中作品权利信息的准确性。该项目将作品信息与ISRC和ISWC关联,提高了权利信息比对的准确率,减少了交易错误,从而提升许可效率,降低整体交易成本。2017年5月,芬兰著作权集体管理组织Teosto开发了Pigeon区块链平台,用于追踪作品词曲作者及权利金去向,提高使用费分配效率,降低管理成本。域外经验显示,区块链技术的去中心化、不可篡改性和智能合约的自执行性等特征的综合运用,或可为我国著作权集体管理制度的困境提供解决方案。

第一,区块链技术的去中心化特征符合限制集体管理组织滥用垄断地位的监管理念。集体管理组织可利用区块链的共识机制和分布式架构构建著作权交易平台,提高作品许可和传播效率。鼓励民间服务商采用区块链技术打造著作权交易系统,直接撮合作者与利用人交易,减少中间层剥削,实现有效分润,并形成与集体管理组织的平行竞争,显著提升著作权交易市场的整体效率。传统中心化管理下集体管理组织的失败为去中心化管理提供了契机。若能联合创作者、传播者以及集体管理组织,共同建立一个著作权集体管理联盟区块链平台,利用区块链的去中心化特性,可以削弱集体管理组织的垄断性与官僚性,使其回归"非营利法人"的民事主体地位。[①]　该

---

① 任安麒:《区块链技术下我国著作权集体管理的困境与破局》,载《出版发行研究》2022年第9期。

联盟链平台无须中介机构运行,且无法独自集中过多数字作品权利信息数据,避免了因平台拥有过多数据而可能产生的垄断问题。此外,联盟链中各个节点都拥有内容相同的分布式账本,确保各节点信息对称且地位平等。

第二,区块链技术的不可篡改性和共识机制为著作权交易信息提供了高度的透明度和可追溯性。如果能建立一个整合跨类型作品的全球数字作品权利信息数据库供公众查询,权利人将不再担忧集体管理组织篡改或隐匿作品许可使用情况、使用费收取和转付情况以及管理费提取和使用情况,因为他们可以随时通过区块链著作权信息检索系统查询不可篡改的交易记录和资金流向,追溯和监督每一笔交易。此外,区块链技术还可帮助著作权集体管理组织确定作品收益和许可费用的分配,确保权利信息和交易数据的公开透明,实现链上数据共享。引入区块链技术使集体管理组织的管理活动从抽象描述转变为可验证的实证证据,增强了运营透明度。这一举措不仅减少了权利人和使用者对集体管理组织的疑虑,还通过机器信任解决了传统管理活动中的信任难题。

第三,区块链与智能合约技术的结合可进一步降低著作权交易成本,提高运行效率。首先,区块链技术的应用能够显著降低著作权交易的监管成本。在传统中心化监管模式下,著作权集体管理组织与民间网络著作权交易平台均对其数据拥有绝对控制权,容易出现篡改数据以及刻意增加自身权力以创造谋利机会的"寻租"现象。① 区块链技术采用分布式记账模式,每个参与节点均存储完整账本,通过共识机制保障数据的完整性与一致性。同时,去中心化使集体管理组织及其他交易平台失去单边监管权力,能有效避免监管俘获现象,并减少"寻租"行为,从而降低著作权交易的监督成本。其次,区块链上部署的智

---

① 舒晓庆:《区块链技术在著作权集体管理制度中的应用》,载《知识产权》2020 年第 8 期。

能合约可将著作权交易当事人的权利和义务内容事先编码并上链,存储在各个节点。著作权合同的履行、监督、纠纷化解均可以在预设的"触发条件"满足后自动执行,提高了著作权集体管理组织的运行效率,降低了合同履行风险与整体交易成本。

第四,区块链技术有助于弥补著作权集体管理组织的义务缺位问题。我国集体管理制度最初是为回应国际公约和国际组织要求,通过直接立法安排成立的,其诞生环境缺乏产业基础,在制度设计上也较少像国外集体管理组织那般蕴含本土创意产业主体的私人自治精神,因此饱受广泛代表性不足的批评。在某种程度上,我国集体管理组织并非充当着著作权许可法律关系中的平等主体,而是一个缺乏监督、地位高于权利人与使用者的独立第三方。[1] 这导致内部治理失灵、会员大会权力虚置、对小规模使用者的歧视等问题。信托授权方式限制了权利人在授权后调整许可方式和使用费标准的灵活性,同时也缺乏有效手段限制集体管理组织滥用市场支配地位。作为受托人的集体管理组织应为受益人利益行事,并平衡不同受益人间的利益冲突,同时承担谨慎行事的义务,即应以应有的谨慎、技能和勤勉从事集体管理活动。[2] 然而,现行立法对集体管理组织的义务性规定不足,监督也不到位。区块链技术凭借其工作量证明和分布式数据库结构,能够提高集体管理组织的透明度。实时分布式数据共享使利益相关者能够识别和访问与权利管理信息及交易流程相关的数据,有助于弥补现有信托法律关系中的义务缺位问题。通过将信义义务以代码形式引入集体管理组织,即使在缺乏内外监督的情况下,也能确保其自动履行更高水平的忠实义务和善管义务。

---

[1]　熊琦:《著作权集体管理制度本土价值重塑》,载《法制与社会发展》2016 年第 3 期。

[2]　Bouchagiar, G. Collective Management Organizations as Fiduciaries and Blockchain's Potential for Copyright Management, 66 *Journal of the Copyright Society of the USA*, 2019: 201-226.

四、区块链与智能合约优化著作权集体管理制度的实现路径及挑战

（一）区块链与智能合约技术对著作权集体管理的具体优化路径

1.利用区块链技术打造整合跨类型作品的全球数字作品权利信息数据库

我国著作权法采取创作保护主义，创作和完成作品即享有著作权，无须登记或注册，而著作权许可与转让也不需登记，这加剧了著作权集体管理组织在作品权利信息与交易信息数据库的不完整性。此外，数字时代不同形态作品的利用通常涉及多种专有权，同一作品利用行为可能同时涉及发行权、复制权、信息网络传播权等多项权利。著作权集体管理组织通常仅在特定区域内取得权利人的部分授权，[①]导致使用者在寻求许可时需花费大量时间甄别哪些作品的哪些权利由哪个组织管理。由于缺乏官方有公信力的数据，现有著作权信息查询系统不仅内容不完整，还存在分类编码混乱、搜索查询功能不精准等问题。这导致使用者难以确保依其做出判断的准确性，徒增著作权交易的信息成本，亦有可能引发后续纠纷。在跨境许可的情境下，使用者很难识别所有相关的合法权利人，无论其隶属于哪个集体管理组织。这一问题的根源在于缺乏一个完整且可公开获取的国际数字作品权利信息数据库。这一不足使得本已复杂的权利追踪更加困难，同时也阻碍了许可费的正确支付和及时分配。

要求集体管理组织使用传统技术手段整合包括不同功能的权利种类、许可区域以及分许可信息等复杂数据，成本高昂，很难实现建立全球统一作品权利信息与交易信息数据库的目标。因此，著作权集体管理组织可以利用区块链技术的独特优势，提高其存储的作品信息的完整性、真实性和可靠性，为使用者提供一个快速且可信的作品查询系统，涵盖由其管理的作品。研究显示，DRM 可有效补充著作权集体

---

① 朱凌珂：《区块链智能合约应用于著作权集体管理制度的设想与路径》，载《大连理工大学学报（社会科学版）》2021 年第 4 期。

管理。① 著作权集体管理组织应与发行商等积极合作,共同参与前文提及的统一标准的全球数字作品 RMI 元数据库建设,打破著作权交易的信息不对称结构,降低交易的信息成本。类似的愿景在前区块链时代即已出现,例如欧盟主导的全球曲目数据库(GRD)项目。其早已证明,在创意行业创建全球单一著作权数据库并非不可能,但也非易事。GRD 项目曾在全球范围内聚集了广泛的参与者,但最终失败,主要原因包括资金不足、未能就数据控制权达成共识,以及集体管理组织担心自身身份会变得多余。一个整合跨类型作品权利信息的全球数据库可以解决数字创意产业著作权管理的诸多问题,但其建立需要集体管理组织的参与与合作。GRD 的失败部分源于集体管理组织的退出,因其担心全球数据库会威胁其经营能力。如果能有技术化解这些问题与顾虑,重启类似 GRD 的项目则极有可能成功。

去中心化的区块链技术将控制权和决策权从单一中心化实体转移至分布式网络。在联盟链中,链上数据仅对特定利益相关者可见,所有授权节点都可以接入数据,并按照规则参与共识和读写数据。这解决了谁应该控制和管理全球单一著作权数据库的问题。随着网络内容生产的分散化,部分网络服务提供商开始成为作品传播的重要渠道,配合网络支付的普及,著作权交易成本复又降低。② 若全球单一著作权数据库建成,个别许可将再次成为可能,著作权交易也可能不再依赖集体管理组织的中介服务。然而,集中许可模式下"中间人"的现代职能已不再局限于发放许可与分配利润,还扩展至创意作品开发、市场营销及侵权维护等任务。若脱离著作权集体管理组织的中介服务,创作者除搜索成本与签约成本之外,还要负担许可协议执行成本与监督、维权成本。因此,即使全球单一著作权数据库建成,个别许可

---

① Hansen, G., Schmidt-Bischoffshausen, A. Ökonomische Funktionen von Verwertungsgesellschaften-Kollektive Wahrnehmung im Lichte von Transaktionskosten- und Informationsökonomik, *GRUR Int.* 2007,461 ff.

② 熊琦:《著作权集中许可机制的正当性与立法完善》,载《法学》2011 年第 8 期。

也无法完全取代集体管理活动。但是，利用技术与规则优化完善个别许可，加强其与集中许可模式的协同运作，可以整体繁荣著作权民间交易市场，缓解当前的交易困境。

总之，利用区块链技术打造公开透明的整合跨类型作品的全球数字作品权利信息数据库，方便使用者比对其所欲利用之作品是否由著作权集体管理组织管理。通过共识机制确保作品权利信息与交易信息数据的准确性，加速作品的交易流通，可重建公众对我国著作权集体管理制度的信任。

2. 利用智能合约打造多元化著作权许可模式，促进许可费分配的即时与透明

根据作品的传统利用形态与收益，著作权可分为"大权利"（grands droits）与"小权利"（petits droits）。大权利指利用地点与频次较少、可替代性低且利用价值大的权利，如特定作品为特定使用的复制权。小权利则指因利用频次较高而行使琐碎、可替代性高、利用价值相对低的权利，如公开表演权和放映权等。当然，二者之间并不总有明确界限。通常，小权利由著作权集体管理组织管理，旨在解决权利人与使用人分散，作品使用频繁却利润微薄，以致许可成本不经济的利用困局。相比之下，大权利可由权利人与使用者逐案洽谈后直接发放许可，因此可视为其仅被"部分地集体管理"。随着流媒体服务的普及，数字作品的利用与消费方式发生显著变化。一方面，数字作品可被大量终端消费者短时间内重复利用，意味着权利人可预期的许可费分配也将增加，使得著作权集体管理组织在分配使用费时的即时性和透明度更受关注。[1] 另一方面，准确监控作品使用情况、处理著作权交易信息以及高效分配许可费的技术挑战加大，极度依赖集体管理组织具备足够的信息能力来处理海量的著作权使用清单。

---

[1] 林绍钧：《资讯科技对著作权集体管理影响之研究——侧重音乐授权》，载《智慧财产权月刊》2021年第5期。

目前,集体管理组织通常将获得授权的所有同类作品概括授权给使用者。这种概括许可模式在收费上不考虑权利人以及作品之间的差异,在权利金分配上也不根据每件作品的每次使用进行分配,而是将一段时间内收取的许可费在扣除管理费用和必要成本后统一分配给权利人。① 虽然概括许可模式降低了集体管理组织在许可费金额与作品使用范围等问题上的协商与监管成本,但这种单一许可模式可能导致对作品使用需求较小的使用者支付过高费用,或使消费预期较低的使用者放弃寻求许可,②从而减少市场上著作权交易的总量。

智能合约技术的应用能够促进许可模式的多元化,避免低消费意愿的使用者轻易放弃著作权交易。著作权集体管理组织可通过区块链技术搭建著作权交易平台,为权利人和使用者提供集中交易场所,从而降低缔约成本并提升效率。具体而言,著作权集体管理组织可以编写和部署不同类型的智能合约,供权利人根据需求选择适合的授权模式。多元化的许可模式能够在许可费用与作品利用方式间建立更科学的联系,使琐碎、权利金微薄的作品利用不必再以"一揽子高价"交易,更真实地反映作品的市场价值。这不仅减少了概括许可对使用者的负外部性,也体现了对作为私权的著作权及其交易中私人自治的尊重。

此外,区块链交易平台确保了著作权交易的透明性,可进一步增强权利人和使用者对集体管理组织的信任。③ 在传统著作权集体管理活动中,确保即时、合理和透明的使用费分配一直是难题。信息时代,权利人收入与整体市场增益之间的"价值缺口"加深,更使权利人怀疑使用费未被正确分配,从而加剧对集体管理组织的不信任。著作权集

① 熊琦:《非法著作权集体管理司法认定的法源梳解》,载《华东政法大学学报》2017 年第 5 期。

② 熊琦:《论著作权集体管理中的私人自治——兼评我国集体管理制度立法的谬误》,载《法律科学(西北政法大学学报)》2013 年第 1 期。

③ 舒晓庆:《区块链技术在著作权集体管理制度中的应用》,载《知识产权》2020 年第 8 期。

体管理组织可以部署智能合约,根据权利人选择的授权模式预设许可条件,如作品使用方式、使用范围和期限等,待使用者确认或通过交易平台获得并利用作品后即达成交易,支付也将自动完成。智能合约则记录交易信息并通过共识机制确认,自动扣除管理费及必要成本后,按比例将收益分配给权利人,保障著作权交易链条的高度透明,提升著作权集体管理活动的公信力。

区块链与智能合约技术还具备实时监控反馈和自我处理的技术优势。基于这两者的智能化著作权管理系统能够完整监控许可费从消费者到权利人再到创作者的流转链条,利用时间戳和哈希值确保上链交易信息的可追溯性,帮助公众自动追溯存储在区块上的作品使用期限、方式、范围和利用情况等信息。同时,该系统实现了"利用即结算",凸显了区块链著作权管理的智能化和高效率。使用者在每次利用数字作品时仅需支付相应的使用费,即可在相关方之间完成权利金结算,为创意产业实现实时分润提供了令人兴奋的可能性。

(二)区块链与智能合约技术应用于著作权集体管理制度面临的挑战

第一,上链信息的真实性与准确性存疑。尽管区块链不可篡改的特性能够确保作品权利信息与交易信息一经上链即不被篡改,但却无法验证上链信息(如创作者身份信息、作品来源信息)本身的真实性与准确性,[①]也无法确认输入信息的人是否有权输入这些信息。这意味着著作权集体管理组织所构建的或参与构建的整合跨类型作品的全球数字作品权利信息数据库中记载的权利人未必是真实权利人。信息的真实性、准确性及完整性取决于区块链节点的诚实程度。尽管每个节点均被期望为会遵守规则,但仍可能存在恶意或过失输入不准确信息的情况。错误信息与跨链重复信息因无法删改而易生误导,难免给真实的权利人及创作者带来一系列物质和非物质损失。因此,本书第四章提议的基于共识机制的异议登记制度也适用于此处,或可改善

---

① 柴振国:《区块链下智能合约的合同法思考》,载《广东社会科学》2019 年第 4 期。

此困境。

第二，区块链技术仍面临待解决的技术与安全风险。尽管经过十余年的发展，区块链的整体架构已趋于稳定，但具体技术仍在快速演进中，存在许多需要完善的地方。在著作权集体管理活动中应用区块链技术，需确保其高性能、高可用性、高扩展性，以及与传统信息系统的数据互通。同时，著作权集体管理组织还需克服区块链不可篡改性导致的信息修改困难、合理确定联盟链的适当规模，以及完善许可费支付机制等一系列技术问题。此外，区块链技术的安全风险及其带来的监管挑战也不容忽视。针对新兴技术的传统硬法监管常出现"步调问题"和所谓的"科林格里奇困境"，即一旦新兴技术达到社会的某个拐点，治理就会面临挑战。[①] 因此，监管机构需考虑是在区块链技术发展的早期阶段进行干预，还是推迟到更成熟的阶段再进行干预。对著作权集体管理组织而言，关键在于在运用区块链技术之前，充分了解其潜在争议，并通过行业互动获得必要的专业知识以化解部分风险。

第三，著作权集体管理组织引入区块链技术的意愿亟待加强。区块链技术是否能有效协助著作权集体组织管理作品并充分发挥其潜力，最终取决于集体管理组织的使用意愿。2017 年以来，全球多个著作权集体管理组织参与区块链项目，但大多数只是探索性试点，并无明确应用计划。目前仅有法国 SACEM 和日本 JASRAC 的区块链项目投入实际应用。法国 SACEM 通过其子公司 URights 提供的Musicstart 是一项基于区块链技术的创意作品保护服务，允许创作者以几欧元的极低成本获得作品登记证明，且该服务对所有 SACEM 成员免费。日本 JASRAC 提供的 KENDRIX 项目允许创作者将其作品版本名称、作者、歌曲文件的哈希值以及创作日期和时间记录在区块链上，以时间戳和数字签名确保数据完整性，防止篡改或丢失。目前，

---

① Yang，F.，Yao，Y. A New Regulatory Framework for Algorithm-Powered Recommendation Services in China.4 *Nature Machine Intelligence*，2022；802-803.

集体管理组织主要将区块链技术用于作品登记的数据库技术，尚未利用智能合约管理著作权和分配许可费用。一项针对世界知名集体管理组织高层管理人员的调查显示，集体管理组织对在未来集体管理活动中是否会使用区块链技术的问题尚未达成共识。对区块链技术态度积极的受访高管表示，尽管区块链可能不会彻底改变创意行业，但该技术肯定会在某些领域逐渐实施。持消极态度的受访高管则表示，集体管理组织面临的主要挑战是创意产业未捕获足够的作品权利和交易信息，而非缺乏防篡改的存储技术，因此区块链的关键属性并未解决集体管理组织在权利管理方面的核心问题。由于区块链技术只能实现与现有技术相当的效果，耗费资源重新造轮子并无必要。① 在将区块链和智能合约技术应用于集体管理活动时，确保数字作品权利信息和交易信息的完整性与不变性并不复杂，关键在于如何获得权威的数据来源，以建立区块链集体管理链条的第一环节。这些问题涉及技术之外的人文和组织因素，常需跨学科的知识与实践经验来有效解决。从这个角度看，集体管理活动中的治理问题而非技术问题，将成为区块链项目实施的主要障碍。此外，引入智能合约的"利用即结算"技术优势，将彻底改变集体管理组织的使用费分配模式。尽管即时透明的分润过程能保障权利人的利益，但对集体管理组织而言，这种模式并未显著增加其收益，反而带来了额外的技术成本和运营风险。如何提升集体管理组织采用新技术的意愿，并平衡使用者、权利人和集体管理组织的权益，是推进区块链应用的关键。

五、结论

在过去几十年里，著作权集体管理活动在全球范围内都扮演着重

---

① Arenal，A.，Armuña，C.，Ramos，S.，Feijoo，C.，Aguado-Terrón，JM. *Digital Transformation，Blockchain and Music Industry：A Review from the Performers' Collective Management Organizations* (CMO)，32nd European Conference of the International Telecommunications Society (ITS)："Realising the digital decade in the European Union-Easier said than done?"，Madrid，Spain，2023，International Telecommunications Society (ITS)，Calgary.

要的"中间人"角色,对创意产业至关重要。然而,在实践中,我国的著作权集体管理组织因行政干预过多、缺乏监督和义务约束等诸多因素,受到代表性不足、缺乏私法自治精神、涉嫌滥用市场支配地位等批评。数字服务提供商的涌现和流媒体业务的迅速增长,以及创意作品利用方式和使用者许可需求的变化,给集体管理组织的运作带来了巨大挑战。区块链的技术特征与著作权交易需求完美契合,有望消除单一中心化组织的垄断控制,[①]为著作权集体管理活动带来效率优势。

通过应用区块链与智能合约技术,集体管理组织对数字世界的适应性可能会更强。我国的著作权集体管理组织在此方面亦作出了自己的努力。例如中国音像著作权集体管理协会打造的集合了确权系统、渠道方服务系统、内容方服务平台、支付结算平台、数据分析平台的"著作权大数据管理"平台,就是利用互联网大数据、区块链、人工智能等新技术创新的集体管理组织管理方式。在使用中,该平台能够实现根据卡拉 OK 场所曲目的实际演唱情况按"使用"合理计算使用费。与本章拟议的智能合约"利用即结算"平台类似,消费者在点唱的同时,其演唱曲目以及对应权利人等信息将自动上传至"著作权大数据管理"平台后台,著作权人可以从平台后台查看自己作品的点唱数据。中国音像著作权集体管理协会也将根据数据向权利人转付使用费。这一平台实现了更多元化的授权模式,解决了传统著作权交易中的信息不透明等问题,确保使用者按实际使用情况合理支付费用,同时保障权利人及时获得报酬的需求。区块链等数字技术的发展促成了权利人、使用者与集体管理组织之间更紧密的合作,有利于使用者与权利人,也能帮助那些有志于技术改革的集体管理组织在数字作品的动态许可市场中保持领先地位。

---

① See Davidson, S., De Filippi, P., Potts, J. Economics of Blockchain (March 8, 2016). Available at SSRN: https://ssrn.com/abstract=2744751.

第三节　区块链技术用于建设数字
作品二级交易市场

尽管在线交易受著作权保护的作品已成为人们生活中的常见活动,但我国现行著作权法律体系对数字作品二级交易市场的态度并不宽容。著作权法上的权利用尽原则是否适用于数字环境尚难确定。[①]成熟的数字作品二级交易市场有助于促进数字创意产业生态链的良性循环。打压这一市场如同变相限制竞争,长此以往将破坏权利用尽原则所维持的著作权人与作品载体所有权人之间的利益平衡,甚至可能危及财产转让自由。[②] 在此背景下,构建合法的数字作品二级交易市场不仅是促进数字创意产业活跃的必然选择,也是实现分配正义的当然推论。[③] 本章首先阐释构建数字作品二级交易市场所面临的困境根源,分析证成数字权利用尽的必要性、理论基础及国际经验,以回应公众对引入数字权利用尽的合理期望。接着,提出利用区块链技术管理数字作品发行和流通的可能,建构数字作品二级交易市场最佳的解决方案。

一、建设数字作品二级交易市场的法律困境:权利用尽原则适用争议

数字时代,人们的文化生活越来越依赖各种数字作品的利用与流通。随着网络传输取代实体交付,一个事实上的数字作品二级交易市场逐渐形成。尽管构建数字作品二级交易市场对促进创意经济、实现

---

① 王迁:《论网络环境中的"首次销售原则"》,载《法学杂志》2006 年第 3 期。丁婧文:《论数字作品转售不适用首次销售原则》,载《学术研究》2021 年第 4 期。

② 林利芝:《从授权契约限制条款探讨数位著作权商品的二手市场》,载《东吴法律学报》2017 年第 3 期。

③ 万勇:《建构数字版权产品二级市场的法律困境与现实出路》,载《社会科学辑刊》2023 年第 4 期。

分配正义至关重要,但由于数字作品无载体交易模式与传统实体物交易模式之间被认为存在巨大差异,因此相关争议不断。著作权法中传统的权利用尽原则在数字环境下似乎难以适用,从而限制了数字产品的自由转售。

(一)传统权利用尽原则的理论起源

权利用尽原则(the exhaustion doctrine)的基本含义是指,著作权人所享有的排他性发行权在其作品的原件或复制件被首次合法销售后即宣告穷竭。换言之,当著作权人同意向公众销售某件作品的原件或复制件,或以其他方式转移所有权后,著作权人就无权以对该作品原件或复制件享有发行权为由继续控制该特定原件或复制件的再次流转。[①]

1.概念缘起

大陆法上,权利用尽原则最初由德国法学家约瑟夫·科勒(Josef Kohler)于 19 世纪末提出。他提出内在限制理论,指出知识产权的某些保护会因知识产权法本身存在绝对的内在自我限制而穷竭。[②] 无论知识产权产品在销售时是否附有限制性条件,这种内在限制均存在,以此保障货物的自由流通。1902 年,德国帝国最高法院(RG)在 Guajokol Karbonat 案[③]判决中采用了科勒的观点,正式确立了权利用尽原则在知识产权领域的适用,并最终为立法采纳。1965 年《德国著作权法》第十七条第二项规定:"一旦作品的原件或复印件,经有权在本法律适用地域内销售该物品之人同意,通过转让所有权的方式进入了流通领域,则该物品的进一步销售被法律所认可。"

普通法上,权利用尽原则多被称为"首次销售原则"(the first sale doctrine),用于限制版权人转售作品副本的权利。在美国,首次销售

---

① 王迁:《知识产权法教程(第七版)》,中国人民大学出版社 2021 年版,第 178 页。

② Kohler, J. *Lehrbuch des Patentrechts*, Bensheimer, 1908, S. 131ff.

③ RG v. 26. 3. 1902, RGZ 51, 139 ff.

原则是在承认财产可转让性的普通法传统中发展起来的，具体发轫于19世纪末20世纪初的数个判例。① 该案中，美国最高法院支持了发行权一次用尽，认为赋予版权人对作品转售的控制权与版权法保障其从创作中获益的目的并不紧密相关，反而使版权人事实上获得了超出其法定权利原始含义的额外权利。② 立法上，首次销售原则在Bobbs-Merrill Co. v. Straus 案裁决后第二年引入 1909 年《美国版权法》第二十七条，最终在 1976 年《美国版权法》第一百〇九条（a）中得以完善："本法下合法制作之复制件或录音物之所有人，或该所有人所授权之人，在未经版权人授权下，有权销售或以其他方式处分该复制件或录音物。"

需要指出的是，TRIPS 协定本身并未对权利用尽原则提供统一规范，而是将该问题留给各缔约国的国内法解决，这反映出各国在权利用尽方面的规定可能差异很大，很难形成统一规范。

2. 支持权利用尽原则的理论与经济分析

权利用尽原则并非随着著作权法的出现而产生，而是源于作品的有形载体时代，作为限制著作权人专有权利、缓和著作权与物权冲突的重要原则出现，旨在消除无形财产权的专有性对知识商品流通的不良影响。③

在德国，权利用尽的主要理论依据包括"所有权理论""贸易自由保障理论""报酬理论"（Belohnungstheorie）与"报酬与交易安全结合理论"（kombinierte Belohnungs- und Verkehrssicherungstheorie）等，其中以两种报酬理论更为主流。报酬理论认为权利用尽原则的正当性在于著作权人已通过首次销售获得了作品产生的权利孳息及相应

---

① Adams v. Burke, 84 U.S. (17 Wall.) 453 (1873); Keeler v. Standard Folding Bed Co., 157 U.S. 659 (1895); Bobbs-Merrill Co. v. Straus, 210 US 339 (1908).

② Bobbs-Merrill Co. v. Straus，210 US 339（1908）.

③ 吴汉东，胡开忠：《无形财产权制度研究》，法律出版社 2005 年版，第 128 页。

利润。[①] 该理论根源可追溯至英国哲学家约翰·斯图尔特·密尔（John Stuart Mill）对专利法的解读。密尔指出，发明人已通过绝对权获得了竞争实践中的支配地位及对其他市场竞争者的相对优势，因此应通过一次销售获取其对发明所期待的全部合理"报酬"。[②] 然而，报酬理论忽视了著作权的地域性特点。考虑到平行进口的可能性，国外进口作品的复制品可能导致著作权人在国内的可得利润减少，[③]使其无法仅通过首次销售获得作品的"全部价值"。此外，报酬理论也未能解释为何著作权人可以通过其他使用权多次获取报酬，而发行权只能一次性穷竭。报酬与交易安全结合理论则认为，在适用权利用尽原则时，除了考虑著作权人应得的合理报酬外，还应确保商品在市场上的自由流通。该理论首先保障著作权人通过作品获取合理报酬，然后出于公众利益考量，适度限制著作权人的经济利益。作品的自由交易作为公众利益的一部分，不应受到不合理的阻碍。[④] 权利用尽原则促进了商品的自由流通，增进了公众福祉，从而在一定程度上平衡了著作权人与公众利益。

在美国，除了类似的财产权独立理论，实用主义视角还将促进公众访问、文化保存、鼓励创新和平台竞争视为承认权利用尽的理由。[⑤]首先，权利用尽原则的正当性在于它促使二级市场形成，能够提高公众对作品的可负担性和可得性。当版权人无法确定作品的最终零售

---

① Reimer，D. Der Erschöpfungsgrundsatz im Urheberrecht und gewerblichen Rechtsschutz unter Berücksichtigung der Rechtsprechung des Europäischen Gerichtshofs，*GRUR Int*. 1972，221ff.

② Bernhardt，W. *Die Bedeutung des Patentschutzes in der Industriegesellschaft*，Heymann，1974，S. 9.

③ ［美］林达·扎德拉·约瑟夫·巴塞斯达：《运用美国知识产权阻止平行进口》，张今译，载《外国法译评》2000 年第 1 期。

④ Reimer，D. Der Erschöpfungsgrundsatz im Urheberrecht und gewerblichen Rechtsschutz unter Berücksichtigung der Rechtsprechung des Europäischen Gerichtshofs，*GRUR Int*. 1972，221，227.

⑤ Liu，JP. Owning Digital Copies：Copyright Law and the Incidents of Copy Ownership，42 *William & Mary Law Review*，2001：1245-1366.

价格且存在多个分销渠道时，各作品提供者之间的竞争（包括价格竞争）使用户能够以更低价格获得作品。其次，权利用尽原则允许公众访问难以从版权人处获得许可的作品，如绝版作品和孤儿作品，从而促进文化保存。此外，该原则减少了用户确认有形作品转售限制所需的信息成本，提高了著作权交易市场效率。权利用尽原则还有利于增强创新与竞争，研究表明，它可减小数字产品对消费者的锁定效应，[①]例如用户可以通过转售其在 Windows 平台上购买的软件光盘来回收成本，并转移到 macOS 平台上。

权利用尽被视为促进公众获取作品的重要支柱。从传播成本和促进作品可及性的经济分析视角来看，权利用尽原则的正当性也得到了良好支撑。以图书为例，假设某本书的需求量 Q 是定价 P 的函数，即：

$$Q = f(P)$$

通常情况下，价格上升会导致需求量下降。图书的生产成本由固定成本 C（包括创作、编辑、排版、宣传等）和边际成本 V（包括制作一本书的印刷、纸张和油墨等成本）组成。在允许转售的市场中，每本书转售后，其价值和质量都会随着作品载体的损耗而下降。假设每本书最多可经历 N 位读者转售，且图书的残值（即最后一位读者的购买价）为原价的 k 倍（其中 $0 < k < 1$）。第 n 位读者的购买价 P_n 可表示为：

$$P_n = P \times \left[1 - \frac{(1-k) \times (n-1)}{N-1} \right] \text{（其中 } n = 1, 2, \cdots, N)$$

所有读者的总阅读成本 TC 等于购书成本之和，即：

$$TC = P + P \times \left[1 - \frac{1-k}{N-1} \right] + \cdots + P \times \left[1 - \frac{(1-k)(N-1)}{N-1} \right]$$

计算得出总阅读成本为：

---

① Perzanowski, A., Schultz, J. Digital Exhaustion, 58 *UCLA Law Review*, 2011:889-946.

$$TC = N \times P \times \frac{1+k}{2}$$

每位读者的平均阅读成本 ATC 等于总阅读成本除以读者数：

$$ATC = \frac{TC}{N} = P \times \frac{1+k}{2}$$

出版商的利润 π 等于销售总收入减去总成本，即：

$$\pi = P \times Q - (C + V \times Q)$$

为了最大化利润，出版商通常选择最优定价 P^*，使利润最大化：

$$P^* = \mathrm{argmax}\{P \times f(P) - [C + V \times f(P)]\}$$

将最优定价 P^* 代入平均阅读成本公式，可得到允许转售情形下的平均阅读成本 ATC_a：

$$ATC_a = P^* \times \frac{2}{1+k}$$

在不允许转售的市场中，为满足同等数量的读者，出版商需要印刷并销售 $Q = N \times f(P)$ 本图书。这是因为没有二手书市场，每位读者都需购买全新图书。若此时图书定价仍为 P^*，每位读者购书的价格都是 P^*，因此不允许转售情况下的平均阅读成本为：

$$ATC_{na} = P^*$$

比较两种情形下的平均阅读成本，可以发现：

$$\frac{ATC_a}{ATC_{na}} = \frac{P^* \times \frac{1+k}{2}}{P^*} = \frac{1+k}{2} < 1$$

这说明，在承认权利用尽原则并允许作品合法在二级市场交易的情况下，读者的平均阅读成本显著低于不允许转售时的成本。读者在阅读后转售不再需要的书籍，变相补贴了阅读成本，同时也为低收入读者群体提供了平价的阅读选择，提高了作品可及性。虽然允许作品转售可能导致出版商在一级市场损失一些销量，但在合理定价的前提下，其仍能维持利益最大化。可以说，权利用尽原则旨在不削弱著作权人持续创作动力，同时不过度影响潜在创作者进入市场的机会，通过适度限制著作财产权，实现法治所维护的其他价值，是一条协调公共获取与激励创新的帕累托规则。

(二)对引入数字权利用尽原则的反对意见

1.适用数字权利用尽与著作权法律体系间存有冲突

有观点指出,发行权确立于作品的有形载体时代,旨在防止他人将其以不当方式获得的合法作品复制件投放市场,作为对复制权的补充,以确保著作权人从作品发行中获得经济回报。发行权并不旨在限制作品购买者转售其购得的复制件,因此,发行权的一次用尽本就是对其自身合理解释的必然结果。在网络时代,数字作品交易不再涉及有形载体的转移,发行权与所有权的处分权能不再冲突。适用权利用尽原则的价值在于澄清发行权与信息网络传播权之间的界限,数字作品的转售或网络传播属于信息流动,并不发生有形载体的转移。因此,对数字作品适用权利用尽原则缺乏正当性基础。[①]

也有观点指出,权利用尽原则仅适用于限制著作权人的发行权,著作权人的复制权和信息网络传播权不会受到权利用尽的影响。然而,转售数字作品与转售传统印刷物或物理光盘不同,因为其不涉及有形载体的交付,却伴随对作品的复制及对复制件的数字传输。这意味着,未经权利人许可,交易数字作品的行为可能会侵犯著作权人的复制权与信息网络传播权。[②]

2.适用数字权利用尽将导致数字作品盗版蔓延,破坏创意市场交易秩序

有观点认为,合法化数字作品二级交易市场将加剧网络盗版现象。纸质印刷物、物理光盘等传统作品因其有形载体的特性,在转售或发行中存在数量限制,[③]而无载体的数字作品交易则没有此限制。

---

① 王迁:《论网络环境中的"首次销售原则"》,载《法学杂志》2006 年第 3 期。

② 黄玉烨,何蓉:《数字环境下首次销售原则的适用困境与出路》,载《浙江大学学报(人文社会科学版)》2018 年第 6 期。

③ Hess, E. Code-ifying Copyright: An Architectural Solution to Digitally Expanding the First Sale Doctrine, 81 *Fordham Law Review*, 2013:1965-2011.

同时,数字作品在交易中不易损耗,不会因过度使用或多次转售而折旧,质量保持不变。然而,这些二手数字作品的价格通常低于新品,因此数字作品二级交易市场对消费者的吸引力远高于有形载体作品二级市场。在此背景下,数字作品因其复制便利性可能导致盗版泛滥,同时因其在二级市场的低价冲击著作权人在一级市场的获利机会,[①]造成其收入损失与创作激励下降,最终破坏数字创意市场的整体交易秩序。

(三)数字权利用尽原则适用的域外实践审查

美国和欧盟等司法管辖区已承认数字作品二次销售问题的重要性和复杂性,本部分以欧美关于此议题的经典司法判决来说明这一议题。

1. 欧盟 Usedsoft 案[②]

本案原告甲骨文软件公司(Oracle)采用网络销售模式,允许客户自主下载软件。甲骨文销售了一份附带多用户使用许可协议(25 份)的软件,协议规定用户可在主机上最多安装 25 次,并有权下载后续升级包和漏洞补丁。用户可以永久使用所购软件,但不得以商业目的转售。被告 Usedsoft 是一家专门从事二手软件交易的中介公司,其商业模式是收购大量二手软件并寻找买家出售,从中赚取差价。Usedsoft 向第三方出售其购得的甲骨文软件,并要求该第三方直接从甲骨文网站下载软件进行安装和使用。甲骨文公司主张 Usedsoft 的行为侵犯其著作财产权,而 Usedsoft 则认为权利用尽原则同样适用于网络环境,因此其转售行为不违反著作权法。

德国慕尼黑地方法院反对将权利用尽原则直接应用于软件网络交易模式,认为在这种模式下,软件复制件并非由著作权人投入市场,

---

① Nimmer,RT. Copyright First Sale and the Overriding Role of Contract,51 *Santa Clara Law Review*,2011:1311-1346.

② CJEU,Case C-128/11,UsedSoft GmbH v. Oracle International Corp.

而是由购买者自行复制并投入市场"交易流通"。该法院进一步否定了在网络交易中类推适用权利用尽原则的可能性，因为不存在"违反计划的不完整性的法律漏洞"（planwidrige Gesetzeslücke），并强调传统模式与线上模式的软件交易不可类比。① 此外，慕尼黑地方法院指出，权利用尽原则不能扩展至复制权，因此第二买受人下载软件的行为侵犯了著作权人的复制权。② 慕尼黑高等法院确认了地方法院的判决。该案件经过两级法院审理，最终上诉至德国联邦最高法院。德国联邦最高法院确认下载并使用软件构成复制行为，③但未对权利用尽原则在网络环境中的适用性作出明确裁决，而是请求欧盟法院解释2009年《计算机软件保护指令》（2009/24/EC）第四条第二款④，并就此做出初步判决。⑤

欧盟法院在该案的初步判决中首先确认了网络环境下计算机软件交易的买卖性质，并认定《计算机软件保护指令》第四条第二款适用于网络软件交易。⑥ 此外，欧盟法院认可权利用尽原则可扩展至该软件的后续升级文件及补丁包，并确认第二买受人的合法使用权。在Usedsoft案中，欧盟法院认为计算机软件的线上或线下交易法律适用应一致，基本上确认了权利用尽原则在网络软件交易中的适用性。欧盟关于权利用尽原则的规定列在其2001年《信息社会著作权指令》第四条第二款中。据此，著作权人的发行权范围仅限于控制作品的首次销售。本案主要涉及计算机软件的转售问题，欧盟法院适用的《计算机软件保护指令》与《信息社会著作权指令》之间是特别法与一般法的

---

① LG München I v. 15. 3. 2007，*ZUM* 2007,409,414-415.

② OLG München v. 3. 7. 2008，*MMR* 2008,601,602f.

③ BGH v. 3. 2. 2011，*MMR* 2011,305 ff.

④ Directive 2009/24/EC of the European Parliament and of the Council of 23 April 2009 on the Legal Protection of Computer Programs.

⑤ BGH v. 3. 2. 2011，*MMR* 2011,305ff.

⑥ CJEU，Case C-128/11，UsedSoft GmbH v. Oracle International Corp.，Rn. 59.

关系。因此,若本案涉及的作品不是计算机软件,而是其他类型作品,权利用尽原则是否仍可适用尚无定论。

2. 欧盟 Tom Kabinet 案①

本案原告为两个在荷兰以保护出版商利益为宗旨的著作权保护协会,被告 Tom Kabinet 是一家位于荷兰的公司,其业务模式为从个人和官方经销商处购买电子书并转售。尽管 Tom Kabinet 要求用户在出售电子书后删除自己的复制件,但并没有技术手段验证卖方是否遵守删除义务。此外,Tom Kabinet 会在用户上传的复制件上添加数字水印,以追踪后续分销路线。原告向荷兰海牙地方法院提起诉讼,指控被告的二手电子书销售模式侵犯其公众传播权。根据《信息社会著作权指令》,实体书由权利人自己或经其同意在欧盟境内出售后,即耗尽该作品在欧盟内的发行权。被告主张,电子书在线交易在功能上等同于实体书交易,因此权利用尽原则也应适用于数字作品复制件,其用户有权像出售实体书一样出售电子书。荷兰法院对 Usedsoft 案确立的权利用尽原则是否适用于二手电子书销售表示不确定,因此请求欧盟法院澄清:Tom Kabinet 在著作权人收到与其作品经济价值相应的补偿后,向公众提供无限期下载的行为属于著作权法意义上的发行行为还是向公众传播行为? 以及权利用尽原则是否适用于此种电子书销售行为?

欧盟法院认为,被告的电子书转售行为落入向公众传播权而非发行权的权利范围,因此不适用发行权一次用尽原则。在界定发行权时,欧盟法院根据 WCT 和 WPPT 的规定指出,权利用尽原则只适用于有载体的作品,若将其适用于不伴随使用发生损耗的电子书,则对著作权人获得合理报酬的负面影响相较于实体书更大,因为任何二手电子书交易市场都是新品市场的完全替代市场。关于向公众传播权,欧盟法院强调应根据《信息社会著作权指令》序言第二十三条做广义

---

① CJEU. Case C-263/18. NUV v. Tom Kabinet EU:C:2019:1111.

的理解,即涵盖所有向传播发生地之外的公众进行传播的行为。欧盟法院理解的向公众传播行为应当面向公众,且满足"量的公开"和"质的公开"要求。① "量的公开"要求传播行为针对不特定数目的、累积总量较大的潜在对象。"质的公开"要求再传播行为不能简单重复初始传播,必须展示区别于初始传播的"特殊技术过程"或指向"新公众"(new public),即权利人在首次公开传播作品未考虑到的公众。② 至于最终公众是否实际获得该作品并不重要,关键在于公众获得该作品的可能是行为人在充分认识到其行为后果的基础上创设的,且没有该途径,第三人无法以此种方式接触该作品。③

欧盟法院指出,Tom Kabinet 在其网站向用户提供电子书的行为,无论是否有用户实际接收该电子书,均应视为传播行为。至于是否构成向"公众"传播,则不仅应考量同一时间接触同一电子书的用户数量,还应包括通过被告平台接触及之后可能接触同一作品的潜在公众数量。由于该累积数量庞大,因此认定 Tom Kabinet 的电子书销售行为构成向公众传播,无法适用权利用尽原则。

3. 德国 Hörbuch-AGB 案④

本案同样涉及权利用尽是否适用于有声读物转售的问题。被告经营网络书店,提供传统纸质书籍、电子书和有声书,并在用户协议中以格式条款方式规定消费者仅能将下载的文本和音频文件用于个人使用,不得转售或用于商业目的。原告为德国消费者组织联合会(VZBV),认为被告提供的格式条款违反权利用尽原则。德国法院驳回原告诉讼请求,认为本案不应适用 UsedSoft 案的裁判结果,因为有

---

① CJEU,Case C-160/15,GS Media BV v Sanoma Media Netherlands,*GRUR* 2016,1152 with comments by Ohly,1156.

② CJEU,Case C 466/12,Nils Svensson and Others v Retriever Sverige AB.

③ Hendel,AC. Die urheberrechtliche Relevanz von Hyperlinks,*ZUM* 2014,102,105.

④ OLG Hamm,*GRUR* 2014,853.

声书不在《计算机软件保护指令》的保护范围内,而根据《信息社会著作权指令》,权利用尽原则不适用于此类无载体作品。

法院指出,被告在线提供作品供公众下载的行为落入公开传播权的范围,因此不适用权利用尽原则。权利用尽原则也不能类推适用于无载体作品交易,因为不存在违背计划的立法漏洞。同时,消费者持有储存于特定载体的数字作品与消费者在线下载有声书的利益状况不可类比。此外,有声书与计算机软件在性质与运作方式上存在差异,且数字作品的利用形态远比计算机软件复杂,因此难以期待以类似所有权的地位来保障使用者权益。

4. 美国 ReDigi 案[①]

本案被告 ReDigi 是一家 IT 技术公司,提供二手数字音乐在线交易服务。为使用被告的服务,用户需在计算机上安装名为 Media Manager 的软件。该软件会分析用户计算机上的数字音乐文件,在确认这些文件是从 iTunes 或其他 ReDigi 用户处合法购买后,将其标识为可转售的适格文件。用户必须将这些文件转存至 ReDigi 的云端服务器 Cloud Locker,并删除其计算机中的相应文件。ReDigi 称此过程为"文件迁移"。在迁移过程中,若 Music Manager 检测到用户设备中仍有未删除的音乐文件,则禁止用户上传。上传后,Music Manager 会持续监控用户设备,保障音乐文件不能同时储存在云端和本地。若用户拒绝删除文件,ReDigi 将停用其账号。适格文件迁移到云端后,其他用户可以购买,并选择将数字音乐继续存储在云端、下载到本地或转售给其他用户。用户需使用在 ReDigi 网站购买的或因出售音乐赚取的积分进行交易。这些积分不可兑换成现金,仅可用于购买音乐。当用户使用积分购买音乐时,ReDigi 会将每笔交易收入的 20% 分配给出售者,20% 归入相关艺术家的托管(Escrow)基金账户,其余

---

① Capitol Records, LLC v. ReDigi Inc., 934 F. Supp. 2d 640,645 (S. D. N. Y. 2013).

60％留给自己。本案原告 Capitol 唱片公司主张前述 ReDigi 的经营模式违反版权法，侵犯其复制权与发行权。ReDigi 援引《美国版权法》第一百〇九条（a）之首次销售原则作为抗辩，强调其技术模拟了传统有载体作品的转售方式，因此转售数字音乐文件不会侵害权利人的发行权。

美国纽约州南区地方法院认为，转售的数字音乐文件从用户硬盘迁移至 ReDigi 的云端服务器的过程中会发生复制，而用户从 ReDigi 下载购买的数字音乐时也会再次复制。因此，ReDigi 侵犯了原告的复制权。关于首次销售原则的适用，法院表示其不适用于复制权的侵权抗辩。至于发行权，储存在 ReDigi 云端服务器中的复制件并非《美国版权法》第一百〇九条（a）意义上的合法制作的复制件或录音物，也不属于首次销售原则所保护的特定复制物，因此无法适用首次销售原则。

尽管 ReDigi 及其法庭之友（amicus curiae）主张应承认数字领域首次销售原则的适用，以促进数字商品流通。根据"技术中立原则"，法院也不应差别对待实体作品和数字作品。但美国联邦第二巡回上诉法院仍然认同 ReDigi 无法主张适用首次销售原则。法院指出，ReDigi 的文件迁移技术实际上并非移动特定数字音乐文件，而是在云端或用户设备上生成全新的复制件。这种交易模式侵犯了原告对其录音的复制权。法院强调其判决基于现行法的文义解释，而 ReDigi 及其法庭之友提及的政策考量属于国会的修法权限，法院无法干涉。[1]

5. 小结

从上述典型判例可以看出，根据各国目前的著作权法律规定很难直接解决数字权利用尽问题。美国的 ReDigi 案选择固守文义解释，

---

[1] Capitol Records，LLC v. ReDigi Inc.，No. 16-2321，2018 WL 6518076（2d Cir. Dec. 12，2018）.

将首次销售原则限制在传统实体作品交易中。尽管欧盟法院已作出 UsedSoft 案与 Tom Kabinet 案两大代表性判决，但欧盟对此议题的态度将如何发展仍高度不确定。

我国新修订的《著作权法》并未明确回应权利用尽原则是否适用于数字环境。目前的司法实践和学术界对此问题也未达成一致。例如，在案情类似的"代代读公司诉阿帕比公司著作权侵权纠纷案"[①]和"北大出版社诉超星公司侵害信息网络传播权纠纷案"[②]中，法院的处理态度并不统一。就发行权一次用尽的理论基础而言，发行权主要以有体物作为客体。多数学说认同，数字作品经网络传输并不涉及作品原件或复制件的所有权变动，且目前法制上也没有所谓"复制权用尽原则"与"信息网络传播权用尽原则"，故无载体数字作品的交易模式不具备权利用尽的可能性与必要性。然而，正如 ReDigi 及其法庭之友所言，权利用尽原则在数字时代仍具有重要价值和产业促进意义。基于技术中立，无论作品所附着载体为何，其所受著作权保护不应有所不同。我国是否应将此原则延伸至数字环境，应基于对各方利益更全面的衡量来决定。

二、数字环境下权利用尽原则延伸适用可能性的证成

无载体数字作品交易模式涉及权利人、使用者与社会公众等利益相关方，应基于利益衡量考虑其是否可与传统作品交易模式相提并论，从而将权利用尽原则延伸适用至数字环境。

（一）数字环境下权利用尽原则延伸适用的正当性

著作权人享有的专有权利并非毫无限制，否则将导致对知识产品的不当垄断，进而造成著作权人利益与公众利益的严重失衡。传统上，适用权利用尽原则的根本原因在于界定著作权与物权的边界，以

---

① 北京市海淀区人民法院（2015）海民（知）初字第 26904 号。

② 北京市海淀区人民法院（2019）京 0108 民初第 16926 号、北京知识产权法院（2019）京 73 民终第 3748 号、北京市高级人民法院（2020）京民申第 4072 号。

缓解两者之间的冲突。这种冲突源于作品与其传统载体之间的不可分性。[①] 在网络环境下,作品与载体通过数据传输技术可以完全分离,传统的著作权与物权之间的冲突不复存在。在这种情况下,是否仍然存在适用权利用尽原则的正当性,取决于对数字作品交易行为的法律属性及其利益状态的判断。

1. 数字作品线上交易可构成著作权法意义上的发行行为

要在数字环境下适用权利用尽原则,必先肯定无载体数字作品交易属于著作权法意义上的发行行为。发行权是指著作权人以出售或赠与的方式向公众提供作品原件或复制件的专有权利。这一行为必须涉及作品原件或复制件的所有权转移,故不包括"出租"或"出借"。[②] 在传统知识产品交易市场,发行行为较易确定,但网络的出现改变了传统作品的传播和销售模式。无载体数字作品交易依赖网络数据传输,缺乏有形载体,是否能被认定为发行行为存在争议。

WCT第八条规定了"向公众传播权",调整网络传输行为。WPPT第十条和第十四条也规定了类似的"提供已录制表演的权利"和"提供录音制品的权利"。2001年,欧盟《信息社会著作权指令》主要仿效WCT和WPPT,于第三条规定了"公开传播与公开提供权"以调整网络传输行为。我国则采用"信息网络传播权"规范网络传输行为。2001年,我国《著作权法》修改后,第十条第一款第十二项规定的"信息网络传播权"基本采用了WCT第八条向公众传播权的定义。

一些学者将网络传输行为一概归类为网络服务,指出《信息社会著作权指令》鉴于部分(Whereas)第二十九条明确规定权利用尽原则不适用于"服务和网络服务"(services and online services),并将其视为欧盟立法实践对在网络领域适用权利用尽原则持否定态度的证据。[③] 本书

---

① 王迁:《论网络环境中的"首次销售原则"》,载《法学杂志》2006年第3期。

② 《伯尔尼公约》第十四条,WCT第六条及WPPT第八条关于发行权之规定。

③ 王迁:《论网络环境中的"首次销售原则"》,载《法学杂志》2006年第3期;胡丽君:《数字作品与权利用尽原则》,载《电子知识产权》2003年第11期。

认为这种解释不够妥当。《信息社会著作权指令》鉴于部分第二十九条的原文完整表述为：权利用尽原则不适用于服务，特别是网络服务（services and on-line services in particular）。官方德文版本翻译为："weder bei Dienstleistungen allgemein，noch bei Online-Diensten im Besonderen"（既不适用于一般服务，也不适用于在线活动）。德国学者托马斯·霍伦（Thomas Hoeren）特别指出这一翻译不够精确，建议应更准确地表达为"……Dienstleistungen und insbesondere Dienstleistungen online"[①]，强调权利用尽原则不适用于"服务，特别是在线服务"。换言之，权利用尽原则仅不适用于通过互联网提供的服务。因此，网络传输行为不能被简单归类为"服务"，而应根据网络传输数字作品的具体行为区分"服务"和"买卖"。

虽然数字作品通过无载体方式转让的交易模式完全在网络上进行，但这并不意味着这些交易应被视为网络服务。在欧盟的 Usedsoft 案中，欧盟法院将通过网络无载体交易软件的行为定性为买卖。在这种情况下，软件商通过交易软件拷贝获利，而用户获得了软件的无限期使用权。[②] 下面将通过欧盟立法背景与网络环境下软件销售的特殊性进一步论证"服务"与"买卖"的区分。欧盟《信息社会著作权指令》鉴于部分第二十九条与 1998 年生效的欧盟《数据库法律保护指令》[③]鉴于部分第三十三条在词汇表述上基本相同。因此，在解释欧盟《信息社会著作权指令》时，需考虑欧盟《数据库法律保护指令》的相关内容。[④]《数据库法律保护指令》鉴于部分第三十三条明确将在线数据库的使用归类为服务。然而，在线数据库的服务模式与数字作品通过网

---

① Hoeren，T. Die Online-Erschöpfung im Softwarebereich-Fallgruppen und Beweislast，*MMR* 2010.447 ff.

② CJEU，Case C-128/11，UsedSoft GmbH v. Oracle International Corp.

③ Directive 96/9/EC of the European Parliament and of the Council of 11 March 1996 on the Legal Protection of Databases.

④ Reinbothe，J. Die Umsetzung der EU-Urheberrechtsrichtlinie in deutsches Recht，*ZUM* 2002.43ff.

络以无载体方式转让的交易模式在技术实现上并不完全相同。在线数据库必须实时使用,用户的每次检索都需要与数据库提供商的主机保持网络连接。而在数字作品的网络交易中,例如电子书交易,用户在下载电子书时需要与销售商的主机保持连接,但一旦下载完成,用户通常可以永久访问并阅读,无须持续连接销售商的服务器。因此,虽然电子书交易在开始阶段与在线数据库服务有相似之处,但用户能永久使用的特征使得电子书交易与服务性质不完全一致。

因此,通过网络无载体方式转让电子书不属于在网络上提供"服务",也不符合《信息社会著作权指令》鉴于部分第二十九条下排除权利用尽原则适用的"online service"。仍存在疑问的是,数字作品交易可能附带的后续维护和更新服务是否会影响其买卖性质的认定。答案是否定的。数字作品交易的主合同义务是买方支付费用,卖方交付数字作品,后续的维护和更新服务只应视为附随义务。[1] 因此,单纯根据欧盟《信息社会著作权指令》鉴于部分第二十九条的文字表述而武断排除权利用尽原则在网络环境下的适用是不妥当的。

进一步确定数字作品的线上交易构成著作权法意义上的发行行为的必要前提是:必须有作品的原件或复制件进入市场"交易流通"(Inverkehrbringen)。[2] 理论上,只有当至少一个作品原件或复制件脱离著作权人的内部运作领域并向公众提供时,才能认定该作品已进入市场交易流通。如果作品仅向与著作权人有私人联系的第三方进行私下转让,则仍不能认定该作品已进入市场交易流通。[3] 在网络领域,数字作品交易显然满足发行权对"作品必须向公众提供"的要求。著作权人提供数字作品下载的超链接,可视为向不特定公众公开提供其

---

① Sosnitza, O. Gemeinschaftsrechtliche Vorgaben und urheberrechtlicher Gestaltungsspielraum für den Handel mit gebrauchter Software, *ZUM* 2009,521ff.

② Hoeren, T., Sieber, U. (Hrsg.) *Handbuch Multimedia-Recht*, Verlag C. H. Beck,2012, Teil 7, Rn. 40.

③ BGH v. 13.12.1990, *GRUR* 1991,316 ff.

作品的复制件。

关于发行行为是否需要作品存在"有形载体"存在争议,大多数中外学者持肯定态度。[1] 根据我国《著作权法》第十条的定义,发行权针对的是"作品的原件或者复制件"。WCT 第六条同样规定:发行权是指"通过销售或其他所有权转让形式向公众提供其作品原件或复制品的专有权"。在线交易数字作品以数据流通为手段,流转中不存在有形载体。如果将作品的原件和复制件字面理解为固定在物质载体上的"有形件",那么数字作品线上交易就不满足发行行为的前提条件。然而,本书认为,认定线上交易的数字作品是否进入市场交易流通,不应以存在有形载体为前提。与传统作品交易模式不同,用户在线上交易中通过网络传输在自己的计算机上生成所购买作品的复制件。在这种情况下,作品复制件是由使用者而非著作权人投入市场交易流通。从经济效果出发,通过网络无载体方式发行作品与传统实体发行本质上相似。[2] 无论作品复制件是由著作权人制作并以有形方式转让给用户,还是用户通过网络自行生成的,法律上没有必要做出区分。只要用户在作品发行过程结束后能够获得一个可利用的复制件,那么事先在载体上固定作品的要求对于数字作品发行而言就不是必要的。[3] 因此,可以认为,数字作品的线上交易构成了著作权法意义上的交易流通。

根据欧盟法院的裁决,发行行为要求的"交易流通"必须伴随所有权的转移。[4] 一些学者认为,数字作品线上交易采用数据传输技术,未

---

[1]　王迁:《论著作权法中"发行"行为的界定——兼评"全球首宗 BT 刑事犯罪案"》,载《华东政法学院学报》2006 年第 3 期。Spindler, G. Der Handel mit Gebrauchtsoftware Erschöpfungsgrundsatz quo vadis？, CR 2008,69 ff.

[2]　Dreier, T. Urheberrecht auf dem Weg zur Informationsgesellschaft-Anpassung des Urheberrechts an die Bedürfnisse der Informationsgesellschaft, GRUR 1997,859ff.

[3]　Gey, M. *Das Recht der öffentlichen Zugänglichmachung i. S. d § 19a UrhG*, Richard Boorberg Verlag,2009,S. 44.

[4]　CJEU, C-456/06, Peek & Cloppenburg KG V Cassina SpA.

涉及实体物品的转移,因此这种"发行"行为与所有权中的处分权能无关,承认其意义不大。① 这种观点并不妥当。实际上,网络数据传输可细分为多种情况,如"作品上传""下载""浏览"以及 P2P 数据传输等。多数情况下,数字作品交易采用的技术是"交互式下载"或 P2P 形式。纯粹的网络数据传输只是数字信息的流动过程,通常不属于发行行为。然而,数据传输只是技术手段,不能单独用于判断一个行为在法律上的性质。数字作品的线上交易流程可描述为:用户通过网络在作品提供商网站下载所需作品,并与著作权人签订一个数字作品使用许可协议。用户支付费用后,即可永久使用该数字作品。数字作品的网络发行发生在用户下载复制件并与著作权人签订永久使用许可协议之后。在整个法律交易过程中,用户下载数字作品并签订协议,导致作品复制件的所有权转移。因此,数字作品的线上交易本质上是通过网络数据传输技术伴随所有权转移的买卖行为。欧盟法院在 Usedsoft 案的初步判决中解释,欧盟《信息社会著作权指令》第三条意义上的"向公共传播行为"经过所有权移转即满足该指令第四条意义上的"发行行为"。只要满足该指令第四条第二款关于权利用尽的前提,数字作品首次销售即可导致权利用尽。②

鉴于数字作品通过网络无载体方式交易的买卖性质已得到确认,因此可视其为著作权法意义上的发行行为,有适用权利用尽原则之可能。

2. 作品有载体转让模式与无载体转让模式的利益状态具有可比性

数字作品交易因缺乏有形载体,更容易被使用者以各种介质复制和固定。有学者指出,"将材料复制到电脑硬盘上可以称为向这个星球上任何一台电脑未经授权传播内容的第一步"。③ 数字作品交易被

---

① 王迁:《论网络环境中的"首次销售原则"》,载《法学杂志》2006 年第 3 期。

② CJEU, Case C-128/11, UsedSoft GmbH v. Oracle International Corp.

③ [美]迈克尔·A.艾因霍恩:《媒体、技术和版权:经济与法律的融合》,赵启彬译,北京大学出版社 2012 年版,第 9 页。

认为带来了更大的作品滥用与侵权危险,适用权利用尽原则的理由被认为不充分。因此,有必要对比传统作品交易与数字作品交易双方的利益状态,以确认适用权利用尽原则的正当性。

有观点认为,当数字作品通过网络无载体方式交易时,卖家难以确保买家不会将作品打印或以其他方式固定在有形载体上并转售,即使卖家不希望作品以有形方式进入市场流通。通过网络交易,数字作品权利人对作品的控制力度相较传统交易模式有所减弱,难以有效监督作品在网络上的传播和使用。更令人担忧的是,著作权人无法确定第一买受人是否已销毁其拥有的作品复制件。为保护著作权人的经济利益,权利用尽原则在数字作品交易中不应适用。然而根据报酬理论,数字作品权利人无论通过传统模式还是网络模式都能向买受人索取合理报酬。① 两种模式下,第二买受人的利益状态也没有区别。实际上,没有实证数据证明数字作品交易存在更高的著作权侵权危险。即使肯定数字作品更易遭受侵权,著作权人仍有机会在将作品投入市场前确定包含相应补偿的更高售价。既然著作权人选择了数字作品线上交易模式,并享受了便捷和低成本,那么否定数字作品第一买受人转售行为的正当性,让买受人单方面承担著作权人因更高侵权风险而产生的经济风险显然不妥。还有观点认为,拒绝适用数字权利用尽原则的原因在于整个创意产业有可能因此受到威胁,因为网络领域的反盗版技术措施尚未达到传统领域的成熟程度。② 这种观点同样不妥,因为著作权法旨在平衡著作权人与公众利益,而非倾向保护某一特定产业。

否认数字环境下权利用尽原则的延伸适用可能会阻碍在线交易

---

① Bröckers, S. *Second Hand-Software im urheberrechtlichen Kontext*, Peter Lang, 2010, S. 220.

② Hantschel, I. Softwarekauf und-weiterverkauf-Zur Vertragsnatur und Erschöpfungswirkung körperlicher und unkörperlicher Übertragungsformen von Software, Duncker & Humblot, 2011, S. 267.

模式的发展,严重威胁数字商品的自由流通,并不利于保障交易安全。对于已获得数字作品复制件的第一买受人,仅因其获取方式与传统模式不同而限制其转售权也不公平。这使得著作权人能够完全根据个人意愿,通过选择线上或线下交易模式来控制第一买受人的转售行为。即使第一买受人在转售数字作品后继续使用私自制作的复制件,导致实际使用的作品复制件数量多于著作权人投入市场的数量,但这种风险与软件的交易模式并无直接关联。在传统交易模式下,第一买受人也有可能制作作品复制件,例如从 CD 中复制音乐,在向第三人转售光盘后继续使用已复制的音乐拷贝。因此,在两种销售模式下,第一买受人都有可能在转售作品后不删除已有的作品复制件。

综上所述,考虑到著作权人和第一买受人之间的利益情况,否认数字环境下权利用尽原则的延伸适用是不恰当的。如果著作权人可以仅因选择交易模式而排除使用者的转售权,那么这将不当地限制公众利益。

3. 权利用尽原则有向其他领域扩张适用的可能性

复制权是著作权中一项重要的专有权利。我国《著作权法》第十条第(五)项列举了著作权人享有的复制权,即"以印刷、复印、拓印、录音、录像、翻录、翻拍、数字化等方式将作品制作一份或者多份的权利"。在计算机与其他服务器之间进行作品的上传和下载,以及用户之间进行的网络传输行为,都属于著作权法意义上的复制行为。网络环境下的复制行为包括"暂时复制"与"永久复制"。将数据信息存入 RAM,随着计算机电源的关闭,数据信息也会随之丢失,这种暂时性存储行为是著作权法意义上的"暂时复制"。反之,将数据信息永久性存入计算机硬盘则属于著作权法意义上的"永久复制"。在线交易中,数字作品的第一买受人通常直接从提供商处获得作品复制件,并下载存储至自己的计算机,完成一次理论上的永久复制。如果第一买受人想要转售该作品,该作品不可避免地会被再次复制。第一买受人可以将数字作品复制到存储设备(如 USB、移动硬盘等)并与设备一并转售给第三人，或通过网络将数字作品传输给第三人，由其下载并存储到自己的计算机上。这两种情况都侵犯著作权人的复制权。

数字作品在首次销售和转售中的复制性质存在差异，法律需明确区分。在首次销售中，第一买受人的复制是为获取作品的必要行为；而在转售中，第一买受人以及第二买受人（第三人）的复制是为完成转售的准备行为。① 一般认为，权利用尽原则仅适用于由著作权人投入市场交易的原件或复制件，而不适用于买受人在购得作品后制作的复制件。② 因此，如果第一买受人在二手交易中将获得的数字作品复制件的存储设备（如硬盘或整台计算机）出售给第三人，这种二手数字作品交易显然能适用权利用尽原则。然而，仅认可这种二手数字作品交易模式对普通二手卖家而言要求过于严苛，难以广泛应用。

事实上，买家在数字作品首次销售中的复制也是对作品进行首次固定的过程，这是无载体作品交易中的重要步骤。然而，第一买受人通过网络向第二买受人转让的数字作品复制件并非权利人投入市场的原始作品复制件。争议在于权利用尽原则是否可以扩展至复制权以促成数字作品转售。权利用尽原则一般仅适用于发行权，不能扩展至著作权人的复制权或其他财产权。美国在《就〈数字千禧年版权法〉第一百〇四条的报告》中指出数字作品在线传输中的复制侵犯了版权人的复制权，因此不建议在数字领域适用首次销售原则。③ 德国联邦最高法院在 Parfumflakon 案中也强调，权利用尽"原则上"不适用于复制权，④但在许多判决中保留了将其扩展至其他使用权领域的可能性。⑤

---

① Sosnitza，O. Die urheberrechtliche Zulässigkeit des Handels mit "gebrauchter" Software，*K&R* 2006，206 ff.

② Schack，H. Rechtsprobleme der Online-Übermittlung，*GRUR* 2007，639 ff.

③ Digital Millennium Copyright Act Section 104 Report，http://judiciary. house. gov/legacy/76669. PDF，accessed on 20. Apr. 2024.

④ BGH v. 4.5.2000，*GRUR* 2001，51，53.

⑤ BGH v. 07.11.1980，*GRUR* 1981，413，416；BGH v. 27.02.1981，*GRUR* 1981，587，589；BGH v. 23.02.1995，*GRUR* 1995，673，676.

在 Parfumflakon 案中,法院阐明了适用权利用尽原则的目的,即保障商品自由交易流通的能力。然而,在数字作品无载体在线交易中,如果第一或第二买受人在转售时无权复制数字作品,即使承认数字环境下的发行权穷竭,数字作品作为商品的自由流通能力仍无法保障。在信息社会的网络环境下,有价值的知识商品无法持续流通。因此,单独适用发行权用尽原则无法保护网络交易领域数字作品的自由流通,这与权利用尽原则的初衷相违背。

互联网世界存在着保障作者权益的"排他性文化"(Exklusivität-skultur)和保障公众利益的"接触文化"(Zugangskultur)①之间的对立。排他性文化反映了一种以排他性和控制为基础的消费模式,用户需支付费用以获取内容,强调对内容的控制和有偿访问。随着网络传播的不断发展,排他性文化延续了传统的作品分发方式,并通过现代技术加强了对数字作品的著作权保护与管理。这种模式虽然保障了权利人和传播者的利益,但在一定程度上限制了信息的自由传播。与此不同,接触文化旨在促进自由、开放和无障碍的信息传播,鼓励用户参与和贡献内容,同时保留适当的知识产权保护。这种文化的形成和发展并非依赖传统的知识产权法律体系,而是受益于互联网的去中心化技术结构和非商业化的历史起源。②

数字时代,著作权法应认可一些特殊的"接触规则"(Zugangs-sregeln)③以平衡两种文化的生长空间,保障作者绝对权的同时保留公众对作品自由传播和使用的可能性。为了保障数字作品在新型交易模式下的流通能力,著作权人的专有权在网络环境下需要"程序化

---

① 此处的"接触权"指公众自由接触公共领域信息之文化权,而非著作权人控制利用人接触著作物的私权。

② Peukert, A. Das Urheberrecht und die zwei Kulturen der Online-Kommunikation, *GRUR-Beil*. 2014,77.

③ Wielsch, D. Die Zugangsregeln der Intermediäre: Prozeduralisierung von Schutzrechten, *GRUR* 2011,665.

重构",要求必要的复制权在数字作品转售中与发行权一并穷竭。[①]当然,这种特殊情况下权利用尽效果的扩张不应影响一般权利用尽理论,必须在严格的前提条件下进行,以保护商品自由流通能力为限。

(二)数字环境下权利用尽原则延伸适用的必要性

权利用尽原则是平衡物权人与著作权人利益冲突的结果,这种平衡在数字环境中依然重要。缺乏为数字作品建立合法二级交易市场能力的著作权规范仅对著作权人有利,破坏了其在促进作品公共近用等方面的政策关切。在数字环境下延伸适用权利用尽原则,允许消费者自由转售合法购得的数字作品,有助于保护消费者权益和促进社会整体福利。

第一,承认数字环境下权利用尽原则的延伸适用对提升数字创意产业竞争力至关重要。以电子出版行业为例,尽管电子书进入市场时被预测会迅速威胁印刷书市场,但其增长并未达到预期。实证研究表明,尽管电子书有诸多优势,消费者仍偏好印刷书,[②]可能是因为印刷书的物理特性为消费者提供了实际便利和心理满足。同时,消费者的使用习惯、用户黏性或因技术锁定而对传统印刷作品的坚持也影响了他们的选择。消费者可能因各种原因不再需要已购的数字作品。此时,曾有实体书转售经验的消费者会对电子书的可转让性产生合理期待。如果差别对待数字作品与传统作品,认为消费者无权转售已获权利人同意而进入市场的数字作品,可能会削弱数字作品的相对优势与吸引力,进而影响数字作品市场与传统作品市场之间的竞争力。有研

---

① 冯晓青等建议通过合理使用制度豁免数字作品转售中必要的复制行为,参见冯晓青,高源:《数字作品转售的版权风险与制度应对》,载《贵州师范大学学报(社会科学版)》2024 年第 2 期。

② Amirtharaj,AD.,Raghavan,D.,Arulappan,J. Preferences for Printed Books versus E-books Among University Students in a Middle Eastern Country,9 *Heliyon*,2023:e16776.

究显示,二手市场活跃时,用户倾向于购买更多新产品,以期未来进行二手交易。[①] 这表明,繁荣的数字作品二级交易市场可以为数字创意一级市场提供持续支持。目前也没有确凿数据支持数字作品二级交易市场会对一级市场构成严重威胁的论断。

第二,承认数字环境下权利用尽原则的延伸适用可确保公众对受著作权保护作品的近用权。首先,数字权利用尽原则能够提高数字作品的可负担性。一旦著作权人将其作品投入市场,就失去了对流转价格的控制。作品零售商通常通过价格竞争来获得市场优势,进而以公平价格让更多消费者获得作品,显著增加数字作品的可负担性。研究表明,合法的数字作品二级交易市场长期运营会导致二级市场价格上涨,同时一级市场价格下降。[②] 假设数字作品的需求函数为 $D(P)$,一级市场价格为 P_1,二级交易市场价格为 P_2。总需求 Q 由新作品需求(Q_1)和二手需求(Q_2)共同满足,即 $Q=Q_1+Q_2$。二级交易市场的价格可表示为 $P_2=\alpha P_1$(其中 $0<\alpha<1$。α 是一个比例因子,用来表示二级交易市场的价格相对于一级市场的折扣率)。在承认和适用数字权利用尽情形下,用户可在二级交易市场持续出售数字作品。在二级交易市场建设初期,用户可能会主动出售数字作品,导致二手市场供应充足,从而使 P_2 较低,吸引更多消费者。随着二级市场的知名度提高,需求逐渐增加。如果二手市场作品销售迅速,出现供不应求时,P_2 将逐渐上涨。这一价格上涨减少了二手作品的需求,若二级交易市场价格 P_2 发生变化,消费者在新书市场的需求 D_1 也会受到影响。随着二手数字作品价格上涨,为抢占市场,一级市场价格 P_1 会寻找下降空间以吸引消费者,权利人可能通过促销、打折等策略形成价格竞争。假设一级市场的需求函数为 $D_1=f_1(P_1)$。由于 $P_2=\alpha P_1$,当 P_2 上升

① Reese, RA. The First Sale Doctrine in the Era of Digital Networks, 44 *Boston College Law Review*, 2003:577-652.

② Göbel, A. The Principle of Exhaustion and the Resale of Downloaded Software-The UsedSoft v. Oracle Case, 9 *European Law Reporter*, 2012:226-234.

时，权利人降低 P_1 可增强一级市场对消费者的吸引力，从而确保总需求 Q 的实现。由此可见，一级市场与二级交易市场的互动最终确保了作品的可负担性，进一步促进作品的公众近用。

其次，数字权利用尽原则可增进数字作品的可及性，确保供应稀缺的数字作品仍能在市场上获得利用，恢复权利人与消费者间的利益平衡。著作权人可能因经济因素、销售策略或其他原因不愿意再向公众提供作品。在通过远程云端服务器向公众提供作品时，还可能出现数据损坏或丢失，影响数字作品稳定保存的情况。此外，数字作品也存在绝版和孤儿作品问题。若数字作品交易亦可适用权利用尽原则，消费者将不必担心市场供应中断。公众仍可通过数字作品二级交易市场接触到特定作品，从而确保数字作品的可及性，这对文化保存亦有重要意义。

第三，承认数字环境下权利用尽原则的延伸适用有助于遏制数字作品盗版市场。许多有实体书转售经验的消费者对电子书的可转让性有合理期待。调查显示，如果消费者没有合法途径出借或转售已购的数字作品，他们可能会选择退出作品合法交易市场并使用盗版。[1]因此，认可数字权利用尽而非无条件禁止数字作品转售的著作权规则，更易被消费者接受并在实践中遵守。[2] 此外，这也有助于消费者明确数字作品合法利用的范围，提升公众的著作权意识。随着著作权保护意识的提高，健全的数字作品二级交易市场将鼓励公众自觉抵制盗版，增加正版数字作品的购买，从而推动数字创意产业的利润增长，[3]并加速盗版市场的退出。如果消费者能通过合法渠道以低于新作品价格的方式获得二手数字作品，可以合理预期盗版市场将显著萎缩。

---

① Perzanowski, A., Hoofnagle, CJ. What We Buy When We Buy Now, 165 *University of Pennsylvania Law Review*.2017:315-378.

② 杨松:《规范的本质:从命令说到规则理论》,载《道德与文明》2017 年第 6 期。

③ 郭壬癸,乔永忠:《版权保护强度与软件产业发展关系实证研究》,载《科学学研究》2019 年第 6 期。

综上所述,我国有必要尽快明确数字环境下对权利用尽原则延伸适用,以解决数字作品在转售中的法律争议与利益诉求。

三、基于区块链技术的数字作品权利用尽原则的具体适用

当前,数字作品转售面临的主要批评包括促进盗版、侵犯信息网络传播权与复制权,以及难以规避多次转售。然而,正如前文所述,在数字环境下延伸适用权利用尽原则是合理和必要的。因此,可尝试在现有的法律框架内,通过技术性机制将法律规则代码化,以促成数字权利用尽原则的适用可能。区块链技术凭借其广泛的通用性,在实现数字作品合法二手交易方面展现出巨大潜力。

(一)打造去中心化"点对点"二级交易市场,规避侵害信息网络传播权

许多观点将数字作品转售视为信息网络传播行为,[①]强调即使承认数字环境下发行权的一次用尽,转售仍可能侵犯权利人的信息网络传播权。因此,有必要分析数字作品线上交易是否落入信息网络传播权的权利范围。2001 年,我国修订《著作权法》时,根据 WCT 第八条新设了"信息网络传播权",赋予著作权人通过有线或无线方式向公众提供作品,使公众在其个人选定的时间和地点获取这些作品的权利。根据线上作品的获得是由使用者来确定还是由提供者来确定,可将网络流式传输技术分为交互式和非交互式。[②] 信息网络传播以交互式传播技术为基础,非交互性技术则不为其所涵盖。[③] 在数字作品的一级市场交易中,数字作品提供商通常在将作品投入线上交易前,将作品

---

① Hantschel, I. Softwarekauf und-weiterverkauf-Zur Vertragsnatur und Erschöpfungswirkung körperlicher und unkörperlicher Übertragungsformen von Software, Duncker & Humblot, 2011, S. 219.

② [美]迈克尔・A. 艾因霍恩:《媒体、技术和版权:经济与法律的融合》,赵启彬译,北京大学出版社 2012 年版,第 138 页。

③ Dreier, T. Die Umsetzung der Urheberrechtsrichtlinie 2001/29/EG in deutsches Recht, ZUM 2002, 28ff.

复制件存储在自己或第三方服务器中，并通过网站或 APP 提供下载链接。购买者支付费用后，可以在个人选定的时间或地点点击下载链接获取作品复制件。这种模式被称为"pull and push"或者"on-demand"，根据信息网络传播权的定义，无疑落入其权利范围，因此不会发生权利用尽。

然而，转售数字作品不必完全遵循一级市场的技术模式。信息网络传播行为具有两个要素：首先，权利人通过传播行为使公众能够获取作品，至于公众是否实际获得该作品并不重要。① 其次，该传播行为应面向不特定公众。如果一级市场的买受者先将作品复制件上传至网盘或其他网络存储空间，再提供给二级市场购买者，则该上传行为构成向公众提供，因为其未事先限制作品数据获得者的范围，使公众有可能接触该作品，这可能侵犯权利人的信息网络传播权。然而，如果数字作品的提供是针对特定个人，并通过 P2P 网络"一对一"交易的，则该作品提供行为不构成信息网络传播，因为未指向不特定公众。在"点对点"销售中，只有指定的接收方可见，而非全网可见。这种基于一级市场买受者与二级市场唯一接收者之间的数字作品转售协议，无法让"公众"在个人选定的时间和地点获取作品，因此在仅承认发行权一次用尽的情形下，此类转售亦不侵犯信息网络传播权。利用区块链技术的去中心化特性，可以建立此类"点对点"二级市场交易平台，促成二手数字作品的出售者与购买者达成交易作品复制件的具体协议。协议可通过智能合约设计传统的要约承诺方式、买方价高者得的拍卖方式，或由买方发布特定数字作品购买需求，由出售方在有效时间内通过区块链交易平台实时竞价，买方根据报价选择卖方的反向拍卖方式。在双方达成具体协议之后，再在二者之间进行数字作品的实际传输。

通过这种技术架构，我们可在不违反著作权规则的前提下，建

---

① CJEU，Case C 466/12，Nils Svensson and Others v Retriever Sverige AB.

立合法的数字作品二级交易市场。这种方式无须例外承认信息网络传播权用尽，避免过度破坏权利人与使用者之间的平衡。前文已论证数字作品二手交易伴随作品的交易流通。虽然数字作品转售仍须利用网络传输技术，但出售方通过区块链网络以"一对一"而非"一对多"方式进行，且以转移复制件所有权为目的（同时丧失近用作品的权限），并非旨在向公众传达或让公众感知作品内容。[①] 由于这种点对点传输不涉及"公众"，因此在解释上不侵犯权利人的信息网络传播权。

（二）利用区块链弥补"转发并删除"技术缺口，严控复制权限制性用尽

在讨论是否应在数字环境中延伸适用权利用尽原则时，有学者提出采用"基于特征的测试"方法，以避免牵涉各种次要问题。其核心观点是，如果数字作品复制件与受权利用尽原则约束的传统作品在特征上高度相似，则该数字作品复制件也应受此原则约束。[②] "基于特征的测试"不再形而上地分析数字作品与传统作品复制件在基本性质上的差异，而是寻找二者类似之处，以积极推动关键问题的讨论。如果能通过技术手段将传统作品的核心特征人为地移植到数字作品之上，则权利用尽原则在数字环境中可实现无缝衔接应用。

1.基于"转发并删除"防范多重复制，模拟传统作品的竞争性与排他性

从经济学角度看，竞争性和排他性是传统作品复制件适用权利用尽原则的关键特征。[③] 竞争性指多人同时消耗资源的能力，而排他性

---

① 林利芝：《探讨区块链技术应用于数位交易之权利耗尽新解——以电子书为例》，载《东吴法律学报》2021 年第 2 期。

② Capobianco，G. Rethinking ReDigi：How a Characteristics-Based Test Advances the "Digital First Sale" Doctrine Debate，35 *Cardozo Law Review*，2013：391-424.

③ Schwarz，AD.，Bullis，R. Rivalrous Consumption and the Boundaries of Copyright Law：Intellectual Property Lessons from Online Games，10 *Intellectual Property Law Bulletin*，2005：13-30.

则是指一个人阻止或排除另一个人消耗资源的能力。[①] 传统作品复制件具有竞争性,即一件复制件不能被二人以上同时消费,使用者的使用会限制其他使用者。其次,传统作品复制件具有排他性,即使用者可以排除他人对该复制件的使用。实物商品通常具备排他性,因为不可能有多人同时拥有它们,这导致传统作品复制件交易只能在一个地点进行一次,避免了多次交付问题。

相对而言,数字作品通常被视为非竞争性和非排他性,因为复制数字作品的边际成本几乎为零,使用不会减少可用副本,因而不会出现稀缺性问题。[②] 换言之,一个人对数字作品的欣赏或复制不会妨碍他人使用。然而,情况并非总是如此。虽然具有物质形态的物品确实会因物理特性被竞争性地消耗,但无形资源并不意味着就是非竞争性的。[③] 对竞争性物品而言,重要的并非其是否有形、可被使用者占有或触摸,而是它是否可以共享。例如,数字音乐作品通常可以低成本大量复制供多人共享。但若权利人为其设置 DRM 系统,则可通过限制用户对内容的复制来控制其使用,使数字作品具备竞争性。数字作品的无形性表达本身是非竞争性的,因为使用不会导致该作品作为一种智力成果被消耗掉。然而,固定作品无形表达的复制件却不同。人们常常混淆竞争性与有形性。DRM 系统可通过"转发并删除"技术为数字作品增加排他性。在数字作品转售中,该技术允许卖方在向买方传输作品后自动删除自己的复制件,确保市场上流通的数字作品复制件总量与首次销售时一致。因此,无载体交易与传统有载体交易除存储介质不同,并无显著区别。通过技术手段,数字作品可通过"基于传统

① Brennan, DJ. Fair Price and Public Goods: A Theory of Value Applied to Retransmission, 22 *International Review of Law and Economics*,2002:347-375.

② 梅夏英,姜福晓:《数字网络环境中著作权实现的困境与出路——基于 P2P 技术背景下美国音乐产业的实证分析》,载《北方法学》2014 年第 2 期。

③ Schwarz AD., Bullis, R. Rivalrous Consumption and the Boundaries of Copyright Law: Intellectual Property Lessons from Online Games, 10 *Intellectual Property Law Bulletin*,2005:13-30.

作品特征的测试",使其在功能上与具备竞争性和排他性的传统作品复制件等同,从而排除权利用尽规则的适用障碍。

　　然而,传统基于单点控制的 DRM 系统在技术上并非完全可靠,并且无法检测或阻止个人在转售数字作品后保留多余复制件。这也是美国联邦第二巡回上诉法院在 ReDigi 案中对数字环境中适用权利用尽原则的主要担忧。[①] 区块链技术通过其分布式结构克服了传统 DRM 的单点性能瓶颈,提高了技术的可靠性。同时,区块链能解决双花问题,阻止转售方在保留复制件的情况下转让数字作品,确保二级市场中没有多余的复制件流通。数字作品在二级市场交易时面临的多重复制威胁类似于密码学中的双花问题,即因其无限复制特性导致资产被重复花费。目前,网络中的价值转移依赖于大型中介机构,如政府、银行和科技公司等,处理身份验证、信用评级和交易结算等关键流程。这种依赖单一中介的解决方案带来了高成本、交易延迟和信息不对称等问题,且未能有效解决开放网络中的双重支出风险。区块链技术通过共识机制及引入时间戳和 UTXO 模型等创新,确保数字资产在用户之间安全转移,首次解决了双花交易问题。

　　得益于区块链共识机制,任何尝试在数字作品二级交易市场上进行多次转售的行为都将被系统自动检测并予以阻止。此外,区块链技术还可打造数字作品的"人造稀缺性"(artificial scarcity),即通过将数字作品文件哈希值化,以 SHA-256 的方式形成唯一的、不可反推的数字标签,使数字作品复制件得以特定化。[②] 在区块链驱动的 DRM 系统中,密码技术和分布式系统的结合可增强传统 DRM 的"转发并删除"功能,使权利人能够主动管理市场上任何时刻的复制件数量,从而保持数字作品复制件总量不变。

---

　　①　Capitol Records, LLC v. ReDigi Inc., 910 F. 3d 649,653,657(2d Cir. 2018).

　　②　郭雅菲:《基于区块链的数字作品发行权用尽研究》,载《上海法学研究集刊》2020 年第 5 卷。

2.温和与激进方案:NFT 技术与必要复制的限制性用尽

尽管区块链技术可实现去中心化的"点对点"二级交易市场,降低信息网络传播权的侵权风险,但在转售数字作品复制件时,仍然可能侵犯著作权人的复制权。[①] 复制是网络传播的基础步骤,而数字作品的利用也以复制本体为必要手段。即使在点对点交易中,出售方在传输数字作品给买受人的过程中,仍会产生新的复制件。此外,出售方存储设备中的作品复制件在传输完成后并不会自动消失,因此数字作品转售可能侵犯著作权人的复制权。

为解决这一问题,较为温和的解决方案是利用 NFT 技术规避复制行为。存储在区块链上的 NFT 可辅以智能合约进行管理,其中可包含在链上访问数字作品的唯一密钥。出售方与买受人在数字作品二级交易市场上仅仅开展在线访问密钥的购买、出售和转让活动,而无须下载复制受著作权保护的数字作品。虽然买受人在线浏览数字作品时可能在计算机上形成"临时复制",但临时复制迄今未纳入我国复制权的范畴,不构成侵权。

然而,买受人通常希望在二级市场获得作品的复制件以便更好地体验和利用数字作品。虽然"转发并删除"技术能确保数字作品复制件在流通中的唯一性,但即使出售方在传输后立即删除其存储的复制件,其对复制权的侵犯至少在传输阶段已发生。正如美国联邦第二巡回上诉法院在 ReDigi 案中所指出的:复制是将作品再现在新载体上,出售方是否删除存储的复制件并不影响对复制行为的定性。

鉴于传输中伴随的复制与传输后删除复制件之间存在时间差,如果认为在后的删除行为不影响对在先技术附随性复制行为的违法性判定,那么这种对"复制"的解释未免过于严苛。虽然这种解释便于管理和问责,但从根本上偏向著作权人利益,可能与使用者与公众利益发生冲突。在传统作品利用情形下,使用者在转售之前为个人学习、

---

① Capitol Record, LLC v. Redigi, Inc., No6-2321(2d Cir. 2018).

研究或欣赏复制作品,仍可主张合理使用抗辩。在数字环境中,若交易当事人能通过技术手段控制数字作品复制件总量,并确保交易完成后彻底删除多余的复制件,那么交易过程中的个别复制行为不会实质损害著作权人的利益。换言之,若能确保数字作品交易后不产生额外复制件,继续适用权利用尽原则将有助于著作权人与数字作品拥有者之间的利益平衡,同时促进"物"尽其用,降低接触成本并提高作品的可得性。

出于利益衡量考量,前文提出在必要情况下应认可一些特殊的"接触规则",例如为了保障数字作品在新型交易模式下的流通能力,承认复制权在数字作品转售中需受到必要限制。在欧盟的 UsedSoft 案中,购买者下载软件同样涉及复制行为,但欧盟法院认为这是合理使用软件的必要步骤,因此购买者享有无须著作权人同意而复制软件的合法权利。① 类似的,在数字作品交易中,如果交易当事人是为合理获取和使用数字作品而制作必要的复制件,并在交易完成后移除多余复制件,积极履行防止不法复制的协力义务的,则基于利益衡量,复制权应发生限制性穷竭。不法复制的协力义务,在性质上是权利用尽原则基于利益衡量所派生的附随义务,旨在防止在数字作品的二手交易中因使用网络传输导致作品产生多个复制件,从而调节权利人与使用者间之利益不对等问题。②

与传统作品交易不同,未附加技术措施的数字作品本身是非竞争性的,可能因存在多个复制件而发生多次"交付"且同时被多人消费。此外,权利人通常无法判断出售方是否在交易完成后履行了复制件删除义务。因此,为确保多余复制件被删除以实现适用权利用尽时的利益平衡,需要可信的技术措施介入。前文提及的以区块链强化的"转

---

① Spindler, G., Schuster, F. (Hrsg.) *Recht der elektronischen Medien* (*Kommentar*), Verlag C. H. Beck, 2011, § 69d. Rn. 19.

② 沈宗伦:《数位著作物自由散布的界限与不法重制防止义务》,载《智慧财产评论》2016 第 2 期。

发并删除"机制,正是必要复制发生限制性穷竭时实现利益平衡的重要工具。它不仅保障使用者对其合法获取的数字作品的转售自由,还通过哈希化生成唯一数字标识,作为 DRM 系统的一部分,使权利人能够有效追踪其作品在二级市场中的流通。这确保了作品复制件以可见和可控的方式进行转售,同时有效防止用户非法复制数字作品内容。任何删除或更改数字作品唯一标识的企图不仅在技术上难以实现,还将使著作权人能够主张规避或破坏技术措施的法律责任。

四、结论

尽管在数字环境中引入权利用尽原则面临技术挑战,但近年来区块链技术的进步为解决这些问题提供了积极的可能性。最初,权利用尽规则的制定基于大多数受著作权保护的作品以有载体形式存在。然而,如今大部分创意作品已转向无载体形式,通常存储在智能手机、计算机和云端数据库中。随着创意产业的变化和技术的发展,我们应重新审视传统的权利用尽规则。必须承认,历史上技术变革常常导致著作权规则的调整。

本书认为,引入数字权利用尽原则将使数字创意产业普遍受益。尽管有人担心认可数字权利用尽原则会导致数字作品盗版蔓延,破坏创意市场秩序,其论据在于诸如数字作品复制便利性高,在交易中不易损耗折旧,会因其低廉价格冲击著作权人在一级市场的获利机会等。但这些观点的说服力相对有限。

首先,数字作品遭受大量盗版的风险不应阻碍数字权利用尽原则的引入。即使在传统作品领域,创意产业也常常面临盗版问题。关键在于评估引入数字权利用尽原则所带来的盗版风险是否严重到足以抵消对创作者的激励,侵蚀权利人应得的公平报酬,甚至导致著作权法立法目的的落空。

其次,尽管数字作品不会因使用而损耗质量,但所有作品需求都有其生命周期。例如,电影、流行音乐、计算机游戏等作品通常在发行后被用户密集消费。数字作品的生命周期普遍较短,仅有少数作品保持长久的流行。大多数消费者在流行期内购买数字作品后，并不会立即转售，而是在享受一段时间后才考虑将其投入二级交易市场。在这个过程中，权利人已有机会通过初次销售积累可观的利润。实践中，权利人还会利用作品的生命周期曲线，采用窗口策略为不同生命周期的作品进行差异化定价。当数字作品在流行期过后进入二级交易市场后，其与一级市场的新作品的需求基础并不完全相同，因此不太可能侵占著作权人的获利机会。此外，虽然数字作品本身不易损耗，但随着计算机和电子设备的更新，驱动这些数字作品的技术设备却可能老化，产生与作品本身质量折损相同的影响。担忧数字作品二级交易市场破坏创意市场秩序的观点忽略了，即使是内容完全相同的信息商品，其最终产品之间仍可能存在显著差异。当市场供应多个版本的信息商品时，消费者通常会选择最符合其需求的版本。① 为了与数字作品二级交易市场竞争交易机会，权利人有动机追求创新，以便将一手数字作品与二手数字作品区分开来。例如，他们可以提供更好的服务或对现有作品进行更新。长远来看，这有利于消费者和创意产业的可持续发展。

最后，数字作品二级交易市场的形成不会削弱创作者的创作动力，反而还有助于填补数字创意产业的"价值缺口"，为创作者返还利润。例如，ReDigi 公司就曾将二手作品交易的一部分收入留存至相关艺术家的托管基金账户，以增强那些面临经济困难创作者的创作热情和福祉。

引入数字权利用尽是基于利益衡量的，通过区块链技术的辅助建立合法的数字作品二级交易市场，使数字作品被赋予特定的个体化、单一化身份。只有持有对应密钥才能接触近用，同时在技术上确保前手无法继续持有作品复制件。如此，著作权法能够在促进信息传播、保障著作权人权益和维护作品物权人利益之间取得平衡，同时提高数

① Shapiro，C.，Varian，HR. *Information Rules：A Strategic Guide to the Network Economy*，Harvard Business School Press，1999，p. 54.

字作品的可负担性与可及性,降低消费者非法获取作品的意愿,使权利人、消费者和数字创意产业互利共赢。

第四节　利用区块链与智能合约打造"类著作权交易市场"模型

许可作为数字创意产业中至关重要的法律和商业工具,在促进数字创意作品的市场化和著作权保护方面发挥着关键作用。然而,著作权以权利束为交易对象,流程复杂且效率低下。20 世纪 90 年代,日本学者北川善太郎(Zentaro Kitagawa)提出了"著作权交易市场"(Copymart)构想,①以支撑权利人与利用人之间的直接交易,但该法律模型囿于技术原因未能大规模应用。区块链技术为去中心化的著作权交易市场落地与全链路著作权管理的实现创造了新契机。

本节提出一个基于区块链与智能合约的应用架构——"类著作权交易市场"(后文统称"类 Copymart")应用系统。该系统通过在智能合约中预设著作权转让或授权许可条件,并将其部署在区块链上,以较低成本实现"去中心化形式＋弱中心化管理"的著作权交易市场。此举有望促进数字作品的流通与利用,实现快速查询、自动交易,并以较低成本及时将利润直接分配给相关创作者,从而改善数字创意产业生态。

一、通过"类 Copymart"撮合交易,促成智慧、动态许可

(一)私人许可的复兴与 Copymart 的基本原理

1. 私人许可与集中许可间的循环

著作权许可模式经历了从简单到复杂、从一元到多元的变革过

---

① Kitagawa, Z. Copymart-For Activation of Copyrights as a Private Right, In: Lorenz, S., Trunk, A., Eidenmüller, H., Wendehorst, C., Adolff, J. (Hrsg.) *Festschrift für Andreas Heldrich zum 70. Geburstag*, Verlag C. H. Beck, 2005, S. 235-246.

程。最初的许可形态是权利人与使用者之间的个别许可,即权利个别管理模式。在这种模式下,著作权人控制作品的利用,并根据自身利益决定是否授权或禁止第三方使用。然而,随着模拟复制技术的进步,作品进入大规模商业利用时代,作品使用者遍布全球。著作权人无法仅依靠自身力量全面管理作品的利用,使用者也无法逐一申请使用许可。从权利救济角度来看,著作权人亦很难在权利受到损害时迅速对侵权人提出损害赔偿请求,个别管理模式因此面临执行困境。当个别许可的交易成本增加到无法促进作品传播和利用时,权利人开始尝试通过一站式许可集中管理分散的权利,以降低协商与交易成本,提高作品利用效率。[①] 权利集中管理的概念也应运而生。然而,尽管著作权集中许可模式有其效率优势,却使创作者过度依赖中间人的许可渠道,导致在定价权上处于弱势,出现收益分配不公平和不及时等问题。例如,某些著作权集体管理制度为了简化管理,规定单一集体管理组织只能管理单一作品类型,导致在使用复杂作品时,利用人需要从多个集体管理组织获取许可,增加了交易的成本和复杂性。此外,集体管理组织按照预设标准发放许可,限制了权利人根据市场情况灵活调整许可条件与费率的能力,可能导致交易价格无法准确反映真实市场价值。

随着互联网内容生产从"中心化"转向"去中心化",社交媒体平台开始成为创作者获得曝光与传播作品的主要渠道。电子支付的普及再次降低了著作权交易成本,使"点对点"的私人许可再次成为可能。数字创意产业界也呼吁通过技术手段使集中许可回归私人许可。其中,音乐产业已有从概括许可(blanket license)转向直接许可模式的实践,反映了集体化权利管理制度面临个别化权利管理模式的挑战。[②] 复兴私人许可机制的关键在于去中心化,即去除著作权管理中心化和

---

① 熊琦:《著作权集中许可机制的正当性与立法完善》,载《法学》2011 年第 8 期。

② Pitt, IL. Direct Licensing and the Music Industry: How Technology, Innovation and Competition Reshaped Copyright Licensing, Springer, 2015, pp. 135-137.

数据储存及其传输的中心化,使数字作品交易能够脱离传统中介组织或平台。

2. 私人许可理念下的 Copymart 构想

过去,一些学者从理论层面着手,规划数字内容授权许可管理交易平台。北川善太郎早年间就作品权利管理以及使用报酬的支付提出打造以网络为媒介的 Copymart 构想,旨在为著作权人与使用者建立沟通桥梁,允许著作权人得依意思自治直接与使用者缔结合同。[①]2003 年 2 月,日本内阁府认证成立了非营利法人组织"Copymart 研究所",期望在信息社会下完善 Copymart 理论,构建知识产权交易市场,促进知识产权平稳流动。

北川善太郎设计的著作权交易市场在性质上是一个著作权信息交换与许可的平台,结构上包括"著作权市场"(copyright market)和"著作物市场"(copy market)两个模块,Copymart 则指整体著作权信息交换及许可与转让交易系统。"著作权市场"是记录作品权利信息的数据库。著作权人、著作权集体管理组织或著作权交易受托人可以在此存储作品权利信息供利用人查询。应登记的信息包括创作者和权利人的姓名或名称、作品种类、内容概述、著作权与邻接权的权利内容与保护期限、许可条件和费用等。权利人可随时变更许可条件与费用。利用人通过 Copymart 浏览或查询作品权利信息以寻找所需的作品资料。

"著作物市场"则是集合作品内容供利用人线上获取的数据库。著作权人将许可条件记录在"著作权市场"后,若同时将作品数据存储在"著作物市场",利用人只需根据预设的许可条件在线支付费用,即可获取作品内容并直接使用。如果权利人未将作品数据存储在"著作

[①] Kitagawa, Z. Copymart-For Activation of Copyrights as a Private Right, In: Lorenz, S., Trunk, A., Eidenmüller, H., Wendehorst, C., Adolff, J. (Hrsg.) *Festschrift für Andreas Heldrich zum 70. Geburstag*, Verlag C. H. Beck,2005,S. 235-246.

物市场",则利用人可通过"著作权市场"内的公开作品权利信息与权利人取得联系商谈授权。各模块通过 Copymart 系统以增值网络（VAN）方式运作，Copymart 则会协助作品利用人与著作权人开展授权协商。

Copymart 的一大创新是其许可费支付系统的设计。北川善太郎的方案建议，为促进 Copymart 的规模，倾向于不向权利人收取登记作品权利信息的手续费，仅在利用人通过"著作权市场"查询作品权利信息时收取一定的服务费。此外，Copymart 在协助权利人与利用人协商时也可收取一定的服务费。利用人根据预设的许可条件支付的授权金将通过 Copymart 的 VAN 系统，在扣除 Copymart 服务费用后自动支付给权利人。在此意义上，Copymart 属于一种基于网络电子系统的著作权交易模式。与传统模式相比，Copymart 的主要特点包括：著作权人与利用人可通过 Copymart 直接进行交易；权利人可以在线自由建立和变更许可条件；利用人可以较低成本在 Copymart 数据库中检索和获取数字作品；许可费用可通过 Copymart 系统直接支付给权利人。当市场中存在多个相互竞争的 Copymart 时，由于每个 Copymart 都能提供独特的授权条件，即使是相同的作品也可能在不同市场拥有不同的授权渠道。随着越来越多的著作权人在 Copymart 系统中登记作品及权利信息，信息不对称问题将得到缓解，使利用人能够在使用作品前估算许可成本。这一机制将有效帮助解决数字环境下利用人获取作品许可的难题。

（二）区块链与智能合约驱动下的"类 Copymart"应用架构设计

早期 Copymart 平台运营不畅的核心问题在于创作者和利用人在授权许可机制设计中缺乏参与。考虑到数字作品的创作者和利用人群体庞大，忽视他们的意见和需求容易导致平台功能与实务需求脱节。因此，本书在探讨数字权利管理措施、报酬结算机制和权利保护等议题时，不仅从中心化管理者的角度出发，更重视创作者和利用人的视角，希望相关的技术或措施更贴近他们的实际需求。本书部分赞同北川善太郎的 Copymart 解决路径。随着网络平台功能的增强，若能结合适宜的技术手段构建更适应数字时代特征的"个性化"授权机制，将比单纯依赖权利集中管理更有助于畅通作品授权管道，并最大化创作者和利用人效益。[①]

如果通过智能合约转让权利或进行许可的系统能够与前文拟议的区块链登记系统等功能模块整合，将为创作者、权利人和数字作品消费者创建一站式商店。区块链登记系统可被视为一个去中心化的数字作品信息仓库，类似于 Copymart 的"著作权市场"；而存储数字作品的 IPFS 则类似于 Copymart 的"著作物市场"。基于区块链的智能合约支持协议的自动和分散执行，可打通著作权交易在权属信息确认与交易变现环节间的桎梏，连接区块链登记系统、分布式文件存储协议与著作权管理系统，使用区块链与 IPFS 网络结合的方案集成作品权利信息登记、作品元数据存储、交易撮合、权利管理和使用费结算模块，可以形成一个"类 Copymart"交易市场的智能化信息交换与授权中心。

类似于 Copymart 的概念，基于区块链和智能合约技术的"类 Copymart"平台代表了一种市场驱动的著作权交易模式，允许权利人和利用人在这一去中心化生态系统中直接进行权利交易和协商。这种"类 Copymart"平台的开放性质确保任何组织或个人都能无障碍地加入市场，同时由于其低门槛的设立成本和各类基于智能合约的 Copymart 平台间的相互竞争，能有效避免市场垄断的出现。[②] 用户也可通过专门设计的元搜索引擎跨 Copymart 平台搜索作品，直接获取所需内容。[③] 出于系统安全、监管便利与可持续发展考量，建议通过平

[①] Goldstein，P. Future Platforms for Copyright Licensing，46 *International Review of Intellectual Property and Competition Law*，2015：153-154.

[②] 熊琦：《集体管理与私人许可：著作权利用的去中间化趋势》，载《知识产权》2007年第 6 期。

[③] Pech，S. Copyright Unchained：How Blockchain Technology Can Change the Administration and Distribution of Copyright Protected Works，18 *Northwestern Journal of Technology and Intellectual Property*，2020：1-50.

衡交易效率与安全的弱中心化联盟链部署"类 Copymart"。

通过"类 Copymart"撮合交易,创作者可以较低成本绕过传统"中间平台",直接向市场提供作品,实现择优交易。这种模式淘汰了攫取创作者收入的中心化组织,利用人也能以更低价格获得作品使用权。通过作品销售/许可记录,创作者和权利人可以获取消费对象的相关信息与偏好,提升用户黏性并实现差别定价。此外,借助数字指纹和时间戳等技术,创作者和权利人能够追踪作品各个副本的使用情况,并利用智能合约根据市场供需关系实时调整许可价格,实现动态定价。① 为更有效地促进著作权交易,建议在区块链著作权交易系统中整合个性化智能合约的开发环境和接口 API,同时提供智能合约的示范文本和可视化工具,以简化权利人开发、部署、管理和更新智能合约的过程。

二、通过智能合约实现权利金"利用即结算",减小产业"价值缺口"

(一)简化并促进数字作品的跨境利用追踪与许可

数字作品在互联网上的可及性遍布全球。数字创意作品线上消费的增加推动了对跨境著作权许可的需求,以适应数字创意市场的跨国性质。然而,在实践中,权利人跟踪其作品在域外的利用情况并开展授权许可的成本,通常比国内市场的著作权管理成本要高得多。一些复杂作品的利用更将牵涉来自不同司法辖区的权利人,进一步加大了著作权许可活动及其支付方式的复杂性。② 在支付方式上,随着科技金融的发展,信用卡、网络银行等第三方移动支付工具均可为著作

---

① Hohn-Hein,N.,Barth,GR. Immaterialgu terrechte in der Welt von Blockchain und Smart Contract,*GRUR* 2018,1089 ff.

② Earle,S. The Battle Against Geo-Blocking:The Consumer Strikes Back,15 *Richmond Journal of Global Law & Business*,2016:1-20;Cohen,C. Welcome to Web 3.0:A Reevaluation of Music Licensing and Consumption to Level the Payment Imbalance for Songwriters,45 *Hastings Communications and Entertainment Law Journal*,2023:45-74.

权人所用,在个别化许可模式中扮演支付工具角色。创作者和权利人也能根据其所属市场的消费习惯、服务费用、手续费,以及软硬件基础设施的购置与维护成本等因素选择适当的支付工具。然而,跨境交易中现有的支付方式仍面临诸如各国汇率、税制和境外交易管制等政策性限制,这些因素阻碍了数字创意产业变现效率的提高。

有学者提出,通过区块链及智能合约技术构建的交易系统有望简化国际著作权交易。该系统采用简单的"if-then"逻辑规则,通过部署标准化的许可协议和交易条件,能够在不同司法辖区追踪作品的使用和改编情况的同时,实现数字作品著作权的自动交易。借鉴全球范围内采用的"创作共用许可证"(creative commons licenses)的做法,类Copymart 可以使用智能合约预设包含许可条款、交易各方权利义务、许可时间和范围、支付条款及收益分配等内容的定制化合同条款,并部署到区块链上,实现合约在条件满足时自动执行。这种方法不仅提高了交易的透明度和效率,还减少了传统著作权交易因涉及多个司法辖区而产生的障碍,同时减少了权利人与最终受众之间的中间环节数量。[1] 权利人在授权作品时,以及利用人在使用作品时,将无须再依赖各个司法辖区内的中介机构,也不必承担聘请专业著作权代理人的额外成本。

(二)灵活开展零星小额交易与自动分润

利润分配即权利金结算机制主要分为数字作品的计价方式与使用许可费用的支付方法两个模块。在著作权集体管理模式下,权利金结算机制完全由集体管理组织掌控,虽然提高了许可效率,却在报酬回馈效率上饱受批评与质疑。复兴私人许可个别化授权机制需要提出符合交易成本的解决方案,否则创作者和权利人将缺乏采用的动力。智能合约能够在技术上实现"利用即结算",已能满足上述权利金

---

① Savelyev, A. Copyright in the Blockchain Era: Promises and Challenges, 34 *Computer Law Security Review*,2018;550-561.

结算要求。据此，创作者可利用数字加密货币为著作权交易设计"按使用付费"的定价结构，[①]让使用者每次利用数字作品仅需支付微额使用费，且即时在相关方间完成权利金结算。这种零星小额的个别许可交易能极大促进著作权市场活力与规范性。

然而，非法定加密货币驱动的即时支付机制存在法律风险。尽管非法定加密货币提高了支付效率，其与新型商业模式的融合也在事实上推动其成为"准货币"，[②]但我国目前在法律上并不认可其货币属性，也未允许非法定加密货币相关交易。此外，非法定加密货币监管困难，它的流通涉及匿名性与跨国交易汇兑等问题，即使在承认其合法地位的国家，其币值的巨大波动性也会给著作权交易带来风险。这种波动性可能导致权利人对以加密货币支付的交易平台失去兴趣，[③]并阻止普通用户使用加密货币作为支付方式。有观点建议探索使用由基础资产，尤其是传统法定货币支持的"稳定币"作为支付工具。尽管稳定币在维持货币价格稳定方面表现出一定的优势，但也增加了数字货币领域的信用和信任风险，引入了一种新的不稳定性。[④] 结合我国国情，要发挥区块链著作权管理的巨大优势，必须加快探索法定数字货币在著作权交易领域的落地应用。与比特币等私有数字加密货币不同，数字人民币由中国人民银行发行且由指定运营机构负责兑换和流通交易，以国家信用为担保，能充当交换媒介、价值尺度、支付手段、价值储藏等，属于借鉴了区块链技术可追溯性、不可篡改性等特征的法定数字货币。将数字人民币嵌入数字作品著作权交易场景，可以帮

① Pech，S. Copyright Unchained：How Blockchain Technology Can Change the Administration and Distribution of Copyright Protected Works，18 *Northwestern Journal of Technology and Intellectual Property*，2020：1-50.

② 李一：《数字加密货币能否成为网络贵金属》，载《清华金融评论》2016 年第 5 期。

③ O'Dair，M. *Distributed Creativity：How Blockchain Technology Will Transform The Creative Economy*，Palgrave Macmillan，2019，p. 39.

④ 柯达：《稳定币的"稳定"与"不稳定"》，载《清华金融法律评论》2019 年第 3 卷第1-2 辑。

助交易相对人实时开展微额交易,在智能合约下实现自动分润,同时减少对第三方支付平台的依赖,节省交易费用。

这种模式还有助于缓解数字创意产业利润分配环节备受关注的"价值缺口"问题,即创作者实际取得的利润分配与其期望存在巨大落差的现象。在由区块链和智能合约构建的"类 Copymart"平台中,结合公开透明的"使用即支付"权利金分配机制,权利人在平台上登记数字作品权利信息并上传作品后,不仅可以实时追踪作品的使用情况、著作权交易的完整过程,还能够通过智能合约预设的具体交易条款,如授权费用、使用方式、地域限制以及改编权限等,掌握权利金的分配结构与流转方向,并即时取得分配权利金。得益于区块链的技术特性,作品权利信息的变更和作品使用情况的记录都能确保真实与透明,有助于减少因信息不对称而在利润分配环节故意造成的那部分"价值缺口"。

三、结论

考虑到当前技术水平和数字创意作品著作权市场参与者的接受度,在数字创意产业内重构一个基于区块链技术的新型交易管理平台是可行的。本书认为,类 Copymart 应用可作为平台雏形,具体做法是将其与前述区块链作品著作权登记系统、智慧 DRM、区块链侵权存证平台、区块链众包纠纷化解、区块链孤儿作品利用平台等应用整合,全面优化个别许可交易机制。这将有助于解决数字创意市场的利润分配不均与侵权频生问题,同时降低个别化许可模式的整体运行成本,使创作者或权利人不必独自承担这些成本。促进个别许可与集中许可模式协同运作,是数字创意作品著作权交易市场破局之道。当然,由私人资本驱动的区块链数字著作权应用在推动类 Copymart 建设过程中很可能会面临获取特定领域数字作品元数据的现实困难,这使得它们在行业竞争和成本压力下很难实现长期的商业成功。区块链技术为数字著作权管理提供了新的解决方案,但其实际应用需要一种更为务实的方法论。这包括采取渐进式的方法,分阶段地增量构建数字作品权利信息数据库,避免一次性尝试解决整个行业的数据整合问题,从而有效协调利益相关者并逐步积累历史元数据。

需要注意的是,要使区块链系统有效运行,必须对节点进行某种形式的激励,相关的制度设置、运行及维护成本,还有赖于政府的政策引导与适当社会资本注入。可喜的是,许多科技企业已开始探索"区块链＋著作权"业务,探索提供点对点一站式个别许可服务。在此背景下,不应过分夸大区块链著作权管理的绝对去中心化概念。区块链平台可能取代传统中介平台逐渐走向新的"中心化"。因此,应当避免技术崇拜,注重相关方的利益平衡与对区块链服务平台的合理激励,以维持其高水平服务。

结　论

　　本书以区块链技术在数字创意产业著作权保护与交易中的应用问题为导向，旨在为区块链技术应用建立可靠的法律框架，为我国数字创意产业发展构建更完善的著作权保护及交易环境。通过深入探讨和分析，至此可对全书的主要内容和观点进行总结和概括。

　　一直以来，科技发展对创意和内容产业的影响深远，每一次信息技术的创新与变革都引发了著作权学者的关注与思考，当然也包括本书所探讨的区块链技术。为发挥区块链作为"持续性创新"和"颠覆性创新"在数字创意产业著作权保护及交易中的最大效能，不能忽视对区块链自身的保护。

　　区块链技术以旨在取得一定结果的计算机语句或指令的形式呈现，其源代码可能获得著作权保护，但保护范围与力度相当有限。商业秘密保护路径不提供绝对的排他权保护，亦使权利人难以应对反向工程等情况。选择专利权保护区块链生态系统中的一些技术成果有其制度优势。区块链发明通常旨在通过分布式节点实现对某一领域内部数据的联通共享及对该领域外部对象的控制，解决利用中心化系统无法解决的技术问题，带来符合自然规律的技术效果。随着对区块链专利适格性标准的放宽，对专利授权的实质赋权标准需严格把关，以保留专利公共领域的必要空间，促进专利申请数量与质量的协调发展。同时，还可部署区块链技术防御性专利组合、设计适合区块链技术的开源许可方案、推进区块链专利开放共享制度发展，以克服和避免"专利丛林",缓解专利保护的独占性与软件开源"自由共享"理念间的矛盾,充分发挥区块链技术在数字创意产业的应用潜力。

区块链网络的复杂架构和独特技术特征导致对其直接监管十分困难,主要的规制困境在于其去中心化架构冲击了传统中心化责任体系的基本假设,以及其匿名性特征阻碍了归责与责任追溯。尽管区块链具有天然自治的特性,但其运作仍依赖为底层网络提供技术支持的新型中介,而这些中介容易被监管捕获。为平衡区块链的技术优势与监管需求,应在技术层面放宽对"绝对匿名性"的要求,转向追求"可控匿名性",确保用户信息在监管层面可识别,在应用层面以相对匿名形式受限于受控环境。同时,创新监管工具组合,探索"触发式监管"和"沙盒监管",推进技术标准与法律的协同治理。另一种具有后现代主义赛博法律特色的规制方案是发挥代码监管的作用,探索将传统法律规则转化为代码规则,以降低监管成本,提高监管效率。

解决智能合约的法律性质争议及其与我国私法制度的契合问题也是运用区块链技术的前提。智能合约并非全部构成法律合同,只有将基础合同内容作为一个整体编译并发布至链上的"整体智能合约"才能建立合同法意义上的权利义务关系。这种合同具备缔约主体匿名性、自治性、自动执行性等特征,但其成立与生效、变更与解除却并未给传统合同制度带来无法解决的挑战。高度形式化的程序语言未能完全克服自然语言的模糊性难题,传统的合同解释规则仍可继续适用,但须同时运用解释智能合约的现代方法。智能合约为合同当事人提供了流程简化、安全性高的交易"装置",但也因内容不完备、语义模糊、程序漏洞等问题引发新型纠纷。传统诉讼解纷路径可能失灵,基于"以链治链"思路的区块链解纷应用被视为更高效便利的方案,但也存在破坏法治的风险。因此,需结合硬法与软法,确认区块链解纷应用的法律地位与监管框架,构建与技术特征契合的程序规则与救济制度,优化纠纷化解模型设计,加强行业自主规制与标准化建设,为智能合约纠纷化解提供制度保障。

　　区块链技术在数字创意产业著作权保护环节已经落地应用,其中最核心的应用场景包括数字作品的著作权登记、侵权监控及侵权存证。著作权登记作为一种具备公示与存证功能的法定形式,是重要的交易与维权证据,同时还有提高作品质量,扩大公共领域之功能。然而,国内法规定"构成性"著作权法定形式违反国际公约要求。我国现行作品自愿登记制度成本高昂,证明力不强,以致权利人无登记动力。我国《著作权法》亦未规定著作权转让登记及其效力,导致"一权二卖"现象频繁,阻碍数字创意产业繁荣发展。采用"意思主义＋登记对抗主义"建立著作权转让登记制度,可在保护交易安全与维护意思自治间取得平衡。为打造与《伯尔尼公约》相融的登记制度与激励规范,本书提出一个务实方案,即将区块链技术引入著作权登记系统,积极构建区块链登记服务领域的公私合作模式,由二者在统一登记标准、外包登记服务以及监督登记管理等方面展开合作,如此整合官方与民间资源,可有效降低可信登记活动的整体成本,提高登记效率,加强登记信息安全。

　　基于区块链的数字指纹展现出更高的安全性、不可感知性以及鲁棒性,结合自动化检测技术可帮助权利人实时追踪侵权行为并识别侵权者身份。区块链还可用于数字作品侵权的实时分布式取证与固证,在诉讼程序中降低权利人的鉴真成本,但区块链证据的真实性审查仍具复杂性,同时也不可忽视将区块链应用于著作权侵权治理时存在的诱发诉讼爆炸与私人执行过度的风险。本书提出以下解决方案:一是充分发挥区块链众包解纷应用的功能,提升纠纷化解效率;二是加强代码规制,完善针对侵权识别系统自动执法的著作权法配套制度,健全区块链侵权识别系统自动执法下的用户申诉程序,并明确对恶意著作权侵权通知行为适用惩罚性赔偿责任;三是实践规则代码化,将合理使用等权利限制规则与比例原则的结构化检测方法转换为可执行的指令,控制著作权法私人执行的强度;四是补强区块链证据真实性证明机制,在程序层面充分利用专家证人、技术调查官等辅助手段,并针对不同类型区块链证据进行差异化真实性认定，在技术层面加快研发去中心化预言机网络，增强区块链证据"技术自证"的可信程度。

对数字创意产业的新宠儿——NFT，其可通过技术拟制"人造稀缺"，在效果上实现相对特定及可支配等物之特性，但其价值并不独立，在法律属性上可视为一种独立的财产性权益。在交易性质的认定上，为平衡NFT铸造者、平台、转售者和购买者之间的复杂关系，应从功能主义角度出发，将NFT交易扩张解释为外观及效果上更为接近的发行行为，以减少不必要的复杂性。在处理NFT交易中的著作权风险时，需区分NFT铸造、上架和出售环节。首先，应加强NFT行业监管，通过"职业主义"原则调整或部分替代"权威主义"的治理方式，促进数字创意产业的自我规制能力；其次，需系统完善并构建相应的法律框架，要求NFT铸造者负担确保被链作品权利真实性的义务、NFT交易服务平台承担与其风险预防和审查能力相适应的注意义务。

区块链技术在解决数字创意产业中孤儿作品的使用与识别问题上具有重要潜力。目前，我国著作权法缺乏针对孤儿作品的完整制度设计，国际上的事前授权许可模式、事后赔偿责任限制模式、延伸性集体许可模式和特定使用限制模式各有利弊，难以一揽子解决孤儿作品利用问题。应在不同著作权体系构成下，结合本土著作权正当性基础，针对不同孤儿作品类型制定适配性规则，以避免排斥效应。我国的著作权正当性基础混合著作权功利主义理论和人格理论，且以功利主义为主，故对孤儿作品的利用应以权利人补偿模式为主，对勤勉搜索义务要求不宜过高，适当保护作者人格。从行为经济学角度看，这种规则设计可避免过度依赖著作权激励，防止削弱创作者的内在动机，从而避免整体创作数量、质量和总效用下降。在此基础上，利用区块链与智能合约打造孤儿作品信息元数据库和自动化勤勉搜索众包系统，推动实现全球范围孤儿作品数据库的互联互通、勤勉搜索活动的自动化记录，可提高孤儿作品利用效率并降低错误风险，促进社会整体福利最大化。

区块链技术在数字创意产业著作权交易环节的应用主要包括优化 DRM 系统、改进著作权集体管理和建立合法数字作品二级交易市场。传统中心化 DRM 系统存在易被破解、标准化程度低、限制公众使用权、数据隐私泄露等问题，威胁消费者权益及公共领域安全。利用区块链构建去中心化 DRM 系统，可提升传统 DRM 系统安全性与韧性，促进内容公平分发，建立全球数字作品 RMI 元数据库并降低交易成本。在构建区块链 DRM 系统时，应将"合理使用等著作权例外纳入设计"作为重要平衡措施，以平衡权利人与使用者权益。

著作权集体管理组织对推动创意产业发展和提升一国文化质量至关重要，但常被批评存在授权协议不透明、权利金分配不均等问题。通过区块链翔实记录作品权利和交易信息，执行智能合约程序分配权利金，可使数字作品授权和报酬分配更加透明、高效。中心化的集体管理组织采用去中心化的区块链创新要承担额外的技术成本与运营风险，改革意愿较低。但正如著名法社会学家贡塔·托依布纳（Gunther Teubner）所言，在复杂多元的当代社会中，需要建立去中心化的社会整合机制，将法律管制负担转移至其他社会体系。只有当法律为其他社会次级体系的反思过程提供结构性前提时，才能实现其自身的反思取向，发挥其社会整合作用。① 区块链技术并非旨在取代集体管理组织，但其应用能够提高集体管理活动透明度，解决传统集体管理活动中的信任难题，可被视为一种反思性可能，亦有助于改善集体管理制度垄断性强、运营低效、分润不及时与不合理等问题。

合法的数字作品二级交易市场能提高数字作品的可负担性与可及性，同时降低消费者使用和传播盗版的意愿，其理论准备是证成权利用尽原则在数字环境下的延伸适用。无载体数字作品交易在经济

---

① Teubner，G. Substantive and Reflexive Elements in Modern Law，17 *Law & Society Review*，1983：239-286.

效果上与传统作品的实体发行特征类似、功能等同,应被视为著作权法意义上的发行行为。区块链技术可辅助实现法律规则的代码化:一方面,在以区块链构建的去中心化"点对点"二级交易市场上,二手数字作品提供行为可只在一级市场的买受者与二级市场的唯一接收者之间进行,而不直接面向公众,从而规避侵害信息网络传播权。另一方面,利用区块链弥补"转发并删除"技术缺口,模拟传统作品的竞争性与排他性,严格控制必要复制权限制性用尽的范围,使其仅限于为保障数字作品的交易流通能力(二手交易当事人的复制行为旨在合理获取并使用特定数字作品,且在交易过程中仅制作必要复制件,并在交易完成后立刻删除多余复制件,积极履行防止不法复制之协力义务)的情形,以确保权利用尽原则扩张适用后的利益平衡结构,使权利人、消费者以及数字创意产业各方受益。

本书最后借鉴北川善太郎的 Copymart 构想,提出了一个基于区块链和智能合约的分布式著作权交易平台——"类 Copymart"模型。通过智能合约打通著作权交易在权属信息确认与交易变现环节间的桎梏,连接著作权登记系统与著作权管理系统,使用区块链、智能合约与 IPFS 分布式存储协议相结合的方案打造一个 Web3 文件系统,整合区块链作品著作权登记系统、智慧 DRM、区块链侵权存证平台、区块链众包解纷平台、区块链孤儿作品利用平台等应用,形成一个由市场驱动的智能化信息交换与授权中心,允许权利人和利用人绕开传统"中间平台"直接交易,并结合公开透明的"使用即支付"权利金分配机制,持续监控数字作品实际使用情况并即时收取相应费用,缩小产业"价值缺口"。

自区块链问世以来,数字创意从业者就希望利用该技术解决业界普遍存在的著作权归属混乱、授权取得困难、权利金分配不透明等问题,并提出许多有待验证的技术与非技术方案。本书结合对著作权基本概念、基本制度的探讨,分析如何利用区块链技术特性,打造一种数字作品著作权保护与运营新机制。通过整合民间与官方资源,本书提出的"类 Copymart"著作权交易平台有望解决过往成本高昂的行政管理程序衍生的诸多弊端,因应现今数字作品在线即时授权交易的迫切需求,进而促进数字创意产业正向发展。

"区块链＋著作权"应用贯穿数字创意产业保护及交易全链条,涉及的问题复杂且分散。限于研究能力与篇幅,本书对领域内的一些关键问题没有详细展开。例如,关于 NFT 的研究未深入分析数字作品 NFT 交易服务平台与铸造者、购买者之间的法律关系,也未探讨如何通过改进 NFT 标准(如 ERC-721)支持更复杂和灵活的数字资产表示,以及这些创新如何提升数字著作权管理的效率和透明度。在提出支持零星小额交易与自动分润的著作权交易模型时,仅提出了使用数字人民币的设想,而未就我国"无币区块链"的情况深入分析。在未来的研究中,还需要进一步完善和丰富相关内容。

参考文献

一、中文著作(含译著)

1. 刁佳星:《著作权法律制度的经济分析》,中国政法大学出版社 2023 年版。

2. 董凡,刘婧瑄:《文本与诠释:我国知识产权惩罚赔偿的司法适用实证研究(2014—2021)》,华南理工大学出版社 2022 年版。

3. 康添雄:《专利法的公共政策研究》,华中科技大学出版社 2019 年版。

4. 吕炳斌:《孤儿作品版权问题研究:兼论对著作权法的反思》,北京大学出版社 2023 年版。

5. 饶明辉:《当代西方知识产权理论的哲学反思》,科学出版社 2008 年版。

6. 索来军:《著作权登记制度概论》,人民法院出版社 2015 年版。

7. 王迁:《知识产权法教程(第七版)》,中国人民大学出版社 2021 年版。

8. 吴汉东,胡开忠:《无形财产权制度研究》,法律出版社 2005 年版。

9. 薛波编:《元照英美法词典》,法律出版社 2003 年版。

10. 尹新天:《中国专利法详解》,知识产权出版社 2011 年版。

11. 张平,马骁:《共享智慧——开源软件知识产权问题解析》,北京大学出版社 2005 年版。

12. 最高人民法院民法典贯彻实施工作领导小组主编:《中华人民共和

国民法典总则编理解与适用(下)》,人民法院出版社 2020 年版。

13.[澳]布拉德·谢尔曼,[英]莱昂内尔·本特利:《现代知识产权法的演进:英国的历程(1760—1911)》,金海军译,北京大学出版社2006 年版。

14.[德]黑格尔:《法哲学原理》,邓安庆译,人民出版社 2016 年版。

15.[美]丹尼尔·热尔韦:《著作权和相关权的集体管理》,马继超等译,商务印书馆 2018 年版。

16.[美]杰弗里·费里尔,迈克尔·纳文:《美国合同法精解》,陈彦明译,北京大学出版社 2009 年版。

17.[美]迈克尔·A.艾因霍恩:《媒体、技术和版权:经济与法律的融合》,赵启彬译,北京大学出版社 2012 年版。

18.[美]梅兰妮·斯万:《区块链新经济蓝图及导读》,新星出版社 2015年版。

19.[英]R.赫里安:《批判区块链》,王延川等译,上海人民出版社 2019年版。

20.[英]杰里米·边沁:《道德与立法原理导论》,时殷弘译,商务印书馆 2017 年版。

21.[英]科林·斯科特:《规制、治理与法律:前沿问题研究》,安永康译,清华大学出版社 2018 年版。

22.[英]洛克:《政府论》,瞿菊农,叶启芳译,商务印书馆 2020 年版。

23.[英]托马斯·霍布斯:《利维坦》,黎思复等译,商务印书馆 2009年版。

二、外语著作

1. Bernhardt,W. *Die Bedeutung des Patentschutzes in der Industriegesellschaft*,Heymann,1974.

2. Borghi,M.,Karapapa,S. *Copyright and Mass Digitization*,Oxford University Press,2013.

3. Bröckers,S. *Second Hand-Software im urheberrechtlichen Kon-*

text，Peter Lang，2010.

4. Cox，I.，Miller，M.，Bloom，J.，Fridrich，J.，Kalker，T. *Digital Watermarking and Steganography*（2nd ed.），Morgan Kaufmann Publishers Inc.，2007.

5. Ficsor，M. *Collective Administration of Copyright and Neighboring Rights: Study On, and Advice for, the Establishment and Operation of Collective Administration Organizations*，WIPO Publication，1990.

6. Gambetta，D.（eds.）*Trust: Making and Breaking Cooperative Relations*，Oxford Blackwell，1998.

7. Gey，M. *Das Recht der öffentlichen Zugänglichmachung i. S. d § 19a UrhG*，Richard Boorberg Verlag，2009.

8. Giddens，A. *The Consequences of Modernity*，Polity Press，Cambridge，1990.

9. Hantschel，I. *Softwarekauf und -weiterverkauf: Zur Vertragsnatur und Erschöpfungswirkung körperlicher und unkörperlicher Übertragungsformen von Software*，Duncker & Humblot，2011.

10. Hellgardt，A. *Regulierung und Privatrecht*，Mohr Siebeck，2016.

11. Hoeren，T.，Sieber，U.（Hrsg.）*Handbuch Multimedia-Recht*，Verlag C. H. Beck，2012.

12. Kohler，J. *Lehrbuch des Patentrechts*，Bensheimer，1908.

13. Kolb，B. *Marketing For Cultural Organizations: New Strategies for Attracting Audiences*，Routledge，2013.

14. Landes WM.，Posner，RA. *The Economic Structure of Intellectual Property Law*，The Belknap Press of Harvard University Press，2003.

15. Leaffer，MA. *Understanding Copyright Law*，LexisNexis，2010.

16. Lind，A.，Tyler，T. *The Social Psychology of Procedural Jus-

tice，Springer Science＋Business Media，1988.

17. Locke，J. *Two Treatises of Government*，Cambridge University Press，1988.

18. Masouyé，C. *Guide to the Berne Convention*，WIPO Publication，1978.

19. Nozick，R. *Anarchy，State，and Utopia*. Basic Books，1974.

20. O'Dair，M. *Distributed Creativity：How Blockchain Technology Will Transform the Creative Economy*，Palgrave Macmillan，2019.

21. Patry，W. *Moral Panics and the Copyright Wars*，Oxford University Press，2009.

22. Pitt，IL. *Direct Licensing and the Music Industry：How Technology，Innovation and Competition Reshaped Copyright Licensing*，Springer，2015.

23. Ricketson，S.，Ginsburg，JC. *International Copyright and Neighbouring Rights：The Berne Convention and Beyond*（2nd ed.），Oxford University Press，2006.

24. Schechter，RE.，Thomas，JR. *Principles of Copyright Law*，Thomson/West，2010.

25. Schelling T. *The Strategy of Conflict*. Harvard University Press，1980.

26. Shapiro，C.，Varian，HR. *Information Rules：A Strategic Guide to the Network Economy*，Harvard Business School Press，1999.

27. Spindler，G.，Schuster，F.（Hrsg.）*Recht der elektronischen Medien*（*Kommentar*），Verlag C. H. Beck，2011.

28. Surowiecki J. *The Wisdom of Crowds*，Anchor Books，2005.

29. Van Eechoud，M. *Choice of Law in Copyright and Related*

Rights：Alternatives to the Lex Protectionis，Kluwer Law International，2003.

30. van Gompel，S. *Formalities in Copyright Law：An Analysis of Their History，Rationales and Possible Future*，Kluwer Law International，2011.

三、中文论文（含译文）

1. 包红光：《著作权转让登记对抗主义辩护及其改进——兼评〈著作权法修订草案（送审稿）〉第 59 条》，载《科技与法律》2019 年第 3 期。

2. 蔡丽楠：《数据信托参与数据治理：理论逻辑与实现机制》，载《金融评论》2022 年第 1 期。

3. 柴会明：《图书馆数字资源长期保存的技术措施限制与例外研究——基于著作权保护"技术路径"的考量》，载《图书馆杂志》2021年第 1 期。

4. 柴振国：《区块链下智能合约的合同法思考》，载《广东社会科学》2019 年第 4 期。

5. 陈爱碧：《著作权重复转让中的权属认定》，载《知识产权》2017 年第9 期。

6. 陈爱飞：《区块链证据可采性研究——兼论我国区块链证据规则的构建》，载《比较法研究》2022 年第 2 期。

7. 陈凤兰：《数字环境下的版权管理：去碎片化策略》，载《现代出版》2013 年第 2 期。

8. 陈吉栋：《超越元宇宙的法律想象：数字身份、NFT 与多元规制》，载《法治研究》2022 年第 3 期。

9. 陈吉栋：《人工智能时代的法治图景——兼论〈民法典〉的智能维度》，载《探索与争鸣》2021 年第 2 期。

10. 陈吉栋：《智能合约的法律构造》，载《东方法学》2019 年第 3 期。

11. 陈维超：《基于区块链的 IP 版权授权与运营机制研究》，载《出版科学》2018 年第 5 期。

12. 陈文学,高圣平:《著作权质权登记程序研究——兼及〈著作权质押合同登记办法〉的修改》,载《学术研究》2011 年第 2 期。

13. 陈晓菡,解学芳:《颠覆式创新:区块链技术对文化创意产业的影响》,载《科技管理研究》2019 年第 7 期。

14. 陈晓屏:《馆藏版权清算的困境与出路——兼议"孤儿作品"使用立法的必要性》,载《海峡法学》2022 年第 2 期。

15. 陈燕琳:《基于区块链技术的公共图书馆古籍数字化版权保护策略》,载《图书馆工作与研究》2023 年第 5 期。

16. 陈杨,谢韩:《著作权集体管理制度优化:区块链智能合约介入》,载《长沙理工大学学报(社会科学版)》2022 年第 2 期。

17. 程啸,樊竞合:《网络直播中未成年人充值打赏行为的法律分析》,载《经贸法律评论》2019 年第 3 期。

18. 丛立先:《论网络版权的获得与归属》,载《知识产权》2008 年第 4 期。

19. 崔国斌:《知识产权法官造法批判》,载《中国法学》2006 年第 1 期。

20. 崔国斌:《著作权集体管理组织的反垄断控制》,载《清华法学》2005 年第 1 期。

21. 崔建远:《合同解释的三原则》,载《国家检察官学院学报》2019 年第 3 期。

22. 崔建远:《合同解释与合同订立之司法解释及其评论》,载《中国法律评论》2023 年第 6 期。

23. 崔建远:《论合同解释的历史方法》,载《甘肃社会科学》2019 年第 2 期。

24. 戴拥军:《〈合同法〉模糊词语的英译研究》,载《外语学刊》2012 年第 1 期。

25. 邓建鹏:《美国区块链监管机制及启示》,载《中国经济报告》2019 年第 1 期。

26. 邓建鹏:《区块链的规范监管:困境和出路》,载《财经法学》2019 年第 3 期。

27. 邓磊,王妙辉,范雷东等:《我国数字创意技术发展现状与展望》,载《中国工程科学》2020 年第 2 期。

28. 邓永民,徐昕:《区块链证据"客观印证"的合理性思考》,载《河南师范大学学报(哲学社会科学版)》2022 年第 3 期。

29. 刁佳星:《算法时代合理使用制度的困境与纾解》,载《中国出版》2023 年第 3 期。

30. 丁婧文:《论数字作品转售不适用首次销售原则》,载《学术研究》2021 年第 4 期。

31. 丁晓东:《从阿帕网到区块链:网络中心化与去中心化的法律规制》,载《东方法学》2023 年第 3 期。

32. 董慧娟:《孤儿作品的利用困境与现行规则评析》,载《中国出版》2010 年第 18 期。

33. 董美根:《论版权转让登记的对抗效力——评著作权法修改草案(送审稿)第 59 条》,载《知识产权》2016 年第 4 期。

34. 杜伟:《我国著作权集体管理组织代表性审视》,载《知识产权》2018 年第 12 期。

35. 段磊:《日本法对虚拟货币的监管规制》,载《金融法苑》2018 年第 3 期。

36. 范愉:《当代世界多元化纠纷解决机制的发展与启示》,载《中国应用法学》2017 年第 3 期。

37. [阿]费德里科·阿斯特,[法]布鲁诺·德法因斯:《当在线纠纷解决遇到区块链:去中心化司法的诞生》,张智豪译,载《中国应用法学》2021 年第 6 期。

38. 冯晓青,高源:《数字作品转售的版权风险与制度应对》,载《贵州师范大学学报(社会科学版)》2024 年第 2 期。

39. 高奇琦:《智能革命与国家治理现代化初探》,载《中国社会科学》2020 年第 7 期。

40. 高圣平:《登记对抗主义之下的动产抵押登记制度——兼及〈企业动产抵押物登记管理办法〉的修改》,载《法学家》2007 年第 6 期。

41. 高圣平:《民法典动产担保权登记对抗规则的解释论》,载《中外法学》2020 年第 4 期。

42. 高薇:《众包网上争议解决——群体智慧如何解决网络争议》,载《北大法律评论》2018 年第 19 卷第 2 辑。

43. 高阳,谢天宇:《论 NFT 数字作品交易中著作权侵权行为判定》,载《中国出版》2023 年第 23 期。

44. 高阳:《论 NFT 交易平台著作权合理注意义务的设定》,载《上海大学学报(社会科学版)》2023 年第 5 期。

45. 郭朝,郭帅印,张胜利等:《区块链跨链技术分析》,载《物联网学报》2020 年第 2 期。

46. 郭明瑞:《物权登记应采对抗效力的几点理由》,载《法学杂志》2005 年第 4 期。

47. 郭鹏:《功能等同原则视域下 NFT 数字藏品交易的法律定性——兼论虚拟财产纳入物权法调整的新路径》,载《现代法学》2023 年第 6 期。

48. 郭壬癸,乔永忠:《版权保护强度与软件产业发展关系实证研究》,载《科学学研究》2019 年第 6 期。

49. 郭少飞:《区块链智能合约的合同法分析》,载《东方法学》2019 年第 3 期。

50. 郭滕达:《美国推动区块链发展的主要做法及启示》,载《世界科技研究与发展》2020 年第 5 期。

51. 郭雅菲:《基于区块链的数字作品发行权用尽研究》,载《上海法学研究集刊》2020 年第 5 卷。

52. 郭志京:《也论中国物权法上的登记对抗主义》,载《比较法研究》2014 年第 3 期。

53. 韩璇,袁勇,王飞跃:《区块链安全问题:研究现状与展望》,载《自动化学报》2019 年第 1 期。

54. 何怀文：《二手数字出版物与发行权用尽——兼评美国"ReDigi 案"与欧盟"UsedSoft 案"》，载《出版发行研究》2013 年第 6 期。

55. 何怀文：《网络环境下的发行权》，载《浙江大学学报（人文社会科学版）》2013 年第 5 期。

56. 何怀文：《网络环境下的发行权》，载《浙江大学学报（人文社会科学版）》2013 年第 5 期。

57. 何嘉梅，黄希庭，尹可丽等：《时间贴现的分段性》，载《心理学报》2010 年第 4 期。

58. 何炼红，邓欣欣：《数字作品转售行为的著作权法规制——兼论数字发行权有限用尽原则的确立》，载《法商研究》2014 年第 5 期。

59. 何炼红：《论算法时代网络著作权侵权中的通知规则》，载《法商研究》2021 年第 4 期。

60. 胡安琪：《意思表示解释的逻辑分析——兼论〈民法总则〉第 142 条》，载《江汉学术》2019 年第 2 期。

61. 胡光：《数字环境下算法版权执法规范性研究》，载《河南财经政法大学学报》2024 年第 1 期。

62. 胡开忠：《反向工程的合法性及实施条件》，载《法学研究》2010 年第 2 期。

63. 胡丽君：《数字作品与权利用尽原则》，载《电子知识产权》2003 年第 11 期。

64. 胡泳：《在互联网上营造公共领域》，载《现代传播》2006 年第 1 期。

65. 胡元聪：《区块链技术激励机制的制度价值考察》，载《现代法学》2021 年第 2 期。

66. 黄保勇，施一正：《区块链技术在版权登记中的创新应用》，载《重庆大学学报（社会科学版）》2020 年第 6 期。

67. 黄根，邹一波，徐云：《区块链中 Merkle 树性能研究》，载《计算机系统应用》2020 年第 9 期。

68. 黄汇,刘伊菲:《公共领域视野下作品登记制度改革之构想》,载《科技与法律(中英文)》2023 年第 5 期。

69. 黄诗淳,邵轩磊:《人工智能与法律资料分析之方法与应用:以单独亲权酌定裁判的预测模型为例》,载《台大法学论丛》2019 年第 4 期。

70. 黄玉烨,何蓉:《数字环境下首次销售原则的适用困境与出路》,载《浙江大学学报(人文社会科学版)》2018 年第 6 期。

71. 黄玉烨,潘滨:《论 NFT 数字藏品的法律属性——兼评 NFT 数字藏品版权纠纷第一案》,载《编辑之友》2022 年第 9 期。

72. 黄震,张夏明:《监管沙盒的国际探索进展与中国引进优化研究》,载《金融监管研究》2018 年第 4 期。

73. 吉宇宽:《区块链下智能合约对图书馆著作权利益的限制与改进策略》,载《国家图书馆学刊》2020 年第 6 期。

74. 吉原,蒋凌云:《基于区块链的众包系统研究综述》,载《软件工程》2023 年第 12 期。

75. 纪海龙:《解构动产公示、公信原则》,载《中外法学》2014 年第 3 期。

76. 贾大宇,信俊昌,王之琼等:《存储容量可扩展区块链系统的高效查询模型》,载《软件学报》2019 年第 9 期。

77. 江哲丰,彭祝斌:《加密数字艺术产业发展过程中的监管逻辑——基于 NFT 艺术的快速传播与行业影响研究》,载《学术论坛》2021 年第 4 期。

78. 焦和平:《算法私人执法对版权公共领域的侵蚀及其应对》,载《法商研究》2023 年第 1 期。

79. 解学芳:《区块链与数字文化产业变革的内外部向度》,载《人民论坛》2020 年第 3 期。

80. 金辉:《内、外生激励因素与员工知识共享:挤出与挤入效应》,载《管理科学》2013 年第 3 期。

81. 柯达:《稳定币的"稳定"与"不稳定"》,载《清华金融法律评论》2019

年第 3 卷第 1-2 辑。

82. 来小鹏,许燕:《技术措施与合理使用的冲突与协调——对〈著作权法〉第 49 条及第 50 条的再思考》,载《中国应用法学》2022 年第 3 期。

83. 郎芳:《区块链技术下智能合约之于合同的新诠释》,载《重庆大学学报(社会科学版)》2021 年第 5 期。

84. 李琛:《论我国著作权法修订中"合理使用"的立法技术》,载《知识产权》2013 年第 1 期。

85. 李董,魏进武:《区块链技术原理、应用领域及挑战》,载《电信科学》2016 年第 12 期。

86. 李凡:《人工智能算法发明的专利客体审查进路》,载《南海法学》2021 年第 6 期。

87. 李建星:《数字人民币私权论》,载《东方法学》2022 年第 2 期。

88. 李佩丽,徐海霞:《区块链用户匿名与可追踪技术》,载《电子与信息学报》2020 年第 5 期。

89. 李伟:《区块链争议的冲突法解决范式探讨——以加密财产跨境转移为例》,载《武大国际法评论》2021 年第 2 期。

90. 李晓宇:《NFT 数字作品发行权用尽原则的适用》,载《深圳社会科学》2023 年第 5 期。

91. 李学军,胡园园:《民事诉讼专家辅助人的功能实现——以医疗损害责任纠纷案件展开》,载《中国司法鉴定》2021 年第 1 期。

92. 李扬:《试论数据库的法律保护》,载《法商研究》2002 年第 1 期;

93. 李一:《数字加密货币能否成为网络贵金属》,载《清华金融评论》2016 年第 5 期。

94. 李逸竹:《NFT 数字作品的法律属性与交易关系研究》,载《清华法学》2023 年第 3 期。

95. 李永明,赖利娜:《区块链背景下数字版权全链条保护的困境与出路》,载《科技管理研究》2022 年第 10 期。

96. 李玉,段宏岳,殷昱煜等:《基于区块链的去中心化众包技术综述》,载《计算机科学》2021 年第 11 期。

97. 李振汕:《基于完整性的区块链电子存证方法研究》,载《计算机时代》2019 年第 12 期。

98. [美]林达·扎德拉,约瑟夫·巴塞斯达:《运用美国知识产权阻止平行进口》,张今译,载《外国法译评》2000 年第 1 期。

99. 林爱珺,林婉津:《基于区块链技术的新闻版权管理及保护机制研究》,载《新闻记者》2021 年第 4 期。

100. 林利芝:《从授权契约限制条款探讨数位著作权商品的二手市场》,载《东吴法律学报》2017 年第 3 期。

101. 林利芝:《探讨区块链技术应用于数位交易之权利耗尽新解——以电子书为例》,载《东吴法律学报》2021 年第 2 期。

102. 林绍钧:《资讯科技对著作权集体管理影响之研究——侧重音乐授权》,载《智慧财产权月刊》2021 年第 5 期。

103. 蔺琛皓,沈超,邓静怡等:《虚假数字人脸内容生成与检测技术》,载《计算机学报》2023 年第 3 期。

104. 刘慧:《论数字技术变革与著作权集体管理制度的耦合》,载《出版发行研究》2021 年第 1 期。

105. 刘宁,梁齐圣:《制度、技术、共联:线上仲裁机制建构的可能性三角——从新冠疫情对仲裁带来的挑战谈起》,载《商事仲裁与调解》2021 年第 1 期。

106. 刘品新:《论电子证据的理性真实观》,载《法商研究》2018 年第 4 期。

107. 刘品新:《论区块链存证的制度价值》,载《档案学通讯》2020 年第 1 期。

108. 刘强:《人工智能算法发明可专利性问题研究》,载《时代法学》2019 年第 4 期。

109. 刘炜,彭宇飞,田钊等:《基于区块链的医疗信息隐私保护研究综述》,载《郑州大学学报(理学版)》2021年第2期。

110. 刘懿中,刘建伟,张宗洋等:《区块链共识机制研究综述》,载《密码学报》2019年第4期。

111. 刘银良:《著作权法中的公众使用权》,载《中国社会科学》2020年第10期。

112. 刘宗媛,黄忠义,孟雪:《中外区块链监管政策对比分析》,载《网络空间安全》2020年第6期。

113. 龙俊:《中国物权法上的登记对抗主义》,载《法学研究》2012年第5期。

114. 逯万辉:《科学文献主题建模方法及其效果评估研究》,载《现代情报》2024年第4期。

115. 路鹃:《网络匿名表达权在司法实践中的冲突与平衡》,载《西南政法大学学报》2018年第6期。

116. 吕炳斌:《版权登记制度革新的第三条道路——基于交易的版权登记》,载《比较法研究》2017年第5期。

117. 吕炳斌:《版权"一女多嫁"的解决之道——以善意第三人保护为中心》,载《暨南学报(哲学社会科学版)》2017年第12期。

118. 吕炳斌:《挟持理论下知识产权停止侵害救济的限制》,载《山西师大学报(社会科学版)》2021年第2期。

119. 罗恬漩:《民事证据证明视野下的区块链存证》,载《法律科学(西北政法大学学报)》2020年第6期。

120. 马新彦:《一物二卖的救济与防范》,载《法学研究》2005年第2期。

121. 马治国,刘慧:《区块链技术视角下的数字版权治理体系构建》,载《科技与法律》2018年第2期。

122. 马治国,王雪琪:《元宇宙NFT映射权之构建》,载《西安交通大学学报(社会科学版)》2023年第43期。

123. 梅术文:《DRM著作权许可中的消费者利益保护》,载《南京理工大学学报(社会科学版)》2015年第1期。

124. 梅夏英，姜福晓：《数字网络环境中著作权实现的困境与出路——基于 P2P 技术背景下美国音乐产业的实证分析》，载《北方法学》2014 年第 2 期。

125. 孟奇勋，吴乙婕：《区块链视角下网络著作权交易的技术之道》，载《出版科学》2017 年第 6 期。

126. 米若愚：《论 NFT 数字作品转售的著作权法规制——兼论数字时代发行权的扩张》，载《传播与版权》2023 年第 23 期。

127. 倪受彬，黄宇宏：《信托财产权结构探析——以所有权为主要分析对象》，载《上海对外经贸大学学报》2022 年第 1 期。

128. 倪朱亮：《自媒体短视频的著作权法治理路径研究——以公众参与文化为视角》，载《知识产权》2020 年第 6 期。

129. 聂静：《基于区块链的数字出版版权保护》，载《出版发行研究》2017 年第 9 期。

130. 戚学祥，黄新宇：《国外区块链发展考察：逻辑、路径与启示》，载《河海大学学报(哲学社会科学版)》2020 年第 6 期。

131. 秦珂：《区块链技术视野下的图书馆数字版权管理：作用机制、创新价值和建议》，载《图书馆论坛》2020 年第 4 期。

132. 邱遥堃：《网络洗稿规制的反思与重述》，载《出版发行研究》2021 年第 8 期。

133. 任安麒：《区块链技术下我国著作权集体管理的困境与破局》，载《出版发行研究》2022 年第 9 期。

134. 邵奇峰，金澈清，张召等：《区块链技术：架构及进展》，载《计算机学报》2018 年第 5 期。

135. 沈健州：《数据财产的排他性：误解与澄清》，载《中外法学》2023 年第 5 期。

136. 沈蒙，车征，祝烈煌等：《区块链数字货币交易的匿名性：保护与对抗》，载《计算机学报》2023 年第 1 期。

137. 沈宗伦：《数位著作物自由散布的界限与不法重制防止义务》，载

《智慧财产评论》2016 第 2 期。

138. 石丹:《论区块链技术对于数字版权治理的价值与风险》,载《科技与出版》2019 年第 6 期。

139. 舒国滢:《从司法的广场化到司法的剧场化——一个符号学的视角》,载《政法论坛》1999 年第 3 期。

140. 舒晓庆:《区块链技术在著作权集体管理制度中的应用》,载《知识产权》2020 年第 8 期。

141. 司晓:《区块链数字资产物权论》,载《探索与争鸣》2021 年第 12 期。

142. 宋朝武:《电子司法的实践运用与制度碰撞》,载《中国政法大学学报》2011 年第 6 期。

143. 宋华,杨雨东,陶铮:《区块链在企业融资中的应用:文献综述与知识框架》,载《南开管理评论》2022 年第 2 期。

144. 苏力:《想事,而不是想词——关于"法律语言"的片段思考》,载《东方法学》2023 年第 1 期。

145. 苏平:《知识产权变动模式研究》,载《法商研究》2011 年第 2 期。

146. 孙山:《数字作品 NFT 交易的著作权风险治理》,载《知识产权》2023 年第 6 期。

147. 孙山:《溯源循理:合作作品权利归属规则的改进之道》,载《河北法学》2022 年第 6 期。

148. 孙午生:《论版权保护制度与文化创意产业的发展》,载《法学杂志》2016 年第 10 期。

149. 孙宪忠:《我国物权法中物权变动规则的法理评述》,载《法学研究》2008 年第 3 期。

150. 孙宪忠:《中国民法典采纳区分原则的背景及其意义》,载《法治研究》2020 年第 4 期。

151. 锁利铭:《公共品最优供给的两种分析途径及启示》,载《科技进步与对策》2007 年第 11 期。

152. 谭海华,林奕濠:《违反开源许可协议构成侵权》,载《人民司法》2022 年第 32 期。

153. 谭华霖:《知识产权权利冲突的内在机理及化解机制》,载《知识产权》2011 年第 2 期。

154. 谭钧豪:《文学网站用户服务协议的僭越行为及其规范》,载《出版发行研究》2018 年第 7 期。

155. 谭洋:《在线内容分享服务提供商的一般过滤义务——基于〈欧盟数字化单一市场版权指令〉》,载《知识产权》2019 年第 6 期。

156. 汤妮燕:《我国无主作品著作权保护的司法困惑与破解路径》,载《河北法学》2015 年第 1 期。

157. 唐晓波,文鹏:《DRM 技术标准建设分析及对策研究》,载《情报科学》2006 年第 3 期。

158. 唐艳,苏平:《论著作权转让与登记制度型构——兼论对民法物权理论的借鉴与扬弃》,载《徐州师范大学学报(哲学社会科学版)》2012 年第 6 期。

159. 陶乾:《论数字作品非同质代币化交易的法律意涵》,载《东方法学》2022 年第 2 期。

160. 田国华,胡云瀚,陈晓峰:《区块链系统攻击与防御技术研究进展》,载《软件学报》2021 年第 5 期。

161. 田晓玲:《著作权集体管理的适用范围和相关问题研究——以著作权法第三次修改为视角》,载《知识产权》2015 年第 10 期。

162. 万勇:《建构数字版权产品二级市场的法律困境与现实出路》,载《社会科学辑刊》2023 年第 4 期。

163. 汪红春:《区块链在数字版权管理平台应用的进展与挑战》,载《编辑之友》2019 年第 10 期。

164. 汪晓华:《论著作权转让变动模式》,载《青岛农业大学学报(社会科学版)》2011 年第 3 期。

165. 汪志刚:《意思主义与形式主义对立的法理与历史根源》,载《法学

《研究》2010 年第 5 期。

166. 王崇宇,朱宇坤,陈瑞东:《面向区块链系统安全测评技术研究》,载《无线电通信技术》2021 年第 3 期。

167. 王传辉:《知识产权法"利益平衡说"之反思:自然法与功利主义之比较》,载《交大法学》2022 年第 1 期。

168. 王洪亮:《论合同的必要之点》,载《清华法学》2019 年第 6 期。

169. 王杰:《网络存储空间服务提供者的注意义务新解》,载《法律科学(西北政法大学学报)》2020 年第 3 期。

170. 王兰萍:《中国法制近代化过程中的三部著作权法》,载《比较法研究》2005 年第 3 期。

171. 王雷:《网络虚拟财产权债权说之坚持——兼论网络虚拟财产在我国民法典中的体系位置》,载《江汉论坛》2017 年第 1 期。

172. 王利明:《论债权形式主义下的区分原则——以〈民法典〉第 215 条为中心》,载《清华法学》2022 年第 3 期。

173. 王禄生:《区块链与个人信息保护法律规范的内生冲突及其调和》,载《法学论坛》2022 年第 3 期。

174. 王琦:《数字私力救济——基于远程控制网联物的权利实现》,载《法学研究》2023 年第 5 期。

175. 王迁:《技术措施保护与合理使用的冲突及法律对策》,载《法学》2017 年第 11 期。

176. 王迁:《立法修改视角下的技术措施保护范围》,载《中外法学》2022 年第 3 期。

177. 王迁:《论 NFT 数字作品交易的法律定性》,载《东方法学》2023 年第 1 期。

178. 王迁:《论网络环境中的"首次销售原则"》,载《法学杂志》2006 年第 3 期。

179. 王迁:《论著作权法中"发行"行为的界定——兼评"全球首宗 BT 刑事犯罪案"》,载《华东政法学院学报》2006 年第 3 期。

180. 王迁：《论〈著作权法〉中"署名推定"的适用》，载《法学》2023 年第 5 期。

181. 王田，高雨薇，王如诗：《信息不对称理论视角下网络图片版权交易的侵权问题研究》，载《出版发行研究》2019 年第 11 期。

182. 王韵，张叶：《非同质化通证技术赋能数字版权保护的应用优势与实践策略》，载《中国编辑》2022 年第 8 期。

183. 魏振华：《登记对抗与善意取得：关系辨析与法律适用》，载《社会科学》2018 年第 11 期。

184. 文杰：《我国版权登记制度的现状、问题与完善——从版权"一女多嫁"谈起》，载《出版发行研究》2011 年第 5 期。

185. 吴国喆：《权利表象及其私法处置规则——以善意取得和表见代理制度为中心考察》，中国政法大学 2006 年博士学位论文。

186. 吴汉东：《法哲学家对知识产权法的哲学解读》，载《法商研究》2003 年第 5 期。

187. 吴健，高力，朱静宁：《基于区块链技术的数字版权保护》，载《广播电视信息》2016 年第 7 期。

188. 夏庆锋：《区块链智能合同的适用主张》，载《东方法学》2019 年第 3 期。

189. 肖翰：《知识产权保护视角下区块链技术的专利赋权标准研究》，载《科技进步与对策》2021 年第 5 期。

190. 肖建国，丁金钰：《论我国在线"斯图加特模式"的建构——以互联网法院异步审理模式为对象的研究》，载《法律适用》2020 年第 15 期。

191. 谢晴川，何天翔：《"搬运类"短视频侵权乱象的全周期治理》，载《兰州学刊》2023 年第 3 期。

192. 谢晓尧，吴楚敏：《转换的范式：反思知识产权理论》，载《知识产权》2016 年第 7 期。

193. 谢勇：《论电子合同主体的缔约能力》，载《人民司法》2013 年第

23 期。

194. 熊琦:《"二次创作"行为著作权合理使用认定的经济分析范式》,载《当代法学》2024 年第 1 期。

195. 熊琦:《非法著作权集体管理司法认定的法源梳解》,载《华东政法大学学报》2017 年第 5 期。

196. 熊琦:《集体管理与私人许可:著作权利用的去中间化趋势》,载《知识产权》2007 年第 6 期。

197. 熊琦:《论著作权集体管理中的私人自治——兼评我国集体管理制度立法的谬误》,载《法律科学(西北政法大学学报)》2013 年第 1 期。

198. 熊琦:《著作权集体管理制度本土价值重塑》,载《法制与社会发展》2016 年第 3 期。

199. 熊琦:《著作权集中许可机制的正当性与立法完善》,载《法学》2011 年第 8 期。

200. 熊琦:《著作权延伸性集体管理制度何为》,载《知识产权》2015 年第 6 期。

201. 熊文聪:《作者人格权:内在本质与功能构建的法理抉择》,载《法制与社会发展》2012 年第 6 期。

202. 徐翠:《重复授权情况下如何确定继受权利人——〈别说我的眼泪你无所谓〉词曲著作权重复授权纠纷案评析》,载《科技与法律》2011 年第 3 期。

203. 徐昕:《私力救济的性质》,载《河北法学》2007 年第 7 期。

204. 许可:《决策十字阵中的智能合约》,载《东方法学》2019 年第 3 期。

205. 薛晗:《基于区块链技术的数字版权交易机制完善路径》,载《出版发行研究》2020 年第 6 期。

206. 鄢一美:《论所有权的法哲学》,载《哲学研究》2016 年第 3 期。

207. 杨春磊,刘远军:《我国区块链版权存证市场的发展现状、隐忧与因应》,载《大连理工大学学报(社会科学版)》2023 年第 5 期。

208. 杨东:《"共票":区块链治理新维度》,载《东方法学》2019 年第 3 期。

209. 杨菲,郑凯丽:《图书馆共享式阅读平台著作权侵权案件实证研究》,载《图书馆工作与研究》2023 年第 11 期。

210. 杨菲:《电子商务中滥用黑暗模式行为的法律规制》,载《中国流通经济》2022 年第 8 期。

211. 杨菲:《智能合约"内生型"纠纷化解机制及其法治化》,载《学术交流》2022 年第 4 期。

212. 杨吉:《论我国著作权集体管理制度的困境与改进——以〈著作权集体管理条例〉修订为依托》,载《出版参考》2023 年第 12 期。

213. 杨锦帆:《基于区块链的纠纷解决机制研究》,载《陕西师范大学学报(哲学社会科学版)》2021 年第 4 期。

214. 杨立新:《网络交易法律关系构造》,载《中国社会科学》2016 年第 2 期。

215. 杨利华:《人工智能生成物著作权问题探究》,载《现代法学》2021 年第 4 期。

216. 杨明:《著作权许可中的公示公信——从对〈中华人民共和国著作权法修改草案〉第 57 条的质疑谈起》,载《法商研究》2012 年第 4 期。

217. 杨勤之:《新形势下专利审查中的创造性判断相关问题分析》,载《知识产权》2019 年第 10 期。

218. 杨松:《规范的本质:从命令说到规则理论》,载《道德与文明》2017 年第 6 期。

219. 杨涛:《知识产权专有性特质的理论阐释》,载《法制与社会发展》2020 年第 3 期。

220. 杨幸芳:《论区块链存证真实性审查》,载《中国应用法学》2023 年第 3 期。

221. 杨延超:《精神权利的困境——两大法系版权立法比较分析》,载

《现代法学》2007 年第 4 期。

222. 姚叶:《人工智能算法专利的技术、理论、问题与中国之应对》,载《科技进步与对策》2022 年第 16 期。

223. 姚志伟:《公法阴影下的避风港——以网络服务提供者的审查义务为中心》,载《环球法律评论》2018 年第 1 期。

224. 叶峰,叶自强:《推定对举证责任分担的影响》,载《法学研究》2002 年第 3 期。

225. 叶敏:《数字版权管理措施的法律地位与限度》,载《出版科学》2012 年第 4 期。

226. 叶自强:《举证责任的确定性》,载《法学研究》2001 年第 3 期。

227. 伊然:《区块链存证电子证据鉴真现状与规则完善》,载《法律适用》2022 年第 2 期。

228. 衣俊霖:《数字孪生时代的法律与问责——通过技术标准透视算法黑箱》,载《东方法学》2021 年第 4 期。

229. 易继明,蔡元臻:《版权蟑螂现象的法律治理——网络版权市场中的利益平衡机制》,载《法学论坛》2018 年第 2 期。

230. 易继明,初萌:《论人本主义版权保护理念》,载《国家检察官学院学报》2022 年第 1 期。

231. 易继明:《评财产权劳动学说》,载《法学研究》2000 年第 3 期。

232. 尹田:《论物权对抗效力规则的立法完善与法律适用》,载《清华法学》2017 年第 2 期。

233. 余钧,戚德祥:《新形势下文化产业双循环发展的战略思考》,载《科技与出版》2022 年第 2 期。

234. 余能斌,侯向磊:《保留所有权买卖比较研究》,载《法学研究》2000 年第 5 期。

235. 俞风雷,姚梦媛:《NFT 交易平台的责任:法律定性、归责原则及边界》,载《中南大学学报(社会科学版)》2023 年第 3 期。

236. 俞锋,谷凯月:《网络版权保护体系变革:来自区块链技术的支持与想象》,载《中国出版》2021 年第 2 期。

237. 袁野:《"债权物权化"之范畴厘定》,载《法学研究》2022 年第 4 期。

238. 袁勇,倪晓春,曾帅等:《区块链共识算法的发展现状与展望》,载《自动化学报》2018 年第 11 期。

239. 袁勇,王飞跃:《区块链技术发展现状与展望》,载《自动化学报》2016 年第 4 期。

240. 岳宗全,刘琳:《专利开源策略和风险防范研究》,载《知识产权》2023 年第 2 期。

241. 臧志彭:《数字创意产业全球价值链重构——战略地位与中国路径》,载《科学学研究》2018 年第 5 期。

242. 曾斯平:《知识产权保护中个人本位论与社会本位论之争及原因探析》,载《求索》2013 年第 12 期。

243. 曾斯平:《著作权激励的限度与著作权制度的完善——基于行为经济学的分析》,载《贵州师范大学学报(社会科学版)》2020 年第 6 期。

244. 詹映:《我国知识产权侵权损害赔偿司法现状再调查与再思考——基于我国 11984 件知识产权侵权司法判例的深度分析》,载《法律科学(西北政法大学学报)》2020 年第 1 期。

245. 张驰:《论意思表示解释》,载《东方法学》2012 年第 6 期。

246. 张浩,朱佩枫:《基于区块链的商业模式创新:价值主张与应用场景》,载《科技进步与对策》2020 年第 2 期。

247. 张洪亮,许世强:《区块链证据真实性保障的全流程困境与破解路径》,载《四川师范大学学报(社会科学版)》2024 年第 1 期。

248. 张惠彬,王怀宾:《著作权集体管理制度的反思与回应——信托视角下》,载《中国编辑》2022 年第 5 期。

249. 张吉豫:《计算机软件著作权保护对象范围研究——对美国相关司法探索历程的分析与借鉴》,载《法律科学(西北政法大学学报)》2013 年第 5 期。

250. 张凯君：《NFT 的意义与特性》，载《当代法律》2022 年第 4 期。

251. 张兰兰：《作为权衡方法的比例原则》，载《法制与社会发展》2022 年第 3 期。

252. 张力：《智能合约嵌入合同的功能主义阐释》，载《社会科学辑刊》2023 年第 5 期。

253. 张玲：《署名权主体规则的困惑及思考》，载《中国法学》2017 年第 2 期。

254. 张生，李妮：《区块链的"司法化"：发展、挑战与应对》，载《西安交通大学学报（社会科学版）》2021 年第 1 期。

255. 张文韬：《论著作权集体管理组织内部治理的基本原则》，载《科技与出版》2017 年第 9 期。

256. 张雪凌，刘庆琳：《区块链专利申请审查标准研究》，载《知识产权》2020 年第 2 期。

257. 张洋：《论人工智能发明可专利性的法律标准》，载《法商研究》2020 年第 6 期。

258. 张伊丽，皮六一，薛中文：《日本加密资产监管制度研究》，载《证券市场导报》2020 年第 8 期。

259. 张颖：《论版权登记组织的私人创制》，载《华中科技大学学报（社会科学版）》2016 年第 1 期。

260. 张颖：《区块链技术驱动下的著作权登记制度变革》，载《图书馆论坛》2019 年第 12 期。

261. 张玉洁：《区块链技术的司法适用、体系难题与证据法革新》，载《东方法学》2019 年第 3 期。

262. 张玉敏，黄汇：《版权法上公共领域的合理性》，载《西南民族大学学报（人文社科版）》2009 年第 8 期。

263. 章凯业：《版权保护与创作、文化发展的关系》，载《法学研究》2022 年第 1 期。

264. 赵丰，周围：《基于区块链技术保护数字版权问题探析》，载《科技与法律》2017 年第 1 期。

265.赵海燕:《技术措施权的著作权性质探讨》,载《时代法学》2015 年第 1 期。

266.赵磊,孙琦:《私法体系视角下的智能合约》,载《经贸法律评论》2019 年第 3 期。

267.赵磊:《区块链类型化的法理解读与规制思路》,载《法商研究》2020 年第 4 期。

268.赵双阁,姚叶:《区块链技术应用于短视频版权保护的优势与局限》,载《中国编辑》2021 年第 8 期。

269.赵小勇:《法律与技术如何相处:区块链时代犯罪治理模式的双重重构》,载《探索与争鸣》2020 年第 9 期。

270.赵泽君:《关于匿名诉讼的立法思考——拷问实名诉讼的缺憾》,载《现代法学》2010 年第 5 期。

271.周学峰:《"通知—移除"规则的应然定位与相关制度构造》,载《比较法研究》2019 年第 6 期。

272.周艳敏,宋慧献:《关于孤儿作品著作权问题的立法设想》,载《电子知识产权》2011 年第 3 期。

273.朱冬:《〈民法典〉第 1185 条(知识产权侵权惩罚性赔偿)评注》,载《知识产权》2022 年第 9 期。

274.朱理:《专利侵权惩罚性赔偿制度的司法适用政策》,载《知识产权》2020 年第 8 期。

275.朱凌珂:《区块链智能合约应用于著作权集体管理制度的设想与路径》,载《大连理工大学学报(社会科学版)》2021 年第 4 期。

276.朱垭梁:《信托的意思表示结构及其定义的民法再造》,载《河北法学》2020 年第 9 期。

277.祝建军:《开源软件的著作权保护问题研究》,载《知识产权》2023 年第 3 期。

278.邹龙妹:《文化创意产业中的知识产权保护方法与策略》,载《知识产权》2012 年第 8 期。

四、外语论文

1. Ahmed，BA. The Situation of Orphan Works under Different Jurisdictions, 20 *Chicago-Kent Journal of Intellectual Property*, 2021:1-34.

2. Aksoy，PC.，Üner，ZÖ. Nfts and Copyright: Challenges and Opportunities, 16 *Journal of Intellectual Property Law & Practice*, 2021:1115-1126.

3. Allen，DWE.，Lane，AM.，Poblet M. The Governance of Blockchain Dispute Resolution, 25 *Harvard Negotiation Law Review*, 2019:75-101.

4. Amirtharaj，AD.，Raghavan，D.，Arulappan，J. Preferences for Printed Books versus E-books Among University Students in a Middle Eastern Country, 9 *Heliyon*, 2023: e16776.

5. Aoudief，Y.，Ast，F.，Deffains，B. Decentralized Justice: a Comparative Analysis of Blockchain Online Dispute Resolution Projects, 4 *Frontiers in Blockchain*, 2021:1-8.

6. Arenal，A.，Armuña，C.，Ramos，S.，Feijoo，C.，Aguado-Terrón，JM. Digital Transformation, Blockchain and Music Industry: A Review from the Performers' Collective Management Organizations (CMO), 32nd European Conference of the International Telecommunications Society (ITS): "Realising the digital decade in the European Union-Easier said than done?", Madrid, Spain, 2023, *International Telecommunications Society* (ITS), Calgary.

7. Bacon，J. et al. Blockchain Demystified: A Technical and Legal Introduction to Distributed and Centralised Ledgers, 25 *Richmond Journal of Law and Technology*, 2018:1-106.

8. Bai，CG.，Sarkis，J. A Supply Chain Transparency and Sustainability Technology Appraisal Model for Blockchain Technology，58 *International Journal of Production Research*，2020：2142-2162.

9. Band，J. The Long and Winding Road to the Google Books Settlement，9 *The John Marshall Review of Intellectual Property Law*，2009：227-329.

10. Baran，P. On Distributed Communications Networks，12 *IEEE Transactions on Communications Systems*，1964：1-9.

11. Barlow，JP. A Declaration of the Independence of Cyberspace，18 *Duke Law & Technology Review*，2019：5-7.

12. Bellia，AJ. Contracting with Electronic Agents，50 *Emory Law Journal*，2001：1047-1092.

13. Berg，C.，Davidson，S.，Potts，J. Proof of Work as a Three-Sided Market，3 *Frontiers in Blockchain*，2020：1-5.

14. Bernier，A.，Busse，C.，Bubela，T. Public Biological Databases and the Sui Generis Database Right，54 *IIC*，2023：1316-1358.

15. Bodó，B.，Brekke，JK.，Hoepman，JH. Decentralisation：A Multidisciplinary Perspective，10 *Internet Policy Review*，2021，DOI：10.14763/2021.2.1563.

16. Borghi，M.，Erickson，K.，Favale，M. With Enough Eyeballs All Searches Are Diligent：Mobilizing the Crowd in Copyright Clearance for Mass Digitization，16 *Chicago-Kent Journal Of Intellectual Property*，2016：135-166.

17. Bouchagiar，G. Collective Management Organizations as Fiduciaries and Blockchain's Potential for Copyright Management，66 *Journal of the Copyright Society of the USA*，2019：201-226.

18. Bracha，O.，Syed，T. Beyond Efficiency：Consequence-sensitive Theories of Copyright，29 *Berkeley Technology Law Journal*，

2014:229-315.

19. Bracha, O. Standing Copyright Law on its Head? The Googliza-
    tion of Everything and the Many Faces of Property, 85 *Texas
    Law Review*,2007:1799-1869.

20. Brennan, DJ. Fair Price and Public Goods: A Theory of Value
    Applied to Retransmission,22 *International Review of Law and
    Economics*,2002:347-375.

21. Buchleitner, C., Rabl, T. Blockchain und Smart Contracts,1
    Ecolex,2017:4-14.

22. Burk, DL., Cohen, JE., Fair Use Infrastructure for Rights
    Management Systems,15 *Harvard Journal of Law & Technolo-
    gy*,2001:41-83.

23. Burkart, P. Trends in Digital Music Archiving,24 *The Informa-
    tion Society*,2008:246-250.

24. Capobianco, G. Rethinking ReDigi: How a Characteristics-Based
    Test Advances the "Digital First Sale" Doctrine Debate, 35 *Car-
    dozo Law Review*,2013:391-424.

25. Carlson, S. Patent Pools and the Antitrust Dilemma,16 *Yale
    Journal on Regulation*,1999:358-399.

26. Carroll, MW. A Realist Approach to Copyright Law's Formali-
    ties,28 *Berkeley Technology Law Journal*,2013:1511-1535.

27. Carroll, R. NFTs: The Latest Technology Challenging Copyright
    Law's Relevance within a Decentralized System, 32 *The Fordham
    Intellectual Property*, *Media & Entertainment Law Journal*,
    2022:979-1009.

28. Chen, CM. Science Mapping: A Systematic Review of the Litera-
    ture,2 *Journal of Data and Information Science*,2017:1-40.

29. Chiang, TJ. Trolls and Orphans, 96 *Boston University Law Re-*

view,2016:691-715.

30. Chien, CV. Of Trolls, Davids, Goliaths, and Kings: Narratives and Evidence in the Litigation of High-Tech Patents, 87 *North Carolina Law Review*,2009:1571-1615.

31. Christensen, CM. , McDonald, R. , Altman, EJ. , Palmer, JE. Disruptive Innovation: An Intellectual History and Directions for Future Research, 55 *Journal of Management Studies*, 2018: 1043-1078.

32. Ciriello, RF. , Torbensen, ACG. , Hansen, MRP. et al. Blockchain-based Digital Rights Management Systems: Design Principles for the Music Industry, 33 *Electron Markets*, 2023: (5) 1-21.

33. Coase, RH. The Problem of Social Cost, 3 *The Journal of Law and Economics*,1960:1-44.

34. Cohen, C. Welcome to Web 3. 0: A Reevaluation of Music Licensing and Consumption to Level the Payment Imbalance for Songwriters, 45 *Hastings Communications and Entertainment Law Journal*,2023:45-74.

35. Contreras, JL. Patent Pledges, 47 *Arizona State Law Journal*, 2016:543-608.

36. Contreras, JL. Patent Pledges: Between the Public Domain and Market Exclusivity, 2015 *Michigan State Law Review*, 2015: 787-792.

37. Darrow, JJ. The Neglected Dimension of Patent Law's PHOSITA Standard, 23 *Harvard Journal of Law and Technology*, 2009:227-258.

38. Davidson, S. , De Filippi, P. , Potts, J. Economics of Blockchain (March 8,2016). Available at SSRN: https://ssrn. com/abstract

＝2744751.

39. Deci，EL. ，Koestner，R. ，Ryan，RM. A Meta-Analytic Review of Experiments Examining the Effects of Extrinsic Rewards on Intrinsic Motivation，125 *Psychological Bulletin* ，1999；627-668.

40. De Filippi，P. ，Hassan，S. Blockchain Technology as a Regulatory Technology：From Code Is Law to Law Is Code. *Preprint arXiv*，2018，arXiv：02507.

41. Desai，DR. Property，Persona，and Preservation，81 *Temple Law Review*，2008；67-122.

42. Dieli，E. Tarantino v. Miramax：the Rise of NFTs and Their Copyright Implications，2022 *Boston College Intellectual Property & Technology Forum*，2022；1-11.

43. Diffie，W. ，Hellman，M. New Directions in Cryptography，22 *IEEE Transactions on Information Theory*，1976；644-654.

44. Drassinower，A. From Distribution to Dialogue：Remarks on the Concept of Balance in Copyright Law，34 *Journal of Corporation Law*，2009；991-1007.

45. Dreier，T. Die Umsetzung der Urheberrechtsrichtlinie 2001/29/EG in deutsches Recht，*ZUM* 2002，28.

46. Dreier，T. Urheberrecht auf dem Weg zur Informationsgesellschaft-Anpassung des Urheberrechts an die Bedürfnisse der Informationsgesellschaft，*GRUR* 1997，859.

47. Durovic，M. ，Lech，F. Enforceability of Smart Contracts，5 *Italian Law Journal*，2019；493-511.

48. Dusollier，S. （Re）introducing Formalities in Copyright as a Strategy for the Public Domain，In：Guibault，L. ，Angelopoulos，C. （eds. ）*Open Content Licensing：From Theory To Practice*，Amsterdam University Press，2011，pp. 75-105.

49. Earle, S. The Battle Against Geo-Blocking: The Consumer Strikes Back, 15 *Richmond Journal of Global Law & Business*, 2016:1-20.

50. Eisenberg, RS. Obvious to Whom? Evaluating Inventions from the Perspective of PHOSITA, 19 *Berkeley Technology Law Journal*, 2004:885-906.

51. Elkin-Koren, N. Can Formalities Save the Public Domain? Reconsidering Formalities for the 2010s, 28 *Berkeley Technology Law Journal*, 2013:1537-1564.

52. Elkin-Koren, N. Copyright and Social Dialogue on the Information Super Highway: The Case against Copyright Liability of Bulletin Board Operators, 13 *Cardozo Arts & Entertainment Law Journal*, 1995:346-411.

53. Elkin-Koren, N. Fair Use by Design, 64 *UCLA Law Review*, 2017:1082-1100.

54. Elkin-Koren, N. Making Room for Consumers Under the DMCA, 22 *Berkeley Technology Law Journal*, 2007:1119-1155.

55. Fairfield, JAT. Tokenized: The Law of Non-Fungible Tokens and Unique Digital Property, 97 *Indiana Law Journal*, 2022:1261-1313.

56. Filippi, PD., Mannan, M., Reijers, W. Blockchain as a Confidence Machine: the Problem of Trust & Challenges of Governance, 62 *Technology in Society*, 2020:101284.

57. Finck, M., Moscon, V. Copyright Law on Blockchains: Between New Forms of Rights Administration and Digital Rights Management 2.0, 50 *IIC*, 2019:77-108.

58. Fisher, CJ. Addition Through Subtraction: The Resolution of Copyright Registration Uncertainty through the Repeal of 441(a)

and 412,14 *Tulane Journal of Technology & Intellectual Property*,2011:191-236.

59. Fisher, W. Theories of Intellectual Property. In: Munzer, S. (eds.) *New Essays in the Legal and Political Theory of Property*, *Cambridge University Press*,2001,pp. 168-199.

60. Fleder, M., Kester, MS., Pillai, S. Bitcoin Transaction Graph Analysis. *Preprint arXiv*,2015, arXiv:1502. 01657.

61. Garba, A., Dwivedi, A. D., Kamal, M., Srivastava, G., Tariq, M., Hasan, M. A., Chen, Z. A Digital Rights Management System based on a Scalable Blockchain,14 *Peer-to-Peer Networking and Applications*,2021:2665-2680.

62. Göbel, A. The Principle of Exhaustion and the Resale of Downloaded Software-The UsedSoft v. Oracle Case, 9 *European Law Reporter*,2012:226-234.

63. Gera, M. Extended Collective Licensing under the New Slovak Copyright Act,11 *Journal of Intellectual Property Law & Practice*,2016:170-171.

64. Giampaolo, G. Open Source Software and the Economics of Organization, In: Birner, J., Garrouste, P. (eds.) *Markets, Information and Communication*, Routledge,2004,pp. 47-62.

65. Giancaspro, M. Is a "Smart Contract" Really a Smart Idea? Insights from a Legal Perspective, 33 *Computer Law & Security Review*,2017:825-835.

66. Ginsburg, JC. A Tale of Two Copyrights: Literary Property in Revolutionary France and America, 64 *Tulane Law Review*, 1990:991-1031.

67. Ginsburg, JC. Berne-Forbidden Formalities and Mass Digitization, 96 *Boston University Law Review*,2016:745-775.

68. Ginsburg, JC. The U. S. Experience with Mandatory Copyright Formalities: A Love/Hate Relationship, 33 *Columbia Journal of Law & the Arts*, 2010:311-348.

69. Goldenfein, J., Hunter, D. Blockchains, Orphan Works, and the Public Domain, 41 *Columbia Journal of Law & the Arts*, 2017:1-43.

70. Goldstein, P. Future Platforms for Copyright Licensing, 46 *International Review of Intellectual Property and Competition Law*, 2015:153-154.

71. Greenberg, BA. More Than Just a Formality: Instant Authorship and Copyright's Opt-Out Future in the Digital Age, 59 *UCLA Law Review*, 2012:1028-1074.

72. Grimmelmann J. All Smart Contracts Are Ambiguous, 2 *Journal of Law and Innovation*, 2019:1-22.

73. Gudkov, A. Crowd Arbitration: Blockchain Dispute Resolution, 3 *Legal Issues in the Digital Age*, 2020:59-77.

74. Haber, S., Stornetta, WS. How to Time-stamp A Digital Document, 3 J. *Cryptology*, 1991:99-111.

75. Hansen, DR., Hinze, G., Hashimoto, K., Samuelson, P., Urban, JM. Solving the Orphan Works Problem for the United States, 37 *The Columbia Journal of Law & The Arts*, 2013:1-55.

76. Hansen, G., Schmidt-Bischoffshausen, A. Ökonomische Funktionen von Verwertungsgesellschaften-Kollektive Wahrnehmung im Lichte von Transaktionskosten-und Informationsökonomik, *GRUR Int*. 2007, 461.

77. Hardin, G. The Tragedy of the Commons, 162 *Science*, 1968:1243-1248.

78. Heller, MA. The Tragedy of the Anticommons: Property in the Transition from Marx to Markets, 111 *Harvard Law Review*, 1998:621-688.

79. Hendel, AC. Die urheberrechtliche Relevanz von Hyperlinks, *ZUM* 2014,102.

80. Hess, E. Code-ifying Copyright: An Architectural Solution to Digitally Expanding the First Sale Doctrine, 81 *Fordham Law Review*, 2013:1965-2011.

81. Hirth, M., Hoßfeld, T., Mellia, M., Schwartz, C., Lehrieder, F. Crowdsourced Network Measurements: Benefits and Best Practices, 90 *Computer Networks*, 2015:85-98.

82. Hoeren, T. Die Online-Erschöpfung im Softwarebereich-Fallgruppen und Beweislast, *MMR* 2010, 447.

83. Hofmann, F. Kontrolle oder nachlaufender Rechtsschutz-wohin bewegt sich das Urheberrecht, *GRUR* 2018,21.

84. Hohn-Hein, N., Barth, GR. Immaterialgu terrechte in der Welt von Blockchain und Smart Contract, *GRUR* 2018,1089.

85. Howell, B., Potgieter, P. Uncertainty and Dispute Resolution for Blockchain and Smart Contract Institutions, 17 *Journal of Institutional Economics*, 2021:545-559.

86. Hughes, J. The Philosophy of Intellectual Property, 77 *Georgetown Law Journal*, 1988:287-366.

87. Ilie, L. Intellectual Property Rights: An Economic Approach, 16 *Procedia Economics and Finance*, 2014:548-552.

88. Janssens, MC., Vanherpe, J. Blockchain and Copyright: Beyond the Buzzword, 2 *I. R. D. I.*, 2018:93-110.

89. Jünemann, M., Kast, A. Rechtsfragen beim Einsatz der Blockchain, *Kreditwesen* 2017, 531.

90. Johnson EE. Intellectual Property and the Incentive Fallacy, 39 *Florida State University Law Review*,2012:623-679.

91. Katherine Read, K., Griffiths, L. Current Awareness,13 *Legal Information Management*,2013:127-130.

92. Kaulartz, M., Heckmann, J. Smart Contracts-Anwendungen der Blockchain-Technologie, *CR* 2016, 618.

93. Khong, DWK. The Abandoned Orphan-works Provision of the Digital Economy Bill, 32 *European Intellectual Property Review*, 2010:560-564.

94. Kitagawa, Z. Copymart-For Activation of Copyrights as a Private Right, In: Lorenz, S., Trunk, A., Eidenmüller, H., Wendehorst, C., Adolff. J. (Hrsg.) *Festschrift für Andreas Heldrich zum 70. Geburstag*, Verlag C. H. Beck,2005, S. 235-246.

95. Koblitz N. Elliptic Curve Cryptosystems, 48 *Mathematics of Computation*,1987:203-209.

96. Koegel, JB. Bamboozlement: The Repeal of Copyright Registration Incentives,13 *Cardozo Arts & Entertainment Law Journal*, 1995:529-551.

97. Kronman, AT. Contract Law and the State of Nature,1 *Journal of Law, Economics, & Organization*,1985:5-32.

98. Kumar, R., et al. A Secured Distributed Detection System Based on IPFS and Blockchain for Industrial Image and Video Data Security,152 *Journal of Parallel and Distributed Computing*,2021: 128-143.

99. Kwok, SH., Cheung, SC., Wong, K., Tsang, KF., Lui, SM., Tam, KY. Integration of Digital Rights Management into the Internet Open Trading Protocol, 34 *Decision Support Systems*,2003:413-425.

100. Lampe, R., Moser, P. Do Patent Pools Encourage Innovation? Evidence from the 19th-Century Sewing Machine Industry, 70 *The Journal of Economic History*, 2010: 898-920.

101. Lastowka, G. Digital Attribution: Copyright and the Right to Credit, 87 *Boston University Law Review*, 2007: 41-89.

102. Lee, JA., Tripartite Perspective on The Copyright-Sharing Economy in China, 35 *Computer Law & Security Review*, 2019: 434-452.

103. Lemley, M., Shapiro, C. Patent Holdup and Royalty Stacking, 85 *Texas Law Review*, 2007: 1991-2049.

104. Lemley, MA., O'Brien, DW. Encouraging Software Reuse, 49 *Stanford Law Review*, 1997: 255-304.

105. Lemley, MA. The Economics of Improvement in Intellectual Property Law, 75 *Texas Law Review*, 1997: 989-1084.

106. Lessig, L. The Law of the Horse: What Cyberlaw Might Teach, 113 *Harvard Law Review*, 1999: 501-549.

107. Li, M. et al., Crowd BC: A Blockchain-based Decentralized Framework for Crowdsourcing, 30 *IEEE Transactions on Parallel and Distributed Systems*, 2019: 1251-1266.

108. Li, ZH., Cheng, WT. Practices of Collective Management of Copyright on Musical Works and Related Rights on Audio-Video Products in China, 8 *International Journal of Intellectual Property Management*, 2015: 78-106.

109. Liu, JP. Owning Digital Copies: Copyright Law and the Incidents of Copy Ownership, 42 *William & Mary Law Review*, 2001: 1245-1366.

110. Ma, Z., Huang, W., Gao, H. Secure DRM Scheme Based on Blockchain with High Credibility. 27 *Chinese Journal of Elec-*

tronics，2018：1025-1036.

111. Malte，S. Ausschließlichkeitsrecht oder Vergütungsanspruch：Vergütungsmodelle bei Aufmerksamkeitsplattformen，*ZUM* 2017，132.

112. Marinotti，J. Tangibility as Technology，37 *Georgia State University Law Review*，2021：671-738.

113. Martinez，M.，Terras，M. "Not Adopted"：The UK Orphan Works Licensing Scheme and How the Crisis of Copyright in the Cultural Heritage Sector Restricts Access to Digital Content，5 *Open Library of Humanities*，2019：1-51.

114. Mausner，JO. Copyright Orphan Works：A Multi-Pronged Solution to Solve a Harmful Market Inefficiency，12 *Journal of Technology Law & Policy*，2007：395-426.

115. Mendis，S. Wiki（POCC）Authorship：The Case for an Inclusive Copyright，13 *JIPITEC*，2022：267-289.

116. Meurer，J.，Menell，P. Notice Failure and Notice Externalities，5 *Journal of Legal Analysis*，2013：1-59.

117. Milinski，M.，Semmann，D.，Krambeck，HJ. Reputation Helps Solve the "Tragedy of the Commons"，415 *Nature*，2002：424-426.

118. Mollajafari，S.，Bechkoum，K. Blockchain Technology and Related Security Risks：Towards a Seven-Layer Perspective and Taxonomy，15 *Sustainability*，2023：13401.

119. Monaco，JV. Identifying Bitcoin Users by Transaction Behavior，In：*Proceedings of Biometric and Surveillance Technology for Human and Activity Identification* XII，Baltimore，2015：945704.

120. Morell，MF. The Free Culture and 15M Movements in Spain：Composition，Social Networks and Synergies，11 *Social Move-*

ment Studies,2012;386-392.

121. Netanel, NW. Copyright and a Democratic Civil Society, 106 *Yale Law Journal*,1996;283-387.

122. Nimmer, RT. Copyright First Sale and the Overriding Role of Contract, 51 *Santa Clara Law Review*,2011;1311-1346.

123. Nissenbaum, H. From Preemption to Circumvention: If Technology Regulates, Why Do We Need Regulation (and vice versa)? 26 *Berkeley Technology Law Journal*,2011;1367-1386.

124. Noto La Diega, G., Stacey, J. Can Permissionless Blockchains be Regulated and Resolve Some of the Problems of Copyright Law?, In: *Blockchain and Web 3.0: Social, Economic, and Technological Challenges*, Routledge,2019, pp. 30-47.

125. O'Connor, MS. Creators, Innovators and Appropriation Mechanisms,22 *George Mason Law Review*,2014;973-1000.

126. O'Dair, M. Music on the Blockchain: Blockchain for Creative Industries Research Cluster, 1 *Middlesex University Report*, 2016;4-24.

127. O'Shields, R. Smart Contracts: Legal Agreements for the Blockchain,21 *North Carolina Banking Institute*,2017;177-194.

128. Paalz, A. Patent Wars: The Attack of Blockchain,28 *Texas Intellectual Property Law Journal*,2020;241-275.

129. Pacini, C., Andrews C., Hillison, W. To Agree or Not To Agree: Legal Issues in Online Contracting, 45 *Business Horizons*, 2002;43-52.

130. Palmer, T. Are Patents and Copyrights Morally Justified?,13 *Harvard Journal of Law and Public Policy*,1990;817-865.

131. Pech, S. Copyright Unchained: How Blockchain Technology Can Change the Administration and Distribution of Copyright

Protected Works, 18 *Northwestern Journal of Technology and Intellectual Property*, 2020:1-50.

132. Perzanowski, A., Hoofnagle, CJ. What We Buy When We Buy Now, 165 *University of Pennsylvania Law Review*, 2017: 315-378.

133. Perzanowski, A., Schultz, J. Digital Exhaustion, 58 *UCLA Law Review*, 2011:889-946.

134. Peukert, A. Das Urheberrecht und die zwei Kulturen der Online-Kommunikation, *GRUR-Beil.* 2014, 77.

135. Picker, RC. Private Digital Libraries and Orphan Works, 27 *Berkeley Technology Law Journal*, 2012:1259-1284.

136. Pierro, MD. What is the Blockchain?, 19 *Computing in Science & Engineering*, 2017:92-95.

137. Post, DG. Pooling Intellectual Capital: Thoughts on Anonymity, Pseudonymity, and Limited Liability in Cyberspace, 1996 *University of Chicago Legal Forum*, 1996:139-169.

138. Qureshi, A., Jiménez, DM. Blockchain-Based Multimedia Content Protection: Review and Open Challenges, 11 *Applied Sciences*, 2021: (1) 1-24.

139. Rahman, A., Abdul Hamid, UZ., Chin, TA. Emerging Technologies with Disruptive Effects: A Review, 7 *Perintis eJournal*, 2017:111-128.

140. Raskin, M. The Law and Legality of Smart Contracts, 1 *Georgetown Law Technology Review*, 2017:305-341.

141. Rasul, H. Does Bitcoin Need Regulation?: An Analysis of Bitcoin's Decentralized Nature as a Security and Regulatory Concern for Governments, 19 *Political Analysis*, 2018:93-111.

142. Reese, RA. The First Sale Doctrine in the Era of Digital Net-

works, 44 *Boston College Law Review*, 2003:577-652.

143. Reimer, D. Der Erschöpfungsgrundsatz im Urheberrecht und gewerblichen Rechtsschutz unter Berücksichtigung der Rechtsprechung des Europäischen Gerichtshofs, *GRUR Int.* 1972,221.

144. Reinbothe, J. Die Umsetzung der EU-Urheberrechtsrichtlinie in deutsches Recht, *ZUM* 2002, 43.

145. Rodrigues, UR. Law and the Blockchain,104 *IOWA Law Review*,2019:679-729.

146. Rosati, E. The Orphan Works Directive, or Throwing a Stone and Hiding the Hand, 8 *Journal of Intellectual Property Law & Practice*,2013:303-310.

147. Samuelson, P, Preliminary Thoughts on Copyright Reform, 3 *Utah Law Review*,2007:551-571.

148. Samuelson, P. DRM (and, or, vs.) the Law, 46 *Communications of the ACM*,2003:41-45.

149. Samuelson, PA. A Note on Measurement of Utility, 4 *Review of Economic Studies*,1937:155-161.

150. Sarid, E., Ben-Zvi, O. A Theoretical Analysis of Orphan Works, 40 *Cardozo Arts &. Entertainment Law Journal*,2023:585-619.

151. Sarid, E. Don't Be a Drag, Just Be a Queen-How Drag Queens Protect their Intellectual Property without Law,10 *FIU Law Review*,2014:133-179.

152. Savelyev, A. Contract law 2.0: "Smart" Contracts as the Beginning of the End of Classic Contract Law, 26 *Information & Communications Technology Law*,2017:116-134.

153. Savelyev A. Copyright in the Blockchain Era Promises and Chal-

lenges，34 *Computer Law & Security Review*，2018：550-561.

154. Saxton，GD.，Oh，O.，Kishore，R. Rules of Crowdsourcing：Models，Issues，and Systems of Control，30 *IS Manag*，2013：2-20.

155. Schack，H. Rechtsprobleme der Online-Übermittlung，*GRUR* 2007，639.

156. Schapiro，L. Die neuen Musiktauschbörsen unter "Freunden"，*ZUM* 2008，273.

157. Schovsbo，J. Integrating Consumer Rights into Copyright Law：From an European Perspective，31 *Journal of Consumer Policy*，2008：393-408.

158. Schrey，J.，Thalhofer，T. Rechtliche Aspekte der Blockchain，*NJW* 2017，1431.

159. Schroff，S.，Favale，M.，Bertoni，A. The Impossible Quest-Problems with Diligent Search for Orphan Works，48 *IIC*，2017：286-304.

160. Schwarz，AD.，Bullis，R. Rivalrous Consumption and the Boundaries of Copyright Law：Intellectual Property Lessons from Online Games，10 *Intellectual Property Law Bulletin*，2005：13-30.

161. Shafique，M. Thinking Inside The Box？Intellectual Structure of the Knowledge Base of Innovation Research（1988-2008），34 *Strategic Management Journal*，2013：62-93.

162. Shapiro，C. Navigating the Patent Thicket：Cross Licenses，Patent Pools，and Standard Setting，In：Jaffe，A.，Lerner，J.，Stern，S.（eds.）*Innovation Policy and the Economy*，MIT Press，2001，pp. 119-150.

163. Sharp，A.，Lobel，O. Smart Royalties：Tackling the Music

Industry's Copyright Data Discrepancies through Blockchain Technology, Smart Contracts, and Non-Fungible Tokens, 63 *I-DEA: The Law Review of the Franklin Pierce Center for Intellectual Property*, 2023: 518-554.

164. Simone, D. Copyright or Copyleft? Wikipedia as a Turning Point for Authorship, 25 *Kings Law Journal*, 2014: 102-124.

165. Sosnitza, O. Die urheberrechtliche Zulässigkeit des Handels mit "gebrauchter" Software, *K&R* 2006, 206.

166. Sosnitza, O. Gemeinschaftsrechtliche Vorgaben und urheberrechtlicher Gestaltungsspielraum für den Handel mit gebrauchter Software, *ZUM* 2009, 521.

167. Spindler, G. Der Handel mit Gebrauchtsoftware Erschöp fungsgrundsatz quo vadis?, *CR* 2008, 69.

168. Sprigman, C. Berne's Vanishing Ban on Formalities, 28 *Berkeley Technology Law Journal*, 2013: 1565-1582.

169. Sprigman, C. Reform(aliz)ing Copyright, 57 *Stanford Law Review*, 2004: 485-568.

170. Story, A. Burn Berne: Why the Leading International Copyright Convention Must Be Repealed, 40 *Houston Law Review*, 2003: 763-798.

171. Strodtbeck, FL., James RM., Hawkins C. Social Status Injury Deliberations, 22 *American Sociological Review*, 1957: 713-719.

172. Sung, HC. When Open Source Software Encounters Patents: Blockchain as an Example to Explore the Dilemma and Solutions, 18 *John Marshall Review of Intellectual Property Law*, 2018: 55-82.

173. Teng, S. The Orphan Works Dilemma and Museums: An Uncomfortable Straitjacket, 2 *Journal of Intellectual Property*

Law & Practice,2007:30-39.

174. Teubner，G. Substantive and Reflexive Elements in Modern Law,17 *Law & Society Review*,1983:239-286.

175. Thakur，S.，Kulkarni，V. Blockchain and its Applications-A Detailed Survey,180 *International Journal of Computer Applications*,2017:29-35.

176. Therien JR. Exorcising the Specter of a "Pay-Per-Use" Society: Toward Preserving Fair Use and the Public Domain in the Digital Age,16 *Berkeley Technology Law Journal*,2001:979-1043.

177. Tirole J. Incomplete Contracts: Where Do We Stand?, 67 *Econometrica*,1999:741-781.

178. Treiger-Bar-Am，LK. Kant on Copyright: Rights of Transformative Authorship,25 *Cardozo Arts & Entertainment Law Journal*,2008:1059-1103.

179. van Eck，NJ.，Waltman，L. Software Survey: VOSviewer，A Computer Program for Bibliometric Mapping，84 *Scientometrics*,2010:523-538.

180. van Gompel，S. Les formalités sont mortes，vive les formalités! Copyright Formalities and the Reasons for their Decline in Nineteenth Century Europe，In: Deazley，R.，Kretschmer，M.，Bently L. (eds.) *Privilege and Property: Essays on the History of Copyright*，Open Book Publishers,2010,pp.157-206.

181. van Gompel，S. Unlocking the Potential Pre-existing Contents: How to Address the Issue of Orphan Works in Europe，6 *IIC*,2007:669-702.

182. Vernik，DA.，Purohit，D.，Desai，PS. Music Downloads and the Flip Side of Digital Rights Management，30 *Marketing Science*,2011:1011-1027.

183. Vertinsky, L. The Hidden Costs of Free Patents, 78 *Ohio State Technology Law Journal*, 2017: 1379-1448.

184. Victorson, HK. Structure from Nothing and Claims for Free: Using a Whole-System View of the Patent System to Improve Notice and Predictability for Software Patents, 20 *Michigan Telecommunications and Technology Law Review*, 2014: 497-521.

185. von Hippel, E., von Krogh, G. Open Source Software and the "Private-Collective" Innovation Model: Issues for Organization Science, 14 *Organization Science*, 2003: 209-223.

186. Wang, R., Lee, J.-A., & Liu, J. Unwinding NFTs in the Shadow of IP Law, 61 *American Business Law Journal*, 2024: 31-55.

187. Werbach, K., Cornell, N. Contracts Ex Machina, 67 *Duke Law Journal*, 2017: 313-382.

188. Wielsch, D. Die Zugangsregeln der Intermediäre: Prozeduralisierung von Schutzrechten, *GRUR* 2011, 665.

189. Wright, A., De Filippi, P. Decentralized Blockchain Technology and the Rise of Lex Cryptographia, 34 *Social Science Research Network*, 2015: 41-52.

190. Xalabarder, R. Google Books and Fair Use: A Tale of Two Copyrights?, 5 *JIPITEC*, 2014: 53-59.

191. Yang, F., Yao, Y. A New Regulatory Framework for Algorithm-Powered Recommendation Services in China, 4 *Nature Machine Intelligence*, 2022: 802-803.

192. Yang, P. et al., "Friend is Treasure": Exploring and Exploiting Mobile Social Contacts for Efficient Task Offloading, 65 *IEEE Transactions on Vehicular Technology*, 2016: 5485-5496.

193. Yao, W., Ye, JY., Murimi, R., Wang, GL. A Survey on Con-

sortium Blockchain Consensus Mechanisms，*preprint arXiv*，2021，arXiv:2102.12058.

194. Yli-Huumo，J.，Ko，D.，Choi，S.，Park，S.，Smolander，K. Where is Current Research on Blockchain Technology? A Systematic Review，11 *PloS one*，2016：e0163477.

195. Young，AC.，Copyright's not so Little Secret：The Orphan Works Problem and Proposed Orphan Works Legislation，7 *Cybaris Ⓒ，An Intellectual Property Law Review*，2016：202-248.

五、学位论文

1. Clarkson，G. *Objective Identification of Patent Thickets：A Network Analytic Approach*，Harvard Business School，PhD thesis，2004.

2. Hanuz，BG. *Examining the Application of Blockchain Technology as a Solution to and the Enabler of End User Online Copyright Infringement*，University of Liverpool，PhD thesis，2019.

3. Merkle，RC. *Secrecy，Authentication，and Public Key Systems*，Stanford University，PhD thesis，1979.

4. 吴国喆：《权利表象及其私法处置规则——以善意取得和表见代理制度为中心考察》，中国政法大学 2006 年博士学位论文。